武汉大学人文社会科学资深教授文丛

彭斐章文集

武汉大学出版社

图书在版编目(CIP)数据

彭斐章文集/彭斐章编著. —武汉：武汉大学出版社，2005.9
武汉大学人文社会科学资深教授文丛
ISBN 7-307-04691-1

Ⅰ.彭…　Ⅱ.彭…　Ⅲ.①彭斐章—文集　②图书馆学—文集
Ⅳ.G25-53

中国版本图书馆 CIP 数据核字(2005)第 103031 号

责任编辑:严　红　林　莉　　　责任校对:黄添生　　　版式设计:支　笛

出版发行:**武汉大学出版社**　(430072　武昌　珞珈山)
(电子邮件:wdp4@whu.edu.cn　网址:www.wdp.com.cn)
印刷:武汉中远印务有限公司
开本:787×980　1/16　　印张:31.5　字数:483 千字　插页:8
版次:2005 年 9 月第 1 版　　2005 年 9 月第 1 次印刷
ISBN 7-307-04691-1/G·745　　定价:58.00 元

彭斐章

1930年9月30日出生于湖南省汨罗市，中共党员。1953年毕业于武昌文华图书馆学专科学校并留校任教。

1956年由国家选派到莫斯科图书馆学院（今莫斯科文化大学）研究生部学习，**师从著名目录学家阿·达·艾亨戈列茨**教授。1961生年3月毕业，获教育学副博士学位，同年回国，历任武汉大学图书馆学系讲师、副教授、教授、博士生导师。

彭斐章从事图书馆学教育、教学、研究及教学管理工作已有52个春秋，**主要致力于目录学、社会科学情报理论与方法的研究**。出版专著并主编、参编、译著共**20余部**，发表学术论文**100余篇**。

彭斐章

1930年9月30日出生于湖南省汨罗市，中共党员。1953年毕业于武昌文华图书馆学专科学校并留校任教。

1956年由国家选派到莫斯科图书馆学院（今莫斯科文化大学）研究生部学习，**师从著名目录学家阿·达·艾亨戈列茨**教授。1961年3月毕业，获教育学副博士学位，同年回国，历任武汉大学图书馆学系讲师，副教授，教授，博士生导师。

彭斐章从事图书馆学教育，教学，研究及教学管理工作已有52个春秋，主**要致力于目录学，社会科学情报理论与方法的研究**。出版专著并主编，参编，译著共**20余部**，发表学术论文**100余篇**。

1

2

3

1 ▸ 1956年12 月与莫斯科图书馆学院党政工会领导会见

2 ▸ 1958年在莫斯科

3 ▸ 1957年莫斯科图书馆学院著名图书馆学家邱巴梁（左2）、安巴祖勉（右1）和三名留苏研究生（左1为作者）

4 ▸ 1987年 4 月乘参加中国图书馆代表团出访苏联之机回母校与分别26年的老师和同学合影（右2为著名目录学家科尔舒诺夫）

4

1

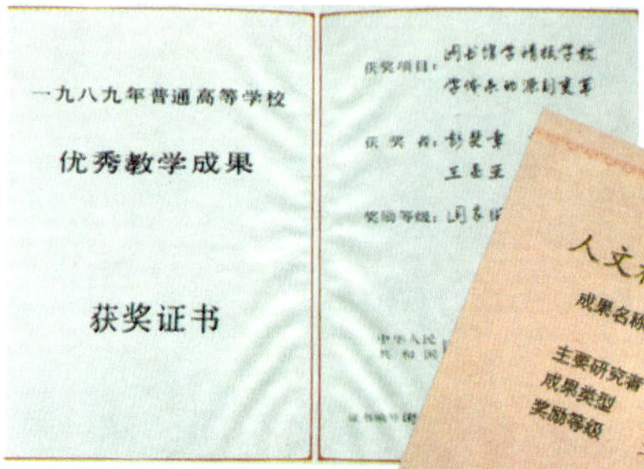

2

3

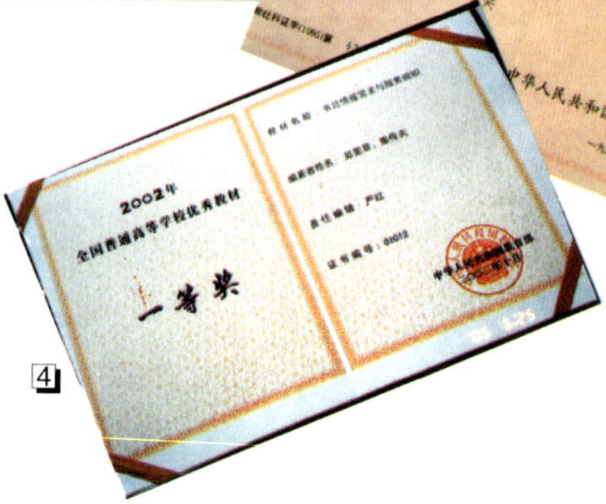

4

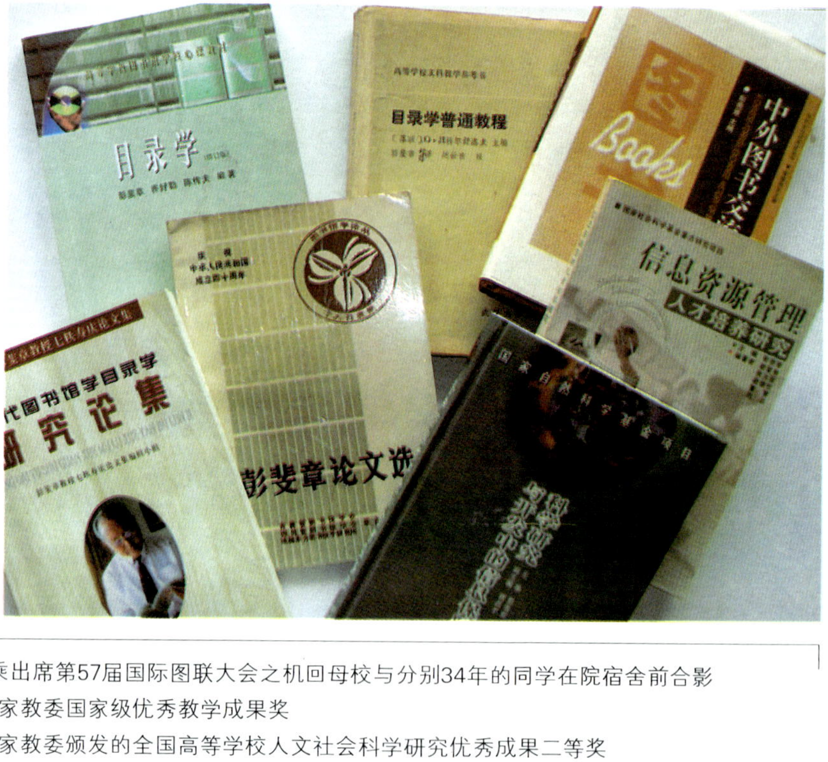

5

1 ▸ 1991年8月乘出席第57届国际图联大会之机回母校与分别34年的同学在院宿舍前合影

2 ▸ 1989年获国家教委国家级优秀教学成果奖

3 ▸ 1995年获国家教委颁发的全国高等学校人文社会科学研究优秀成果二等奖

4 ▸ 2002年获全国高等学校优秀教材一等奖

5 ▸ 独著、主编和翻译的部分图书

1

2

3

1 ▸ 1994年指导的首届博士生王新才、柯平、傅清波的博士论文答辩合影

2 ▸ 参加北京大学信息管理系博士论文答辩会

3 ▸ 2005年和毕业的周耀林、李丹博士合影

4 ▸ 1987年10月出席国家图书馆开馆典礼与著名版本目录学家顾廷龙先生合影

4

1

1 ▸ 1988年应邀到美国著名图书馆学情报学家兰卡斯特（F.W.Lancaster）家作客

2 ▸ 1993年2月应台湾大学邀请，大陆一行6人出访台湾（左4为作者）

3 ▸ 1993年2月应邀出访台湾并作题为“中国目录学的今天与明天”学术报告

4 ▸ 受聘为中山大学兼职教授

2

3

4

1

2

3

1 ▸ 1996年应邀出席信息资源与社会发展国际学术研讨会并作大会发言

2 ▸ 1996年出席在北京召开的第62届国际图联大会

3 ▸ 2004年10月出席全国第四届目录学学术研讨会

4 ▸ 2005年应邀出席教育部高等学校图书馆学学科教学指导委员会议暨系主任联席会议

4

1

2

3

4

1 ▸ 2005年4月参观访问香港 中央图书馆

2 ▸ 2005年3月与夫人邓铭康在武汉大学校园观赏樱花

3 ▸ 2005年4月20日参观访问澳门大学图书馆

4 ▸ 2005年7月出席第三届中美图书馆员高级研究班暨“数字时代图书馆合作与服务创新”国际研讨会（前排右8为作者）

目　　录

简　介 …………………………………………………………… 1
自　序 …………………………………………………………… 1

第一编　目录学研究

20世纪中国目录学研究的回眸与思考 …………………………… 3
90年代的中国目录学研究 …………………………………………… 20
当代中国目录学研究的现状 ………………………………………… 33
面向未来　重塑辉煌
——跨世纪目录学研究基点的选择和学科制高点的确立 ………… 40
世纪之交的目录学研究 ……………………………………………… 58
中西目录学的比较研究 ……………………………………………… 66
中国目录学的今天和明天 …………………………………………… 79
我国当代目录学研究的综述与展望 ………………………………… 93
迎接信息时代的科学
——目录学的现状与未来 ………………………………………… 106
评新中国成立四十年来的目录学研究……………………………… 117
苏联目录学理论与实践的总结
——《目录学普通教程》评介 …………………………………… 126
苏联目录学研究的现状与前景……………………………………… 135
学海浩渺话舟楫
——试论目录学知识普及问题 …………………………………… 143

第二编　图书馆学教育

论数字环境下我国图书馆学情报学研究生教育制度的创新……… 153

数字时代图书馆学教育的变革与创新………………………………………… 166
文华图专和中国图书馆学教育的发展………………………………………… 174
迈向 21 世纪的我国图书馆学情报学研究生教育 ………………………… 184
新中国图书馆学教育的回眸与思考…………………………………………… 195
图书情报学教育改革与学科建设……………………………………………… 203
加强核心课程建设　努力提高教学质量
——目录学课程建设的回顾与思考 ……………………………………… 211

第三编　图书馆事业建设与图书馆学研究

数字时代我国图书馆发展值得思考的问题…………………………………… 219
国内外图书馆学研究现状与发展趋势………………………………………… 227
数字化时代的图书馆学研究…………………………………………………… 239
图书馆学定有灿烂的未来……………………………………………………… 244
世纪之交的思考
——中国图书馆事业的昨天、今天与明天 ……………………………… 248
论苏联图书馆事业发展中观念的变革………………………………………… 263

第四编　其　　他

中国社会科学工具书导论……………………………………………………… 273
沟通——互补——合作
——海峡两岸图书馆学、资讯科学发展的必由之路 …………………… 282
序王克强主编《怎样从书海中找到自己的航向》…………………………… 284
立下园丁志　甘为后人梯……………………………………………………… 292
质与量的和谐是当代出版业的使命…………………………………………… 300

第五编　专　　访

图书馆学定有灿烂的明天
——访我国著名图书馆学家彭斐章教授 ………………………… 张欣毅 305
为人师表五十载　一生不悔园丁情
——彭斐章教授访谈录 …………………………………………… 肖红凌 318
博导系列访谈：彭斐章教授 …………………………………………… 司莉 324

"大文科计划"与导读
——彭斐章教授访谈录 …………………………… 王析　樊照 334
培养跨世纪人才
——访武汉大学博士生导师彭斐章教授 ………… 宋和平　李荣建 338
为信息社会培养跨世纪人才
——访我国著名图书情报学专家彭斐章教授 ……………… 邱昶 342
强化读者的情报意识
——访武汉大学图书情报学院院长彭斐章教授 ……………… 陈一民 344
樱花烂漫，如同桃李
——武汉大学图书情报学院建院三周年前夕访院长彭斐章教授 …………
……………………………………………………………… 钟敏 346
锐意改革，振兴图书情报学教育事业
——访武汉大学图书情报学院院长彭斐章教授 ……………… 肖莉 353

第六编　评　　说

学以载德　桃李芬芳
——记彭斐章教授 ……………………………………… 陈传夫 357
Всегда пеРвый ………………………… Э. К. Беспалова365
彭斐章先生与中国目录学 ……………………………… 柯平 379
问道珞珈情自浓 …………………………………… 乔好勤 399
彭斐章与当代目录学 ……………………………… 王心裁 407
言传身教恩师情 …………………………………… 黄慎玮 416
彭斐章目录学思想与目录学成就论略 ……………… 何华连 418
现代目录学研究的开拓者
——记彭斐章教授 ……………………………………… 马费成 428
试论彭斐章的目录学思想 ………………………… 陈耀盛 430
承前启后　继往开来
——彭斐章教授印象 ……………………………………… 文思 461
授业有方的导师——彭斐章 ……………………… 倪晓建 468
记我国著名目录学家彭斐章教授 ……………………… 国诚 472

第七编　附　　录

彭斐章著述目录……………………………………………… 479

后　　记…………………………………………………………………… 490

简　介

彭斐章，男，1930年9月30日出生于湖南省汨罗市，中共党员，1953年毕业于武昌文华图书馆学专科学校并留校任教。1956年由国家选派到莫斯科图书馆学院（今莫斯科文化大学）研究生部学习，师从著名目录学家阿·达·艾亨戈列茨（А. Д. Эйхенголец）教授。1961年3月毕业，获教育学副博士学位，同年回国，历任武汉大学图书馆学系讲师、副教授、教授、博士生导师。1984年至1992年任武汉大学图书情报学院院长，曾任国务院学位委员会第二、第三、第四届学科评议组成员、召集人，中国图书馆学会第三、第四届常务理事，湖北省图书馆学会第一、第二届副理事长，中国大百科全书图书馆学编辑委员会副主任兼目录学分支主编。现任武汉大学信息管理学院教授、博士生导师，国家人文社会科学重点研究基地武汉大学信息资源研究中心顾问。2004年9月被遴选为武汉大学人文社会科学资深教授，兼任中华人民共和国人事部博士后管委会第五届专家组成员。

彭斐章从事图书馆学教育、教学、研究及教学管理工作已有52个春秋，主要致力于目录学、社会科学情报理论与方法的研究。出版专著、主编、参编、译著共20余部，发表学术论文100余篇，主持了一系列国家级、省部级以上课题。主持的“七五”国家教委哲学社会科学博士点基金资助项目“图书情报需求分析与读者服务效率研究”，其最终成果《书目情报需求与服务研究》（武汉大学出版社，1990）于1995年获全国高校人文社会科学研究优秀成果二等奖；主持的教学研究成果“图书馆学情报学教学体系的深刻变革”获1989年国家教委国家级优秀成果奖；主持的国家自然科学基金资助项目“科学研究与发展（R&D）中的信息保证”，其最终成果之一，《科学研究与开发中的信息保障》(武汉大学出版社，1998) 获湖北省社会科学优秀成果荣誉奖和2003年全国人文社会科学优秀成果三等奖；主持的国家社会科学基金重点项目“我国信息资源管理(IRM)人才建设工程的规划、设计、模式研究”，其最终成果为《信息资源管理人才培养研究》(武汉大学出版社，2002)。此外他还受教育部委托主持起草了“八五”、“九五”、“十五”图书馆、情报与文献学研究课题指南(草案)。

彭斐章为本科生和研究生开设了一系列课程，特别重视教材建设。他参与主编的《目录学概论》，作为中华人民共和国成立之后第一部高校目录学统编教材，由中华书局1982年出版，先后七次印刷，发行量达十余万册，影响较大，1988年该书获国家教委高等学校优秀教材一等奖。其主编的普通高校“九五”国家级重点教材《书目情报需求与服务组织》(武汉大学出版社，2000)，获2002年教育部普通高校优秀教材一等奖。为了与时俱进，推动目录学的教学改革，他主编的《目录学教程》被列入教育部“面向21世纪课程教材”，是教育部高等学校图书馆学学科教学指导委员会组织编写的高等学校图书馆学专业核心课程系列教材之一，由高等教育出版社于2004年7月出版。以彭斐章为首长期建设的《目录学概论》课程被评为2004年国家级精品课程。

在人才培养方面，彭斐章培养了一大批高层次、高质量的图书馆学研究及高级管理人才。自1978年在全国率先招收目录学研究生以来，已有34名硕士生获得硕士学位；1990年开始招收目录学方向的博士生以来，已有19名博士生获得博士学位；还接受了19名国内外访问学者。他们大都已是教授、院长、系主任、馆长等业务骨干和学术带头人。

彭斐章多次应邀赴德国、前苏联、保加利亚、美国等地参观访问、讲学和出席国际学术会议，与国外同行专家、学者建立了广泛的联系。

他1993年应台湾大学邀请作为首批大陆赴台湾参观访问学者，并做了“中国目录学的今天与明天”的学术报告，随后多次参加在上海、北京、武汉、广州、成都等地召开的海峡两岸图书资讯教育研讨会。

鉴于他在学术和发展高等教育事业上的贡献，自 1991 年起享受国务院颁发的政府特殊津贴。1992 年 11 月获英国剑桥传记中心“20 世纪杰出成就奖”荣誉证书及奖章，他的业绩以人物专条收入《中国大百科全书图书馆学、情报学、档案学卷》、《国际知识界名人录》等多种名人录中，1994 年被美国传记中心聘为顾问。

彭斐章曾多次被表彰为湖北省和武汉大学优秀教师、先进教育工作者。2004 年 12 月被湖北省人民政府学位委员会评为优秀研究生导师，同年被授予武汉大学优秀博士生指导教师称号。

自　序

我于1930年9月出生于湖南省汨罗市的一个书香门第，伯祖父彭伯樵是一位饱读诗书的秀才，擅长书法；叔父彭俊明毕业于南京金陵大学，长期在长沙市中学教数学；父亲彭育奇学历不高，非常勤奋好学，跟随伯祖父自学，写一手好字，为人正直，乐善好施，得到乡亲们的崇敬，对子女要求严格；母亲任叔身勤劳一生，待人善良，是一位典型的贤妻良母。严父慈母的知书达礼的教育让我印象深刻，对我影响深远。从小深得伯祖父的钟爱，从我的名字就能得知他希望我长大后多读书——斐章即"斐然成章"，他认为斐然成章，入圣之门。因此，还只有五岁半的时候，我就开始进学前班，然后按照初小、高小、初中、高中，循序渐进地学习。还在读初中二年级时，就一边上学，一边利用业余时间跟随叔父彭卣簧攻读古书，启蒙国粹。叔父是一位国学造诣较深的中学语文教师，长于诗词楹联，喜爱书法，既是我的叔父，又是我的语文老师，对我的成长影响较深。正是在他的影响下，我攻读了古书，为以后研究中国古典目录学打下了良好的基础。

1951年夏，我参加了中华人民共和国成立后的首届统一高考，被服从分配录取到武昌文华图书馆学专科学校，因此，我与图书馆学结缘纯属偶然。开始是一无所知，但是，作为20世纪50年代的知识分子有一个显著特点，比较容易将自己的志愿与祖国和人民的需要结合起来，能够较快地投入到学习中去，在学习中不断加深对专业的理解。1953年7月，我以优异成绩毕业并留校任教，1953年9月按照政府高等学校院系调整方案，武昌文华图书馆学专科学校并入武汉大学成立图书馆学专修科，1956年改制为图书馆学系。

我在图书馆学教育领域辛勤耕耘迄今已有52年，主要成果集中在目录学研究、图书馆学与图书馆事业研究以及图书馆学教育研究三方面。

我对目录学情有独钟源于在文华图书馆学专科学校的学习和留校工作，受徐家麟教授、吕绍虞教授的影响，对中国目录学产生浓厚兴趣。1956年由国家选派到莫斯科图书馆学院（今莫斯科文化大学）研究生部学习，师从苏联目录学一代大师阿·达·艾亨戈列茨教授。这是一位在目录学理论、俄罗斯目录学史、俄罗斯文献学研究方面有突出贡献的学者，他的目录学思想与方法对我的治学影响较大。在他的指导下，我于1961年3月完成了学位论文答辩，获得了教育学副博士学位。回国后，一直从事目录学的教学与研究，取得了可喜的成果。

在粉碎“四人帮”以后，中国迎来了科学的春天，目录学界面临的一系列问题急待开展研究，在这关键时刻，我和谢灼华同志合作发表了《关于我国目录学研究的几个问题》（《武汉大学学报（哲学社会科学版）》1980年第1期）一文，对目录学研究对象、目录学史研究、专科目录学研究、目录学方法论等四个问题发表了我们的看法。在目录学研究对象问题中，我始终认为一门科学的对象是研究某一领域或某一方面的规律（即本质关系）。在认真总结中华人民共和国成立以来，我国关于目录学研究对象问题的各种观点如“图书说”、“目录说”、“图书与目录说”、“记录图书与利用图书的关系说”、“否定说”等时，我始终认为目录学作为一门科学，应当是研究规律的。毛泽东同志在《矛盾论》中指出：“科学研究的区分，是根据科学对象所具有的特殊的矛盾性。因此，对于某一现象的领域所特有的某一种矛盾的研究，就构成了某一门科学的对象。”根据这一论断来分析，目录学领域里特有的矛盾是什么？揭示与报道图书资料与人们对它的特定需求之间的矛盾，构成了目录学领域诸矛盾现象中最基本最主要的矛盾，也就是目录学研究的对象。提出关于目录学研究对象的“矛盾说”，将目录学研究对象问题的讨论引向了深入，并且将这一论点写进了我作为主编之一的由武汉大学、北京大学合编的《目录学概论》（中华书局，1982）中，该书先后七次印刷，发行量达十余万册，被誉为“书林新葩，学海津梁”，该书1988年获国家教委优秀教材一等奖。

引进“书目情报”概念，构建以书目情报运动规律为基础的现代目录学新体系。我认为，目录学的内容是由目录学研究对象所决定的。根据这一观点，在《目录学》（彭斐章、乔好勤、陈传夫合著，武汉大学出版社，1986）一书中，不仅引进了“书目情报”这一概念，而且设立了书目情报服务专章，率先在国内对该问题进行系统研究，并将目录学研究内容扩大为关于目录学基础理论研究；关于文献的研究；关于书目索引类型及其编制法的研究；关于读者书目情报需求特点、书目情报服务组织、书目情报服务效果、书目情报服务发展趋势等研究；关于书目工作组织与管理研究；关于国内外目录学研究；关于中国目录学遗产的研究；关于目录学方法的研究这八个方面。正如青岛市图书馆鲁海研究馆员在《简评目录学》一文中所称：“最近，彭斐章、乔好勤、陈传夫合写的《目录学》一书问世了，是迄今为止较好的一本目录学专著。《目录学》专著问世后，把目录学发展提到了一个新的高度，它是我国目录学研究中的一个新成果。”

科学发展的生命力在于不断地变革与创新，不断地开拓新领域。我主持的国家教委哲学社会科学博士学科点专项基金资助项目“图书情报需求分析与读者服务效率研究”课题，通过向全国几百个单位的读者进行问卷调查和跟踪调查，获得了大量数据，在此基础上写出的《书目情报需求与服务研究》一书（武汉大学出版社，1990），是我国书目情报理论研究较早的一部专著，探讨了书目情报应用的许多问题，揭示了书目情报需求与服务的规律，开辟了新的研究领域。中南民族大学研究馆员罗德运认为，这本书是“将目录学应用于社会，在新形势下进一步深化的第一部系统的理论专著，是一部开拓性的研究成果”。该书于1995年获首届全国高等学校人文社会科学研究优秀成果二等奖。

目录学研究必须深入事物的本质，探寻目录学学科的基点。处在社会信息化与信息社会化的今天，信息资源管理环境发生了很大变化。目录学已发展成为一门科学地揭示与有效地报道文献信息，以解决巨量的文献与人们对其特定需求之间的矛盾的学科。目录学学科的核心是书目情报运动的规律，因此，目录学研究的基点应当是书目情报，这是目录学研究对象“矛盾说”在新时代条件下的升华，体现了信息时代目录学的本质特征；必将引起目录学研究者知识结构的更新，催生一批新的目录学研究方法，在当今条件下，有利于扩张目录学的渗透力，提高目录学的社会地位；将会使目录学融合现代科学的发展潮流，强化目录学整体化与科学化趋势，培育出目录学理论的新体系。

回顾几十年来目录学研究历程，我深感自己能够在各个发展的关键时刻，及时总结目录学研究进展，评述存在的问题，预测未来发展趋势；研究目录学领域急需解决的重大问题，提出有价值的理论依据；承前启后，继往开来，在研究中力求将大胆创新与严肃的科学态度结合起来，形成了古典目录学与现代目录学相结合，中外目录学优良传统相结合，理论与实际相结合的研究风格，保证了目录学研究的顺利发展。

除了是一个目录学研究者，作为一个教育工作者，我更关注图书情报学教育，曾撰写了一系列的图书情报学教育论文，探讨加强图书情报学学科建设，促进学术水平与教育质量同步提高的有关问题。学科建设是图书馆学情报学教育水平和层次的集中体现，只有以高水平的学科建设为基础、为支撑，图书馆学情报学教育才能提高质量，上水平，上档次，跻身于世界一流的图书馆学情报学教育行列。我作为主要主持人参加的教学研究项目“图书馆学情报学教学体系的深刻变革”获教育部1989年普通高等学校国家级优秀教学成果奖，该项成果为我国图书情报学教育改革提供了一个可供借鉴的范例。主持了国家社会科学基金“九五”重点课题“我国信息资源管理（IRM）人才建设工程的规划、设计与模式研究”，其最终成果为《信息资源管理人才培养研究》（武汉大学出版社，2002）。主编的普通高等学校“九五”国家级重点教材《书目情报需求与服务组织》（武汉大学出版社，2000），获教育部2002年全国普通高等学校优秀教材一等奖。长期主讲建设的《目录学》课程1997年12月被评为湖北省普通高等学校优质课程，2004年被教育部评为国家级精品课程。主编的《目录学教程》（高等教育出版社，2004）被列入教育部“面向21世纪课程教材”。这些任务的完成，对于图书馆学情报学学科建设有着积极的影响。

1984年，我担任武汉大学图书情报学院首任院长，感到这既是组织和广大教师对自己的信任，但更是凝重的责任。1985年我被聘任为国务院学位委员会学科评议组成员，更感到学位授权点的建设是图书馆学情报学学科建设水平的重要标志之一，其本身既是学科建设的产物，又是推动学科发展的主要动力，因此，为完善全国图书馆学、情报学、档案学等学科学位授权体系，我尽了点微薄之力。

回顾50余年的图书馆学教育生涯，我深深懂得，作为人类灵魂工程师的教师是一项崇高的职业，教师教书育人的活动，往往潜移默化影响学生的一生。凝重的历史责任感激励着自己循着教育者须先受教育的宗旨，勤奋学习，刻苦钻研，以“立下园丁志，甘为后人梯”作为我的誓言，以“红烛精神，春蚕思想”作为我的追求。在研究生教育中，我始终坚持质量第一，严字当先，把教书育人紧密结合起来，将整个研究生教育过程看成是教学相长的过程，循循善导，鼓励研究生大胆创新，大胆发表自己的意见，引导他们树立正确的人生观、道德观和价值观，树立远大理想，勇攀科学高峰，培养他们求真务实的学风。最令我感到欣慰的是，自己用心血和辛勤的汗水培育的一批又一批的学生很有出息，不少人晋升了高级职称，不少人遴选上了博士生导师，不少人已成为学术界的中坚力量，大多数都成为本单位的业务骨干。“平生最觉开心处，喜看桃李结满枝”。

回顾50余年的教学与学术生涯，爱我所选，无怨无悔。在此引用几段评论，或许能映射我人生的几许价值：

马费成教授：“作为教育工作者，彭斐章是一位谆谆善诱，诲人不倦的导师。在他的身上，教书和育人，教学和研究总是融为一体。他鼓励并创造条件让学生尽快超过自己，甘为人梯，扶植后学，展示了他作为一个导师的宽广胸怀和高尚品质。”

王振鹄教授在信中写道：“吾兄培养人才无数，至为敬佩，尤以倡导目录学研究，启发目录之理论与观念，主持图书情报学院，奠定今后发展基础，实为图书馆界之第一人。”

柯平教授：“彭斐章先生的目录学思想有一定代表性，是第三代目录学思想的结晶和主体。”

韩继章研究馆员：“彭斐章，永远是一个给人以信心的人，永远是一个鼓舞人们前进的人，不论是在事业上，还是在学术上，对于后学来说，他总是一位宽厚的、谆谆善诱的师长。”

非常感谢学界同仁能给我如此赞誉，但我更愿意将这些看做是对我一生献身图书情报事业的执着精神和勤奋努力的一种彰扬，是对后来人的一种激励。

我深信，“长江后浪推前浪”，我国图书情报事业有过一个灿烂的昨天，有着一个发展的今天，更将会有一个美好的明天。

第一编

目录学研究

20 世纪中国目录学研究的回眸与思考

【摘　要】文章全面地回顾了 20 世纪中国目录学的发展历程，系统地总结了 20 世纪中国目录学的研究成果，对网络环境下中国目录学研究的发展趋势做了认真的思索，并提出了网络环境下中国目录学研究应深入研究和实践的几个课题。

【关键词】目录学　发展历程　网络环境　研究趋势
【中图分类号】G257　　【文献标识码】A
【文章编号】1002-1167（2004）06-0005-06

中国目录学植根于中华民族文化学术泥土之中，历史悠久，源远流长，在历史发展的各个阶段，取得了辉煌的成就，积累了丰富的经验，形成了目录学的优良传统，在我国文化发展史上作出了重要贡献。中国目录学经历了漫长的知识积累、经验总结的阶段后，于 20 世纪步入了理论目录学发展征程，它已经走过了科学发展的全过程而成为一门真正独立的科学。在一个世纪的时间里，经过我国几代目录学家的辛勤耕耘，在目录学研究方面，取得了令人瞩目的成就。因此，认真总结百年来中国目录学研究的成就，分析其局限，思考其未来的发展趋势，是每一个目录学工作者义不容辞的责任。

1　20 世纪中国目录学研究的辉煌成就

马克思说："对人类生活形成的思索，从而对它的科学分析，总是采取同实际发展相反的道路。这种思索是从事后开始的。就是说，是从发展过程的完成的结果开始的。”① 我们正是围绕着回顾百年，反思其局限，预测未来发展的思路展开的。

20 世纪的中国目录学无论从时空上，还是从具体内容上都应当成为一个完整的历史研究阶段，这正如王国强在其所写的《二十世纪中国目录学研究纲要》一文中认为：“(1) 中国目录学从 20 世纪开始踏上理论目录学时期的里程，在得天独厚的历史契机中，使自己成长为真正的科学；(2) 20 世纪中国目录学是走向现代化历程的重要历史阶段；(3) 20 世纪中国目录学在实践和理论两方面都不是传统目录学的简单延伸，而是特定历史条件下的特有结果；(4) 20 世纪中国目录学第一次面向世界，与异域目录学发生了广泛接触和激烈的碰撞；(5) 20 世纪中国目录学有自己内在的发展逻辑，起承转合，与社会文化发生了更广泛的联系。这样，不仅在时空上，而且在具体内容上，20 世纪中国目录学在中国目录学史上构成了一个完整的历史研究阶段。”②

1.1 古典目录学发展的总结

20 世纪初，在中国数千年的文化史上出现了划时代的新文化运动，主张彻底抛弃固有传统，全盘输入西方文化，它深刻地改变了中国文化学术的各个领域。中国目录学早在西汉时期就已经达到很高的水平，到清代目录学被誉为“显学”。因此，在 20 世纪初至 40 年代，是中国古典目录学与西方目录学新旧并存的阶段。这一时期，出现了许多介绍和评价西方目录学的著译，如 1909 年孙毓修在《教育杂志》上连载《图书馆》一文，介绍西方目录工作和杜威十进分类法；1922 年朱家治在《新教育》杂志上刊登《欧美各国目录学举要》，推荐了美、英、德、法等国各种书目 38 种；1926 年杜定友撰《西洋图书馆目录史略》；1930 年英国福开森著《目录学概论》，由耿靖民翻译；1935 年闵锋译《西洋目录学要籍及名辞述略》；1944 年张遵俭撰《中西目录学要论》等。

随着中西文化的交流和西学东渐，西方目录学著作及其目录学理

① 马克思．资本论（第 1 卷）．人民出版社，1975：p.92

② 王国强．二十世纪中国目录学研究纲要．图书与情报，1993（1）

论和方法介绍到中国来，对我国书目工作实践和目录学理论研究产生了极其深刻的影响，目录学研究呈现出丰富多彩、纷繁复杂的局面。目录学家的目录学思想非常活跃，由于目录学家的知识结构不同，认识事物的观点各异，形成了许多不同的派别。李小缘在其所著《中国图书馆事业十年之进步》中对这一时期的目录学家划分为四派：史的目录学家、版本目录学家、校雠目录学家、介于三者之间的新旧俱全者。史的目录学家注重总结我国目录学的历史，阐明古典目录学的起源、原理、方法、目录学家派别等。20世纪30年代出版了一批专著，如刘纪泽《目录学概论》(1931)、余嘉锡《目录学发微》(1932)、刘异《目录学》(1933)、汪国垣《目录学研究》(1934)、周贞亮《目录学》(1935)、程会昌《目录学从考》(1937)等。其内容涉及到关于目录学史的整体研究，目录学的起源、意义的研究，有关古代书目的研究，目录学家的研究等。余嘉锡著《目录学发微》是其精华之所在，他从目录学的起源，目录学的意义，古典书目的功用、体例、类例沿革等方面予以总结，认为我国古典目录学的根本思想是“辨章学术，考镜源流”。他认为，“从来目录学之意义”，“要以能叙学术源流为正宗”，得出了“目录学，学术之史”的结论。校雠目录学家强调将目录学与校雠学融为一体，将目录学作为整理和阅读古代文献的方法。代表作有刘咸炘《目录学》(1934)，胡朴安、胡道静《校雠学》(1934)，蒋文卿《校雠学史》(1934)，陈钟凡《古书校读法》(1943)，张舜徽《广校雠略》(1945)，蒋伯潜《校雠目录学纂要》(1946)等。蒋伯潜的《校雠目录学纂要》将校雠学与目录学融为一体，认为校雠学有广义和狭义之分，提出研究学术源流派别是学术史的任务，不是校雠目录学的任务，但研究目录学者必须洞悉历代学术源流。版本目录学家导源于尤袤的《遂初堂书目》对版本的记载，代表性著作有：孙毓修《中国雕版源流考》(1918)，叶德辉《郎园读书志》、《书林清话》(1920)，钱基博《版本通义》(1933)，柳诒徵《中国版本略说》(1934)等。版本目录学家重在古籍版本的考订和版本研究历史与理论的总结，《书林清话》以笔记体裁总结了我国清代版本目录学研究的成果，是我国第一部系统的版本目录学专著。所谓“新旧俱全者”既强调中国目录学的优良传统，又重视吸取西方目录学新的方法和技术，在继承和借鉴的基础上开辟新的方向。这方面的代表作如：容肇祖《中国目录学大纲》(1928)、毛坤《目录学通论》(1934)、程伯群《比较图书馆学》第四编《书志目录学》(1935)、马导源《书志学》(1934)、姚名达《目录学》(1933)与《中国目录学史》(1937)等。融合派(新旧俱全者)的代表人物是姚名达,他的主要代表作是《目录学》和《中国目录学史》。《目录学》是给一般图书馆员和读者作一把开门的钥匙用的，全书分原理、历史、方法三篇二十章。他创立的论、史、法目录学知识框架，形成了层次分明的结构体系，为后来许多目录学教材所沿用，影响甚广。《中国目录学史》不以时代为纲，而是分专题直述，使其源流毕具，一览无余。他在“结论篇”中总结回顾中国传统目录学时写道：“我国古代目录学之最大特色，为重分类而轻编目，有解题而无引得，分类之纲目始终不能超出《七略》与《七录》之矩矱。”他提倡主题目录，反对十进分类，主张精撰解题，不赞成详列篇目。他希望统一分类和标题，使治书之业，寻书之法，易学易做，目录学成为人人所共知的最通俗的常识。

1.2 新中国目录学研究的进展

中华人民共和国的成立标志着中国目录学研究进入了一个崭新的阶段。虽然目录学在古代历史地位很高，到了清代已成为一门“显学”，20 世纪以后，“各大学文学系课程内多有‘目录学’一科开设”①，目录学作为读书治学的门径和科学研究的指南，普及到了文化学术界。但是，目录学作为研究书目情报的产生、传递和利用过程规律的科学，是在中华人民共和国成立之后。回顾新中国成立以来目录学研究的发展，应当指出的是：广大目录学工作者在研究中运用了马克思主义的辩证唯物主义和历史唯物主义观点，坚持实事求是的科学态度，与此同时，中国图书馆学会和各省、市、自治区图书馆学会下设的目录学研究组织，以灵活多样的方式开展有组织的研究活动，不仅推动和促进了目录学研究活动的深入，而且为目录学情报交流开辟了一条重要渠道。

1983 年 8 月，新中国成立以来的第一次全国目录学专题学术研

---

① 何多源．论“目录学”及“参考书使用法”应列为大学一年级必修课程．教育杂志，1939，vol.29 (8)

讨会在沈阳召开，会议收到论文 220 篇，入选参会的 64 篇，围绕着目录工作如何为四化建设服务和国内外目录学研究的现状与发展趋势两大主题进行研讨，涉及内容广泛，参加人员既有各类型图书情报部门的实际工作者，又有从事目录学教学和研究的目录学工作者。会议疏通了目录学情报交流渠道，而且也是新中国目录学研究成果的一次检阅。1991 年 5 月，第二届全国目录学学术研讨会在南京召开，会议对书目工作性质、作用以及与其他文献工作关系和目录学教学问题进行了讨论。1994 年 9 月在太原以“迎接新时代挑战的目录学”为题召开了第三届全国目录学学术研讨会，会议围绕现代目录学理论研究、应用研究、比较研究以及书目情报工作自动化、标准化、书目情报服务等方面进行了比较深入的研讨。这次研讨会找到了目录学在当代科学发展中的位置，展示了目录学研究的阵营和力量，对进一步拓宽目录学研究领域和深化目录学研究内容起到了积极的促进作用。

新中国成立 55 年来，一大批目录学专著发表和出版，展示了目录学研究者们的雄厚实力，说明了这一时期在目录学理论研究、目录学史研究和目录学应用研究取得了辉煌成就。

1.2.1　新中国目录学理论研究的进展

1.2.1.1　目录学研究对象问题

目录学研究对象问题是目录学的基本理论问题。在 20 世纪 50 年代末和 60 年代初开展了以“目录学研究对象”为中心的关于目录学基本理论问题的讨论，后因“文革”动乱，讨论被迫中断了 10 年。80 年代在认真总结评述 50 年代出现的各种论点的基础上，继续开展讨论，目录学家从各自不同角度提出了有关目录学的定义及其研究对象的看法。彭斐章、谢灼华在《关于我国目录学研究的几个问题》(《武汉大学学报（哲学社会科学版）》，1980 年第 1 期）一文中，提出一门科学的对象是研究某一个领域或某一个方面的规律（即本质关系）。目录学作为一门科学，应当是研究规律的。他们根据毛泽东同志在《矛盾论》中指出的“科学研究的区分，就是根据科学对象所具有的特殊矛盾性。因此，对于某一现象的领域所特有的某一种矛盾的研究，就构成了某一门科学的对象”的论断来分析，认为“揭示与报道图书资料与人们对图书资料的特定需要之间的矛盾，构成了目录学领域里诸矛盾现象中最基本最主要的矛盾，也就是目录学的研究对象”。随着讨论的不断深入，多数同志认为目录学的矛盾说，决定了目录学逻辑起点的范围和界限，确立了应当从目录学学科自身发展的特殊矛盾及书目情报活动的本质与发展规律的角度来探讨目录学的实质。矛盾说正为多数人所接受。

1.2.1.2 书目情报理论研究

书目情报概念是20世纪80年代中期从前苏联引进的。书目情报是关于文献的知识与效用信息的集合。书目情报作为现代目录学研究基点，体现了信息时代目录学的本质特征，是现代目录学真正确立的标志。以书目情报作为现代目录学研究基点，拓展了现代目录学研究内容，扩张其渗透力，提高了目录学的社会地位，加速了目录学由传统向现代化过渡的进程。书目情报理论研究和现代目录学研究基点的确立是20世纪目录学研究的又一辉煌成就，出版了一批关于书目情报理论和应用研究的论著，如彭斐章《书目情报需求与服务研究》（武汉大学出版社，1990），《书目情报服务的组织与管理》（武汉大学出版社，1996），《书目情报需求与服务组织》（武汉大学出版社，2000），柯平《书目情报系统理论研究》（书目文献出版社，1994）。还有一大批论文发表，如王友富《80年代以来我国书目情报理论研究之进展》（《图书情报工作》，2000年第12期），柯平《试论以书目情报为基础的书目控制》（《图书馆理论与实践》，1991年第3期），彭斐章《面向未来，重塑辉煌——跨世纪目录学研究基点的选择和学科制高点的确立》（《图书馆与资讯研究论集——庆祝胡兆述教授七秩荣庆论文集》，台北：汉美图书有限公司，1996），柯平《21世纪书目情报系统展望》（《高校图书馆工作》，1999年第2期）等。

1.2.1.3 目录学研究的内容范围

书目情报作为现代目录学研究基点确立以后，导致了现代目录学研究内容上的深刻变化。彭斐章在其所著《书目情报服务的组织与管理》一书中，将现代目录学研究与发展归纳为10个方面：目录学理论基础和方法论；目录学的理论体系建设；目录学的量化研究；书目控制研究；书目情报消费研究；书目情报产业化及产业化政策研究；目录学的文化研究；国外目录学理论研究；目录学学科思想史；目录学应用研究与分支学科研究。目录学应该面向社会，首先是目录学研究的内容要面向社会，这就是目录学最鲜明的时代特征。

1.2.2 新中国目录学史研究的进展

我国目录学界对目录学史的研究一直持有较浓厚的兴趣。目录学工作者运用马克思主义的观点和方法，按照“古为今用”的方针，采用批判继承和发展的观点，对目录学史进行了研究，取得了可喜的成绩，出版了一些专著，如王重民《中国目录学史论丛》（中华书局，1984），吕绍虞《中国目录学史稿》（安徽教育出版社，1984），来新夏《古典目录学浅说》（中华书局，1981），罗孟祯《中国古代目录学简编》（重庆出版社，1983）等。还发表了一大批有关目录学史的研究论文，这些论著显示出如下特点：试图从联系的、整体的观点出发，将目录学史的发展和当时的社会历史以及文化联系起来，对目录学发展的特点及其规律进行研究；近现代目录学研究有所加强；对目录学家和古典书目的研究范围比以往扩大了。到了20世纪90年代，目录学史的研究加强和深化了对我国传统目录学的研究，把目录学置于社会这个大系统之中，从社会发展、文化积累和学术变迁等角度考察传统目录学思想的演进过程，把目录学史的研究深入到学术史、学术思想史中，将它推向一个新的水平。如来新夏的《古典目录学》（中华书局，1991），该书主要按照历史发展顺序，有重点地论述古代著名的古典书目和有成就的古典目录学家，给读者提供关于古典目录学较系统的知识。周少川的《古籍目录学》（中州古籍出版社，1996），该书包括基础理论、基本知识和应用方法三部分，作者很重视为古籍整理研究工作服务，在分析评价各个时代书目文献时，注意其产生的时代背景，引导读者认识和利用各种书目文献，加强其导读功能。李万健的《中国著名目录学家传略》，该书从我国目录学家中遴选出30余位在目录学史上有重大贡献的名家，以传记形式介绍他们的生平事迹，突出其在书目实践活动和理论著述方面的成就；该书虽以人立传，但联系起来又能使读者清晰地看到中国目录学的发展脉络。乔好勤的《中国目录学史》（武汉大学出版社，1992），该书注意从联系的、整体的观点出发，联系学术文化思想，系统地总结从古至今各个时代目录工作和目录学的演变过程，将当代目录学的发展作为整个目录学史的重要组成部分，向人们展示了一幅从殷商到今天目录学发展的完整的历史画面。余庆蓉、王晋卿的《中国目录学思想史》（湖南教育出版社，1998），该书从孔子一直写到今天，介绍评价了其间有代表性的目录学家及其著作，是一部全面系统研究和阐释中国目录学思想发展史的著作。

总之，历史是不能割断的。没有过去，就没有今天，不懂得过去，就无法了解当前，也就不可能预测未来。毛泽东同志在《改造我们的学习》一文中指出："不但要懂得中国的今天，还要懂得中国的昨天和前天。"我们拥有丰富的目录学遗产，其中有些是具有时代局限性的内容，也有不少是历久常新，在今天仍具有现实意义的内容。采取民族虚无主义全盘否定的态度是不对的，应当采取科学分析的方法，抛弃过时陈旧的内容，继承和发扬我国古典目录学的优良传统，这对建设现代目录学是完全必要的。

1.2.3　新中国目录学应用研究的进展

时代呼唤目录学研究贴近社会，要求目录学研究以整个社会文化为背景，紧跟时代演进的节拍前进。20世纪目录学研究最大的变化是目录学研究内容开始贴近社会，目录学应用研究取得了显著成就。书目情报需求与服务理论是目录学应用于社会，在新形势下进一步开拓与演化的一个研究领域，是现代目录学研究的重要内容。彭斐章《书目情报需求与服务研究》一书是在获得了国家教委"七五"哲学社会科学博士学科点专项科研基金的资助，向全国几百个单位不同读者进行问卷调查和跟踪服务体系的优化与改革，进行了深入系统的分析与研究之后写成的。该书的主要特点之一在于，改变了传统目录学主要从文献角度对目录学原理进行探索的局限，而将重点放在读者书目情报需求的特点和规律的研究上。这方面的重要成果有：胡昌平《信息服务与用户研究》（武汉大学出版社，1993）；娄策群《文献信息服务》（华中师范大学出版社，1994）；朱天俊《应用目录学简明教程》（光明日报出版社，1993）；倪晓建《书目工作概论》（北京师范大学出版社，1991）；郑建明《当代目录学》（南京大学出版社，1994）；柯平《文献目录学》（河南大学出版社，1998）。这些著作的共同特点就是以目录学的方法为中心，显示出目录学的实用性。目录学应用研究的发展极大地影响到目录学教学，2003年武汉大学出版社出版的《目录学》（修订版），增加了书目文献编撰法的内容。最近由武汉大学牵头，北京大学、南京大学、南开大学、中山大学的目录学教授合编的《目录学教程》，被列入教育部面向21世纪课程教材，已由高等教育出版社出版，该书吸收了近20年的目录学研究成果，阐述了现代目录学理论，体现了应用目录学的体系，将对目录学教学产生积极的影响。

2 网络环境下中国目录学研究的现实思考

当今社会是一个以高新技术革命为标志的信息化社会。信息的社会化和社会的信息化，一方面为社会提供了丰富的信息资源，如传统的印刷型、缩微型文献资源，还有以数字化形式记录的以多种媒体表达的、分布式存储在因特网不同主机上的、并通过计算机网络通信方式进行传递的网络信息资源等；另一方面则改变了书目情报工作的物质条件和技术手段。信息化社会的大环境，促进了书目情报工作的变革，为中国目录学研究提供了新的视角和思路，使得中国目录学以一种创新思维方式来研究目录学与整个科学的融合，探求目录工作实现数字化、网络化的途径。

回顾中国目录学20世纪走过的漫长道路，确实有许多东西值得借鉴。在网络环境下，中国目录学研究增长了许多新的知识点，如：网络书目控制研究、网络书目情报理论研究、网络书目情报服务研究、网络书目资源重组的研究、元数据研究等。我们可以从以下几个方面对网络环境下中国目录学进行深入的研究和实践。

2.1 网络文化研究

从整体上讲，研究中国目录学无疑离不开中国文化研究。文化是一个涵盖极广的概念，举凡与人相关的一切皆是文化。目录学是人类文化发展到一定阶段的产物。目录具有文化积累功能，文化传播与交流功能，文化导读与开发功能，以及文化控制功能等。文化是目录学研究的基础，文化比较是目录学发展研究的手段。因此，从文化出发研究目录学，首先必须研究目录学产生、发展的文化动力；其次必须研究目录学基本内容的文化构成，文献系统、书目情报系统、人类文献需求行为系统等是目录学最基本的内容，这些系统实际上也是文化系统的子系统；再次，必须研究目录学与其他学科的文化渗透。这样，目录学与其他学科都将因文化的存在而形成一个密不可分的整体，这也正是目录学文化研究的意义所在。网络文化对信息社会人类的思维方式、文献需求行为等都产生了巨大而深远的影响，中国目录学的发展与网络文化的研究将紧密联系在一起。借助现代信息技术和设备，无论是目录学基础理论和应用理论的研究，还是书目实践活动的研究等，都将与文化学、心理学、社会学、语言学、计算机科学、信息科学等学科进一步交叉融合、相互渗透。在信息源来源广阔、信息类型复杂多样、用户数量不再受传统时空限制的网络时代，目录学的学科价值也将日益突出和显现。

2.2 网络书目控制研究

书目控制是控制论和目录学相结合所形成的产物，书目控制研究是将控制论原理应用于目录工作而逐渐形成的一门目录学分支学科。1948年维纳发表了《控制论》，1949年芝加哥大学的著名学者伊根和谢拉随即发表了《书目控制绪论》一文，提出了“书目控制”的概念，将控制论的一些定律和公式引入目录学，从内容和物质形体两个方面探讨了书目控制的手段和方法，在世界范围内受到普遍重视。1967年，UNESCO在一份报告中认为：“书目控制就是通过建立书目集中管理体系，对文献流实行宏观控制，以便最有效地实施文献资源合理而充分的使用，有时表示一种活动或过程即书目数据生成、存储、操作和检索的过程。”

20世纪90年代以后，随着计算机互联网的蓬勃兴起，网络书目控制逐渐成为目录工作活动的主体，形成目录学理论与实践的“契合点”，成为普通目录学著作介绍和研究的重要内容。IFLA于1997年首次发表了《书目记录的功能需求》（FRBR），提出了书目控制理论新的模型，该模型一经问世就受到世界范围内的普遍关注。与印本文献一样，网络虚拟文献也需要书目控制——有技术地组织和检索以便高效率地使用。网络环境改变了传统的文献信息源，将目录学的文献信息源从有限扩大到无限Cyber空间。信息资源的无限无序以及信息质量的良莠不齐都给用户检索和利用信息资源带来了新的困难，书目控制也面临着新的挑战。

对网络资源进行书目控制，就是以网络资源作为控制对象，以书目系统作为控制手段，以存储和检出所需的特定信息资源为目的的一种控制行为，包括选择控制、描述控制、检索控制和规范控制四个方面。选择控制属于书目宏观控制的范畴，它的重点是对冗余文献信息和不稳定信息资源的控制。描述控制属于书目微观控制的范畴，它是通过对文献形式特征的揭示来实现的，其重点是对每一种具体的书目文献进行记录、描述、排列，每一条记录就是关于某一书目文献的载体特征及内容的信息记录，所有的记录按一定的规则严格编排，形成书目数据库。检索控制与描述控制同属于书目微观控制的范畴，它是通过对文献内容特征的揭示来实现的，其重点是在对文献资源进行形式特征描述的基础上，对信息资源内容进行分类标引和主题标引，其目的是在文献资源和用户之间建立一种特定的对应关系，并通过特定的语言来交流，满足用户对特定信息资源的需求。规范控制又称权威控制，它是一个与描述和检索都密切相关的问题，是目录发展成熟至一定程度的产物，一般用来指与保持标目的惟一性、系统性有关的一系列活动。它的重点是通过确定标目范围、统一标目形式及建立参照关系来实现目录的揭示与集中查询功能，它的目的是给使用者提供更多更有效的查询途径，适应大范围内书目资源共享的需求。通过对网络资源实行选择控制、描述控制、检索控制和规范控制，可以为用户提供共同的数据环境和基本条件，相信在不远的将来，就可以实现网络数据资源的共享。因此，网络环境下的书目控制研究，应该开拓视野，要与目录学研究基点与学科制高点相吻合，为世界范围的文献资源共享开辟新途径，并建立起具有中国特色的书目控制理论和实践体系。

2.3　网络书目情报理论研究

书目情报理论是传统书目工作迎接新技术革命的新思想，它的出现被认为是目录学理论的彻底革命，结束了国外目录学以具体书目成果为核心的历史。书目情报研究包括书目工作研究、书目情报需求、书目情报评价等，是中国目录学研究的基点。对书目情报的研究，有利于扩张目录学渗透力，培育目录学理论的新天地，提高目录学的社会地位。在网络时代，用户对信息的需求呈现出类型多样化、资源全球化、服务方式多样化、对浓缩性与综合性的信息精品需求越来越大的趋势，根据齐夫省力法则，用户对信息的需求更讲究时效性。这一切都是传统的目录学理论与方法难以解决的问题。目录学的根本目的就是向读者全面揭示文献的相关信息，打开人类丰富的知识宝库。书目情报是关于文献知识和效用信息的集合，是浩瀚信息资源海洋的导航，自然成为目录学研究的基点。只有对书目情报需求、书目情报评价等加以深入的研究，才能解决网络时代资源需求与用户满足的矛盾，才能体现信息时代目录学的本质特征。

2.4 网络书目情报服务研究

网络环境下的信息爆炸使用户的书目情报需求空前强烈。当前读者的书目情报信息需求发生了很大变化，从以传统的印刷型载体信息为主的需求转向对多元化信息的需求；从国家、地区性的书目情报需求转向全球信息需求；从对原始信息的需求逐步转向对数字化信息的需求。用户对书目情报需求所产生的变化，使得书目情报服务必须相应变革。网络环境下书目情报服务的发展，首先就是要树立网络书目情报服务的观念，提高书目情报服务人员的网络信息服务意识，积极把馆藏信息资源转化为网络资源，加强数字化信息资源建设；同时充分利用网上信息资源以及本馆的虚拟馆藏，建立起文献信息与网络信息资源相结合的、以互联网为依托的文献信息保障体系，引进先进的信息技术以及网络服务手段，保证书目情报服务工作的顺利开展。

网络环境下的书目情报服务也不再局限于图书馆的狭窄范围，它将置身于社会这个大环境，服务于整个社会。书目情报服务作为信息服务业的基本成分，随着社会信息化与信息社会化的进程，它的社会化是信息经济发展的需要与必然。书目情报服务的开展应以市场为导向，针对市场经济条件下不同层次用户对信息的需求变化，随时调整服务内容，开发具有特色的信息产品并将其推向市场，积极参与市场竞争，按市场规律、价值规律、竞争规律开展主动服务。书目情报服务必须树立市场经济观念，改变过去被动地等用户提出需求然后解答的服务方式，开展个性化主动服务，对每个用户特性需求进行针对性服务，利用自己的信息资源主动吸引用户，向用户宣传自己的书目情报产品，加强经营意识和经营组织的建设。

网络书目情报服务研究是书目情报服务在网络环境下的新发展。其研究内容涉及网络用户的书目情报需求及其书目查寻行为，网络情报源建设，网络书目情报服务的方式及模式，网络环境下书目情报信息的揭示、组织、传播与利用，网络书目情报资源的开发，网络书目情报服务的评价等一系列新课题。这些是时代赋予目录学工作者的新任务，也是目录学网络时代生存与发展所必须深入研究并予以解决的新课题。

2.5 知识组织智能化的研究与书目资源重组的实践

书目情报活动的实质和核心是知识组织。作为目录学学科研究基点的书目情报是关于文献知识和效用信息的集合，具有压缩性、二次性和知识性等基本特征，它是经过分析和综合的有序化的知识。书目情报流的本质是知识的通讯，书目情报的本质就是一种知识通讯活动，其形成的每一环节都与知识组织紧密相关。由于信息量的剧增以及传递速度的加快，信息存在方式的多样性和用户需求的层次性及多样化，要求知识组织向智能化发展。

书目资源重组就是在网络环境下，将原有的图书馆自动化系统与网络时代数字化图书馆所采用的新技术、新标准、新模式进行全面的大整合。具体地说，就是要将图书馆馆藏书目数据库、电子文献资源库、二次文献数据库和光盘检索系统、多媒体数据库系统以及 Internet 虚拟图书馆系统整合在一起，用相关的技术构建成网络体系，用 Web 页格式组织和链接相关文献资料，建立网络环境下检索文献信息资源的新模式，使得读者在同一界面下实现多方位的远程异构系统的文献检索。

书目资源重组的具体内容主要有两个方面，一是对现有的馆藏书目数据库系统、OPAC 系统进行全面改造和功能扩充，包括引入 Z39.50 检索协议，实现网络环境下的互操作；采用合适的 Metadata 格式，对各种类型的网络资源进行编目；使用 XML 作为交换和处理元数据的通用语言，实现数据的网络传输等。二是对馆藏各类文献目录体系、检索模式进行整合重组。

2.6 网络资源的组织、管理与控制研究

网络资源是当今信息社会中信息载体的主体，对无序化网络资源进行整理和揭示是中国目录学研究的新任务。网络资源组织、管理与

控制的研究包括网站分类技术、全文检索技术和元数据研究等。

2.6.1 网站分类技术

网站分类技术是依据传统的文献工作原理，借鉴文献分类法的基本原理，对大众性的网络资源划分方法进行适当的规范、改造，使其能在满足人们日常生活需要信息查找的同时，满足人们对专业性、学术性信息的检索和获取。

2.6.2 全文检索技术

全文检索是运用搜索引擎来实现的，是面向文本的一种最常用的主题检索途径。搜索引擎是由自动索引智能软件来完成网络信息自动搜索和标引功能的。搜索引擎能通过逻辑组配方式进行字面匹配检索，但非相关性信息的干扰依然很大。因此，用词表来规范检索用语，在搜索引擎的软件系统中内置检索词语控制系统，是未来目录工作对于网络信息工作的一个切入口。

2.6.3 元数据（Metadata）研究

元数据是用于提供某种资源的有关信息的结构化数据，是一种数据结构标准。简单地说，是关于数据的数据。它规定了数字化信息的组成，其作用在于规范对数据的组织，以利于检索和传递。元数据格式实际上可以看做是书目的一种变体，它的功能与书目卡片的功能大体相似，即通过描述、组织和寻找因特网资源，进而对网络资源进行有效的控制。因此，对网络信息资源的管理，越来越依赖于对元数据的有效管理。1997 年，文化部科技司提出“数字式中文全文文献通用格式”的研究项目，由广东省立中山图书馆承担此项目的研究。1998 年研制成功并试用，他们根据元数据方案，利用 TRS 中文全文检索系统平台，建立了数字图书馆和图书搜索引擎。目前已建立元数据记录数百万条，首次实现了文献编码、目录著录和文献内容的一体化处理，覆盖了普通图书、古籍、连续出版物、缩微文献、多媒体资料等绝大多数文献类型，并可支持中文文献从编码、目录到文本内容的全文检索。元数据正在成为网络环境下实现资源共享的重要标准格式之一，是对 MARC 的重大革命。目前，我国图书馆学界正在掀起建设数字图书馆的高潮，对元数据的标准规范、置标语言、应用框架、本体论等也有了更深入的研究与探讨。

目前，世界上最大的元数据应用项目为北欧元数据项目，旨在评估现有元数据格式，发展都柏林核心并将其与北欧机读目录格式相互转换，为北欧因特网文献提供元数据检索服务。元数据继承并吸收了文献揭示理论，使其与现代技术有机结合，在网络环境下焕发出新的活力。

新一代的元数据语言——可扩展标记语言 XML（Extensible Markup Language）是继 HTML 之后的又一种 Web 标记语言，它为用户提供了灵活的标记扩展机制，使得不同内容的资源能以格式良好的(Well Formed）自定义的标记元素来表现。XML 是万维网联盟于 1988 年创建的一组规范，它是一种元数据语言，用于定义不限定数量的特殊标识语言，它的每种标识又可以有多种属性标识，并且每种标识不限定顺序，具有很大的灵活性。同时由于 XML 采用可读的英文单词（多数是简写或组合的单词）作为标识符号，因此其格式简洁，可读性强。积极开展对元数据及其应用体系的研究，是网络环境下目录学发展的需要，更是建设数字图书馆和实现资源共享的需要，具有重要的现实意义。

网络环境下的目录学研究，内涵变得更加丰富，外延更加扩大，有着许多新的研究领域和新视角。各类信息业的蓬勃发展，尤其是网络信息的发展与目录产品竞争态势的呈现，使得中国目录学所应担负的历史使命问题更加突出。中国目录学研究者一方面要积极参与网络信息资源建设，开发和利用这一世纪工程；另一方面要寻找科学地揭示与有效地报道网络信息资源的最佳途径，开创网络时代目录学研究的新天地。

回顾百年历史，我们为拥有优良的目录学传统而骄傲；展望未来发展，我们为再铸目录学辉煌而感到任重道远。时代为目录学研究的发展提供了极好的契机，我们一定要紧跟时代演进的节拍，认真把握目录学学科的研究基点和制高点，不断开拓创新。我们深信，目录学有着光辉的过去，也一定能够再铸辉煌！

参考文献

1. 彭斐章，乔好勤，陈传夫. 目录学（修订版）. 武汉：武汉大学出版社，2003

2. 彭斐章，贺修铭. 书目情报服务的组织与管理. 武汉：武汉

大学出版社，1996

3. 彭斐章. 世纪之交的目录学研究. 图书情报工作，1995（2）：pp. 1～5

4. 彭斐章. 论当代目录学的发展趋势. 图书情报知识，1991（4）：pp. 9～15

5. 彭斐章，谢灼华. 关于我国目录学研究的几个问题. 武汉大学学报（哲学社会科学版），1980（1）

6. 彭斐章，王心裁. 20世纪中国目录学的发展历程，成就与局限. 高校图书馆工作，1999（2）：pp. 1～6

7. 彭斐章，贺剑锋，司莉. 试论21世纪中国目录学研究的基本特征. 图书馆杂志，2001（5）：pp. 2～5，p. 28

8. 王心裁. 从古典目录学到目录学——中国目录学产生，发展，演变的轨迹，图书情报工作，1999（4）：pp. 2～7

9. 乔好勤. 略论1911～1949年我国目录学. 云南图书馆，1982（1）

10. 陈传夫. 略论中国现代"新目录学"的基本流派. 晋图学刊，1991（3）

11. 王友富. 80年代以来我国书目情报理论研究之进展. 图书情报工作，2000（12）

12. 司莉，彭斐章，贺剑峰. 网络信息资源组织与目录学的创新和发展. 图书情报工作，2001（9）：pp. 21～24

13. 柯平. 中国目录学的新观察. 高校图书馆工作，2004（3）：pp. 7～14，p. 69

14. 王京山. 中国当代目录学的回顾与前瞻. 图书馆学研究，2003（12）：pp. 6～11

15. 乔好勤，李锦兰. 当代目录学的理论与实践. 图书与情报，2001（3）：pp. 1～5，p. 12

16. 李文华. 我国当代目录学研究主要成就之管见. 现代情报，2003（6）：pp. 69～70.

17. 赵伯兴. 论网络时代目录学研究重点的转移. 上海高校图书情报学刊，2001（3）：pp. 15～18

18. 黄先蓉. 目录学发展趋势动因探析. 图书馆，1998（2）：

pp. 13～15

19. 张洪元. 论目录学理论与实践的契合. 图书馆，1998（2）

20. 张洪元. 知识组织智能化与目录学在当代的发展. 大学图书情报学刊，2001（2）：pp. 3～4，p. 7

21. 秦明，吴家玲. 论当代目录学的失衡. 图书情报工作，2003（7）：pp. 121～123，p. 126

22. 莫少强. 数字图书馆元数据和资源共享的研究实践. 图书馆情报工作，2002（1）：pp. 54～58

23. 王守宁，关丰富. 对书目元数据的探讨. 图书馆学研究，2004（1）：pp. 19～21

24. 张静. 论因特网信息资源的书目控制. 情报杂志，2003（1）：pp. 69～71

25. 杨光. 网络环境下的目录控制. 图书馆，2002（5）：pp. 28～30

26. 王国庆. 数字化建设中目录资源的重组. 图书馆理论与实践，2004（4）：pp. 26～27

27. 曾明. 网络环境下的书目情报服务. 图书馆论坛，2002（6）：pp. 68～70，p. 116

合作者：傅先华

（原载《图书馆论坛》，2004年第6期）

90 年代的中国目录学研究

中国目录学是一门具有悠久历史、优良传统，同时又具有鲜明时代特征和广泛实用价值的学科。它经历了漫长的知识积累、经验总结的时期后，于 20 世纪开始步入了理论目录学的发展阶段。应该说，它已经走过了科学发展的完整的历史过程，成为了一门真正独立的科学。20 世纪的中国目录学在历经 30 年代与 80 年代两度目录学研究的辉煌时期之后迈入了 90 年代。处在新旧世纪之交的时点上，怎样正确评价 90 年代以来的目录学研究状况？如何预测 21 世纪的目录学研究发展趋势？这是每一位有事业心、责任心和历史使命感的目录学工作者需要认真思考的问题。

90 年代是中国目录学研究进程中极为引人注目的年代，也是值得骄傲的年代。这期间召开了两次全国目录学学术研讨会。1991 年 5 月在南京召开了第二届全国目录学学术研讨会，对书目工作的性质、作用及与其他文献工作的关系和目录学的教学问题进行了研讨；1994 年 9 月在太原以“迎接新时代挑战的目录学”为题召开了第三届全国目录学学术研讨会，会议围绕现代目录学理论研究、应用研究、比较研究以及书目情报工作自动化、标准化、书目情报服务等方面进行了比较深入的研讨。这次学术研讨会向学术界证明了目录学的存在，找到了它在当代科学发展中的位置，展示了目录学研究的阵容和力量，同时，对拓宽目录学研究领域和深化目录学研究内容起到了积极的促进作用。

90 年代在加强目录学学科建设和为迎接 21 世纪加速对目录学高层次人才培养方面迈出了新的步伐。在这期间，我国第一、二、三届现代目录学方向的 9 名博士生经过几年的刻苦攻读，顺利地通过了博士学位论文答辩，获得了博士学位。他们是中国目录学研究的主力军，显示出为迎接新世纪的到来，目录学界正在加速对高层次人才的培养，这是我国目录学教育在90年代写下的历史性的一笔。

90年代发表、出版了一大批目录学论著，正是这些论著展示着目录学研究者们的才华。但是，有的人却认为进入90年代以后我国目录学研究似有降温之势，处于停滞徘徊的境地；还有人认为90年代出版的目录学论著与80年代相比，似有黯然失色之感。我们认为，这恐怕主要是单纯从论著出版的数量出发来衡量目录学研究状况所致。很显然，研究文献的数量难以全面反映目录学研究的水平。应当承认，90年代以来，我国目录学研究取得了新的进展，正如《九十年代目录学研究新进展》一文中所评述的："90年代短短五六年的时间中，各学术、专业刊物上的文章数以百计，新的思想和观点不断涌现，研究领域不断拓宽，研究的层次更加深入，认识更加成熟，对象更加具体，视角更加宏大，为我国当代目录学的发展注入了新的生机和活力。"① 从总体上看，90年代目录学研究在以下几个方面取得了新的进展。

一、深化与创新——90年代目录学理论研究的进展

90年代是处在新旧世纪之交、承前启后、继往开来的历史时期。在这个时期，中国目录学研究并没有处于停滞徘徊的境地，也并非一片荒芜的景象。应当承认，相对的冷静和理性的深思，正是中国目录学研究走向深入和成熟的标志。处在20世纪行将结束，新世纪即将来临之际，中国目录学界的思想非常活跃，回眸与反思，分析与预测，思索着目录学怎样走向21世纪。马克思说："对人类生活形式的思索，从而对它的科学分析，总是采取同实际发展相反的道路。这种思索是从事后开始的。就是说，是从发展过程的完成的结果开始的。"②90年代中国目录学理论研究正是围绕着回顾百年，展望未来，吸收借鉴，再创辉煌这一思路展开的。《二十世纪中国目录学研究纲

① 廖璠．九十年代目录学研究新进展．图书馆，1997（2）

② 马克思．资本论（第1卷）．人民出版社，1975：p.92

要》① 一文提出，20 世纪中国目录学研究应当作为一个重要研究课题，并认为：（1）中国目录学从 20 世纪开始踏上理论目录学时期的里程，在得天独厚的历史契机中，使自己成长为真正的科学；（2）20 世纪中国目录学是走向现代化历程的重要历史阶段；（3）20 世纪中国目录学在实践和理论两方面都不是传统目录学的简单延伸，而是特定历史条件下的特有结果；（4）20 世纪中国目录学第一次面向世界，与异域目录学发生了广泛接触和激烈的碰撞；（5）20 世纪中国目录学有自己内在的发展逻辑，起承转合，与社会文化发生了更广泛的联系。这样不仅在时空上，而且在具体内容上，20 世纪中国目录学在中国目录史上构成了一个完整的历史研究阶段。作者通过回顾、反思与比较，对 20 世纪中国目录学进行研究，设计出一个宏大的研究计划，无疑将会引起目录学家们的重视。《中国目录学的今天与明天》② 一文，认真总结了中华人民共和国成立以来中国目录学史和目录学理论研究的巨大成就，实事求是地分析了中国目录学研究中存在的问题，从致用是中国目录学的基本特征出发，论述了近年来目录学应用研究取得的显著成果，文章最后预测了科学化和整体化是当代目录学研究的发展趋势。《20 世纪目录学研究的两次高潮及其比较》③ 一文，深刻地回顾与分析了 20 世纪 30 年代和 80 年代中国目录学研究出现的两次高潮，这对于把握目录学在 20 世纪的发展历程，探究其成败得失，研究它的纷纭现象，分析各种现象背后的实质，认识 20 世纪中国目录学的历史地位、成就及局限，以及对 21 世纪中国目录学研究产生的深刻影响，是非常有价值的。

目录学与时代是目录学理论深层次研究的永恒主题。目录学是时代的产物，目录学只有适应时代需要才能获得自身的发展，它的发展来自于时代的需求，又服务于时代的需求。目录学作为一门科学理论，其发展既受时代需求的制约，同时也受学科自身发展机制的制约。认识时代需求对发展目录学的影响，探讨目录学的时代特征，揭

① 王国强．二十世纪中国目录学研究纲要．图书与情报，1993（1）

② 彭斐章．中国目录学的今天与明天．当代图书馆事业论集——庆祝王振鹄教授七秩荣庆论文集．台北：正中书局，1994：pp. 273～286

③ 贺修铭．20 世纪目录学研究的两次高潮及其比较．图书馆，1994（5）

示怎样遵循目录学学科发展的规律，以适应社会的深刻变革来推动目录学的进步，成为目录学研究不可或缺的重要课题。《目录学的时代性与当代中国目录学的特征》① 一文指出："一定时代的经济、政治、文化教育、科学技术和学术思潮等各种因素直接或通过书目实践的中介，从理论基础、方法论、价值观、研究范围与深度、研究重点、研究路向和学术风格等各个方面影响、规定目录学的发展，从而使目录学体现时代的要求，反映时代的精神，形成时代的内容。这就是目录学时代性的内涵。凡目录学都是时代的。"随着信息社会化和社会信息化进程的加速，对目录学研究提出了新的要求和挑战。《信息理论对现代目录学的影响》② 一文认为，信息理论引入目录学具有划时代的意义，主要表现为：改变着目录学的概念，确立了目录学的理论基础，影响着目录学的学科性质，不断开拓目录学研究的新领域，以新的知识元素集合为一系列知识单元构成的范畴体系，成为现代目录学的主体。处在世纪之交的历史性时刻，目录学如何走向新世纪，《世纪之交的目录学研究》③ 一文对此作了深刻的论述。文章分析了时代对目录学研究主体提出的要求，论证了书目情报是世纪之交目录学研究的基点，以此为出发点，论述了整体化和科学化是世纪之交目录学研究发展的必然趋势。关于目录学与时代和目录学发展的研究，90年代发表了一系列论著：如《目录学与时代》④、《论当代目录学的发展趋势》⑤、《我国当代目录学研究进展》⑥、《当代目录学研究方向之思考》⑦、《我国当代目录学研究的现状、问题与前景》⑧、《我国当代

① 卿家康．目录学的时代性与当代中国目录学的特征．图书情报知识，1995（2）

② 柯平．信息理论对现代目录学的影响．高校图书馆工作，1993（3）

③ 彭斐章．世纪之交的目录学研究，图书情报工作，1995（2）

④ 彭斐章．目录学与时代．图书馆，1992（1）

⑤ 彭斐章等．论当代目录学的发展趋势．图书情报知识，1991（4）

⑥ 肖希明．我国当代目录学研究进展．图书情报工作，1994（5）

⑦ 李为．当代目录学研究方向之思考．图书情报工作，1995（4）

⑧ 石宝军．我国当代目录学研究之现状、问题与前景．图书情报工作，1993（1）

目录学研究的综述与展望》① 等。这些文章都从多方面论述了目录学与时代这一主题。有人说得好："目录学是时代的。认识目录学的时代性，把握其时代精神，并自觉地将目录学与时代精神联系起来，使目录学反映时代要求，形成时代的内容与风貌，这是目录学命脉所系。沿着这条路，目录学将不断走向现代化。"②

关于目录学的理论基础和目录学研究的内容问题，是 90 年代目录学研究者关注的重要课题。《关于目录学学科建设若干问题的思考》③ 一文指出，"目录学当前仍处于理论体系形成阶段"，同时还认为"目录学学科体系由经验要素、理论要素、方法要素和结构要素四个方面相互作用共同构成"。《目录学研究中若干问题的思考》④ 一文认为："目录学作为一门科学，是由目录学理论、目录学历史和目录学方法组成的。"《论当代目录学的发展趋势》⑤ 一文认为，目录学至少可以通过两种途径实现自身的综合化。即从"知识——文化——社会意识的路向考察，目录学将与文化学、教育学、社会学等学科融为一体，使目录学融进广义文化学的整体化中心中来，充分发挥'辨章学术，考镜源流'的学术史作用和指导读书治学的教育作用，成为研究人类创造精神财富的学问的一个组成部分；从知识——信息——交流的路向考察，目录学将与符号学、交流学、传播学、'三论'、计算机科学、数学等众多学科交叉结合。这种路向的综合将使目录学融合进信息科学学体的整体化中心来"。《试论以书目情报为基础的书目控制》⑥ 一文认为，应当"从信息的角度研究书目情报交流和书目情报控制，揭示书目情报运动的规律，以指导书目情报实践"，也就是说，"以信息理论为基础建立现代目录学"。

上述文章的一个共同特点，就是都在探索目录学的新理论基础。

---

① 彭斐章，石宝军．我国当代目录学研究的综述与展望．武汉大学学报（社会科学版），1992（2）

② 卿家康．目录学的时代性与当代中国目录学的特征．图书情报知识，1995（2）

③ 曾令霞．关于目录学学科建设若干问题的思考．图书情报知识，1991（3）

④ 朱天俊．目录学研究中若干问题的思考．中国图书馆学报，1992（4）

⑤ 彭斐章等．论当代目录学的发展趋势．图书情报知识，1991（4）

⑥ 柯平．试论以书目情报为基础的书目控制．图书馆理论与实践，1991（3）

尽管对目录学理论基础的认识还没有取得一致的看法，但有人却认为“目录学体系的多元，反映了目录学研究的繁荣。多种体系的对话与互促，必然加快目录学发展的步伐”。①

学科基点是科学研究的出发点，学科理论体系的建立、学科内容范围的确定和方法论的选择，都必须以学科基点为基础。学科制高点则是指学科研究主体的思维高度和学科研究所要达到及实现的目标。那么，目录学研究的基点是什么呢？《面向未来，重塑辉煌——跨世纪目录学研究基点的选择和学科制高点的确立》② 一文提出，“书目情报”作为跨世纪目录学研究的基点，体现了信息时代目录学研究的本质特征，有利于扩张目录学的渗透力，提高目录学的社会地位，加速目录学由传统向现代化过渡的进程。

书目情报作为跨世纪目录学研究基点确立以后，导致了现代目录学研究内容上的深刻变化。彭斐章在其所著《书目情报服务的组织与管理》一书中，将现代目录学研究与发展归纳为十个方面：（1）目录学理论基础和方法论；（2）目录学的理论体系建设；（3）目录学的量化研究；（4）书目控制研究；（5）书目情报消费研究；（6）书目情报产业化及产业化政策问题；（7）目录学的文化研究；（8）国外目录学理论研究；（9）目录学学科思想史；（10）目录学应用研究与分支学科研究。由此可见，目录学应该切合时代要求，走向社会。而目录学面向社会，首先是目录学研究内容面向社会，这就是目录学最鲜明的时代特征。

二、继承与扬弃——90 年代中国目录学史研究进展

中国目录学植根于中华民族文化学术泥土之中，历史悠久，源远流长。在两千年的历史发展中，目录学积累了丰富的历史遗产和历史

① 卿家康．目录学的时代性与当代中国目录学的特征．图书情报知识，1995（2）

② 彭斐章．面向未来，重塑辉煌——跨世纪目录学研究基点的选择和学科制高点的确立．图书馆与资讯研究论集——庆祝胡述兆教授七秩荣庆论文集．台北：汉美图书有限公司，1996：pp.37～54

传统。对这批宝贵的历史遗产和历史传统进行认真的分析，吸收其优秀部分，扬弃其糟粕部分，无疑应当成为目录学研究的重要内容。我国目录学界对目录学史的研究一直持有较深厚的兴趣。据《对八十年代我国目录学研究论文的统计分析》① 一文的数据显示，80 年代共发表目录学论文 1 695 篇，其中目录学史研究 476 篇，占总论文数的 28%，说明目录学界对中国古典目录学和中国目录学史的研究情有独钟。时代呼唤贴近社会文化的目录学，目录学史的研究应该以整个社会文化为背景。“加强和深化对我国传统目录学的研究，把目录学置于社会这个大系统之中，从社会发展、文化积累和学术变迁等角度考察传统目录学思想的演进过程。把目录学史的研究深入到学说史、学术思想演进史之中去，将它推向一个新的水平。”② 与这种目录学史研究的指导思想相呼应，《古典目录学》③ 一书主要按照历史发展顺序，有重点地论述历代著名的古典书目和有成就的古典目录学家，给读者提供了关于古典目录比较系统的认识，有利于自学。《古典目录学研究》④ 一文的重点是对目录学界以往涉及较少或论述不足的专题进行研究，例如对未曾涉及的或研究不充分的目录学家王应麟、马端临、胡应麟、张宗泰等的目录学思想进行了较详细的阐述，正确地反映他们在目录学发展进程中所起的作用和地位；对一系列古代的读书记、题跋、金石目录、佛典目录、敦煌学目录等书目文献进行了富有深度的分析。应当承认，这是对古典目录学深层研究的一项成果。《古籍目录学》⑤ 一书，是在普通目录学原理指导下，专门论述古籍的目录学分支。该书包括基础理论、基本知识和应用方法三部分。作者很重视为古籍整理研究工作服务，在分析评价各个时代的书目文献时，注意其产生的时代背景，引导读者认识和利用各种书目文献，加强其导读功能，是一部在前人基础上既有继承又有创新，既有理论性

① 黄慎玮．对八十年代我国目录学研究论文的统计分析．晋图学刊，1991（4）

② 彭斐章等．论当代目录学的发展趋势．图书情报知识，1991（4）

③ 来新夏．古典目录学．北京：中华书局，1991

④ 来新夏，徐建华．古典目录学研究．天津：天津古籍出版社，1997

⑤ 周少川．古籍目录学．郑州：中州古籍出版社，1996

又富知识性和应用性的著作。《中国著名目录学家传略》① 一书，从我国历代目录学家中遴选出 30 余位在目录学史上有重大贡献的名家，以传记形式介绍他们的生平事迹，突出其在书目实践活动和理论著述方面的成就。在阐述时，特别注意揭示他们在目录学理论与实践方面的相互影响和渊源关系。该书虽以人立传，但联系起来又能使读者清晰地看到中国目录学的发展脉络，是一部很有价值的参考书。注意从联系的、整体的观点出发，联系学术文化思想，系统地总结从古至今各个时代目录工作和目录学的演变过程，将当代目录学的发展作为整个目录学史的重要组成部分，向人们展示了一幅从殷商到今天目录学发展的完整的历史画面，使中国目录学史的研究达到一个新的高度，这样的著作是《中国目录学史》,② 它是 90 年代中国目录学史研究的重要成果。

90 年代，中国目录学史研究无论在广度和深度方面都有了新的进展。近年来特别注意将目录学史和传统文化背景相结合进行研究，这方面的研究成果有：《论郑樵的文化目录学思想和实践》③、《新文化与我国目录学的近代化》④ 和《传统目录学的文化价值》⑤。探讨目录学与文化关系的还有《关于目录学文化研究的思考》⑥ 一文，该文认为目录学的实质是关于文献的文化现象，而目录学文化研究关系到古典目录学的评价及其研究领域的深化，关系到现代目录学存在的价值体系与本质的认识。《论中国传统目录结构体系的哲学基础》⑦ 一文，试图探寻目录学与阴阳五行学说的关系，并认为《七略》所开创的系统目录的整体结构，是当时普遍流行的阴阳五行模式的移植，而贯穿于这个结构体系中的主导思想，是当时处于“独尊”地位的儒

---

① 李万健．中国著名目录学家传略．北京：书目文献出版社，1993

② 乔好勤．中国目录学史．武汉：武汉大学出版社，1992

③ 钱振新．论郑樵的文化目录学思想和实践．图书馆论坛，1991（3），(4)

④ 余庆蓉．新文化与我国目录学的近代化．图书馆论坛，1991（2）

⑤ 傅荣贤．传统目录学的文化价值．图书与情报，1995（2）

⑥ 柯平．关于目录学文化研究的思考．武汉大学学报（社会科学版），1993（2）

⑦ 李国新．论中国传统目录结构体系的哲学基础．北京大学学报（哲社版），1994（4）

家思想。王新才以目录学与文化讨论为基础撰写的《中国文化与目录学发展研究》（博士学位论文）一文，主要研究目录学这一学科如何产生、发展，以及朝什么方向发展等问题，其意义在于解释、探索目录学这一学科产生、发展的现象与规律，这一研究将目录学史与社会文化联系起来，倪波教授认为，该文“从一个更高的视角，俯瞰中国目录学发展全过程，极力拓宽研究途径，致力于开辟崭新的研究领域，并取得十分可喜的成就”①。

90年代中国目录学史研究者力图紧密联系社会发展史、学术文化史，立足于目录学的时代特征，总结某一时代目录学的发展或某一目录学家的目录学成就。这方面的研究成果主要有：《试评二十世纪中国目录学史的研究》②、《明代目录学新论》③、《魏晋南北朝目录学思想之进展》④、《明代目录学的发展及成就》⑤、《郑樵、章学诚目录学思想评估》⑥、《建国以来对清代目录学家章学诚研究述评》⑦ 等。

近年来，在如何对待中国目录学传统的问题上出现了一些争论。有的人认为传统势力太大，现代中国目录学之所以进展缓慢，是由于古典目录学传统的羁绊，甚至提出要“丢掉历史悠久”、“优良传统”等慰藉历史者们的红包袱。一些年轻的学者深入到古典目录学之中，进行了大胆的探索。如《汉代目录学新论——中国目录学史新论之二》⑧ 认为，《别录》和书目的概念无多少关系，叙录并非书目的内容，和书目宗旨、功能毫不相干，从一开始，书目想达到“辨章学术，考镜源流”就是失败的（越到后世越甚）。《“辨章学术，考镜源

① 昌华，一方．开拓现代目录学新天地——全国首届目录学博士生毕业纪实．图书馆，1994（6）

② 宋谊．试评二十世纪中国目录学史的研究．山东图书馆季刊，1993（1），（2）

③ 王国强．明代目录学新论．图书情报论坛，1991（3）

④ 乔好勤．魏晋南北朝目录学思想之进展．晋图学刊，1992（2）

⑤ 李万健．明代目录学的发展及成就．图书馆，1994（2）

⑥ 沈焱．郑樵、章学诚目录学思想评估．四川图书馆学报，1994（4），（5）

⑦ 裴成发．建国以来对清代目录学家章学诚研究述评．图书馆学刊，1991（5）

⑧ 王国强．汉代目录学新论——中国目录学史新论之二．图书与情报，1991（2）

流”之评判》① 一文认为，“辨章学术，考镜源流”虽然是对古典目录学主体的总结，但并非是其精华的概括，该文作者试图重新对中国目录学史进行评估。《传统不是被驳倒的，而是被继承或取代的：如何对待古典目录学优良传统》② 一文认为，对传统的过于眷恋和对传统的冷眼、敌视甚至打倒一样，都是不对的。传统不是被驳倒的，而是被继承或取代的。因此，如何以现代目录学取代古典目录学就成为当今目录学研究的重要任务。《中国目录学传统的继承与扬弃——“辨章学术，考镜源流”批判》③ 一文认为，对于“辨章学术，考镜源流”这一传统的继承与扬弃的关键不在于进行诠释，而在于创新。应扬弃“学术史”的任务，把当代目录学建设成一门真正的科学。扬弃“申明大道”的任务，将中国目录学建设成为一门致用的科学。革除传统目录学的那种重“论”、“史”轻“法”，拥有“富饶”的理论和“贫困”的实践的痼疾，吸收解题、互著、别裁等传统书目工作的优良方法，把中国当代目录学建立在现代化书目工作的基础之上。

处在世纪之交的中国目录学，面临一项由传统目录学向现代目录学转变的任务。在这一转变过程中，如何正确地看待中国目录学优良传统是一个十分重要的问题。目录学现代化的关键在于创新，然而创新不是从零开始，必须在已有的基础上继续前进。我们都知道，历史是不能割断的，没有过去，就没有今天，不懂得过去，就无法了解当前，也就不可能预测未来。毛泽东同志在《改造我们的学习》一文中指出：“不但要懂得中国的今天，还要懂得中国的昨天和前天。”我国是一个历史悠久的文明古国，我国古典目录学在长期历史发展过程中，产生过许多杰出的目录学家和优秀的书目文献，创造了许多有效的目录学方法，到清代形成了一个比较完整的古典目录学体系，在中华民族文化历史上有着重要的贡献。但是在丰富的目录学历史遗产中，既有许多具有时代局限性的内容，也有不少是历久常新，在今天

---

① 王国强．“辨章学术，考镜源流”之评判．郑州大学学报（哲社版），1991（3）

② 王析．传统不是被驳倒的，而是被继承或取代的：如何对待古典目录学优良传统．四川图书馆学报，1992（4）

③ 程焕文．中国目录学传统的继承与扬弃——“辨章学术，考镜源流”批判．图书馆工作与研究，1996（4）

仍然具有现实意义的内容。采取民族虚无主义全盘否定的态度是不对的，应当采取科学分析的方法，抛弃一切过时的、陈旧的内容，继承和发扬我国古典目录学的优秀传统，这对于建设现代目录学是完全必要的。

三、开拓与融合——90年代目录学应用研究的进展

时代呼唤目录学贴近社会，要求目录学研究以整个社会文化为背景，跟随着时代演进的节拍前进。近年来目录学研究领域最大的变化就是目录学的研究内容开始走向社会。目录学应用研究取得了显著成就，标志着目录学的研究内容面向了社会。这是因为“目录学是一门实践性很强的科学，它的产生和发展是由目录工作实践需要所决定的，非常生动的书目情报实践活动中不断涌现的问题，迫切需要给予理论上的回答，这就要求目录学研究者不能脱离现实的要求去从事‘经院式’的研究，因此，加强目录学的应用研究是当今时代的呼唤，也是当代目录学对时代要求的一种自觉回应”①。随着社会信息化和信息社会化进程的明显加快，日益增长着的文献信息流与人们对文献信息的特定需求之间的现实矛盾更加突出。在这种新形势下，探讨目录学理论与实践的最佳结合点是现代目录学研究者面临的重要课题。书目情报需求与服务理论正是在这一背景下产生的，它是目录学应用于社会，在新形势下进一步开拓与演化的一个研究领域，是现代目录学研究的重要内容。这是因为书目情报服务观念的变革、内容的拓展、方式方法的嬗变、书目情报服务组织与管理的优化等，都是现代目录学研究的重要来源，也是目录学理论变革的先导。在目录学应用研究方面，近年来取得了可喜的成果：《书目情报需求与服务研究》②一书是在获得了国家教委“七五”哲学社会科学博士学科点专项科研基金的资助，向全国几百个单位的不同读者进行了问卷调研和跟踪调查的基础上，对读者书目情报需求的特点和规律以及书目情报服务体系的优化与改革进行了深入系统的分析与研究之后写成的。该书的特点之一在于，改变了传统目录学主要从文献角度对目录学原理进行探

① 彭斐章等．目录学研究文献汇编．武汉：武汉大学出版社，1996：p.7
② 彭斐章．书目情报需求与服务研究．武汉：武汉大学出版社，1990

索的局限，而将重点放在对读者书目情报需求的特点和规律的研究上。这方面研究的重要成果还有《信息服务与用户研究》①、《文献信息服务》② 等。《书目情报系统理论研究》③ 一书，以大量书目情报系统建设经验为依据，以知识传播和利用来满足社会文献信息需求为目的，以系统与环境的联系为基础，对书目情报系统运行和发展一般规律进行了深入研究，是一部有关书目情报系统方面体系比较完备、论述比较系统、观点比较新颖的理论专著。它对开拓目录学研究的新领域，丰富现代目录学的内容和发展目录学的应用理论，具有重要的开拓作用。当前，我国目录学正在由传统目录学向现代目录学转变，由计划经济环境中的目录学向市场经济条件下的目录学转变，目录学应当介入社会生活，面向经济建设。由于科学技术的飞速发展及世纪之交的时代背景，解决文献的不断增长与人们对文献信息特定需求的矛盾的核心是解决书目情报服务问题。而要很好地开展书目情报服务，优化书目情报服务体制，必须研究书目情报服务的组织与管理。《书目情报服务的组织与管理》④ 一书，就是以书目情报理论为基点，借鉴组织与管理理论，坚持书目情报与书目控制相结合，最新理论与现代技术相结合，以此作为研究的结合点，探索适合我国国情的社会主义书目情报服务和管理新体制。这些成果表明现代目录学研究增加了面向社会书目情报实践活动方面的研究课题，研究课题的转换，既是对传统目录学研究模式反思的结果，也是时代发展的需要。

中国目录学本是致用之学，致用是目录学的生命线。书目工作作为文献工作的一部分逐渐列入国家文化教育与科学研究的总体发展计划中。科学文化的发展，文献信息机构的建立与完善，现代信息技术的广泛应用，为书目工作提供了发展的条件；读者对文献信息的迫切需求与广泛利用，为书目工作开辟了广阔的阵地，书目工作取得了积极的成果。《建国四十五年来我国书目工作成绩和发展》⑤ 一文，对

---

① 胡昌平．信息服务与用户研究．武汉：武汉大学出版社，1993

② 娄策群．文献信息服务．武汉：华中师范大学出版社，1994

③ 柯平．书目情报系统理论研究．北京：书目文献出版社，1994

④ 彭斐章，贺修铭．书目情报服务的组织与管理．武汉：武汉大学出版社，1996

⑤ 谢灼华．建国四十五年来我国书目工作成绩和发展．图书馆，1994（6）

新中国成立45年来书目工作的成就进行了系统的总结，对当前我国书目工作的发展与研究提出了一些建议。《书目工作概论》① 一书，是对书目工作理论与实践的系统概括和总结。

目录学研究涉及的领域十分广阔，90年代的目录学研究在上述三个方面取得了新的令人鼓舞的进展。但是，我们也清醒地看到目录学研究中还存在着不尽如人意之处。例如，在国外目录学研究方面，虽然90年代以来发表了一些有研究深度和力度的论文，但是，外国目录学理论研究、中外目录学比较研究还有待加强，其他如有关专科目录学研究、分支学科的研究、目录学研究队伍的建设问题的研究、网络条件下书目情报服务的组织与管理等问题的研究，等等，均需加大研究力度。

回顾历史，我们为拥有优良的目录学传统而骄傲；观看今天，我们为在90年代这一承上启下、继往开来的历史性关键时期取得的丰硕成果而自豪；展望未来，我们为重塑目录学的辉煌而感到任重道远。时代为目录学研究的发展提供了极好的契机，我们一定要适应时代的需要，好好把握目录学学科的基点和制高点。历史将会证明，目录学有过光辉的过去，我们一定能够重塑目录学的辉煌。

（原载马费成主编：《知识信息管理研究进展》，武汉大学出版社，1998）

① 倪晓建．书目工作概论．北京：北京师范大学出版社，1991

当代中国目录学研究的现状

中华人民共和国的成立，标志着中国目录学研究进入了一个崭新的发展阶段。当代目录学在批判地继承和发展中国古典目录学优秀遗产的基础上，认真地研究和吸收国外目录学的理论和先进方法，不断丰富了目录学的内容。随着现代科学技术的发展，文献信息的急剧增长，文献信息交流的不断扩大，特别是现代通信技术与计算机技术在书目工作中的广泛应用，给目录学研究提出了许多新的研究课题。目录学内容范围的拓展，目录学研究的不断深化，分支学科的不断涌现，当代目录学已由研究单纯地指导读书治学变成为研究科学地揭示与有效地报道文献信息，来解决不断增长着的文献信息流与人们对文献信息的特定需要之间的矛盾规律的一门科学。当代目录学的地位与作用，在广泛应用于社会，紧密结合社会发展和改革开放的需要，为社会主义物质文明和精神文明建设服务中逐渐为人们所认识。信息时代使具有悠久历史和优良传统的目录学紧跟时代步伐，焕发出新的生命力。处在世纪之交的今天，中国目录学已经经历了知识积累和经验总结时期，步入了理论发展的阶段。当代目录学研究，取得了令人瞩目的成就。

1. 书目工作的发展为目录学理论研究提供了丰富的素材

目录学理论来源于书目工作实践。目录学是由实践需要所决定的，目录学理论发展的程度取决于书目工作实践需要的状况，书目工作实践是目录学赖以产生和发展的源泉。新中国成立以来，书目索引的编制取得了显著成绩，据统计，自 1949 年 10 月至 1992 年，共编制了各类型书目索引 7 682 种。书目索引类型渐趋完备，在出版物缴送本制度的基础上，进行了出版物国家书目登记工作，定期出版了《全国新书目》（月刊）和《全国总书目》（年刊）两个书目刊物，比较系统地揭示和报导了国内正式出版的图书概况，为编制其他类型书目提供了条件，在国内外产生了重要的影响。1985 年北京图书馆作为全国书目情报中心，承担起编制全面、系统地揭示与报道中国出版物国家书目的任务，成立了《中国国家书目》编辑组，按照“领土—语言”原则，收录了中国出版的图书、连续出版物、地图、乐谱、博士论文、技术标准、书目文献、少数民族文字图书、盲文书以及中国出版的外国语言文献等，达到中国新版图书的 80%的覆盖率。书目按照 GB3792-83 著录，著录项目完备，附有题名、著者、主题三种索引。自 1990 年 9 月开始采用计算机编制每月两期的速报本。《中国国家书目》数据库累积数据达 20 万条，年数据量增加约 5 万条，可以按用户指定类别组盘。《中国国家书目》是实现中国国家书目控制的基础，也为实现世界书目控制提供了条件。回溯性大型书目的编制，取得了巨大成绩，编纂出版的《中国古籍善本书目》收录了中国除台湾省外的 781 个单位收藏的 6 万种 13 万部古籍善本书，这部书目是对中国流传的古籍善本的一次大总结。《民国时期总书目》收录了自 1911 年至 1949 年 9 月这一期间中国出版的中文图书 12.4 万种，按《中文普通图书统一著录条例》著录，大部分图书都撰写了内容提要，并注明收藏馆代号，按学科分册出版。这是一部回溯性的中国国家书目，它不仅为检索这一时期出版的文献提供了方便，而且其编纂经验可作为今后编纂大型回溯性书目的借鉴。联合目录在实行馆际互借、馆际协作、文献资源共享方面发挥着重要作用，1957 年 11 月建立的联合目录编辑组进行了大量卓有成效的工作，编纂了像《全国中文期刊联合目录）（1833～1949）、《中国古农书联合目录》、《中国地方志联合目录》等全国性和地区性的联合目录 300 多种，80 年代开始采用电子计算机编制联合目录。专题书目索引由于选题针对性强，报道文献信息专深而且迅速及时，便于科学工作者准确及时地获取某一特定专题的文献信息，因而在整个书目文献中占有重要的地位。据统计，1949 年 10 月至 1992 年中国编制的专题书目索引达到 6 213 种，占同时期书目文献总量的 80.9%。随着计算机技术的广泛应用，高密度存贮介质的普遍推广和现代通信网络的建立，加速了印刷型书目文献向机读型书目文献的过渡，书目数据库的建设取得了一定的进展，到1988年年底，中国自建的中西文数据库260个，其中文献型数据库达98个。

目录学研究的目的是研究书目情报工作发展规律，指导书目情报工作实践。在书目情报工作实践中提出的理论、组织管理和方法等方面的一系列问题，需要目录学理论给予回答。当代目录学本是致用之学，“致用”是当代目录学的基本特征。46年来当代目录学在应用研究方面取得了令人瞩目的成就，例如对国家书目的编制及有关问题的研究，对中国检索刊物体系的建立与发展的研究，对我国联合目录报导体系和计算机编制联合目录的试验与研究，对书目情报工作标准化的研究，对书目情报工作的组织与管理的研究，对书目数据库的建设的研究等。出版了一系列有关的学术论著，如朱天俊主编的《应用目录学简明教程》（光明日报出版社，1993），倪晓建主编的《书目工作概论》（北京师范大学出版社，1991），桑良至的《文献学概论》（中国书籍出版社，1993）等，这些都是书目情报工作实践经验的总结，是我国书目情报工作理论探讨与实践经验总结的新成果。关于书目文献编制方法与使用和总结性的论文，从1949年10月至1990年期间总计254篇，占同一时期目录学论文总数的18%。

2. 当代目录学理论研究的新进展

当代目录学研究揭开了中国目录学发展新篇章。据不完全统计，从1949年10月至1992年年底，发表在中国各类报刊上的目录学论文共约2 203篇，平均每年约50篇，80年代后发表的论文为1 894篇，相当于1949年10月至1979年期间发表论文总数的6.39倍。这一时期出版的目录学专著、教材共40多种，其中绝大多数都是80年代以来中国目录学研究者的新著，这些论著反映当代目录学理论研究的新认识。

首先，确立了“书目情报”是当代目录学研究的基点。所谓“书目情报”，就是关于文献的效用信息。以“书目情报”作为当代目录学的学科基点，是因为书目情报关系着目录学的各个方面，书目情报概括了一切书目活动的本质，使书目工作的对象从文献深入到文献中的知识和信息，这在目录学的认识上是一大进步。目录学要研究有关文献信息的揭示，而文献信息揭示的目的是向读者传播知识和信息，书目情报是联系读者与文献的中介。当代目录学是研究书目情报运动规律的一门科学，书目情报基点的确立，为当代目录学借鉴和吸收现代科学技术，开拓新领域提供了机会和条件，使当代中国目录学建立在科学理论的基础上。

目录学的研究对象问题是目录学的基本理论问题，20 世纪 50 年代末 60 年代初中国目录学界对这一问题进行过热烈的讨论，目录学家从各自不同的角度提出了有关目录学的定义及其研究对象的看法，众说纷纭，莫衷一是。80 年代以来，有的目录学研究者从唯物辩证法的矛盾学说出发，分析了目录学领域的矛盾，认为“科学揭示与有效报导文献的信息与人们对它的特定需要之间的矛盾，构成了目录学领域诸矛盾现象中最基本、最主要的矛盾，这就是目录学的研究对象”。目录学的基本矛盾说决定了目录学逻辑起点的范围和界限，确立了应当从目录学学科自身发展的特殊矛盾及书目情报活动的本质与发展规律的角度去探讨目录学的实质。矛盾说正为多数人所接受。

3. 当代目录学的研究内容不断拓展和深化

人类社会发展到今天，信息量空前增多，日益增长的文献信息流和人们对文献信息特定需求之间的矛盾愈来愈突出，书目情报需求与服务理论正是在这一背景下产生的，是当代目录学研究领域不断拓展和研究内容进一步深化的结果。近年来，有关书目情报需求与服务的研究取得了可喜的成果。武汉大学彭斐章主持了“图书情报需求分析与读者服务效率研究”的科研课题，在向全国几百个单位的各类型读者进行问卷和跟踪调查，掌握了大量事实和数据的基础上，对读者书目情报需求的特点和规律及书目情报服务的结构模式、组织管理、运行机制等问题，进行了系统深入的分析研究，完成了最终成果《书目情报需求与服务研究》（武汉大学出版社，1990）。该书的特点在于，改变了传统目录学主要从文献角度探讨目录学原理的局限，将重点放在对读者书目情报需求的特点和规律的研究上。有关这方面的研究成果还有胡昌平的《信息服务与用户研究》（武汉大学出版社，1993），娄策群主编的《文献信息服务》（华中师范大学出版社，1994）。近年来，增加了面向社会实践方面的研究课题，这种研究课题的转换，是对传统目录学研究模式反思的结果，是当代社会对目录学研究的一种呼唤，也是当代目录学研究领域拓展和深化的表征。

从 20 世纪 80 年代开始，当代目录学的研究热点转移到分支学科的研究。随着现代科学的发展，读者书目情报需求的多样性与专指性，出现了目录学与其他学科相结合而产生的专科文献目录学，如文学文献目录学、历史文献目录学、科技文献目录学、医学文献目录学等。80 年代以来，当代目录学研究引人注目的是现代科学方法的导入。关于运用控制论的原理研究书目情报系统的运动规律的书目控制论是目录学的一个分支学科，中国目录学界从不同角度结合国情对书目控制原理进行了研究，取得了初步成果。数学和统计方法引进目录学以后形成的书目计量学，被认为是当代目录学进入新阶段的重要标志。近年来，中国学者对书目计量的理论与实践问题进行了深入探讨，出版了一系列的论著，标志着中国书目计量学研究进入了一个新的阶段。

上述分支学科与目录学相辅相成，构成了当代目录学研究的庞大学科群，充分显示出目录学在当代经济和科学文化发展中的作用，大大拓展了目录学研究的内容。

4. 关于目录学史的研究

中国目录学历史悠久、源远流长，在两千年的历史发展中，形成了较为突出的优良传统，批判地继承中国古代目录学的宝贵遗产，作为发展当代目录学的借鉴，无疑应当成为研究的重要内容。新中国建立 40 多年来，目录学史的研究取得了巨大成绩，主要表现在：目录学研究者注意从联系的、整体的观点出发将目录学史的发展和当时的社会历史以及文化联系起来，或者对某一历史时期目录学发展特点及其规律进行研究，或者分别对古代各个不同历史时期的书目文献及其与当时社会文化的联系、作用和影响等进行系统的总结与评述。80 年代以来，出版了一系列目录学史专著，如王重民《中国目录学史论丛》（中华书局，1984），吕绍虞《中国目录学史稿》（安徽教育出版社，1984），来新夏《古典目录学》（中华书局，1991），罗孟祯《中国古代目录学简编》（重庆出版社，1983），乔好勤《中国目录学史》（武汉大学出版社，1992）等，有的从整体上概括各个时代的目录学成就，有的重点突出对各个时代的重要目录学家的思想和目录学著作的论述。总之，这些著作从不同方面将目录学史的研究引向系统和深入。进入80年代以来，对近现代目录学的研究有了很大的加强，特别是对中华人民共和国目录学历史的研究，已经引起了目录学界的关注，出现了一些功力深厚的论著。

历史的车轮已经接近20世纪的终点，21世纪的晨曦开始在不远的未来闪耀，目录学如何走向21世纪，是每个目录学研究者的重要课题。

当代目录学的发展趋势有两点必须强调：

（1）整体化是当代目录学发展的趋势。目录学整体化发展包括两方面，首先是目录学自身的整合，它通过以书目情报作为研究基点，分层次进行研究来实现。第一层次是目录学的微观研究，侧重对书目情报实践活动中具体问题的研究，如书目情报产品与市场的研究，机编书目文献的研究，书目情报工作标准化研究等。第二层次是目录学的中观研究，属于这方面的研究包括：研究书目情报对文献信息的揭示，形成文献信息揭示理论；研究书目情报系统对文献信息流的控制以及对书目情报资源进行开发与利用的过程与规律，将书目、索引、文摘的编制法上升到书目情报系统理论研究；研究读者书目情报需求的规律，将各类型读者需求特点的一般研究深入到用户接收文献信息规律的研究，形成书目情报需求与接收理论。第三层次是目录学的宏观研究，从文化、哲学、心理学、语言学、信息论等方面来研究书目情报，使书目情报的本质得到深刻的揭示，使目录学理论得到深层次探讨。

其次是目录学与其他科学的融合。目录学可以与文化学、教育学、社会学等学科融为一体，使目录学融入广义文化学的整体化中心。目录学也可以与符号学、交流学、传播学、计算机科学、数学等众多学科交叉结合，使目录学融合进信息科学的整体化中心。

（2）科学化是目录学发展的趋势。目录学科学化实际上是一个方法论问题，目录学名词术语的标准化，目录学理论体系的构建以及书目情报工作实践经验的理论升华等，需要一套科学研究的方法，目录学研究引进其他科学方法时更需要一种理论，使得其他科学知识为我所用。因此，加强逻辑研究是目录学科学化的基础，加强量化研究是目录学科学化的重要条件。

中国目录学已经经历了漫长的发展历程，它有着令人骄傲的过去，更有着充满希望的未来。新技术革命既是当代中国目录学发展的机遇，同时，又是对目录学的挑战。因此，必须面对现实，把握机遇，努力奋斗，迎接信息时代目录学的明天。

（原载《中国图书馆年鉴》(1996)，北京图书馆出版社，1997）

面向未来　重塑辉煌

——跨世纪目录学研究基点的选择和学科制高点的确立

随着21世纪钟声的临近，人们的思想愈发活跃，回眸与反思，预测与梦想，日夜缠绕在人们的脑海中，世纪之交引起了感慨万千。

作为世纪末的科学思潮，各学科富有远见的学者无不以崇高的敬业精神，在为本学科筹划着下一个世纪的发展方向。化学家说，下个世纪是化学的世纪，当今化学的地位又确实在扶摇直上；生物学家声言，下个世纪是生物学的世纪，生命科学的旗帜正璀璨夺目；人文科学家宣称，下个世纪是人学的世纪，这不仅是因为生命科学中“第一位”生命即人，而且生命现象与许许多多其他现象相关，最集中在人身上，人最值得研究。① 在上述现象的背后，蕴含更深的内涵是各学科在寻找未来世纪中的学科基点、制高点和未来走向的方法论上的意义。中国目录学作为一门历史悠久、源远流长的学科，其历史地位很高。“中国目录学走过漫长的知识积累时期和经验总结时期后，从20世纪开始踏上理论目录学时期的里程。20世纪的目录学在得天独厚的历史契机中走向现代化，发展成为真正独立的科学，发生了前所未有的巨大变化。”② 如何总结目录学的发展历程，认识其历史地位、成就和局限以及在21世纪的未来走向，是任何富有使命感的目录学家都不可推诿的责任。

学科基点是科学研究的出发点和起点，学科理论体系的建立和学科方法论的选择都必须以学科基点为基础，在此意义上可以说，有什么样的学科基点便会产生什么样的理论体系。学科制高点则是指学科研究主体的思维高度和学科研究所要达到和实现的目标。学科基点和

---

① 张楚廷．人力学引论．湖南出版社，1995：p. 1

② 贺修铭．20世纪目录学研究的两次高潮及其比较．图书馆，1994（5）

制高点一旦形成，便构成学科研究的指导思想，决定着学科未来发展的方向和理论功用取向。一个合适的学科基点和理想的学科制高点会将该学科导入科学前沿阵地。面向未来的目录学首先要解决的就是学科基点选择和制高点确立的问题。

一、历史回顾

基点的选择和制高点的确立不是随心所欲的。“时代特征必然要体现在作为社会产儿和社会进步推动力量的科学身上，使它具有时代性。科学的整体是这样，各门具体学科也是这样。目录学就要具有鲜明的时代性。”① 目录学的时代性首先体现在目录学研究基点的选择和制高点的确立上。

目录学作为实践性很强的致用之学，是书目工作和实践的产物，但书目工作实践并不是目录学研究的基点，更不是学科的制高点，因为理论和实践的结合从来就是一种方法论。然而，目录学研究的基点和学科制高点源于书目工作和实践，这是毫无疑问的。

学科基点的选择和制高点确立因时代而异，往往表现为一个历史的过程，在这一过程中，一定时代的政治、经济、文化和科技因素作为一种环境因素直接或间接地通过书目工作和实践的中介作用，影响着基点的选择和制高点的确立，从而规定着目录学的理论基础、方法论、价值论、研究范畴与深度、研究重点、研究路向和学术风格等各个方面。

中国古典目录学研究基点和学科制高点与古代文献生产技术和保存技术的落后是分不开的。由于手抄或刻版印刷文献的复本少、错误多，加之古人那种随意改动和伪造文献的做法，使“文献整理”理所当然地成为目录学的研究基点，古代学者离开了目录学简直无法做学问，“辨章学术，考镜源流”也就自然而然地成为古典目录学的制高点。古典目录学发展到清代被尊为学中之学，是与古典目录学研究不失时机地成功地选择学科基点和确立学科制高点分不开的。

---

① 卿家康．目录学的时代性与当代中国目录学的特征．图书情报知识，1995(6)

“进入近代社会后，铅字印刷技术使文献的复本量剧增。在新的交流环境中，古代目录学的大部分知识和技能显然失去了作用。这种状况似乎已决定了中国传统目录学的没落。不论从何方面分析，目录学都不像一个能成为前沿的领域。但是，目录学在经历了20世纪初至20年代的一段沉寂后，在30年代全面复兴了。”① “各大学中国文学系课程内多有‘目录学’一科开设”②，“高级中学以上学校，多列为必修课，学子重视，几埒国学”③。从而形成了20世纪中国目录学研究的第一次高潮，塑造了20世纪目录学的辉煌。

对于中国目录学全面复兴和高潮出现的社会背景虽然还缺乏深入和全面的认识，但有两个因素所起的关键作用是毋庸置疑的。

其一是中国出版业的现代化相对世界来说比较迟缓，这样使古典目录学的研究基点和学科制高点获得了延续的空间和时间，古典目录学的生命力也因此得以强化。在19世纪以前，我国出版业一直处于世界领先地位的事实，为古典目录学繁荣提供了坚实而肥沃的土壤。“从18世纪后期到19世纪前期：我国出版业还停留在传统的阶段，西方出版业则已开始向新出版业阶段过渡，机器操作逐步代替了手工操作，出版的行业组织和立法也开始确立，这些作为新出版业的特征在中国的出现，比西方几乎晚了近一个世纪。”④ 正是中国出版业现代化的迟缓，并未使文献数量剧增成为目录学理论和实践所要面临的首要问题，而版本、文献校勘和学术导引仍是众学术者必经的首要难关，更兼考据学风的学术背景，以文献整理为基点，以“辨章学术，考镜源流”为学科制高点的古典目录学仍以其固有的魅力独领风骚，并成为20世纪目录学第一次高潮的主要契机。从李小缘对当时目录学四个流派的归纳，古典目录学的影响差不多占据了其中的“三个半”，由此可见一斑。

其二，科学革命迟迟不能在中国发生，使古典目录学理论的近代

---

① 范并思．论图书馆学学科前沿的转移．图书馆，1993（4）

② 何多源．论“目录学”及“参考书使用法”应列为大学一年级必修课程．教育杂志，1939，vol.29（8）

③ 汪国垣．目录学研究自序．商务印书馆，1934

④ 王余光．论中国新图书出版业的文化贡献．华中师范大学博士学位论文，1993

化难以实现，其研究基点和学科制高点也就明显缺乏更新机制，这也在一定程度上又强化了古典目录学的生命力，同时也为古典目录学成为20世纪目录学第一次高潮的中心提供了机遇。

近代化是一个历史发展过程，必须以涵盖一定的历史时期为前提。关于近代史分期，史学界看法不一，传统上将1840年至1920年作为近代时期，后来学者提出应将1949年作为中国近代史的“终止”时期。在把近代化看做历史过程的前提下，如果按照传统的分期方法，我们可以说，中国目录学缺少一个近代化阶段，如果把1840年以后的百余年算做近代时期，以20世纪30年代目录学研究作为标志，我们则认为中国目录学的近代化进程相当迟缓，而且步履艰难。或者换一种说法，中国有近代之目录学，而无目录学的近代化。这是因为，科学的近代化作为一种历史进程，应该是以理论和实践的双重丰收为标志的。从世界范围看，近代西方资产阶级革命的胜利，工业和科学技术的革命直接催生了大批新型图书馆和博物馆，书业书目、国家书目、专题书目、联合目录代表着当时书目实践的丰硕成果，图书馆的编目方法形成的一套特殊的技术和规程，以及书目编制上的联合协作和标准化等，则是书目实践和目录学理论完美结合的体现，1895年在布鲁塞尔成立的国际目录学学会及各国目录学组织的建立，使理论研究组织化。20世纪初是西方“目录学发展中最革命的阶段”①，也代表着西方目录学近代化的成功。

尽管“1840年以后的百余年间，我国目录学承前清目录学遗绪，文人学者为风尚所趋，纷纷研究目录学，叶德辉所谓研此学者咸视为身心性命之事，在书目、索引的编制和目录学理论研究方面均取得了很大的成就”②。也正如王逸樵所说，“论目录学，当以清代为大盛，而其最盛，则又应收近百年为趋！”③ 藏书、校勘、辑佚诸家“罔不趋重此道，草偃风流，别立一帜，遂与清季考古研经之学颉颃并称！

① Kent，Allen and Harold Lancour. *Encyclopedia of Library and Information Science*. 1968

② 乔好勤．中国目录学史．武汉大学出版社，1992：p. 378

③ 王逸樵．谈近百年来目录学．再建旬刊，1930，vol.1（11）

迄近年来，研究者犹不乏人，蔚然而为一代艺坛重要之专门学术也！”① 显然，中国近代目录学有兴盛和繁荣之状况，而无西方近代化目录学之状态。近代目录学对古代目录学研究基点和学科制高点的秉承痕迹是不言而喻的，姚名达先生所感叹的“时代之神殆无特殊之差异”②，何尝又不是对古代和近代目录学一脉相承状况的深刻反省呢？

作为一种客观而又严谨的学术态度，我们应该公正地评价书目实践近代化的成就。李小缘所提及的所谓新旧俱全者，实质上反映了中国目录学与世界目录学潮流的交流和联合问题。尽管我在前文强调，古典目录学在 20 世纪的第一次高潮中占据了三个半的理论空间，但不能否认，异域目录学的输入，乃是这次高潮形成的重要契机。它对于新旧俱全者的形成起着决定性的作用，而对书目工作近代化的完成可以说是起了革命性的影响。30 年代的引得运动轰动学界，而新的书目分类法的出现和排检法的丰富更使古典目录学的传统四部法和单一的类例排检法受到摒弃，古典目录学书目实践方法的市场越来越小，与古典目录学理论的繁荣所形成的对照反差，映射出中国目录学和西方目录学融合和冲突过程中必然会出现的悲壮氛围。这也是近代中国目录学在百年风雨中经受的第一次近代化洗礼。姚名达先生所总结的“时代之精神殆无特殊之差异”也好，杜定友先生“中国无目录学”的愤愤而言也罢，及至当代学者所称之的“传统目录学的回光返照”，以及概括的“理论脱离实际”之严重倾向，只是平添了 30 年代目录学悲壮氛围的浓烈。这次高潮因 30 年代后期中国抗倭战争时代的来临也许缺乏足够的时间而夭折，但科学革命迟迟不能在中国发生，从而使古代目录学在近代时期缺乏研究基点和学科制高点更新的催生力量，这不能不说是一个重要因素，认识这一问题，具有重要意义。

1543 年，哥白尼的《天体运行论》和维萨留斯的《人体结构》于这一年同时发表，由此从哥白尼到牛顿这 150 年的光景，科学所发生的一系列变革，被称之为科学革命。

---

① 王逸樵．谈近百年来目录学．再建旬刊，1930，vol.1（11）

② 姚名达．中国目录学史．商务印书馆，1936

中华文明古国曾经拥有火药、指南针、造纸和印刷术这几项被弗兰西斯·培根认作是加速了西方从黑暗时代向现代社会转变的最重要的发明，中国在前现代时期的科学技术成就被世人叹为观止。李约瑟博士及其合作者的不朽著作中所记载的证据也强有力地说明，除了最近的两个或三个世纪之外，历史上中国在绝大多数主要的科学技术领域，一直遥遥领先于西方世界。在前现代历史上，中国的确具有一个非常辉煌灿烂的开端，她的创造力一直保持了好几千年。许多历史学家都承认，迄至 14 世纪，中国已经取得了巨大的技术和经济进步，她已通向爆发全面科学和工作革命的大门，但中国终于未能跨进科学革命的门槛。因而，当 17 世纪后西方的进步加快之后，中国就远远落后了。鸦片战争，英国人用炮舰打破了火药发明国度的大门，西方技术上的优势给中国带来了屈辱的冲击。自此以后，中国就一直被光荣的历史回忆和现实落后的屈辱所困扰。这就是李约瑟之谜。对李约瑟之谜的求解，一些优秀的学者包括李约瑟在内已经提出过好几种解释，包括政治经济制度因素决定论、中国技术创造力消失说、技术需求不足论、技术供给不足论、科举制度导致论等几种观点。这些都说明，科学革命在中国的姗姗来迟，使目录学理论发展必须的科学传统难以形成，从而导致了中国目录学近代化进程缺乏催生动力，这也是30 年代中国目录学理论与实践严重脱节，古代目录学在书目工作已经实现近代化的条件下，而迟迟不能近代化的根本原因。

科学，是理性的事业，作为人类理解客观世界的活动，由此而为人类改造世界的活动提供理论。因此，科学进步和科学革命，必将导致人类改造世界的理论工具的革新和创造。科学革命的成就主要通过两个方面来体现：其一是它所取得的成果，即各门学科的知识体系；其二是掩藏在这些体系背后的，作为知识母机的东西——人类理解世界的立场和方法、科学价值观和科学精神。科学革命的重要意义还在于塑造相对应的科学传统。科学传统实质上是科学革命的历史沉积物，也是科学革命成就系统的体现，库恩称之为“范式”，劳丹称之为“科学研究传统”。一定时期的科学传统是那个时代科学的灵魂，也是科学的时代精神，各时代人们理解世界的基本方式，很大程度上取决于那个时代人们的社会实践方式和状况，以及由其所生成的总的社会精神环境和科学传统。科学传统的功能最重要的是，提供这门学科的基本信念或先决条件，即研究基点和学科制高点。

16 世纪至 17 世纪的科学革命是一场思想领域里用理性和经验取代盲目神学信仰的革命。用美国科学哲学家库恩的话说，是一场科学和哲学领域里的“规范革命”，实质上乃是科学传统的革命，科学从此充当人类思想进程的主角，恰如宗教在中世纪的地位。“以培根、洛克为代表的经验主义方法论思潮，它们从根本上影响了那个时代的科学，渗透于各门科学中。”① 处于同一历史时代的经验主义方法论和理性主义方法论以及奉行于科学中的其他方法，其共同的特点是“机械还原论”的思想方法和与此密切相关的分析方法，其共同的作用是使实验方法的地位明显上升。正是理性主义者所强调的理性至上和经验主义力倡的感觉为根本的相互振荡和调谐，促生了新的科学传统，这一科学传统在 18、19 世纪又经受了浪漫主义（强调人的激情和意志）和历史主义思潮（在自然科学中表现为进化论思潮）的洗礼，终于把西方科学带进了现代科学的新纪元。西方科学革命对各门学科的催生作用是划时代的。“知识就是力量”是培根留给人类的具有永久魅力的名言，我们也不难断定，如果没有培根对知识体系的严谨、准确、逻辑化的归纳，便很难设想会有十进分类方法的诞生。

上文之所以用大量笔墨来叙述西方科学革命的成就和地位，是因为中国正是缺乏甚至没有类似的科学革命，从而使各门具体科学都先天性缺少一种近代化的催生动力，缺乏诞生科学传统的土壤。尽管中国近代目录学不能像西方近代目录学那样，从科学革命的大背景中获得近代化的动力，但值得庆幸的是，鸦片战争以后，随着中国人迫不得已的“睁眼看世界”，西方目录学的方法和技术输入了中国，在半个多世纪的酝酿过程中，终于成为推动 20 世纪 30 年代中国目录学研究高潮形成的动力。汪辟疆、刘咸炘、容肇祖、刘纪泽、蒋元卿、杜定友、姚名达、余嘉锡等一批学术大家对中国目录学定义、对象、内容和功能等问题大胆审视，实质上是寻求中国近代目录学研究基点和制高点的艰辛探索。当然可以设想，如果 30 年代以后和平环境更长一些，从 1840 年到 1949 年的中国目录学理论会形成完整的近代目录学理论体系，其理论研究基点和学科制高点会有近代化的更新，甚至

① 鲁品越．西方科学历程及其理论透视．中国人民大学出版社，1992：p.223

可以让后人将近代目录学史大书特书。然而遗憾的是，近代目录学理论始终未能超出“辨章学术，考镜源流”的体系，近代目录学理论体系的贫乏有目共睹。作为这种状态的文化思考，我们可以发现，近代中国对外部文化的引进，是从西方的“形而下”之器（科技、方法），发展到“形而上”之道（政治、制度、法律、哲学等）。在这种文化引进模式下，目录学对西方目录学的引进和借鉴也是首先引进编目分类之法，尔后才有对外国理论的吸收。只是中国目录学引进西方目录学的第二步尚未迈开，战争时代不期而至，30 年代的目录学研究高潮尚未充分展开，目录学理论近代化的使命便无法实现了。姚名达先生弃笔从戎之时，何尝又不带有中国目录学理论不能近代化的遗憾和悲壮呢？

二、现实反思

1949 年以前的中国近代目录学，由于缺乏本土科学革命的契机，也就不能形成属于自己的科学传统，研究基点和学科制高点的更新更是无从谈起，在书目实践日新月异与理论体系陈旧不堪的矛盾困扰中，中国目录学迎来了 1949 年以后的和平曙光。

此时，世界科学技术已经经历了几次革命，跨入了科学史上的新纪元。科学知识和文献的指数增长，致使文献浩如烟海，面对此情此景，古典目录学的方法失去用武之地。“50 年代起，当实践越来越迫切需要理论的指导时，由于官方意识的影响，我们主要学习苏联，以致于在论著中所举的例子也多是苏联书目，西方和传统，基本上都被苏联目录学所替代和遮掩。六七十年代，中国社会陷入无知和愚昧的黑暗，目录学当然难逃厄运。70 年代末，中国从恶梦中醒来，忽然发现自己真的落后了，理论和技术的陈旧，使得我们以久违的心情在本世纪又一次重新看待西方目录学理论。于是目录学研究在 20 世纪的第二次高潮在 70 年代末开始酝酿并在 80 年代形成。这次高潮的核心定将产生于本世纪 30 年代，并在五六十年代被扭曲了的中国目录学改造为适应书目工作现代化需要的目录学。”① 在这次高潮中，目

① 贺修铭 .20 世纪目录学研究的两次高潮及其比较 . 图书馆，1994（5）

录学家肩上的担子是沉重的，既要解决在30年代就已提出、在50年代已经讨论、在80年代必须解决的目录学的对象、定义、内容和功能等悬而未决的一系列基本问题之后，方能着手理论建设；又要面临西方目录学理论和书目工作技术和方法的日新月异所带来的冲击；还要小心谨慎地处理派生学科或研究领域（如索引、文摘学、书评学、文献检索等）和相关学科（如图书馆学、情报学、文献学等）的关系问题；更重要的是理论研究基点和学科制高点的重新选择和确立。关于上述前三个方面，我们在以往的文章中已经讨论过多次，这里主要论及研究基点和学科制高点问题。

学科的发展一般要经过知识积累、经验总结和理论建设几个阶段。学科研究基点在学科积累时期的最初选择，带有天然性和本能性。而学科制高点的确立则有赖于研究者的思维升华，也就是说，在学科知识积累时期，研究者并不一定能感受到学科制高点，可能在进入学科经验总结时期才会意识到，而此时研究基点对学科制高点具有决定性作用。中国古代目录学脱胎于文献整理活动，文献整理因此作为古代目录学研究的出发点，这种天然性无需多作说明，但“辨章学术，考镜源流”的总结历经了数代目录学家艰苦求索，才得以形成共识。学科进入理论建设时期之后，由于研究者、参与者的众多，思维差别的存在，研究视角的不同，再加上学科所处的时代环境的差异，必然会出现学科研究基点和学科制高点的重新选择和确立的争鸣。目录学研究领域关于对象之争，定义之讨论都已证明了这一点，其时，学科制高点和研究基点之间具有双向建构和影响作用，而研究基点的不同和相对一致的集中则是形成不同理论流派的先决条件。

关于目录学的研究对象，代表性观点有：校雠学包容说、图书说、目录说、图书和目录说、记录与利用图书的关系说等。陈光祚同志在50年代提出“目录学是研究以书目索引的方式向读者通报图书和宣传图书的规律的科学。它是由于人类巨大图书财富和读者对图书的一定需要之间，存在着矛盾和解决这个矛盾的需要而产生发展起来的”①，是为规律说。90年代，陈光祚同志又提出“目录学是研究文

① 陈光祚．目录学的对象和任务．武汉大学人文科学学报（图书馆学专号），1959（7）

献流的整序，测度和导向的科学”①，可谓文献流说。

从校雠学包容说，我们可以看到古典目录学的余音回绕。图书说、目录说以及图书和目录说明显地带有经验目录学的色彩，以此为对象来建构目录学的理论大厦必然是空泛无物，以此选择目录学的研究基点必然导致理论建设陷入就事论事的境况，而无法完成理论目录学的过程。关系说和规律说用运动和联系的眼光开始切入书目实践的真谛，我们认为科学地揭示与有效地报道图书资料（文献的信息）与人们对图书资料（文献信息）的特定需要之间的矛盾，构成了目录学领域里诸矛盾现象中最基本最主要的矛盾，也就是目录学研究的对象。我们近20年来所从事的探讨都是以矛盾说为基点的。从目录学发展规律上总结，把目录学的体系建立在更加科学化的基础上；把书目编制法上升到书目编纂学的高度，使目录学更加理论化；把目录学史深入到学术史的研究，使目录学内容更加深化②，可以说是我们对目录学学科制高点的理性把握。文献流说的出台，是作者对目录学研究对象的再认识，并未动摇矛盾说作为研究基点的地位，只是反映了作者对学科制高点的扩充意识，对于面向未来的学科基点的再次选择和学科制高点的重新确立是具有启发性的。

近20年来，中国目录学所取得的成就，可以让任何一个参与了目录学建设的学者都自豪地说，我们无愧于时代。我们不仅完成了近代目录学家未竟的事业，使古典目录学走上了现代化的历程③，而且顺应历史潮流和时代要求，在更新了研究基点和丰富了学科制高点的基础上，在学科意识上树立了大目录学观；确立了从认识论立意、以方法论开路，进行多元化科学体系理论建构的策略；选择了介入社会生活，面向经济建设的价值取向；并以技术先导为发展动力，沿着整体化之路，实现了研究重点的转移。这些将构成20世纪中国目录学研究特有的科学传统，并成为我们走向未来的新起点。

---

① 陈光祚．目录学是研究文献流的整序、测度和导向的科学——对目录学对象的再认识．图书情报工作，1990（1）

② 彭斐章，谢灼华．对当前目录学研究的思考．武汉大学学报（社会科学版），1984（6）

③ 卿家康．目录学的时代性与当代中国目录学的特征．图书情报知识，1995（6）

三、走向未来

20世纪的中国目录学特别是两次高潮所创造的辉煌，连同它所取得的丰硕成果一道，必将载入人类科学知识的史册。然而，20世纪目录学留给未来的目录学家的担子依然沉重。就在80年代目录学研究繁荣之时，作为一种思潮，“危机说”、“低谷说”悄然出笼，虽然它们并不能动摇我们面向未来、重塑辉煌的信心，但它带给我们的思考是深沉的。不可否认，随着80年代研究高潮临界点的到来，近几年目录学研究有所降温，而索引学、书评学、文摘学、文献学正在悄然兴起，吸引着越来越多的目光，而目录学知识的普及工程似乎也随着文献检索课作为大学生指定选修课的开设和一系列文献检索教材的出版试用，正被文献检索课所取代。就目录学本身而言，严格地说还不是十分规范和成熟的科学，它缺乏规范化的词汇和完整的学科体系以及科学的研究方法。在传统目录学向现代目录学转型尚不充分的同时，其赖以发展的社会大环境又正在由计划经济向市场经济过渡，上述任何一个问题都不是能在短期内轻松解决的。值得称道的是，“现代目录学”和“当代目录学”被明确提出了，表明了当今目录学家认识的飞跃，但对它们的内涵、范畴、理论体系、方法论、功能以及其与传统目录学的联系和区别等基本问题的认识还比较混乱。我们提倡多元化的理论建设，但不希望看到杂乱无章的理论体系；我们树立大目录学观，但不可能包罗万象。我们要完成面向未来、重塑辉煌的重任，首先面临的仍然是研究基点的选择和学科制高点的确立问题。

认清未来社会环境和形态是选择研究基点和确立学科制高点的前提。丹尼尔·贝尔认为：“后工业社会是双重意义上的一个知识社会：首先，革新的源泉越来越多地来自研究与发展（更直接地说，由于理论知识居于中心地位，在科学和技术之间存在了一种新型关系）；第二，社会的力量——按大部分国民生产总值和大部分就业情况来衡量——越来越多地在于知识领域。”① 让·雅克·塞尔旺·施赖贝尔则在

① 丹尼尔·贝尔．后工业社会的来临．北京：商务印书馆，1984：p. 20

1980年第一个明确地提出了“农业社会——工业社会——信息社会”的三阶段论。① 此后，信息社会、信息时代就一直是未来学家们津津乐道的话题，以信息的社会化和社会的信息化所引起的社会经济变革为中心议题，在世界范围内掀起了信息研究的热潮。尽管人们对信息还缺乏一致的公认和理解，但信息这一科学概念不胫而走，已成为科学家们手中得心应手的概念工具。有胆识的目录学者已经敏锐感到信息理论和信息社会带给目录学的新气息。“信息理论不仅确立了目录学的理论基础，而且影响着目录学的学科性质……使现代目录学走出社会科学，它与情报学（科学信息学）和图书馆学都必然是信息学科的重要分支。”② 学科性质的转变必将引起研究视野和研究方法的改变。

在关于未来目录学研究走向上，出现了几种思想倾向，除陈光祚教授提出的文献流说之外，朱天俊教授强调应用目录学的作用③，程焕文同志强调只有站在世界书目编制的高度来重建理论体系，目录学才能取得真正的发展④，并有学者进一步主张目录学应当以“文献控制理论与方法”为归宿⑤。我们曾身体力行，引进了“书目情报”的概念，并围绕它展开了一系列具体的研究工作。

书目情报理论的最初表达是书目交流理论，而书目交流理论又与书目控制论紧密相关，其思想渊源可追溯到20世纪50年代谢拉和伊根的社会认识论，经过前苏联60年代科学交流思想的改造，70年代在前苏联发展成型，80年代写进了高等学校目录学教科书。书目情报理论是传统书目工作迎接新技术革命的新思想，它的出现被认为是目录学理论的彻底革命，结束了国外目录学以具体书目成果为核心的历史。它的重要意义不仅仅在于创造了“书目情报”这一新的术语，更重要的是找到了目录学新的基点，动摇了传统目录学的思想体系。

---

① 让·雅克·塞尔旺—施赖贝尔．世界面临挑战．北京：人民出版社，1982：pp. 290～320

② 柯平．试论以信息理论为基础的现代目录学．图书情报知识，1994（2）

③ 朱天俊．目录学研究中若干问题的思考．中国图书馆学报，1992（4）

④ 程焕文．论中国当代目录学的变革．图书与情报，1991（4）

⑤ 卿家康．目录学的时代性与当代中国目录学的特征．图书情报知识，1995（6）

书目情报的概念20世纪80年代中期引入我国，虽然人们对书目情报的认识还不太一致，但是目录学界正逐渐达成一种共识，书目情报这一概念区别于表示事物的二次文献概念，是书目文献这种具体概念基础上的抽象概念，是书目文献中关于文献及其识别的情报，是关于文献的效用信息。我们认为，走向未来的跨世纪目录学，应当以此为研究基点，在此基础上选择好未来研究方向，确立新的学科制高点。以书目情报作为未来目录学研究基点具有如下意义：

第一，以“书目情报”作为跨世纪目录学研究的基点，是矛盾说在新时代条件下的升华，体现了信息时代目录学的本质特征。矛盾说展示了目录学根本目标的因果关系，没有文献信息的科学揭示和有效报道，对文献信息特定需求的满足便无从谈起，但文献信息的揭示和读者对文献信息的接受总是通过书目文献的中介作用来实现的。因此，书目文献从来就是目录学理论研究的重心之一。矛盾说的提出影响了老中青三代人，更重要的贡献在于使研究者在注意书目文献中介地位的同时，把研究者的眼光引向矛盾两极的研究。近些年来，关于文献信息的揭示理论研究，文献信息资源建设和共享，读者需求和用户理论的研究都卓有成效。书目情报作为书目文献具体概念上的抽象概念，是人们认识书目文献中介作用——即书目文献效用本质的结果。书目文献作为连接矛盾两极的桥梁和解决矛盾的手段，不在于书目文献本身，而在于依靠其蕴含的书目情报。以书目情报为研究基点，将会使目录学研究处于新的更有利的起跑线上。

第二，以书目情报作为跨世纪目录学的研究基点，必将引起目录学研究者知识结构的更新，催生一批新的目录学研究方法，在社会信息化和信息社会化过程中，有利于扩张目录学的渗透力，提高目录学的社会地位。“书目情报概念是目录学研究中的一个新的深度。书目情报不仅存在于正式的文献交流系统中，而且出现于书评、图书介绍以及一般的学术研究中，它是目录学的一个具有广泛渗透力的存在，是目录学极富活力的表征。”① 书目情报概念深化了目录学的信息科学属性，有利于增加目录学家的信息意识和创造能力，改变单一的定性研究，促使目录学家运用系统、控制、耗散结构、协同学等一系列

① 彭斐章．世纪之交的目录学研究．图书情报工作，1995（2）

新方法，建立新的目录学研究方法论，从而提高目录学的社会地位。

第三，以书目情报为基点的目录学研究，将会使目录学融合现代科学的发展潮流，强化目录学的整体化和科学化趋势，培育出目录学理论的新体系。按照科尔舒诺夫的书目情报功能说，在文献与需求者体系中形式的、内容的和价值的三种关系产生的检索、交流和评价三种功能，将文献检索、文献宣传报道、咨询等活动纳入到以书目情报为中心、以书目情报系统为依托的书目情报服务体系之中。在此基础上促成目录学自身的整合，具体表现在三个层次：(1) 在微观研究层次，计算机编制书目文献、书目文献情报标准化、书目情报产品与市场、在版编目等书目实践活动在具体问题研究上的整合；(2) 在中观研究层次，书目情报理论、书目情报系统和书目情报服务之间在目录学应用理论上的整合；(3) 在宏观研究层次，从文化、哲学、心理学、语言学、信息论等方面展开的关于文献信息、书目情报与读者关系的研究，在书目情报的本质揭示上得到整合，使目录学的基础理论得到更全面的探讨。目录学在自身整合化趋势的基础上，还将实现与整个科学知识体系的融合，这种融合主要通过两个途径来实现：(1) 沿着“知识——文化——社会意识”的路向与文化学、教育学、社会学等融为一体，融合进广义文化学说的整体化中心；(2) 沿着“知识——信息——交流”的路向与符号学、交流学、传播学、计算机科学、数学等学科交叉结合，融合进信息科学的整体化中心。

目录学整体化趋势的出现，将使目录学真正科学化，使历史形成的目录学理论与方法经过扬弃和科学重建，将目录学建立在更加坚实的科学传统之上，并为书目实践提供借鉴和吸收现代科学技术开拓新领域的机会和条件，使目录学具备规范化的名词术语，建立在科学的理论基础之上。

把握住跨世纪目录学的整体化和科学化趋势，使目录学在未来社会的渗透力全面提高，将目录学融合进整个科学技术革命的时代潮流，是我们对目录学未来走向的理性把握，也是我们应该确立的未来目录学学科制高点。

作为跨世纪目录学研究基点选择和学科制高点确立的具体化，我们归纳出未来目录学研究与发展的十大方向：

1. 目录学的理论基础和方法论

我们曾经提出把马克思主义哲学、信息科学和文化学说作为目录学理论基础的构成要素，它代表了特定历史条件下我们对目录学理论基础的认识。面临新的研究基点和学科制高点，我们还应该进一步丰富目录学的理论基础。跨世纪目录学正处于计划经济向市场经济过渡的社会大环境中，书目情报的产业化、书目情报产品的商品化等问题会接踵而来，我们应该重视经济学说对目录学的理论基础作用。书目情报功能的作用，虽然有赖于书目工作者科学地揭示和有效地报道，但书目情报功能的最终发挥，还须依靠书目情报消费者对书目情报的利用和吸收。这里面涉及的深层问题，是对书目情报信息的认知加工问题，因此，未来目录学研究还应重视现代认知科学的理论基础作用。方法论是研究和发展的武器，我们提倡通过目录学的理论基础体系的丰富和完善实现目录学方法论的革新。

2. 目录学的理论体系建设

目录学理论体系建设包括三个层次：目录学理论基础、目录学基础理论和目录学应用理论①。作为一种态度，我们讲究理论体系的丰富多彩，提倡开展多元化的理论体系建设，但反对硬性拼凑、杂乱无章的理论体系，更希望有多种视野的目录学理论体系。传统目录学研究过程中，史学家、文学家、哲学家都以独特的眼光研究过目录学，我们应该发扬这种优良传统。方法论也是目录学基础理论的重要组成部分，多学科专家参与理论体系的建设，必将引起目录学方法论的创新。

3. 目录学的量化研究

许多科学都以数学化作为科学化的标志，目录学对此趋势的反应所诞生出的书目计量学或文献计量学曾受到学术界的普遍重视。未来目录学量化研究的意义不仅仅是建立并发展出一个分支学科，而是增加目录学理论的逻辑性和严谨性，以计量方法检验理论预期和经验事

① 肖希明．论目录学理论体系．中国图书馆学报，1994（3）

实的相关程度。

4. 书目控制研究

书目控制被介绍到我国已有十多年，其研究成果也颇为丰硕。走向未来的书目控制研究应该与跨世纪目录学研究基点与学科制高点相吻合，为世界范围的文献资料共享开辟新径，并建立起具有中国特色的书目控制理论和实践体系。

5. 书目情报消费研究

消费是现代经济学中的概念，书目情报消费活动早就客观存在，只是我们以往的研究多从读者和用户的角度出发，而书目情报事业的社会公益性质，阻碍了我们运用经济学的眼光看待书目情报利用活动。在信息商品化的今天，我们应该从“经济人”角度审视读者和用户，建立书目情报消费理论，提出书目情报需求供给、书目情报效用评价、书目情报消费者权益保护等问题，为市场经济机制下的书目情报保障体系建设提供理论和决策依据。

6. 书目情报产业化及产业政策问题

书目情报产业是开发和利用信息资源的产业，是信息产业的重要组成部分。国外二次文献的产业化问题早已纳入国家信息产业的总体布局和规划之中。以美国为例，尽管美国政府各部门所制定的信息政策均针对本部门的具体目标和特殊背景，但它们都具有一个共性：即将二次文献系统的建设与国家的发展目标统一起来，优先扶植对国家的科技进步有重要意义的基础学科和与政府近期发展目标有关的二次文献产品和服务。更重要的是美国政府还成功地运用市场机制促成了二次文献产品的社会化和商品化①。这是我国发展书目情报产业值得借鉴的重要经验。我国的书目情报产业应致力于开发出像《化学文摘》和《生物文摘》等具有世界级竞争力的书目情报产品。

---

① 董小英．国家二级文献系统的建设与发展——美国实例研究．北京大学学报（哲社版），1993（4）

7. 目录学的文化研究

目录具有文化积累功能，文化传播、交流功能，文化导读与文化开发功能，还具有文化控制功能①。文化是目录学研究的基础，文化比较是目录学发展研究的手段。我们主张从目录学与文化的内在联系出发将目录学融进广义文化学的整体化中心，使目录学成为研究人类创造精神财富学问的一个组成部分，就必须从文化出发研究目录学，一方面将目录学置身于文化系统之中进行考察，另一方面研究目录学与其他学科的文化渗透，认识目录学的文化功能体系。

8. 国外目录学理论研究

国外目录学的引进是20世纪中国目录学走向现代化的重要契机，30年代如果没有西方目录学的介入，我国的书目工作不会顺利近代化。80、90年代国外目录学理论也是中国目录学发展的原动力之一，乃至我们选择书目情报作为跨世纪目录学研究的基点，也都与对国外目录学理论的借鉴和吸收有关。我们应当承认，由于社会经济环境的差异。国外经济水平和实力都高于我国，而国外市场经济机制早已发育成熟，我国目录学理论和书目工作实践水平都与国外存在一定的差异，但我们更应该注意不能盲目地照搬国外理论和实践模式，而应提倡具有本国特色的理论和实践。我们还应该清醒地认识到，我国目前的书目情报理论只是国外80年代的理论，90年代特别是20世纪最后5年国外目录学家的研究动向，应当引起我们的时刻关注。

9. 目录学学科思想史

在以往的许多场合，我们多次强调要重视中国目录学遗产的总结和继承。关于目录学史的研究是80年代目录学研究的重头戏，其论文比例以37%独占鳌头。90年代我们指出目录学史的研究要上升到文化史的高度，注意学科发展史和思想史，注意发展历程的世界比较。历史研究因为材料零散往往颇费周折，要上升到学科思想史更是难上加难，但跨世纪的目录学必须要义不容辞地挑起这副担子。

---

① 卿家康．论目录的文化功能体系．图书馆，1995（1）

10. 应用研究和分支学科研究

学以致用是科学的本能，目录学本是致用之学，应用研究范围很广，而应用范围的广度往往体现着目录学向社会开放（社会化）的程度。目录学的应用理论研究问题虽然属于理论体系建设的内容，但应用理论的推广，往往产生分支学科。因此，我们把应用研究和分支学科研究归纳在一起，作为一个专门的研究方向予以提出，旨在强调跨世纪目录学研究者不能脱离书目实践现实的土壤，力戒纯“经院式”研究方式，在某种程度上，也是对学科制高点的一种把握方式。

上述十个方面，不一定能完全概括未来目录学研究与发展的所有方向，我们更不想以此束缚同仁们的思维视野。阿基米德说过，“给我一个支点，我可以举起地球”，我们思考的目的，正是为了寻求能够托起未来目录学发展的“支点”。

我们回首历史，是因为我们拥有优良而又沉重的传统；我们展现今天，是因为我们同时怀揣着丰硕的果实和未尽如人意的不足之处；我们憧憬未来，是因为我们要重塑辉煌。我们正在思考，我们更希望思想的火花能引起同仁的共鸣和参与。我们面向未来，肩上的担子依然沉重，但只能更加激发起我们创造的热望，重塑目录学的辉煌，我们翘首以待！

（原载《图书馆学与资讯研究论集——庆祝胡述兆教授七秩荣庆论文集》，台北：汉美图书有限公司，1996）

世纪之交的目录学研究

在世纪之交的历史性时刻，目录学如何走向下一个世纪，正成为目录学界关注的一个焦点。目录学是一门历史悠久并有着优良传统的学科，目录学的发展经历了学科发展的全过程。目录学研究也取得了丰硕的研究成果，并为世人所瞩目。特别从 70 年代末以来，目录学研究达到了空前的繁荣，古典目录学著作、目录学家的目录学思想、目录学的研究对象以及目录学理论体系等问题，均得到了深入的探讨和研究，取得了引人注目的成果。围绕目录学的发展，研究者们或深入古典目录学，寻求其对现代目录学的有用成分；或将目光转向相近学科，引进相关学科的知识和方法，以期促进目录学的发展。然而，在这种繁荣的背后，还存在着一些问题，如目录学是一门具有广泛社会基础的学科，历史地位很高，那么，目录学的现实地位如何呢？又如对相关学科的浅尝辄止、蜻蜓点水式的研究，只是反映了目录学研究者面对纷繁的现代科学的一种眼花缭乱，还是围绕相关学科打游击战等，这表明人们对现代目录学尚无一个清醒的认识。值此世纪之交，对现代目录学进行深层次研究，无疑是现代目录学逐步走向成熟的关键。

一、世纪之交对目录学研究主体的要求

目录学是一门不断发展着的学科，它的发展是由每一个时代的目录学实践活动决定的，而其实际推动者则是从事目录学实践和研究的主体，特别是目录学研究主体，他们是书目实践活动的总结者、引导者，对目录学的发展起着举足轻重的作用。因此，当现代科学的整体化成为不可避免的历史趋势时，目录学如何适应这一趋势便成为目录

学研究主体的主要任务，时代对目录学研究主体提出了新的要求。

首先，目录学研究主体应具备整体的世界观，以联系的和发展的眼光看问题。

以联系的眼光看问题，就应当看到目录学与现代科学文化的紧密联系。从精神文化的角度，可以说现代文化的核心是科学，而古典文化的核心则是学术。学术与科学既有一定的联系，又有很大区别。相对来说，学术是知识系统的汇集，科学则是知识内在联系的系统化。因此，以具有密切内在联系的系统化的知识为核心的现代科学文化具有一种强烈的弥合力，使整个科学趋向整合。现代科学文化一方面为目录学提供了科学化的手段，另一方面又使目录学成为现代科学中的一个学科门类。同时，由于研究客体的相同或相近，目录学又与一些学科共同构成密切联系的大学科群。深入探讨目录学与现代科学文化的关系是非常必要的。

以发展的眼光看问题，就应该认识到现代目录学是古典目录学的继承与发展。古典目录学有诸多优良传统，它已经为现代目录学的全新格局所容纳。片面推崇古典固然不对，而将古典目录学的优良传统视为包袱，亟欲甩之而后快的观点，也是片面的。

其次，目录学研究主体应当展开深层次的研究，探索目录学的基点。

认识事物的联系是认识事物整体的保证，而欲更好地把握整体，又必须以对事物的深入研究为基础。作为整体的古典目录学，以目录为认知对象，以文献整理为中心来辨考学术源流，现代目录学则突破了以目录为认知对象的事物层面。从 70 年代末 80 年代初矛盾说的提出，我们可以看到，目录学研究已经逐渐深入到了事物的内部，去揭示事物的本质。

但是，不可否认，某些研究者对目录学的本质并无清醒的认识，而仍然停留在一种表象上，为现代科学技术的飞速发展所迷惑，热衷于浮光掠影式的引进，而这种引进由于没有切入目录学内部，便引起了一些人的反感。在第二届全国目录学研讨会上即有同志批评了这种研究上的浮躁不实。

很明显，如果没有对目录学本身的深层次的研究，要很好地吸收现代科学技术的成果是不可能的。认识上的深入是目录学真正现代化的条件，深层次的目录学研究是世纪之交目录学发展的必由之路。

再次，目录学研究主体应当理论联系实际，注重目录学理论与实践的关系。

我们知道，理论来源于实践又指导实践，并在实践中得到检验。“纯粹的”理论研究只会割裂理论与实践的关系，也就只能是一些无用的理论。一些学科方法盲目引进目录学，无疑就是这种纯理论研究的典型例证。正如某些研究者所云，在目前的目录学研究中存在着“富饶的理论”与“贫困的实践”的矛盾现象。丰富的目录学研究成果缺乏必要的书目情报实践的评鉴与检验，缺少必要的应用渠道。与此同时，书目情报实践部门又由于种种原因，不接受目录学理论研究成果的指导。目录学理论与实践难以有效地配合，从而造成两者之间严重脱节的现象。目录学理论与实践是一个辩证统一的整体，无论是忽视实践的理论，还是忽视理论的实践，都只会阻碍目录学的健康发展。

二、世纪之交目录学研究的基点——书目情报

我们说过，目录学研究必须深入事物的本质，探寻学科的基点。目录学的实践证明，以图书、书目这些具体事物作为学科研究基点，或以书目活动、书目实践等作为研究基点，不是局限于对目录学的认识，就是限制了目录学的发展。因此，传统的目录学理论已难以满足时代的需要。很长一段时间以来，人们一直在探寻一种新的学科基点。在社会信息化和信息社会化的今天，这一基点就是书目情报。

书目情报这一概念是前苏联在20世纪60年代科学交流的讨论中提出，而在70年代正式确定的，我国则在80年代中期引入。虽然人们对书目情报的认识还不很一致，但是，越来越多的研究者们正逐渐达成一种共识，即书目情报这一概念区别于表示事物的二次文献概念，书目情报现象本身早已存在于书目实践和具体的书目之中。

书目情报——关于文献的效用信息，以这一概念作为目录学的学科基点，是基于以下考虑：

第一，科学地揭示与有效地报道文献信息与人们对文献信息的特定需求之间的矛盾是目录学领域里诸矛盾现象中最基本、最主要的矛

盾。一方面目录学理论要研究有关文献信息的揭示，揭示文献信息不仅仅是一系列的方法，更重要的是揭示的本质与文献信息的本质相关，揭示活动不可避免地要了解文献的语言特性，以此作为一种语言行为的文献意义的生成，最终达到传播知识和信息的目的。另一方面，目录学理论来源于读者对文献信息的接受。从解释学的角度看，阅读理解的过程实际上是读者和文本之间对话的过程，读者对文本的阅读和理解，又是对文本所表达的作者特定的意向心态的一种再现。上述两方面体现了一种必然的逻辑联系，书目情报在这一联系中起着关键的作用。对文献而言，书目情报是关于文献的信息；对读者而言，所提供的文献信息并非完整的原始文本信息，而是对原始文本语义信息的重组。这种文本中有必要揭示出来的语义信息，我们称之为文本效用信息即书目情报。它是读者了解文献的关键，在读者与文献之间的对话中起溯源、提示、导引等作用，它是一种效用信息，是联系文献与读者的中介。

第二，文献信息交流是指文献信息从发生源发生一直到接收端接收的整个过程，是包括文献生产者、接收者、文献信息及其媒介等要素的一个系统。书目情报在这个系统中通过生产和传递文献信息，对文献流进行整序、揭示、评介和报道等一系列控制活动，形成一个相对独立的系统，读者服务活动的开展有赖于这个系统的建立。

一般说来，书目情报结构和功能的变化导因于书目情报结构要素而直接作用于书目情报系统的各种活动，对书目情报结构要素中文献形式特征信息的揭示形成标准化的书目著录，为读者准确辨认某一特定文献提供条件。而关于文献内容信息的揭示，可为读者选择文献提供取舍的依据。按照科尔舒诺夫（О.П.Коршунов）的书目情报功能说，在文献与需求者体系中形式的、内容的和价值的三种关系产生的检索、交流和评价三种功能，将文献检索、文献宣传报道、咨询等活动纳入到以书目情报为中心、以书目情报系统为依托的书目情报服务体系之中。

第三，书目情报概念是目录学研究中的一个新的深度。书目情报不仅存在于正式的文献交流系统中，而且出现于书评、图书介绍以及一般的学术研究中，它是目录学的一个具有广泛渗透力的存在，是目录学极富活力的表征。从实践上来说，书目情报活动作为一种文化现象，必然影响着书目情报工作者的观念形态以及与当时主导文化相一致的书目情报方法和书目情报产品。现代科学技术的发展导致书目工作必然发展为书目情报工作。

由此可见，书目情报关系着目录学理论和实践的方方面面。由于它将对具体事物的认识上升为抽象的理论认识，从对目录学的深入研究而达到对目录学的整体把握，导致了目录学研究内容的深刻变化，从而成为区别传统目录学的一个重要标志。

现代目录学是研究书目情报运动规律的一门科学。书目情报基点的确立，一方面使历史形成的目录学理论与方法经过扬弃和科学重构，使目录学建立在坚实的基础之上；另一方面则又提供了借鉴和吸收现代科学技术开拓新领域的机会和条件，使目录学建立在科学的理论基础之上，并适应现代社会的需要。这样，展现在目录学研究主体面前的是一个广阔的视野。

三、世纪之交目录学研究的趋势

从 80 年代初中期开始，目录学研究者便开始探讨目录学发展方向的问题。当时人们普遍认为，书目控制论、书目计量学以及目录学比较研究等是迫切需要探讨的目录学重要分支学科，它们代表着目录学的发展方向。现在看来，这种观点有值得肯定的地方，但如果认为这些就代表着当代目录学发展的全部，显然有些偏颇。目录学所面临的需要解决的问题，除目录学基础理论、目录学方法、目录学发展史以外，还有书目情报系统的建立，对人类既存知识系统的优化揭示以及书目情报的接收利用等。目录学研究主体在世纪之交的研究将不可避免地以这些问题作为研究领域，而要研究这些问题，仅仅围绕目录学学科领域自身兜圈子是毫无意义的。当今时代对目录学的影响主要是与目录学具有密切关系的、具有鲜明时代特征的科学技术的影响，结合这种影响来探讨目录学的发展趋势，必须强调以下两点：

第一，整体化是科学和目录学发展的共同趋势。当代科学发展的一个最显著特征便是学科的分化与综合，即学科越分越细，而同时又越来越综合。学科越分越细是由于具体研究的对象越来越专且小，使得科学研究向着事物的纵深发展，而纵向的深入越充分，各对象学科之间发生联系的几率就越大。因而学科的分化实际上是整体化的条件，即学科的整体化是通过它的对立面即学科的分化而实现的。

目录学的发展必须顺应科学的这种发展趋势。在目录学领域，目录学的整体化表现在两个方面。首先是目录学自身的整合，目录学自身的整合是通过以书目情报为基点的分层次研究来完成的。第一层次是目录学的微观研究，侧重于书目情报实践活动中具体问题的研究，如计算机编制文摘的研究、书目情报标准化研究、书目情报产品与市场研究、在版编目研究等。第二层次是目录学的中观研究，主要是将目录学基础理论与书目情报实践相联系，围绕书目情报系统和书目情报服务建立目录学的应用理论。它包括：①研究书目情报对文献信息的揭示，形成文献信息揭示理论；②研究书目情报系统对文献信息流的控制以及对书目情报资源进行开发和利用的过程与规律，将书目、索引、文摘的编制法上升到书目情报系统理论研究；③研究读者书目情报需求的规律，将读者类型特点的一般研究深入到用户接收文献信息的规律的研究，形成书目情报需求与接收理论。第三层次是目录学的宏观研究，即关于文献信息、书目情报与读者关系的研究。对书目情报的探讨可以从文化、哲学、心理学、语言学、信息论等方面展开，从而使书目情报的本质得到更为深刻的揭示，目录学的基础理论得到更全面的探讨。

目录学整体化的另一个表现是目录学与整个科学的融合。目录学可以通过以下两种途径实现自身的综合化。从“知识——文化——社会意识”的路向考察，目录学将与文化学、教育学、社会学等学科融为一体，使目录学融合进广义文化学的整体化中心中来，使目录学成为研究人类创造精神财富的学问的一个组成部分；从“知识——信息——交流”的路向考察，目录学将与符号学、交流学、传播学、计算机科学、数学等众多学科交叉结合，将使目录学融合进信息科学的整体化中心中来。

第二，目录学的科学化发展趋势。科学化是目录学发展成熟的重要标志。目录学科学化的实现基本上是一个方法论问题。目录学名词术语的标准化、目录学理论体系的建立以及书目情报工作实践经验的理论升华等需要一套科学的研究方法；同时，目录学研究引进其他学科的方法时更需要一种理论，使得其他学科的知识能为我所用。由于缺少这种理论，人们在利用其他学科的方法时往往缺乏对两种相关学科的比较，从而造成盲目引进；由于缺少这种理论，一些研究者急功近利，其结果只是引进了一些名词术语。

整体化和科学化是目录学发展的必然趋势，处于世纪之交的目录学研究的发展趋势如何？我们认为，应当加强以下研究。

其一，逻辑研究。目录学名词术语的标准化、目录学理论体系的构建等都有赖于这种研究，它是目录学科学化的基础。

其二，量化研究。一段时间以来，人们基本上将书目计量学看做是目录学定量研究的同义词，从而加强了对数理统计方法的引进和运用，这是不全面的。目录学的量化应当是整体性的量化，它应当从目录学的基本矛盾入手，分析基本矛盾所包含的结构要素及其关系，然后予以定量研究，这涉及到广义数和广义量等问题，需要考虑广泛的系统联系。泛系方法为这一问题的解决提供了工具。

泛系方法论侧重泛系（即广义的系统、关系、对称、生克以及它们之间的联系、复合与转化）的网络型跨学科的哲理性、数理性与技理性研究。钱学森认为它实际上是用现代数学语言表达了一般系统的普通规则。这一方法目前已应用于哲学、经济学、教育学、社会学、中医学、化学、工程技术等众多学科领域。现代目录学数学化的首要任务是一系列基本公理体系的建立，这些公理体系必须借助泛系理论中的广义数和广义量概念。从泛系方法论的观点来看，替代文献或文献信息与原文献内容之间的转化，存在广义对称或泛对称，它是文献信息可替代原始文献的基础。而且，根据社会最大平均信息接受来确定文献最佳揭示深度，实际上是泛系之间的泛转化问题。另外，对宏观文献流的多因素优化控制，对目录学历史发展的动态研究，对书目情报实践活动的优化管理等，都可借用泛系方法来进行。

从以上分析可以看出，泛系方法在目录学领域具有广阔的应用空间，它也是目录学量化的关键方法。

其三，应用研究。目录学应用研究的加强，标志着目录学的研究内容业已面向社会。目录学研究课题的转换，既是对传统目录学模式反思的结果，也是时代发展的要求。生动丰富的书目实践活动中不断涌现出来的问题迫切需要给予理论上的回答。这就要求目录学研究者不能脱离现实的要求去从事“经院式”的研究，所以说，加强目录学的应用研究是当代社会对目录学的一种时代呼唤，也是现代目录学对时代要求的一种自觉回应。

其四，文化研究。从整体上来讲，研究目录学无疑离不开文化研究。文化是一个涵盖极广的概念，举凡与人相关的一切皆是文化。我们通常习惯于从精神角度来理解文化。因而，科学无疑是一种文化过程。这样，目录学也就是人类文化发展到一定阶段的产物，目录学的发展实际上是在文化影响下的发展。因此，从文化出发研究目录学，首先必须研究目录学产生发展的文化动力；其次必须研究目录学基本内容的文化构成，文献系统、书目情报系统、人类文献需求行为系统等是目录学最基本的内容，这些系统实际上也是文化系统的子系统；再次，必须研究目录学与其他学科的文化渗透。这样，目录学如何产生、如何构成、如何利用并影响其他学科都将因文化的存在而形成一个密不可分的整体，这也正是目录学文化研究的意义所在。

总的来说，目录学的发展不可避免地趋向整体化和科学化，目录学研究主体在世纪之交的主要任务就是为实现这一目标而努力奋斗。

参考文献

1. 彭斐章等. 论当代目录学的发展趋势. 图书情报知识，1991（4）：pp. 9～15

2. 柯平. 试论以信息理论为基础的现代目录学. 图书情报知识，1994（2）：pp. 22～25

3. 傅清波. 关于目录学理论基础的再探讨. 图书馆，1992（1）：pp. 11～15

4. 彭斐章. 书目情报需求与服务研究. 武汉：武汉大学出版社，1991

5. 王析. 目录学研究应用其他学科方法的思考. 图书馆，1992（1）：pp. 16～21

6. 曾令霞. 关于目录学学科建设若干问题的思考. 图书情报知识，1991（3）：pp. 2～6

（原载《图书情报工作》，1995 年第 2 期）

中西目录学的比较研究

目录学的产生和发展是与文化紧紧相联、与学术密不可分的，它必然要受到各个国家的文化机制这一基本要素的制约。在不同的文化背景下，目录学呈现出各自不同的特点。马克思说极为相似的事情，但在不同的历史环境中出现就引起了完全不同的结果。如果把这些发展过程中的每一个部分都分别加以研究，然后再把它们加以比较，我们就会很容易地找到理解这种现象的钥匙。对以中国目录学为源头的东方目录学和以古希腊为源头的西方目录学进行比较研究，正是将目录学置于不同的文化背景下，分析各自的发展特征，通过多方面的比较，寻求目录学体系的异同点，并分析形成这些差异的原因。这对总结目录学的发展规律，特别对促进当代目录学的发展具有重要的意义。

我国学者程伯群早在30年代就倡导对目录学进行比较研究，随后张遵俭撰写的《中西目录学要论》一文，又对比较研究作了有益的尝试。但是，长期以来，目录学的比较研究还只是停留在粗线条和浅层次上，公开发表为数不多的有关中外目录学比较研究的论文，也多以描述为主，甚至在一段时期里，照搬和硬套取代了比较研究。实践证明，只有进行比较研究，才能全面地、客观地认识我国目录学在世界目录学中的地位，通过比较借鉴，丰富我国目录学理论体系，推动我国目录学的整体化进程。本文着重从历史发展的源流上比较分析中西目录学体系的核心、研究对象和研究风格上的差异，并从文化环境、学术传统、书目实践等方面说明形成这些差异的原因。

一

从目录学发展的历史轨迹看，中西目录学存在以下差异：

1. 中西目录学体系的核心差异

中国古典目录学体系的核心是“辨章学术，考镜源流”，而西方目录学体系的核心则是“图书的描述”。中国目录学植根于中华民族文化学术的沃土之中，历史悠久，源远流长，中国目录学萌芽于春秋战国时期。余嘉锡说：“目录之学，由来尚矣，《诗》、《书》之序，即其萌芽。”① 孔子整理古籍，为《诗》、《书》作序，言其作意，就是揭示图书内容的方法。公元前1世纪，刘向、刘歆父子在整理当时官府藏书的基础上，总结了前人目录工作的经验，编成了反映先秦至西汉文化概貌的书目《别录》、《七略》，为我国目录学的发展奠定了基础。中国目录学自来即重学术，认为“辨章学术，考镜源流”是我国目录学的核心思想，并贯穿于整个书目实践活动。我国目录学中明显优越于西方目录学而又具有特色的，不外小序和叙录。小序是我国书目的重要组成部分，为一篇说明某部类学术渊源流变的文字，或置于书目某部类之前，如《四库全书总目》，或置于书目某部类之后，如《汉书·艺文志》、《隋书·经籍志》，也有将书目各部类的小序集中在一起，置于书目之首，如刘歆的《七略》的辑略，王俭《七志》的九篇条例。小序在介绍某一门类学术的起源、演变、兴衰等方面具有重要的作用。叙录又称解题，或名提要，是我国目录学中有别于西方目录学而又具特色的重要目录体制之一，为汉代刘向首创，他在整理藏书时，除条列书的篇目外，还为每书撰写一篇叙述校雠经过，介绍作者生平，揭示内容主旨，评价图书得失的叙录，为揭示图书内容树立了楷模。后来目录学家大多仿效《别录》，虽有详略优劣之分，但对读者读书治学均有程度不同的导读作用。最具学术价值的解题目录当推18世纪中叶清乾隆年间所编的《四库全书总目》，它继承了历代书目撰写提要的优良传统，熔叙录体、传录体、辑录体于一炉，由学有专

---

① 余嘉锡．目录学发微．北京：中华书局，1963：p.1

长的纂修官为每书撰写精审的提要。张之洞说："泛滥无归，终身无得，得门而入，事半功倍。……此事宜有师承，然师岂易得。今为诸君指一良师，将《四库全书总目提要》读一遍，即略知学术门径矣。"①

中国古典目录学思想的核心集中反映在清代史学家、目录学家章学诚（1738～1801）的代表作《校雠通义》一书里，该书系统总结了中国古代书目工作实践和广泛吸收了古代目录学家的理论体系。这里有必要说明的是，为什么章学诚的目录学代表作是《校雠通义》，由于古代整理图书包括搜辑藏本、比勘文字、厘定篇章、撰写叙录、分类编排、编成目录等工序，故用校雠一词统括校勘、版本、目录。到18世纪清乾隆年间，随着学科的分化，校勘学、版本学和目录学均先后从校雠学中分化而出，目录学已成为清代的一门显学，被史学家王鸣盛称为读书治学的入门之学。他在《十七史商榷》中写道："目录之学，学中第一紧要事。必从此问途，方能得其门而入。"章学诚根本不承认在校雠学之外别有目录学，然而从章学诚的著作来看，他研究的全属目录学领域，他反对的恰好是行墨字句之间的争辩，因此，他的《校雠通义》恰好是目录学专著。他在《校雠通义》中明确提出目录学思想的核心是"辨章学术，考镜源流"，特别强调目录学的功能，不仅在部次甲乙，而主要在条别学术渊源流别。他说："校雠之义，盖自刘向父子部次条别，将以辨章学术，考镜源流，非深明于道术精微，群言得失之故者，不足与此。"② 又说："古人著录，不徒为甲乙部次计。如徒为甲乙部次计，则一掌故令史足矣；何用父子世业，阅年二纪，仅乃卒业乎？"③ 由上所述，说明中国古典目录学从产生开始就是在重学术、重揭示文献内容、重辨章学术源流的思想指导下发展并逐步形成自己的特色。

古希腊诗人、文学家、目录学家卡利马赫（约前310～240）以亚历山大图书馆藏书为基础编制了《各科著名学者及其著作一览表》，书目收录的文献不限于亚历山大图书馆藏书，包括了当时著名的希腊

① 张之洞．輶轩语·语学篇

② 章学诚．校雠通义·叙．北京：古籍出版社，1956

③ 章学诚．校雠通义·互著第三．北京：古籍出版社，1956

文献，卷帙达120纸草卷。收录的著名学者涉及数学家、自然科学家、哲学家、历史学家、法律学家、诗人、戏剧家、杂家等，书目对这些学科著名学者的生平做了简介，并对他们的著作进行了书目著录。整个书目收录的文献，按著者字顺或编年顺序编排，是古希腊最早的书目成果，是亚历山大时期文化发展的产物，被认为是西方目录学的起源。目录学（bibliograhy）一词是由希腊文biblion（图书）和graphein（抄写）两个单词合起来的，在古希腊最初的含义是“图书的抄写”，抄书的人就是当时的书目工作者。后来其词义逐渐演变为“关于图书的描述”，“图书的描述”就成为西方目录学体系的核心，例如《简明大不列颠百科全书》中目录学词条的记载：Bilbliography描述书籍的技术或科学。目录学一词现在有互异而又相关的两种意义：（1）按某种体系编列的书目；（2）关于书籍所用的材料及其编制方法的研究。《美国百科全书》1977年版的目录学词条同样指出：“Bibliography这个名词用来表示记录出版物的科学、技术，而在用来表示这种技术所产生的特定产物时，则又称为书目。”英国目录学家福开森（J.Ferguson）比较有代表性地反映了西方目录学理论与实践的特色，他在其所著《目录学概论》一书中说：“目录学这个名词，就广泛方面讲，是指‘书的记载’和书的内容至少最初是不相关涉的。书的内容是好、是坏、或平庸，均与目录学家无关。目录学家不是书伦学家，而是书种学家。”①

西方目录学从产生起就是循着以图书为对象，以“关于图书的描述”为核心，以方便检索为目的的思想发展，逐步形成自己的特色。

2. 中西目录学研究对象的差异

目录学核心思想的差异，必然导致目录学研究对象的差异。目录学在西方刚刚诞生就带着“图书学”的痕迹。18世纪中叶，法国学者将目录学理解为关于古文书学的科学，作为历史科学的一个分支。19世纪英国目录学家贺恩认为，“目录学，简言之，书籍评述之事也，详言之，研究关于书籍的一切知识也。”德国目录学家施业捷尔

---

①（英）福开森著，耿靖民译．目录学概论．武昌文华图书馆学专科学校，1934（1）

认为，目录学是关于出版物的学问。《图书馆学与情报学百科全书》1969～1980年版“目录学”词条写道，“目录学就是关于图书的学问”。20世纪30年代英国目录学家福开森在其所著的《目录学概论》中说，“目录学是记述书籍的科学或艺术，或科学艺术兼备的学术”，“目录学就是书的传记”①。

我国古典目录学是以学术为起点，以“辨章学术，考镜源流”为核心，以指导读书治学为目的的。近代目录学家姚名达在其所著《目录学》一书中写道：“目录学者，将群书部次甲乙，条别异同，推阐大义，疏通伦类，将以辨章学术，考镜源流，欲人即类求书，因书究学之专门学术也。”②60年代初，我国目录学界开展了一场关于目录学研究对象问题的大讨论，反映了人们对目录学研究的各种观点，归纳起来有图书说、目录说、图书和目录说、规律说、目录事业说等。进入80年代以来，人们逐渐认识到应当从事物的规律、特殊矛盾和本质等方面来探讨目录学的研究对象，多数人认为，揭示与报道文献的信息与人们对文献的特定需求之间的矛盾，构成了目录学领域诸矛盾现象中最主要的矛盾，也就是目录学研究的对象。这一基本矛盾确定了目录学的社会基础，反映了目录学与书目实践的关系，确立了目录学的实践基础。目录学就是在不断地总结、研究解决这一矛盾规律中得到丰富和发展的。

3. 中西方目录学家研究风格的差异

（1）中国目录学家注重书目的文化价值观，而西方目录学家强调书目的个人价值观。中国目录学从它诞生开始就重视对文化学术的反映，范文澜将《七略》的编成与司马迁的《史记》并称为“辉煌的巨著”。他说：“《七略》综合了西周以来主要是战国以来的文化遗产……它不只是目录学校勘学的开端，更重要的还在于它是一部极可

① （英）福开森著，耿靖民译．目录学概论．武昌文华图书馆学专科学校，1934（2）

② 姚名达．目录学．北京：商务印书馆，1933

珍贵的古代文化史。"①章学诚对班固据《七略》编成的《汉书·艺文志》的评价说："《艺文》一志，实学术之宗，明道之要。"顾颉刚在《讲史录》中说，"《艺文志》这个部分，写得好。记叙我国古时各学术、学科、学派的源流"，是《汉志》十志最重要的贡献之一②。又如《四库全书总目》收书1万多种，基本上包括了清乾隆以前中国古代的重要著作，特别是元代典籍，收罗更为完备，在一定程度上成为一部文化史。正是由于中国目录学的文化价值观，使得中国目录学家在开展研究时总是带有文化学的色彩。

西方目录学家强调个人价值观。在西方，对于目录学家或者读者来说，最主要的是人，是著作的人，而那些反映人们思想和印象的图书，则是处于第二位的。西方早期的书目主要是使读者熟悉作者，然后对其著作进行全面的、客观的、技术性的描述。在西方，进行书目著录时，是以著者为主要标目，西方的个人著述书目、传记书目非常发达，这与注重书目的个人价值观不无影响。

（2）中国目录学注重理论思维，西方目录学强调方法技术的研究。从中西目录学的整体特征考察，我们会看到中国目录学注重理论思维，而西方目录学强调应用技术的研究。汉代刘向、刘歆两位目录学家，均为汉代经学大师，他们在经学思想指导下，开展了一系列目录学活动，产生了第一部系统的提要目录《别录》和分类目录《七略》，奠定了我国古典目录学的基础。刘歆在儒家思想指导下，总结前人目录工作经验的基础上，创立了一个比较完备的不仅全面反映了当时的学术概貌，并容纳了当时的所有学术著作的书目分类体系，这是刘歆哲学思想的具体体现，对后世的书目分类产生深远的影响。南宋史学家、目录学家郑樵在"会通"历史哲学思想指导下，在总结了历代书目工作经验的基础上，编著了我国第一部目录学理论著作《通志·校雠略》，提出了"求书之法校书之道"、"通记古今有无之书"、"编次必谨类例论"、"泛释无义论"、"以人类书论"等一系列目录学观点。又如清代史学家、目录学家章学诚在目录学理论与实践方面都

① 范文澜．中国通史简编（修订本第2编）．北京：人民出版社，1964：p.126

② 顾颉刚．中国史学入门．北京：中国青年出版社，1983

有重要的贡献，在他的“道不离器”、“六经皆史”的思想指导下，在总结了中国古代书目工作实践和吸取古代目录学家思想精华的基础上，提出了“辨章学术，考镜源流”、“官守学业合一”说、“著录先明大道论”等一系列观点，还对书目分类、互著、别裁等方法进行了全面、深刻的论述，这些观点集中反映在他的目录学理论专著《校雠通义》之中。上述例证充分说明，上自汉代目录学形成之初，下迄当今，目录学家代不乏人，数以千计，目录学研究，前后两千年，经久不衰，硕果累累。这些都是历代目录学家从宏观的、哲学思维的高度探索目录工作发展规律的结果，同时，也显示出中西目录学研究视角的差异。

由于对目录学名词的理解不同，导致了中西目录学研究重点的差异，西方国家侧重于目录学方法与技术的研究。福开森说：“目录学家应当研究书的版次、特点、出版地、印刷人、印刷时代、字体、图解、版之大小、校勘、装订、藏者、分类、收入何丛书、见于何目录，他所注意的是书的客观对象，而不是书的内容的道理，目录学是记述书籍的科学或艺术，或科学艺术兼备的学术。”① 基于这种传统的图书学派目录学观点的认识，以美国、英国为代表的西方国家对于目录学的研究侧重于方法和技术。随着现代科学技术的迅速发展，特别是电子计算机技术及其在书目工作中的广泛应用，机读目录的产生和发展，国际标准书目著录的推行，引起了关于书目、索引、文摘的计算机编制，书目工作标准化，书目情报服务自动化，COM 装置与 COM 目录，书目情报工作网络化，文献书目数据库等一系列问题的探讨。值得注意的是美国目录学家谢拉在 50 年代提出以社会认识论作为理论基础，建立以知识的生产——传递——利用为核心的目录学理论体系，以便推动目录学理论研究。但在美国，应用研究仍是目录学研究的主要特征。

① （英）福开森著，耿靖民译．目录学概论．武昌文华图书馆学专科学校，1934（5）

二

我们开展比较研究的目的，一方面是通过比较发现中西目录学的异同点；另一方面要通过分析寻求形成这些差异的原因，得出目录学发展的共同规律。中西目录学在概念体系、核心思想、研究对象等方面存在着很大差异，产生这些差异的原因，大体归纳为以下四个方面：

1. 文化环境的影响

文化环境是影响目录学体系的主要社会因素。一方面，目录学依赖于特定的文化背景，它是适应文化发展的需要而产生的；另一方面，文化对目录学的发展起着推动的作用，这是因为目录学是研究科学地揭示与有效地报道文献以及人们对文献特定需求之间的矛盾和规律的一门科学。文献作为文化的载体，是文化记录和积累的重要条件。谢拉说："没有交流就没有社会，没有一定形式的文字记载和保存文字记载的方式，便没有持续的文化。"① 中西目录学诞生在不同的文化环境中，循着不同的道路发展。中国目录学萌芽于春秋战国时期，当时处于百家争鸣的氛围中，各派学说的代表人物为了宣扬自己的政治主张，纷纷著书立说。儒、道、法、名、墨等学说并存，学术流派纷呈。先秦时期的著述遗留到汉代，客观上为汉代以学术为核心的目录学的形成奠定了文化基础。同时，汉代以来儒家学说得到了重视，独尊儒术。汉代刘向、刘歆父子整理图书时必须以经学为准绳，将六艺置于突出的地位。六艺是中国传统学术的重要组成部分，汉代目录学在实践上已经和学术紧密联系在一起。自汉代以后，历代的官府藏书目录和正史艺文志或经籍志既是文化发展的结果，又是社会文化和学术的缩影。中国古代文化对传统的哲学社会科学比较重视，而对自然科学与实用技术则不重视。这在历代书目中表现得极为明显。自印度佛教传入中国后，对中国文化产生了很大影响。佛经的翻译出

① 谢拉．图书馆学基本原理：外国图书馆学名著选读．北京：北京大学出版社，1988：p.302

版，直接推动着佛经目录的产生。公元 4 世纪释道安的《综理众经目录》和公元 6 世纪释僧祐的《出三藏记集》都是佛经目录的代表，《出三藏记集》一撰缘记，二铨名录，三总经序，四述列传，开创了经目与史料并重，相互参证的书目编辑体例，是魏晋南北朝时期佛经目录的集大成之作。唐代佛教兴盛，释道宣的《大唐内典录》和释智升的《开元释教录》集当时佛经研究之大成，把佛经目录推向新的水平。由此可见，佛教文化对中国目录学的影响。西方目录学起源于古希腊，大约在公元前 5 世纪前后，在希腊称书目员为抄书的人。因为缮写图书的艺术要求高度的文化水平和书写技术，当时掌握这一技术的人极为有限，所以书目工作是世界上最受尊敬、最光荣的职业。从此，形成了西方目录学是"图书的抄写"、"图书的描述"、"图书的著录"的传统。正如法国目录学家马尔克莱对希腊著名的物理学家克劳德·加伦于公元 2 世纪编制的《个人图书目录》的评论指出的那样："加伦的《个人图书目录》，最早表达了目录学思想。不过，这个思想很简单，只是他个人著作的书单子。"从古希腊时期形成的日录学即"图书的抄写"的传统直到 19 世纪西方目录学即"图书的描述"的传统得到了理论上的承认。

在文化价值观方面的差异，也是形成中西目录学差异的原因之一。中西文化体系中科学、宗教、社会意识等价值观方面存在着许多差异，这些差异也影响着目录学的发展。例如，中国历代文化均注重社会价值，而西方比较重视个人价值。中国古典书目兼学术之史，成为学中第一紧要事。张尔田说："目录之学，其重在周知一代之学术，及一家一书之宗趣，事乃与史相纬。"① 中国古典书目不仅是文献的记录，而且是文化的记录。范文澜称刘歆的《七略》是一部极可珍贵的古代文化史。日本学者金谷治称《汉书·艺文志》是"作为体系化的哲学著作"。西方古典书目是以系统反映个人著述状况为取向的。即使图书内容空洞无物，书目工作者还是要客观地描述其外形特征。西方个人著述书目是很发达的，书目的起源就是个人著述的描述。

① 张尔田．校雠学纂微序．见：张舜徽．文献学论著辑要．西安：陕西人民出版社，1985：p.21

2. 学术传统的影响

学术传统的差异是影响中西目录学研究方法差异的重要因素。

(1) 中国传统学术以经学为核心，古典目录学的发展与经学紧密相联。西方传统学术与宗教关系密切，西方目录学的发展与宗教文化密切相关。自汉代儒学独尊以来，儒家思想占据着统治地位，儒家哲学也就成为目录学的理论基础，经书在历代书目中毫无例外地置于首位，经学的发展推动着目录学的发展，目录学几乎成为经学的附庸。到了清代中期，由于经学的昌盛，使得校勘、版本、目录均脱离校雠学而独立成学，目录学成为当时的"显学"，在学术之林独占一席，受到学者的推崇。西方目录学自从与宗教相联系以来，直到 17 世纪几乎成为宗教的附庸。

(2) 在研究方法上，中国古典目录学以学术史为己任，以"辨章学术，考镜源流"为核心，通过类例、叙录、大小序来达到考辨学术源流的目的。郑樵说："学之不专者，为书之不明也；书之不明者，为类例之不分也。有专门之书，则有专门之学；有专门之学，则有世守之能。人守其学，学守其书，书守其类。人有存殁，而学不息；世有变故，而书不亡。"① 汪国垣说："窃以目录之学，有本有末，考六艺之流别，较四部之得失，外以通夫古今学术之邮，内以神其绎寸之用。此目录学之本旨也。"② 中国古典目录学的这一"本旨"，正是由中国学术传统决定的。由于中国传统学术重视文史学科，强调归纳演绎的研究方法，因而，中国目录学形成重视理论思维的风格。西方的学术研究曾有过一段时间的中断，即公元 5 世纪到 16 世纪基本上是处于学术断层。在西方国家，中世纪对目录学的需要接近于零。目录学的发展不是连续的、累积的。17 世纪以来西方目录学实际上是在恢复古希腊目录学的面貌，后来由于整理古籍的客观需要，西方目录学到 19 世纪也成为一门显学。可以说，西方目录学以书的外形特征为描述对象的传统也是由其特定的文化学术传统决定的。由于西方重视自然科学的传统，在研究方法上注意采用实验方法，因此，目录学

---

① 郑樵．通志·校雠略．北京：商务印书馆，1935

② 汪国垣．目录学研究．北京：商务印书馆，1934

研究中侧重于方法的技术方面。西方目录学成熟较晚，但近年来，在计算机编制书目、索引、文摘方面，在书目控制论、书目计量学研究方面显出了重要特色。

3. 书目实践的影响

书目实践是目录学赖以产生和发展的源泉，是目录学理论研究的基础。各个国家均有自己特有的文化背景和国情，中国和西方国家在书目实践方面也存在着差异，这些也是形成中西目录学差异的因素。

书目是文献与读者之间的媒介，文献的发展有赖于文化的发展，亦有赖于技术的进步。造纸术在中国的发明是世界文献史上的革命，甲骨、简牍逐渐被纸书所取代，促进了知识的传播。魏晋南北朝时期造纸业发达，书籍数量大增，书目工作和目录得到了相应的发展。造纸术传入西方，取代了羊皮纸、莎草纸和泥版书，新型的图书给书目的发展创造了条件。印刷术的发明是继造纸术之后人类天才的一项最伟大的成就。中国雕版印刷术的发明对世界文明产生了深远的影响，文献生产和传播的速度加快，图书的获取更加容易。古代官府藏书与私人藏书均十分发达。西方铅活字印刷术的发明和广泛应用，引起了西方书目工作的巨大变化。1494 年约翰·特里西姆的《基督教作家书目》是铅活字印刷术之后的重要书目，反映了宗教图书印刷的兴盛。活字印刷术带来的知识普及，古典文学传播和文艺批评发展，使西方目录学面临新的环境，目录学的社会性、实用性和科学性更为明显。没有印刷术的产生，就不可能有文献的巨大增长，也就没有各科书目和书业目录的繁荣，也不会有 16 世纪盖士纳的《世界书目》及 17、18 世纪西方许多国家的国家书目。由于欧洲印刷术的应用比中国要晚几个世纪，中国古典书目事业较西方发达，目录学理论研究也比西方更系统和完善。中西方书目工作的不同特点直接影响着目录学理论的差异。中国古典书目工作重视类例、书目提要、大小序，注重揭示图书的外形和内容特征。西方的书目工作重视主题、索引、文献，注意图书外形特征的客观描述。

在中国，从周史官掌管档案史料开始，书目活动与藏书活动联系在一起，特别是官府藏书的发展对目录学有较大影响。《隋书·经籍志》说："古者史官既司典籍，盖有目录以为纲纪。"汉武帝建藏书之策，置写书之官，并广开献书之路，为大规模整理图书、编撰目录创造了条件。历代重视官府藏书，官修目录得以发展。宋代以后私人藏书日渐兴盛，私藏目录增多。由于公私藏书机构担负着抄写、整理、保存、编目、学术研究等多项功能，以藏书为基础形成了国家藏书总目、佛经藏书目录等多种类型。相比之下，目录学发展显得稍为缓慢。在西方古代既有学者的私人文库，也有藏书众多的宫廷图书馆，西方官修书目不如中国发达。西方书目工作是分散进行的，不像中国那样是集中于专门的机构，由专人负责。正是由于书目工作实践上的差异，使得中西目录学在体系结构上有很大差异。

4. 目录学家哲学思想的影响

目录学家的哲学思想是形成中西目录学研究方法差异的主要原由。目录学家的哲学基础直接影响着研究方法。以不同的哲学思想为指导，运用不同的研究方法，就会产生不同的目录学体系。郑樵以“会通”的历史哲学为指导，建立了“会通”的目录学体系；章学诚以“道不离器”的哲学为指导，建立了“辨章学术，考镜源流”的目录学体系。为了达到目录学的目的，郑樵、章学诚创立了类例、编次、泛释无义、大小类序、以人类书、互著、别裁、校书久任等一系列方法。当代中国的目录学家以辩证唯物主义与历史唯物主义为指导，创建具有中国特色的目录学理论，这一理论建立在对目录学领域中矛盾的辩证分析和对于目录学现象的客观认识的基础上。西方目录学家是以资产阶级实用主义哲学为指导进行研究的。西方各国目录学之所以强调方法和技术，忽视理论研究，正是强调实用性的表现。一些新型的分支学科，如书目控制论，也是以控制技术为核心，以书目情报转换、有序和标准化为目的的，带有浓厚的实用性特征。

在古代，中西方目录学家成功地运用了历史方法研究目录学领域的现象，看到了文献的物质和知识两个主要方面，但由于具体研究方法的差异使中西目录学的侧重点不一样。在中国，整理图书的活动包括图书的收集，版本的挑选，图书的校勘以及书目提要的编纂，形成了以“校雠”为核心的目录学，包括了对图书形式和内容揭示的研究。但随着历史研究的需要，目录学逐渐集中于文献的知识方面，而文献物质方面的研究形成的版本目录学不过是目录学的一个分支，甚至受到校雠学家的非议，反映了历史学方法对于目录学的巨大作用。如果说中国目录学以揭示文献内容为核心，那么，西方目录学更重视文献的形式，从图书的抄写到图书的记录，目录学家不是以历史学家出现，而是以文书、书商为职业，不仅仅运用历史学的方法，还吸收其他学科的研究方法，对图书外形的描述吸取了科学分类和图书馆学的方法，形成描述性书目。而关于图书外形特征的分析应用了调查研究方法找出有关著者、出版、稿本出处的证据，形成分析的、文本的以及历史的目录学，与文学、语言学和文献学密切相关，这与西方重视方法和技术的传统是一致的。

总之，中西目录学产生在两种不同的文化环境之中，各自沿着不同的轨迹前进，在历史发展进程中，形成了各自独特的理论体系和学术风格。长期以来，中外目录学缺乏必要的交流与合作，加之我们对中西目录学的差异了解不透，对形成差异的原因剖析和认识不足。处在改革开放的今天，甚至有人提出要抛弃我国古代目录学的优良传统，完全照搬西方目录学发展模式，这种认识对发展我国当代目录学是十分有害的。我们认为，我国当代目录学研究担负着继承、借鉴、弘扬和创新的任务，我们必须以辩证唯物主义与历史唯物主义作指导，认真分析和研究我国古典目录学的优良传统，并作为发展当代目录学和构建具有中国特色的目录学理论体系的参考。与此同时，必须从我国国情出发，借鉴国外目录学研究的最新成果，吸取外国书目情报事业的先进技术、方法和经验，丰富我国目录学的内容。全面总结我国目录学的发展规律，加强目录学国际学术交流与合作，弘扬我国目录学理论与实践的成就，确立中国目录学在世界目录学体系中的地位。

（原载《武汉大学学报（社会科学版）》，1993 年第 6 期）

中国目录学的今天和明天

中国目录学历史悠久，源远流长，且不说早在殷商时期就有了简单的著录图书文献所产生的目录，即使从汉代刘向、刘歆主持编制的《别录》和《七略》奠定我国古典目录学发展的基础算起，也有两千多年的历史。中国目录学经宋代史学家郑樵和清代史学家章学诚等人的发展和完善，形成了以“辨章学术，考镜源流”为核心的我国古典目录学理论体系。但如果我们仔细考察一下目录学的产生、发展状况，就不难发现，古代的书目工作是同以小农经济为基础的社会状况相适应的，处于一种孤立的、分散的状态，书目活动者没有将目录、目录工作作为研究对象，使之成为学科的本体，而仅仅以此为手段对古籍作校勘和训诂，故古代目录学实质上只是停留在不自觉的、无意识的“自在”阶段。

基本上，目录学在清末开始了对旧体系的变革。在 20 世纪 20、30 年代，我国的书目工作开始了联合协作等方式，作为一门具有现代意义的完整学科的目录学开始形成。50 年代以后，由于现代科学技术陆续引进书目工作，使传统的书目编制和书目服务的面貌发生巨大变化，现代目录学也在这种变化中不断调整自己。中国目录学正由研究如何指导读书治学而逐步发展成为研究科学地揭示与有效地报道文献信息，以解决巨大的文献流与人们对其特定需要之间的矛盾规律的科学。50 年代以来，我国目录学研究取得了巨大的成绩，了解其现状，把握住今天，并预测和规划其明天，是非常有意义的。

一、对目录学历史的总结与理论的探讨

今天的目录学研究，重于目录学历史经验的总结和目录学理论的

探讨。据不完全统计，从1949年至1990年年底，我国各类报刊发表的目录学论文共约1 400余篇。其中，基础理论方面的文章149篇，约占论文总数的11%；目录学史522篇，占37%；专科目录学164篇，占12%；书目编制与利用254篇，占18%；总论性文章130篇，占9%；国外译述105篇，占8%；目录学方法论55篇，占4%；其他27篇，占2%左右。

1. 对目录学历史的总结

从上面的统计可以发现，目录学史一直是我国目录学界持有浓厚兴趣的领域。在这个领域，1966年以前，研究者较少，且多只对少数著名目录学家感兴趣。进入80年代后，彭斐章、谢灼华在《关于我国目录学研究的几个问题》(《武汉大学学报》，1980 (1)) 一文中强调指出，近现代目录学史无论从历史发展阶段上，还是从目录学的内容上，都应当作为研究的重点。这些论点得到了目录学界的广泛赞同，近年来对近现代目录学的研究有了很大加强。如乔好勤《略论我国1919～1949年的目录学》(云南图书馆，1982 (1)) 一文，对“五四”以后30年我国目录学主要成就及目录学派别的形成，做了比较系统的总结，并探讨了这一时期目录学发展的特点。陈传夫随后搜集了比较详实的资料，分别对近、现代目录学各流派做了详细的研究。同时，人们还探讨了像姚名达、余嘉锡、阿英、郑振铎等目录学家的思想，对他们的成就和贡献做了系统而客观的评述。

而且近年来对目录学家和古典书目的研究范围比以往扩大了，改变了过去只集中对古代著名目录学家和几部著名的目录巨著研究的状况，对一些以往很少被人们重视的目录学家和目录学著作开展了研究，如像对欧阳修、周永年、张元济等人的研究，扩大了目录学史的研究范围。

研究者还比较注重从联系的、整体的观点出发，将目录学史的发展和当时的社会历史以及文化联系起来，对某一历史时期目录学发展的特点及其规律进行研究。如王晋卿《魏晋南北朝目录学的主要成就》、谢德雄《宋代目录学的发展及其成就》、林清《元代目录学的发展及其成就初探》、谢国桢《明清时代的目录学》、来新夏《清代目录学成就浅述》等文章，分别对我国古代各个不同历史时期目录的编纂、著述及其与当时社会文化的联系、作用和影响等进行了系统的总结和评述。一些目录学史专著如来新夏《古典目录学浅说》（中华书局1981年版，1991年修订为《古典目录学》）、王重民《中国目录学史论丛》、吕绍虞《中国目录学史稿》（安徽教育出版社，1984）、罗孟祯《中国古代目录学简编》（重庆出版社，1983）、乔好勤《中国目录学史》（武汉大学出版社，1992）等，则一方面从整体上概括各历史时期的目录学成就，一方面又重点突出各时期的重要目录学家和目录学著作，另一方面还从理论上总结古典目录学的理论。这些著作各有千秋，有的力图以唯物史观为指导思想，把目录学的发展放在社会政治、经济、文化发展中去考察研究，史论结合；有的开辟更多的史料来源，注意学科之间的相互关系，从理论上总结古典目录学；还有的旁征博引，在前人的基础上不断开拓新的领域，将目录学史研究导向系统、深入。

新中国建立40多年来，特别是近10多年来，目录学史研究取得了巨大的成绩，这是应当肯定的。不过，我们也发现，论文数字统计所表现出的较高比率，也并不能完全反映出我国目录学史研究的整体繁荣，其中还存在许多的漏洞和不足。譬如说，在现已发表的目录学史论文中，就有许多重复前人劳动、人云亦云的现象；另外，像佛典目录与古典目录及中国文化的关系等问题，少有深入研究者。

更重要的是，有一些研究者认为对于目录学史的研究和花费的精力多了一些。在学术界对历史研究的意义和目的感到困惑的时候，一些目录学研究者也对目录学史的研究表示了他们激越的感情。他们觉得，当代目录学要再生，首要的问题就是丢掉“历史悠久”、“优良传统”那些慰藉历史者们的红包袱，对目录学史的继承不应沉溺于史的研究，继承已在自然的发展中流传了下来等。

我们认为这些看法值得商榷。科学研究的特点正在于它的继承性与连续性，有继承才有发展。以“辨章学术，考镜源流”为核心的古典目录学的形成，是一个客观事实，是我们中华民族的光荣和骄傲。因此，弘扬祖国的文化，是人们义不容辞的历史责任。批判地总结与继承我国古典目录学历史遗产，作为发展当前目录事业的历史借鉴，无疑是目录学研究的重要内容。历史不容割断，现代目录学是古典目录学的继承和发展。继承什么，发展什么，是一个必须认真对待的问题，决不是自然而然地就继承下来的，丢掉优良传统包袱与自然继承本身就是自相矛盾的。

当然，总结我国目录学的优良传统必须立足于现实，为发展现代目录学和目录工作服务。历史已将目录学推进到信息社会，研究我国古典目录学的理论与实践能否为今天的现实服务呢？回答应该是肯定的。比如关于目录的教育功能，我国学者有很精辟的论述，也有很辉煌的实践。清代学者王鸣盛在《十七史商榷》卷七中说道："凡读书最初要者，目录之学。目录明，方可读书；不明，终是乱读。"江藩在《师郑堂集》中指出："目录者，本以定其书之优劣，开后学之先路，使人人知某书当读，某书不当读，则易学而成功且速矣。"梁启超在《佛家经录在中国目录学之位置》一文中说道："著书足以备读者之顾问，实目录学家最重要之职务也。"这些论述强调了目录是指导读书治学的工具。张之洞编《书目答问》是初学者略知治学门径的一部指导书目，梁启超编《西学书目表》及《读西书法》是读者摸门径的推荐书目和读书方法。因此，从理论上和实践上总结发挥目录教育功能的经验，对于开拓现代目录学研究领域，指导目录工作的进展具有重要的借鉴作用。对于某一目录学专题，要联系各个不同时代的背景，从纵的方面作历史的探讨，拓宽和加深目录学史的研究。

同时，中国目录学要在世界目录学范围内取得应有的地位并得以充分的反映，就必须首先对其自身的发展历史进行全面系统的研究，要把目录学置于社会这个大系统中，从社会发展、文化积累和学术变迁等角度考察传统目录学思想的演进过程，把目录学史的研究深入到学说史、学术思想演进史之中去，将它推向一个新的水平。只有这样，才便于我们写出以中国为主体的世界目录学史，努力从目录学的角度去弘扬我国的悠久历史与传统文化，从这一意义上讲，中国目录学史的研究不但不能削弱，而且还须进一步加强。

2. 对目录学的理论探讨

在前面的统计中，关于目录学基础理论的文章只占论文总数的11%，这只是由于统计分类的原因，才造成这种数字与事实不合的表面现象。目录学理论其最核心部分当然是基础理论，但也有一般理论，比如关于专科目录学，就有专科目录学理论，总结性文章就基本上是对目录学研究所做的整体上的探讨，也应是目录学的理论研究。这样，我们不难发现，对目录学的理论探讨一直是人们研究的重点。

这一时期出版了一些目录学理论著作，如余嘉锡《目录学发微》(中华书局，1963)、武汉大学与北京大学合编《目录学概论》(中华书局，1982)、徐召勋《学点目录学》(安徽教育出版社，1983)、彭斐章等编《目录学》(武汉大学出版社，1986)、杨沛超《目录学教程》(学苑出版社，1989)、倪晓建主编《书目工作概论》(北京师范大学出版社，1990)、王知津等译《索引的概念与方法》(书目文献出版社，1984)、彭斐章等译《目录学普通教程》(武汉大学出版社，1987)、焦玉英等译《自然科学书目学》(科技文献出版社，1989)及赖茂生与王知津合译《文摘的概念与方法》(书目文献出版社，1991)等40余部，其中除重印和再版了1949年前的部分著作外，绝大多数都是80年代以来我国目录学研究者的新著。

40多年来，目录学理论研究取得了一定的成绩，特别在近几年来，目录学研究在广度和深度上都出现了一些可喜的变化。这首先表现在近年来开始注意从我国目录学整体发展的高度来探讨目录学的基本理论问题，把关于我国目录学的发展方向和道路，我国目录学的理论基础等问题作为研究的重点，将目录学基本理论问题和现代科学技术的发展以及与当前书目工作的实际联系起来进行探讨，把书目方法提到方法论的高度作为目录学的基本理论问题来研究。1983年8月在沈阳召开了全国目录学专题学术讨论会，这是自1949年以来，也是中国图书馆学会下设的目录学研究组建立以来第一次召开这样的专题学术讨论会。大会收到学术论文220篇，入选参加会议讨论的论文64篇，围绕着目录学界关心的话题，即书目工作如何为四化建设服务和国内外目录学研究现状与发展趋势等问题展开讨论，涉及目录学和书目工作中的重大理论问题，内容丰富多彩，疏通了目录学情报交流的渠道，是1949年以来我国目录学研究成果的一次大检阅，对目录学基本理论问题的研究起着积极的作用。

1986年，由全国图书馆界部分中青年图书馆学者共同发起组织了“目录学研究通讯小组”。几年来，小组以通讯的方式举行了多次笔会。他们力图“认真而深沉地反思过去，严肃而冷静地分析现在，热烈而焦急地追求未来”(发起者的话)，在图书馆界产生了一定的影响。

近十多年来，还发表了一系列论文，如彭斐章《新中国目录学研究述略》(《武汉大学学报》，1984（1))、余庆蓉《十年目录学研究的回顾与思考》(《广东图书馆学刊》，1988（1)）等文，分别对近40年与近10年目录学研究的成绩进行了全面的总结，对存在的问题做了认真的分析，并展望了今后目录学发展的前景。近一两年来，傅清波对80年代目录学基础理论研究进行了总结，并在目录学基础理论的建构方面做了新的探讨，试图将解释学的方法原则引入书目情报过程。王析则鉴于目录学研究领域方法使用的混乱，从数学化、科学化和发展化三个方面对目录学研究如何借鉴、运用其他学科方法做了一些梳理。

其次，关于目录学研究对象问题的讨论有了新的进展。目录学的研究对象问题是目录学的基本理论问题，我国目录学界从50年代末至60年代初对这一问题进行过热烈的讨论，但由于文革大动乱而被迫中断。这次讨论，以研究对象为中心，涉及到有关目录学的内容、学科性质、与其他学科的关系等有关问题。对目录学研究对象的看法有图书说、目录说、图书和目录说、关系说等几种观点。这次讨论为目录学界开创了一种实事求是的新风气，对推动目录学研究具有积极作用。到80年代初，恢复了对这一问题的讨论，并且不是对过去观点的简单重复，而是在认真总结和评述50年代末进行的讨论中所提出的各派观点的基础上，提出了一些新的观点。各派人物都从不同的角度提出了关于目录学的定义和目录学研究对象问题的看法，随着讨论的逐步深入，认识的不断提高，各派论点渐趋接近，多数同志认为应从事物的规律、矛盾、性质等方面研究目录学的对象问题，规律说正被多数人所接受。

再次，从80年代开始，我们已将重点逐步转移到目录学的分支学科研究上。柯平从学科建设的角度把目录学的分支学科划分为三大类型，即除了以研究某一学科文献及书目发展规律为本的专科目录学外，还有目录学与其他学科交叉而形成的诸如书目控制论、书目计量学、比较目录学等分支学科和由目录学领域自身内容和方法的突破而形成的新的分支学科，这包括文摘学、索引学及书目编纂学等。关于专科目录学研究成果丰硕，专著如谢灼华《中国文学目录学》（书目文献出版社，1986）、倪波与王锦贵《中国历史书籍目录学》（书目文献出版社，1984）及李枫《马克思列宁主义书籍目录学》（1959年内部刊印）等，论文则对诸如医学、文史、数学等学科文献目录学展开了研究。可以看出，专科目录学已从原来的重文轻理开始出现文理并重的局面。而且书目控制论、书目计量学和比较目录学等正引起我国目录学界的广泛兴趣和关注。

但是，我们也发现，在目录学理论研究中还存在一些严重的问题。其一，在从事目录学教学和研究的人们中间，存在着一股目录学有被鲸吞的危机感和学科得不到学术界和社会重视的失落感。事实上，目录学是一门独立的学科，但绝不是一门孤立的学科。在整个学科体系中，它与周围的学科相互联系、相互制约、相互渗透。一门学科能否跟上时代并顺利发展，是否具有活力，一方面要看它能不能渗透到其他学科领域，同时也取决于它能不能吸收其他学科的最新成果和先进方法来丰富自己。由作为读书治学的入门之学的目录学和各专科目录学的形成和发展来看，目录学知识已渗透到其他学科。而由于数学方法、信息论、系统论、控制论以及计算机技术的导入，使得目录学的研究方法由单纯的定性分析走向定性分析与定量分析相结合的综合研究方法。控制论的原理与方法应用到目录学中，用以探讨目录工作的科学组织和有效利用而形成了书目控制论；数学和统计学方法引进目录学以后产生了书目计量学；而应用比较方法，通过对不同国度的书目情报活动和目录学理论进行比较分析，揭示其异同，探讨目录学发展规律则形成了比较目录学。因此，目录学也在不断地吸收其他学科的理论和方法来丰富自己。目录学的地盘被“鲸吞”正是目录学得到应用，受到学术界重视的表现。

其二，概念混乱。在近年出版或发表的目录学著述中，就时常出现同一概念在同一文章或著作中前后不一，或同一外文概念被译成多个不同术语的现象。

其三，浮躁不实。百花齐放、百家争鸣的学术气氛给我国当代目录学研究带来了生机，但随着一些新思想、新思维的出现，其中又夹杂着一些浮躁不实的论点，如对系统论和模糊数学的滥用。研究者随便套用其他学科方法研究目录学问题，只会造成似是而非，并导致混乱。

其四，50年代初期，我国目录学界开始有选择地介绍了一些国外目录学著述，其中以前苏联目录学理论与实践方面的资料为多，这些译著给刚刚起步的中国当代目录学研究提供了很好的借鉴，有力地促进了我国目录学研究的建设与发展。但值得注意的是，近年来，这种对译介国外目录学理论与实践文献的兴趣有所下降，仅就译文统计看，1949～1965年我国译介国外目录学文章有45篇，占同期目录学论文总数的近22%，而1976～1990年的译介文章只有51篇，占同期论文总数的4.43%，译文的相对下降趋势是非常明显的。

二、新的起点：书目情报服务与目录学应用研究

理论来源于实践，应当反映并指导实践。目录学是一门实践性很强的科学，目录学理论发展的程度取决于目录工作实践需要的状况。而据统计，到1990年底，我国当代关于书目编制与利用方面的论文共发表254篇，约占论文总数的18%，其中，1965年以前的相应论文数为同期论文总数的31.3%，而1976年以来的相应论文数却只占同期论文总数的15%强。这种比值分布表明，人们对书目编制与利用课题研究兴趣的相对下降。

同时，我国目录学研究成果也很难在目录工作实践中得到应用和推广，目录学界理论与实践脱节的现象相当严重。一方面，目录工作的组织管理、工作方法比较落后，而目录工作者则安于现状，轻视理论的指导作用；另一方面，目录学理论研究者不重视对目录工作实践中的现实问题的研究，而热衷于理论引进、方法移植，闭门造车，一时间各种“新学科”如雨后春笋。这种理论与实践的脱节，严重影响着整个目录学研究的健康发展。

中国目录学本是致用之学，“致用”可谓目录学之生命线，是目录学的最基本特征。近年来在目录学应用研究方面还是取得了一定成绩的。比如对国家书目的编制及有关问题的研究，对我国检索刊物体系的建立与发展的研究，对联合目录报道体系和计算机编制联合目录的试验与研究，对书目工作标准化的研究，对学科目录工作及专科文献目录学的研究等。

而处在向信息社会迈进的今天，日益增长着的文献与人们对它的

特定需要之间的现实矛盾显得更加突出，书目情报服务在解决这一矛盾中显示了它的活力，为世人所瞩目。书目情报服务已经成为目录学应用于社会，在新形势下进一步开拓和深化的一个研究领域。它以书目情报咨询服务为主要形式，以文献情报预测为手段，以书目情报有序化为基础，发挥其交流、报导、检索等功能，其影响遍布于社会政治、经济和文化生活的各个领域。

当前，书目情报服务的研究不论是在欧美，亦或是在俄罗斯与东欧，都是现代目录学应用研究不可缺少的内容。书目情报服务观念的变革、内容的拓展、方式方法的变化，都是目录学研究的重要来源，也是目录学理论变革的先导。

书目情报服务的最终目的是最大限度的满足社会成员的文献信息需求。书目情报需求及其特点决定了书目情报服务的指向、服务形式和内容。读者书目情报需求的研究是设计和建立书目情报服务体系的基础，是目录学研究的重要课题。以抓住读者及各类型读者群书目情报需求特点及其规律的研究为重点，来研究我国书目情报服务的整个问题，是当代目录学应用研究的重要内容。

我国在 80 年代中后期开始了书目情报服务的重点研究。一方面译介国外的研究文献，如翻译前苏联科尔舒诺夫的《目录学普通教程》，该书以书目情报为起点，从“文献-需求者”角度，探讨了目录学在交流系统中的层次与功能；另一方面进行实际调查研究，《书目情报需求与服务研究》一书，便是 1986 年开始，在向全国几百个单位的不同读者进行问卷调查与跟踪调查的基础上写成的。不过，我国在这方面的研究还只是刚刚起步。

现实是严峻的。计算机和现代通信技术的发展及其在书目情报服务中的广泛应用，加速了书目情报服务手段现代化的进程。在完善书目情报手工检索体系的基础上逐步建立书目情报数据库，书目情报服务体制必然要变革，实现书目情报服务系统网络化是一个必然的趋势。只有这样，才能有利于整个社会书目情报信息交流，达到国家书目控制，实现资源共享的目的。

三、当代目录学的发展趋势

如前所述，中国目录学比较注重历史的总结与理论的探讨，而同时也正在向应用研究过渡。那么，应用研究是否就代表了目录学的明天呢？我们认为，不完全是这样。在当代科技革命的强大潮流影响下，目录学也将发生巨大的变化。

1. 研究方法的引进与目录学研究的科学化

如何进行目录工作实践，如何总结目录工作实践经验，使之上升为理论，如何构建目录学理论大厦，这些问题关系到目录学的发展，也使得方法论问题成为目录学亟待解决的问题。目录学借鉴其他学科的方法，一般分为两个层次：

一是指由于研究中对精确的需要所采用的一些方法，如数学、计算机技术的引进等，这些都属于辅助手段、工具意义上的借鉴，而这种借鉴使得当代目录学研究向计量化、精确化方向发展。

借鉴的基础在于，书目活动中有许多量的关系，如书目情报活动所呈现出的"量"、"关系"、"结构"、"系统"，以及它们之间相互联系所形成的不同层次的空间形式如数量关系，这无疑为数学方法的运用展示了一个新的领域。而且随着社会信息需求量的剧增，书目情报工作将越来越注重传递的速度和效率。能否达到高速和高效，在很大程度上取决于管理水平的高低。利用数学方法对书目情报工作系统的诸因素进行计量分析和预测，是优化系统管理的重要途径。比如，对书目情报工作系统中的文献分布、需求状况、智力结构、人员配备以及经费、工作成果的质量和效益，通过数量统计予以分析和评价，可以确定系统的优化设计和最佳管理方案；对书目情报活动中大量存在的随机现象进行数学处理，将有助于对这些现象进行定量描述；对书目情报活动过程进行数学模拟，可以揭示其内在规律，为书目实践提供更坚实的理论基础等。同时，现代计量工具和方法的发展为书目情报工作的计量化提供了可能。计算机和通信技术已直接应用于信息输入、加工、存储和传递全过程，并使一些繁杂的统计、计算和分析变得简便易行。特别是模糊数学、概率论和数理统计的引入，使我们有可能对目录学和书目情报工作中一些具有随机性和模糊性的现象进行定量描述，揭示其内在规律。

二是指在目录学研究中，借鉴其他学科长期发展中所形成的研究程序、论证方式和思维模式，并结合目录学研究的自身特点，从根本上改变原有的研究视角或思维方式，形成新的研究规范。这已不是一般意义上的借鉴和应用，而是一种再创造，研究方法引进的目的也正在于此。

前文说过，我国古代目录学实际上只是停留在不自觉的、无意识的“自在”阶段。人们甚至认为在古代，目录学理论始终未能形成系统完整的科学体系，或者说古代目录学的发展是在没有充分的科学理论指导下发展起来的。随着时代的发展，传统目录学必让位于现当代目录学。每个时代都有自己的目录学，这种差异并不是这一时代与那一时代目录学家们兴趣、方法或风格等表面现象的不同，而是对于研究对象的把握处于各自不同的理论层次。中国目录学受传统目录学思想的束缚太紧，使得人们产生了某种危机感，这种危机实际上是目录学理论与功能的危机。同其他学科的理论一样，目录学理论也具有认识功能、解释功能、宣传教育功能和实用功能，这是一个功能体系。这个体系既体现了功能的生成次序，也体现了目录学功能由隐到显，由抽象到具体的关系。其中实用功能的发挥在很大程度上取决于理论自身的成熟与完善的程度。传统目录学的功能过多地表现为读书治学的门径和工具，而缺乏对书目现象的分析、综合、思辨和解释、预见功能，这在很大程度上降低了目录学在科学体系中的地位，因为它缺乏一个独立的理论体系和方法论体系。今后目录学的生存和发展将在很大程度上取决于它能否将自己置于一种相对独立的、完整的和科学的理论体系之上。

因此，我们应当结合目录学研究的特点，探讨引进方法的本质属性和应用机制，寻求其与目录学研究的契合点，真正做到融会贯通，而不应仅仅停留在名词术语的引进和研究方法的评价、介绍上。从目录学领域寻找各种方法的生长点，并从根本上改变原有的研究视角和思维方式，必将造成目录学的根本变革，使目录学理论科学化、系统化、完整化。

2. 目录学发展的整体化

当代科学发展的一个最显著的特征便是学科的分化与综合，一方面是学科越分越细，而同时又越来越综合，这种现象也同样出现在目录学领域。

首先，在目录学领域，作为具体研究的对象范围愈来愈窄，考察的问题愈来愈专一。20 世纪以来，书目工作中的一些技术和方法相继成为专门的研究对象，如对索引理论、技术与方法的研究形成了“索引学”，与此相类似的领域还有文献学、分类学、编目学、文献检索、书目控制、书目情报服务等。

其次，在另一方面又与以往的单一研究不同，考察的问题愈来愈综合化，从而形成学科的整体化。

目录学的整体化表现在两个方面，其一是目录学自身体系结构的整体化。由于作为具体研究的对象范围愈来愈狭小、专一，使得学科研究向着纵深发展，而纵向的深入越充分，各对象学科之间发生联系的几率就越大。也就是说，科学的分化是整体化趋势的一种表现形式，学科整体化将直接通过它的对立面，通过学科的继续分化而实现。比如书目计量学，它研究书目活动所具有的各种数量关系和数量方法，表现出一种横向连接性，使学科各具体研究的对象的联系更加紧密。

同时，在对学科进行细分的基础上，人们更容易掌握学科的研究内容，更容易从整体上把握。这样便产生了对学科的整体研究，如对目录学理论基础体系的研究，这是一种宏观研究，表现出整体概括性。

其二是目录学与整个科学的融合。从目录学与当代自然科学和社会科学的相互作用来看，目录学至少可以通过两种途径实现自身的综合化。从“知识-文化-社会意识”的路向考察，目录学将与文化学、教育学、社会学等学科融为一体，使目录学融进广义文化学的整体化中心来，充分发挥“辨章学术，考镜源流”的学术史作用和指导读书治学的教育作用，成为研究人类创造精神财富的学问的一个组成部分。从“知识-信息-交流”的路向考察，目录学将与符号学、交流学、传播学、信息论、控制论、系统论、计算机科学、数学等众多学科交叉结合，使目录学融进信息科学学体的整体化中心来。所谓信息科学学体，是指以信息为主题，以信息科学为中心，包含多种学科，通过广泛而全面的相互作用而形成的学科系统网络。它以信息现象为范畴，把一切相关的知识和技术纳入相互联系的网络中，形成一个开放的、综合的知识体系。研究揭示和报道文献信息与人们对文献的特定需要之间的矛盾与规律的目录学，将在信息科学学科中占有一席之地。

四、必须注意的几个问题

纵观我国目录学研究的发展历程，展望目录学的未来，当前的目录学研究有几个必须引起重视的问题。

其一，要增强目录学研究的“社会意识”。广大目录学理论工作者应当注意将目录学研究重点放在书目工作与其他社会事业发展的相互联系上，深入到社会的各个部门，以提供情报服务或开展工作协作为桥梁，寻求社会所需课题，充实学科研究内容。一方面，它可使得当代目录学研究有据可依，便于目录学理论体系的发展和完善。另一方面，也可通过大量的实践活动，展示并宣传自身的功能与优势，扩大社会影响。同时，还可从相应劳动中，寻求必需的信息、资料与经济来源，使目录学研究与多方效益直接挂钩。

其二，加强目录学研究的组织管理与交流。首先，要调整和完善目录学研究的组织形式，加强各类研究力量之间的交流与协作，促进科研人员的合理流动和自由组合，以扩大研究者的视野，更好地适应各类研究课题的需要。其次，要对目录学研究的发展趋势、发展方向和可能取得的成果、可能应用的领域进行预测，在科学预测的基础上制定目录学研究的总体规划，提高目录学研究的整体效益。再次，要加强对目录学研究成果的评价工作。最后，要加强海峡两岸同道的学术交流，以及国际目录学学术交流，增进了解，传播友谊。

其三，加强目录学研究人才的培养。在培养内容上，应立足现实，面向未来，依据科技发展对目录学研究者所要求的知识结构来安排学习内容；在培养手段上，应打破单一的课堂灌输的方式，更多地采用讨论、社会调查和社会实践等形式，开拓学生的思路，培养他们研究与解决实际问题的兴趣与能力；在思想认识上，更新教育观念，树立终身教育的思想，不断进行知识内容的更新和知识结构的改组。现代科技革命和目录学研究的发展对研究者提出了更高的要求，我们必须利用现代化的知识传播手段，培养出在数量和质量上都能满足现代化建设需要的目录学人才。

总之，新技术革命既是目录学发展的机会，又是对目录学的挑战。因此，我们必须面对现实，正确分析、了解现实，去迎接信息时代目录学的明天。

（原载《当代图书馆事业论集——庆祝王振鹄教授七秩荣庆论文集》，台北：正中书局，1994）

我国当代目录学研究的综述与展望

本文在系统总结我国当代目录学研究的现状、揭示学科发展特点与规律的基础上，着重对拓展目录学研究领域、开展目录学史系统研究、加强书目编制与使用以及中外目录学交流等问题展开评述。当代目录学研究的特征表现在书目情报服务观念的变革，研究内容、研究方法上的更加深化。目录学理论工作者应当把握好这一趋势，围绕目录学的基础理论、目录学史、目录学学科体系结构、书目情报理论、书目控制论、目录学研究方法和目录学的未来研究等论题展开进一步的探讨。

中国目录学是一门有着悠久历史和传统，同时又具有鲜明时代特征和广泛实用价值的学科。如果从刘氏父子类分典籍、始创叙录算起，它的产生和发展也已经历了两千多年。但作为一门具有现代意义的完整学科的形成，还是在20世纪20～30年代。随着当今科学技术的飞速发展和文献信息量的猛增，目录学的研究方法和研究内容也在发生着深刻的变化。特别是进入80年代以来，中国目录学正由研究如何指导读书治学而逐步发展成为研究科学地揭示与有效地报道文献信息，以解决巨大的文献与人们对其特定需要之间的矛盾规律的科学。

一、我国目录学研究的现状

新中国成立，目录学研究揭开了新的历史篇章。据不完全统计，到1990年年底，我国各类报刊发表的目录学论文共约1 400余篇，其中，基础理论方面的文章149篇，约占论文总数的11%；目录学史522篇，占37%；专科目录学有164篇，占12%；书目编制与使用254篇，占18%；总论性文章130篇，占9%；国外译述105篇，占8%；目录学方法论55篇，占4%；其他27篇，占2%左右。

相应出版的目录学理论著作，有余嘉锡的《目录学发微》（中华书局，1963）、姚名达的《中国目录学史》（商务印书馆，1957）、来新夏的《古典目录学浅说》（中华书局，1981）、武汉大学与北京大学合编的《目录学概论》（中华书局，1982）、徐召勋的《学点目录学》（安徽教育出版社，1983）、罗孟祯的《中国古代目录学简编》（重庆出版社，1983）、吕绍虞的《中国目录学史稿》（安徽教育出版社，1984）、倪波与王锦贵的《中国历史书籍目录学》（书目文献出版社，1984）、彭斐章等编的《目录学》（武汉大学出版社，1986）、谢灼华的《中国文学目录学》（书目文献出版社，1986）、杨沛超的《目录学教程》（学苑出版社，1989）、倪晓建主编的《书目工作概论》（北京师范大学出版社，1990）、彭斐章的《书目情报需求与服务研究》（武汉大学出版社，1990）和来新夏的《古典目录学》（中华书局，1991），以及王知津等翻译的《索引的概念与方法》（书目文献出版社，1984）、彭斐章等翻译的《目录学普通教程》（武汉大学出版社，1987）、焦玉英等翻译的《自然科学书目学》（科技文献出版社，1989）及赖茂生与王知津合译的《文摘的概念与方法》（书目文献出版社，1991）等40余部。其中，除重印和再版了新中国成立前的部分著作外，绝大多数都是80年代以来我国目录学研究者的新著。从以上著述的主题分布与内容分析来看，我国当代目录学研究的特点不仅表现在研究内容的拓宽以及实用性的加强方面，目录学研究的方式方法及其学科体系结构也日臻完善起来。

其一，在基础理论问题上，我国广大目录学研究者一向视之为本学科研究的重点，不惜笔墨地对之进行了一系列的论述和探讨。这种研讨活动大致可分为两个阶段①，研究内容主要是围绕目录学的研究对象、学科性质和定义、学科结构及其理论基础等问题而展开。第一阶段是在归纳与综述前人有关论述和观点的基础上进行概述，第二阶段则是对前一阶段研究的继续，以其他学科的理论和方法对目录学的

① 50年代后期至60年代中期可视为第一个阶段，70年代末至今为第二个阶段。

某些基础理论问题进行解释，从而逐步形成当代目录学基础理论研究的总格局。

譬如，关于目录学研究对象问题的讨论，早在50年代末，陈光祚便在其发表于《武汉大学学报》的《目录学的对象和任务》一文中提出“目录学是研究以书目索引的方式向读者通报图书和宣传图书的规律的科学”① 的观点。随后，朱天俊、周学浩、张遵俭、王熙华、王文杰等也都相继参加了讨论，提出“图书说”、“目录说”、“关系说”等多种论点。70年代后期，人们又在回顾、总结并分析以往认识的基础上，从多种不同的认识角度阐发了一些新的见解。1980年初，彭斐章、谢灼华在《武汉大学学报》发表了《关于我国目录学研究的几个问题》一文，认为“揭示与报道图书资料与人们对图书资料的特定需要之间的矛盾，构成了目录学领域里诸矛盾现象中最基本最主要的矛盾，也就是目录学的研究对象”②。这一思想，曾在他们主持并参加编写的《目录学概论》中得到了进一步的阐述，在全国范围内引起较大的反响。它不仅确立了“矛盾说”的论点，得到许多目录学同仁的赞同，也把对相应问题的讨论引向了深入。与此同时，孟昭晋、孙二虎等人也曾就目录学对象问题展开过归纳与分析，提出目录学的研究对象是“目录事业”等论点。

1983年，陈一阳发表了“目录学是研究对所有图书文献资料实行目录控制的理论和方法的科学”③的见解，坚持目录学的研究对象就是“目录”。陈耀盛则从“目录学是目录活动实践经验材料思维加工的结晶”④ 的认识角度，提出目录学的研究对象是多层次、多维的“目录活动”。1990年初，陈光祚又在《图书情报工作》杂志发表了《对目录学对象的再认识》一文，提出“目录学是研究文献流的整序、

---

① 陈光祚．目录学的对象和任务．武汉大学学报（人文版），1959（7）：pp. 11～16

② 彭斐章，谢灼华．关于我国目录学研究的几个问题．武汉大学学报（哲社版），1980（1）：pp. 90～96

③ 陈一阳．目录学研究对象和定义新探．图书情报工作，1983（4）：pp. 1～5，p.25

④ 陈耀盛．目录学多层次研究对象的辩证思考．图书与情报，1989（1）：pp. 53～60

测度和导向的科学”① 的论点，认为当代目录学研究就是把文献流作为一个整体，探索其运动的规律、内部构成的变化，特别是研究文献流的整序、测度与导向。应该说，他的这一论述主要是以其对文献的宏观控制思想为出发点。而诸家学说也多已开始注意到了从目录学学科自身发展的特殊矛盾及目录活动的本质与发展规律角度去探讨目录学的实质。

近年来，我国目录学界曾有组织地对有关基础理论问题展开了一些讨论。中国图书馆学会目录学分会曾于 1983 年和 1991 年先后在沈阳和南京召开了两次“全国目录学专题学术讨论会”，一些专业刊物也曾先后组织了目录学基础理论专栏，为目录学理论工作者提供了学术探讨与争鸣的园地。除了对研究对象等内容的研讨外，在目录学的学科性质问题上，有人认为目录学应属社会科学范畴，也有人提出目录学是一门横断科学的观点，但持前一观点的还是明显占多数。此外，由全国一些中青年目录学研究工作者组织发起的“目录学研究通讯小组”还曾在 1987 年前后专门组织了对“目录学理论基础”问题的讨论，取得了一些研究成果。他们或坚持目录学的惟一理论基础是马克思主义哲学②，或认为目录学的理论基础应该是一个多层次的体系结构，也即由马克思主义哲学、信息科学和文化理论等共同构成③。近两年，也有人提出大众传播理论或文献信息学都应作为目录学的理论基础的观点④。一时间，在国内掀起了一股探讨目录学理论基础的热潮，活跃了目录学理论研究的气氛。

其二，从现有统计不难看出，我国目录学界对目录学史的研究一直持有较浓厚的兴趣，论文发表的比重较大，这在某种程度上讲，也

---

① 陈光祚．目录学是研究文献流的整序、测度和导向的科学——对目录学对象的再认识．图书情报工作，1990（1）：pp.1～7，p.30

② 乔好勤．关于目录学的理论基础．河南图书馆学刊，1987（3）：pp.21～22

③ 陈传夫．论目录学的理论基础——现状与体系．湖北高校图书馆，1986（2）：pp.24～36

④ 葛民．大众传播理论与目录学．图书与情报，1990（1）：pp.74～78
杨河源．目录学的理论基础是文献信息学．图书情报知识，1991（2）：pp.12～13，p. 18

反映出人们在我国传统目录学研究上的一个优势与习惯。王晋卿的《魏晋南北朝目录学的主要成就》、谢德雄的《宋代目录学的发展及其成就》、林清的《元代目录学的发展及其成就初探》、谢国桢的《明清时代的目录学》以及陈超的《晚清目录学初探》等文章就曾分别对我国古代各个不同时期目录的编纂、著述及其与当时社会文化的联系、作用和影响等进行了系统的总结与评述。乔好勤的《略论我国1919～1949 年的目录学》一文，也对民国时期目录学研究状况做了比较全面的综述。应当说，近年来所发表的目录学史的论著，较之姚名达、梁启超、王重民等老一辈目录学家的研究成果更具系统、广泛和注重探求社会影响与学科发展规律的特点。此外，关于我国目录学思想的研究，除了对诸如刘向、刘歆、毋煚、胡应麟、郑樵、王鸣盛、张之洞，章学城、梁启超、陈垣，余嘉锡、姚名达等历代著名目录学家学术思想的研讨外，也不乏对今人，如王重民、钱亚新等目录学思想的探讨。由申畅等人编辑的《中国目录学家传略》和《中国目录学家辞典》，则又集中收录了我国历史上百余位目录学家的传记资料，先后于 1987 年和 1988 年分别由中州古籍出版社和河南人民出版社出版。

对于历代目录学著述及目录成果的评价和考证，研究较多的有《七志》、《七略》、《别录》、《七录》、《读书敏求记》、《史籍考》、《通志·校雠略》、《校雠通义》、《遂初堂书目》、《四库全书总目》、《贩书偶记》、《书目答问》、《西学书目表》和《生活全国总书目》以及有关“史志”目录等，着眼点主要在研究诸书目、著述的编辑特点、学术价值、社会影响和历史功用。除发表的有关论文外，许多目录学论著或多或少地对目录学史论内容进行了阐述，或专设章节，或将相应内容穿插其中。王重民的《中国目录学史论丛》和吕绍虞的《中国目录学史稿》则是当代系统研究我国古代目录学史的专著。近年来，人们还注意到从研究内容的跨时代、跨学科领域的纵横两方面的比较，为系统研究目录学史，继承和弘扬我国古典目录学的优良传统打下了基础。

其三，当代关于专科目录学的研究成果丰硕、方兴未艾。这从有关著述可窥一斑，诸如来新夏的《古典目录学》、陈秉才等人的《中国历史书籍目录学》、谢灼华的《中国文学目录学》以及李枫的《马克思列宁主义书籍目录学》（1959 年内部刊印）等著作便是在专科目录学研究上的系统成果，其他像“医学文献目录学”、“文史文献目录学”、“数学文献目录学”等论述也都相继开始出现。1983年初，彭斐章、郭星寿在《图书馆杂志》上发表了《加强马克思主义文献目录学的研究》一文，提出“马克思主义文献目录学是运用文献学、目录学的理论和方法，研究揭示与报道马克思主义文献源及书目文献的一门科学”① 的论点。陈国锋则把专科文献目录学定义为“在目录学的理论和方法指导下，结合某一专门学科的特点，研究如何全面、系统地指导这门学科的文献状况，对具体文献的内容价值和学术源流作出简要、精当的揭示，以服务于特定对象的学科”②。

1984年，黄景行在其《论专科目录学的研究对象与内容》一文中，提出应从学科目录学的历史发展与现状、学科基本文献介绍和学科工具书等三个方面来建设和发展专科目录学。③ 柯平则从学科结构建设的角度把目录学的分支学科划分为三大类型，即除了以研究某一学科文献及书目发展规律为本的专科目录学外，还有目录学与其他学科交叉而形成的诸如书目控制论、书目计量学、比较目录学等分支学科和由目录学领域自身内容和方法的突破而形成的新的分支学科，这包括文摘学、索引学、书目编纂学，等等。④

作为探讨目录学发生、发展规律的一种有效方法和途径，比较目录学也已开始得到国内同仁的重视。在穆立平看来，比较目录学“旨在通过对不同环境中目录学的某些方面或问题的对比分析，了解异同，寻求正确理解和解释这种异同的原因，探求目录学发生发展的内在规律”。⑤ 柯平也曾就比较方法的运用，跨文化、跨国家的研究，以及各种相关问题等角度，对比较目录学的特征和目的展开了探讨，

---

① 彭斐章，郭星寿．加强马克思主义文献目录学的研究．图书馆杂志，1983（1）：pp.4～7

② 陈国锋．略论专科文献目录学．四川图书馆学报，1984（4）：pp. 22～24，p. 29

③ 黄景行．论专科目录学的研究对象与内容．江苏图书馆学报，1984（2）：pp. 1～5

④ 柯平．略论目录学分支学科的建设．河南图书馆学刊，1988（1）：pp. 33～36

⑤ 穆立平．略论比较目录学．图书馆学刊，1983（4）：pp. 41～46

《中西目录学比较研究》① 一文便是作者在这一论题上的一个比较系统的研究成果。但从总体上讲，我国对比较目录学研究的重视程度及相应研究水平还不够。

其四，随着现代科学技术在书目情报工作中的广泛使用，整个书目情报工作也在发生着深刻的变化，它已逐步成为当代目录学理论变革的先导。1983 年，许文霞等人曾撰文指出，对于书目现象的概率统计与定量分析，能“展示确凿的数据以完善情报工作，了解学科发展动向，并用做学科研究及评价科技发展的重要依据”②。邓洛华的《目录学与数学》一文也曾对数学方法应用于目录学研究进行了探讨。黄俊贵的《书目控制简论》一文则对 UBC 和 NBC 等基本概念及其发展状况做了系统的阐述，并提出“目录学是研究书目控制的理论、方法和历史的学科”③ 的观点。彭斐章等人在《概论书目控制论》④ 一文中，不仅对当代世界书目控制的历史与现状做了客观的反映，也为发展我国书目控制工作提出了许多建设性的意见。所有这些都表明，人们已开始运用现代技术的理论与方法展开对目录学理论的立体探讨，从而加快了当代目录学理论研究的步伐。

以上所述，大致反映了我国当代目录学研究的一个基本状况，考察它的发展经历，一般可分为两个阶段。一是新中国成立至 60 年代中期，这段时间的研究重点多集中在对目录学某些基础理论问题的探讨以及书目编制与评价问题的讨论上，同时，也翻译介绍了大量国外主要是苏联目录学理论与实践方面的材料；二是自“文革”结束至今，目录学研究得以全方位发展，其中，尤在目录学基础理论、目录学史、专科目录学以及应用现代技术和知识展开对目录学相应问题的理论探讨上用力较深，并已注意到从目录学学科体系的整体结构角度探讨目录学领域的一些基本问题。然而，这其中也暴露了许多问题，值得我们在今后的研究中去探讨。

---

① 柯平．中西目录学比较研究．河南图书馆学刊，1990（1）：pp．33～37

② 许文霞，刘迅．书目计量学的理论与实践．中国图书馆学会目录学专题讨论会论文，1983

③ 黄俊贵．书目控制简论．图书馆学通讯，1989（3）：pp．35～37

④ 彭斐章等．概论书目控制论．图书情报论坛，1990（2）：pp．2～7，p．13

二、关于我国当代目录学研究中若干问题的评述

问题之一：应用当代科研成果及其与其他学科的相互交叉和运用，不仅使得目录学的研究内容日益丰富、学科家族逐步强大，也相应使得其理论结构渐趋丰满，既增强了理论系统性，又使得一些模糊的概念得以澄清。譬如，对文献流的测度已导致书目计量学或文献计量学这一新兴学科分支的诞生，而目录学与校勘学和版本学的区别，则在于它们对文献流的控制是属于群书宏观范畴还是对单篇文献和图书微观范畴的不同处理①。这种围绕文献流角度的解释方法明了而简洁。

毫无疑问，百花齐放、百家争鸣的学术气氛给我国当代目录学研究带来了生机。随着一些新思想、新思维的出现，其中又不免会夹杂一些“浮躁”的论点，这是很正常的。所谓去伪存真、去浮求实，理应是每一位目录学理论工作者的责任。我们主张有针对性地对某些实质性的问题展开评述，不鼓励把过多的精力放在“概念”问题的争论上，但对一些基本“概念”又必须有清楚而统一的认识。譬如，在近年所出版或发表的某些目录学著述中，就时常出现同一概念在同一篇文章或著作中前后不统一，或同一国外论著被译成两个不同概念的书名的现象，给当代目录学研究带来一些概念上的混乱。

此外，当今人们对科技专科目录学的研究少于对有关社科问题的探讨，研究方式也多习惯于传统的方法，这在科学技术飞速发展的今天是远不能适应当代目录学学科建设和发展需要的。因此，要确保目录学研究的健康发展，像这类问题很有必要及时解决。

问题之二：从我们对当代目录学史的论文统计来看，“文革”以前发表的关于目录学史的论文有 47 篇，占同期目录学论文发表总数的 19%，而“文革”结束到 1990 年年底共发表 469 篇，占同期论文总数的近 41%，这不仅在一定程度上表明人们对该类问题研究的重视，而且研究的兴趣有增无减。显然，科学研究的特点正在于它的继

① 陈光祚．目录学是研究文献流的整序、测度和导向的科学——对目录学对象的再认识．图书情报工作，1990（1）：pp.1～7，p.30

承性和连续性，有继承才有发展。随着目录学研究的深入，进一步整理目录学遗产，扩大目录学史的研究内容，已经成为提高目录学研究水平、完善目录学学科体系的重要组成部分。然而，进一步整理和扩大目录学史的研究内容必须建立在有的放矢、协调发展的基础上，要抓住实质性的问题展开研究。也就是说，应讲求立足现实，运用历史唯物主义的基本原理，采取新的方法去继承和发展我国古典目录学的光辉成就和优良传统，寻求社会背景下目录活动的内在规律。实际上，论文数字统计所表现出的较高比例，也并不能完全反映出我国目录学史研究的总体繁荣，其中还存在许多的漏洞和不足。譬如说，在现已发表的目录学史类论文中，就有许多重复前人劳动、人云亦云的现象，而在对前人著述及目录学思想的评价与研究上也缺乏新的认识和观点。尽管近年来人们在近现代目录学史的研究上也取得了一些成果，但尚缺乏系统的研究，至今还没有一部以马克思主义为指导写成的系统完整的中国目录学史问世；对一些目录学家的研究还存在空白，这些都需要我们在今后的研究中引起重视。

显然，中国目录学要在世界目录学史上取得应有的地位并得以充分的反映，就必须首先对其自身的发展历史进行全面系统的研究。只有这样，才便于我们写出以中国为主体的世界目录学史，努力从目录学的角度去弘扬我国的悠久历史与传统文化①，从这一意义上讲，中国目录学史的研究不但不能削弱，而且还须进一步加强。这里有必要指出的是，开展对目录学思想的研究，还必须注意坚持严肃认真的学术态度和实事求是的原则，而绝不能背上单求学科地位的思想去有意“攀高”，或牵强附会地对某些社会名流的言论断章取义，或根据“需要”而对其思想随意推理，动辄冠以“目录学家”或“目录学思想”，诸如“孔子的目录学思想”，等等。尊重历史，尊重客观事实，应作为我们研究目录学家及相应学术思想的前提。

问题之三：据统计，到 1990 年底，我国当代关于书目编制与使用方面的论文共发表 254 篇，约占论文总数的 18%，其中，1965 年以前的相应论文占同期论文总数的 31.3%，而 1976 年以来的相应论

---

① 彭斐章．迎接信息时代的科学——目录学的现状与未来．图书与情报，1989 (4)：pp. 2~6

文却只占同期论文总数的15%强。这表明，人们对书目编制与使用问题研究兴趣的相对下降。

目录学本是致用之学，“致用”可谓目录学之生命线，是目录学最基本的特征。尽管许多人也时常在高喊以“辨章学术、指导读书治学”为目录学之核心功能，然而实际上对具体书目之编制理论与实践的探讨漠不关心。试想，缺少目录工作实践基础，何来目录学理论研究的发展？新的目录学理论体系的形成，显然必须建立在丰富的目录工作实践及对书目编制理论与方法的系统研究的基础上。否则，目录学的理论研究就会踏上闭门造车之路，以至理论与实践脱节，而影响整个目录学研究的健康发展。

当前，目录学研究者的一个迫切任务就是面向书目工作实际，解决书目工作中的具体问题。要注意和其他技术领域的专家携起手来，取长补短，不断提高书目工作的技术水平。目录学理论工作者应该同时又是实际书目工作者，要投身书目工作实践活动，应用自己的理论和知识，或编辑出高质量的书目工具，或为科学研究提供第一流的书目服务，或在书目自动化方面大显身手①。只有这样，我们的研究工作才有可能在更高理论与实践的层次上，打破传统陈旧观念的束缚，开拓目录学研究的新领域。

问题之四：50年代初期，我国目录学界开始侧重地翻译介绍了一些国外目录学著述，其中以苏联目录学理论与实践方面的资料为多。这些译著给刚刚起步的中国目录学研究提供了很好的借鉴，有力地促进了我国目录学研究的建设与发展。但值得注意的是，近年来这种对译介国外目录学文献的兴趣却有所下降，仅就译文统计来看，1949～1965年我国译介国外目录学文章有54篇，占同期目录学论文总数的近22%，而1976～1990年的译介文章只有51篇，仅占同期论文总数的4.43%，译文的相对下降趋势是非常明显的。

显然，忽视对当今国外目录学文献的译介与评述，就等于在迷阻自己的研究视线。目前，一些发达国家在书目控制论研究、书目数据库建设以及现代化的书目管理方法及其在目录学理论体系上的研究，

① 乔好勤．当代目录学研究者的使命．湖北高校图书馆，1986（3）：pp. 51～53

都很值得我们去了解、参考和借鉴。我国目录学在相应理论体系上的许多认识和观点，以及在目录实践中的许多问题上，有必要与国外同行展开交流。这既利于弘扬中国目录学的悠久历史与传统，也便于通过广泛的比较研究，取长补短，并努力在此基础上探求当代目录活动的规律，增进有我国特色之目录学的发展。因此，注意及时译介国外目录学研究的最新成果和加强中国目录学的外向宣传，也就成为当代目录学家的历史责任。

三、我国目录学的研究重点及其走向

当代目录学研究的显著特点，是其在信息时代大趋势的影响下所表现出的鲜明的时代特征和广泛的实用价值。运用哲学、社会学、经济学、信息学、情报学以及系统论、控制论、计算机与数学等学科知识多角度、多方位对目录学研究内容的深化探讨，已使得目录学的研究内容大大拓宽，目录学的理论层次结构更趋科学和稳定。纵观我国目录学研究的发展历程，展望信息时代目录学的未来，我们认为，中国当代目录学的研究主要应考虑以下几个方面：

1. 目录基础理论的研究（主要探讨在马克思主义思想原理的指导下，目录学理论发展的社会动因及目录工作的活动实质，继续寻求科学概念的统一，澄清目录学领域中某些理论混乱现象，探讨更为合理的目录学学科的理论体系结构）；

2. 目录学史的研究（这包括对中国目录学学科发展史、目录学思想史、历代目录学与目录事业、目录学家的系统深化研究，以及对世界目录学史的研究等）；

3. 目录学分支学科的研究（诸如社会科学文献目录学、自然学科文献目录学、图书发行目录学、书目编纂学和书目计量学等）；

4. 书目情报理论的研究；

5. 书目控制论研究；

6. 目录学研究方法的研究；

7. 目录学的未来研究。

任何事物都有其自身的发展规律。塔朗菲所谓整体功能和属性一定大于其各个部分功能和属性简单相加的总和的原理，同样也适用于目录学研究以及整个目录工作的开展。尽管目前我国的书目检索工具已出版不少，但却普遍存在着彼此间的互不协调统一，造成一些书目收录内容的交叉重复或互不衔接，以至现有的国家书目、联合目录、专题目录和检索刊物等系列书目检索工具之间尚未形成一个严密的功能结构系统，这就提出了一个急需首先解决的、在国家统一计划下加强目录工作的组织管理问题。实际上，国内外目录学研究及书目工作的发展经历无疑表明，开展协调协作是使相应工作和研究能得到迅速和全面发展的保障。我国从50年代的全国图书联合目录的编制到80年代《中国古籍善本书目》、《中国丛书综录》等大型书目工具的编辑成功，从全国文献资源调查的顺利开展到现有一系列目录学理论研究成果的出版，以及国外各种类型书目数据库的生产和联机书目检索服务的现状，都充分体现出“集约化发展”的趋势，反映出“协调协作”活动的必要。因此，科学研究成果的取得在很大程度上取决于科学力量的联合，我们应当强调群体研究意识，注意将各方面的科研力量集中起来，围绕一些大型的、最重要的综合课题进行研究①，这无疑应当成为我国当代目录学研究的一个长期的发展方向。

同样，在结合社会需要，强化具体目录编制及其方法、理论的系统研究的基础上，提倡开展对诸如书目编纂学以及广义目录学等论题的探讨，自然也是目录学研究的内容范围。而重视目录学的研究方法则是推动目录学理论不断发展，增强学科生命力和提高理论层次的有效途径。我们主张广泛利用现有科研成果来充实和发展目录学理论与实践，鼓励研究的深化，提倡著书立说。但一个新观点的提出应该经得起实践的检验，应力求填补当代目录学研究领域的空白。无论是比较目录学研究，还是对其他新的目录学分支学科的研究，关键的问题是它能应用一定方法来完善整个目录学的学科体系，揭示目录工作的发展规律，强化学科的生命力。要逐步使目录学在社会中显现其真正的实用价值与学科地位。

因此，广大目录学理论工作者应当注意把目录学研究放在书目工作与其他社会事业发展的相互联系上，努力从整体角度展开理论上的

---

① 彭斐章．评新中国成立四十年来的目录学研究．图书情报知识，1989（3）pp. 2～6，p.31

探讨。也就是说，要增强目录学研究的“社会意识”，深入到社会的各个部门，以提供情报服务或开展工作协作为桥梁，寻求社会所需课题，充实学科研究内容。一方面，它可使得当代目录学研究有据可依，便于目录学理论体系的发展和完善；另一方面，也可通过大量的“社交”活动，展示并宣传自身的功能与优势，扩大社会影响。同时，还可从相应劳动中，寻求必须的信息、资料与经济来源，扩充研究队伍，使目录学研究与多方效益直接挂钩。

科学发展史告诉我们，当一门学科发展到一定规模或阶段，其研究内容往往会出现某种变革，这是科学研究对象自身矛盾运动的必然结果。目录形式、目录学研究方法的巨大变革，带给我们的是目录学知识及研究方法体系的更加深化。而书目情报服务观念的变革、内容的拓展、方式方法的变化，也都已成为目录学研究的重要来源，逐步形成目录学理论变革的先导，这是当代目录学研究的一个总的发展趋势①。我们应当切实把握好这一趋势，在立足建设有中国特色的目录学的基础上，面向世界、面向未来，去迎接信息时代向目录学提出的新的挑战。

合作者：石宝军

（原载《武汉大学学报（社会科学版）》，1992年第2期）

① 彭斐章．书目情报需求与服务研究．武汉大学出版社，1990：p. 274

迎接信息时代的科学

——目录学的现状与未来

目录学是一门既古老而又年轻的科学，说它古老，是因为目录学在我国是一门应用广泛的传统学科，历史悠久，源远流长。如果从汉代刘向、刘歆主持编制的《别录》和《七略》奠定我国古典目录学发展的基础算起，迄今已有近两千年的历史。“目录学”这一术语在我国历史文献中最早出现在北宋仁宗时，若从苏象先在其所著《苏魏公谭训》卷四中始有目录之学的提法来看，迄今也有一千年的历史。目录学产生以后，经宋代史学家郑樵和清代史学家章学诚等学者的发展和完善，形成了以“辨章学术，考镜源流”为核心的我国古典目录学理论体系，目录学成为一门“显学”。正因为目录学的产生、形成和发展过程与文献紧紧相联，与学术发展密不可分，因而，吸引着广大文史学家和其他学者从事目录学研究，他们将目录看成是读书治学的门径，科学研究的指南。20世纪以后，目录学作为文史学科的基础知识而普及到文化学术界。正如史学家王鸣盛在《十七史商榷》中所说：“目录之学，学中第一紧要事，必从此问途，方能得其门而入。”目录学家余嘉锡在《目录学发微》中指出：“目录学为读书引导之资。凡承学之士，皆不可不涉其藩篱。”

说它年轻，是因为目录学是一门具有鲜明时代特征和广泛实用价值的学科。处在信息时代的今天，目录学在马克思列宁主义、毛泽东思想的指导下，在批判地继承和发展了我国古典目录学优秀遗产的基础上，认真地吸取了国外目录学的经验和先进的方法技术，不断丰富了目录学的内容。随着现代科学技术的发展，信息量的急剧增长，信息交流的范围不断扩大，特别是现代技术在书目工作中的应用，使得目录学的内容发生了深刻的变化。学科内容范围的拓展，目录学研究不断深化，分支学科、交叉边缘学科不断涌现，现代目录学已由研究如何指导读书治学变成研究科学地揭示与有效地报道文献信息来解决巨量的文献与人们对它的特定需要之间的矛盾的规律的科学。现代目录学是以广泛应用于社会，紧密结合社会发展和生产建设，为社会主义物质文明和精神文明建设服务为己任。它在当代社会和科学文化发展中的地位和作用，正逐渐为人们所认识，信息时代将使古老的传统目录学紧跟社会发展和经济建设的需要焕发出新的生命力。

科学发展的生命力在于不断地变革与创新。现代目录学正处于变革的时期，不少目录学工作者纷纷撰文，对我国目录学研究的成绩和存在的问题作了很好的评述，并对怎样加强目录学研究，促进我国目录学的发展提出了意见，这是非常有益的。但是，怎样正确地估量目录学的学科地位与形势，怎样进一步拓宽与加深目录学的研究以便更好地服务于当前我国社会主义建设事业，是从事目录学研究和整个目录学界十分关注的问题。今年，新中国目录学的发展已整整经历了40个春秋，40年来目录学的发展经历了曲折的道路，有成绩，有经验，也有教训。本文旨在从整体发展上对某些主要问题进行简要的评述，以便明确现代目录学的发展方向。

一、关于目录学基本理论的研究

新中国成立以来，我国广大目录学工作者在马克思列宁主义理论指导下，对于目录学的研究对象问题、目录学的学科性质、目录学的内容、目录学的理论体系以及目录学的方法论等问题开展了研究，取得了一定的成绩，特别是近年来，目录学研究在广度和深度上出现了新的变化。

1. 近年来注意从我国目录学整体发展高度来探讨目录学的基本理论问题，重视将目录学基本理论问题和现代科学技术的发展，与当前目录工作实践联系起来探讨，把书目方法提到方法论的高度作为目录学的基本理论问题来研究。这些特点从近年来出版的一系列论著可以看出。如武汉大学、北京大学合编的《目录学概论》（中华书局，1982）是新中国成立以来正式出版的第一部高等学校目录学教科书，它概括和总结了30多年来我国目录学研究的重要成果，对目录学领域的一些重大问题进行了新的探讨；将目录学理论与目录工作实践结合起来，把书目方法提高到方法论的高度加以论述；注意古今中外目录学知识的结合，为许多高等学校图书馆学系科采用作为教材，获1988年国家教委优秀教材一等奖。1983年8月在沈阳召开了全国目录学专题学术讨论会，这是新中国成立以来，也是中国图书馆学会下设的目录学研究组建立以来第一次召开这样的专题学术讨论会。大会收到的学术论文220篇，入选参加会议讨论的论文64篇，围绕着目录学界关心的课题即书目工作如何为四化建设服务和国内外目录学研究现状与发展趋势等问题展开讨论。涉及目录学和书目工作中的重大理论问题，内容丰富多彩，疏通了目录学情报交流的渠道，是新中国成立以来我国目录学研究成果的一次大检阅，对目录学基本理论问题的研究起着积极的促进作用。还发表了一系列论文，如彭斐章、谢灼华的《关于目录学研究的几个问题》(《武汉大学学报》，1980)，知寒的《对建国以来目录学研究的评述》(《山东图书馆季刊》，1984)，彭斐章的《新中国目录学研究述略》(《武汉大学学报》，1984)，乔好勤的《我国近十年目录学研究的回顾与思考》（《图书馆学通讯》，1988)，余庆蓉的《十年目录学研究的回顾与思考》(《广东图书馆学刊》，1988)，彭斐章、陈传夫的《近年来我国目录学研究的综述》(《图书馆学文摘》，1985）等。这些论文对新中国成立以来各个历史阶段目录学研究的成绩进行了全面的总结，对存在的问题作了认真的分析，并且展望了今后目录学发展的前景。这些论著对我们正确地估价新中国成立40年来目录学研究所取得的成绩以及存在的问题，是有重要作用的。据不完全统计，新中国成立40年来公开发表的有关目录学学术论文约计1 290篇①，还出版了一批目录学教科书、教学参考书和专著，这些成果与新中国成立之前相比是不可同日而语的。承认这一客观事实，才有可能恰如其分地估量目录学的社会功能和社会价值。那种否定新中国目录学成就，将新中国成立以来在共产党领导下目录学研究成绩一笔抹煞，认为“共和国近三十年的失误，目录学也如同其他社会科学一样，让政治取代了学术”的说法是违背历

① 根据南京图书馆《图书馆学论文索引》(1949.10～1980.12)“目录学类”论文；徐立纲：《目录学论文题录》(1983～1984)；初昌雄：《目录学论文索引》(1985～1988) 统计而来的数字。

史，不顾现实的。

2. 关于目录学研究对象问题的讨论有了新的进展。我国目录学界从 50 年代末到 60 年代初开展了以“目录学研究对象”为中心的关于目录学基本理论问题的讨论。参加讨论的有长期从事目录学教学和研究的目录学专家和学者，有从事目录工作实践的目录工作者，还有其他学科的专家学者，纷纷撰文发表自己的看法，展开了热烈的讨论，气氛非常活跃。只因“文革”动乱开始，讨论被中断十年，到 80 年代初，关于目录学研究对象问题的讨论继续恢复起来。它不是简单地重复过去的讨论，而是在认真总结和评述 50 年代末出现的各派论点的基础上，提出了一些新的观点。尽管各派人物都从不同的角度提出了关于目录学的定义和目录学研究对象问题的看法，但随着讨论的逐步深入，认识的不断提高，各派论点渐趋接近，多数同志认为应从事物的规律、矛盾、本质等方面研究目录学的对象问题。目录学应当研究规律。

3. 关于目录学的内容问题。目录学的内容是由目录学研究对象所决定的。目录学是一门独立的学科，但是，它又不是一门孤立的学科，它是处在整个学科体系之中，与周围的学科相互联系，相互制约，互相渗透的。一门学科能否跟上时代并顺利发展，是否具有活力，一方面要看它能不能渗透到其他学科领域；同时，也取决于它能不能吸收其他学科的最新成果和先进方法来丰富自己。目录学是在与整个学科体系的紧密联系中前进的，目录学自古以来就吸引着广大的文史学者和其他学科的专家从事目录学研究。他们都懂得利用目录学知识来装备自己，作为自己读书治学的入门之学来看待，目录学知识已经渗透到其他学科。与此同时，目录学在其形成和发展过程中需要不断地吸收其他学科的理论和方法来丰富目录学的内容。由于数学方法、信息论、系统论、控制论以及计算机技术的导入，使得目录学的研究方法由单纯的定性分析走向定性分析与定量分析相结合的综合研究方法。控制论的原理与方法应用到目录学中，用以探讨目录工作的科学组织和有效利用而形成书目控制论。数学和统计学方法引进目录学以后产生了书目计量学，其目的在于运用定量方法描述各门学科的书目信息特征、形式及其发展趋势，以解决文献积累与利用之间的矛盾。由于引进比较方法为目录学研究提供了方法论指导，出现了应用比较方法，通过对不同国度的书目情报活动和目录学理论进行比较分析，揭示其异同，探讨目录学发展规律的比较目录学。目录学与一些相近学科如图书馆学、情报科学、档案学、图书发行管理学等关系非常密切，它们在内容上出现许多交叉，在方法上相互借鉴，这些都说明学科发展到今天，学科之间的交叉、渗透已经成为非常普遍的现象。由于现代科学的发展，书目情报工作的需要，满足读者文献信息需求的多样性和专指性，开展专科目录学研究成为必要。目录学与一些学科相结合形成了专科文献目录学，如马克思列宁主义经典著作目录学、文学文献目录学、历史文献目录学、科技文献目录学等。正是这些学科与目录学相辅相成，构成了当代目录学研究的庞大阵营，充分体现了目录学在当代社会经济和科学文化发展中的地位和作用。目录学理论是丰富多彩的目录工作实践的概括总结与理性升华。目录学工作者在考察和分析整个目录工作实践活动时，第一，不能自我局限于图书馆的目录工作范围之内。实际上，从事书目情报工作的有图书情报机构、图书出版发行机构、档案机构、新闻机构以及各种学术团体和专家学者个人，应当把这些从事书目情报工作的机构和个人看成是一个有机的整体。第二，随着电子计算机技术和其他现代化技术在书目情报工作中的广泛应用，整个书目情报工作发生着深刻的变化。书目情报工作是目录学理论变革的先导，目录学研究应当面向现代化。目录学发展到今天，它的研究领域不断拓展，研究内容逐步深化，目录学理论更加丰富。随着社会发展，人们对客观世界认识的不断深化，目录学知识已被图书馆学、情报学等广泛吸收和运用，同时目录学也在吸收和利用其他学科的研究成果和新的方法，这是现代科学发展的必然结果，决不容许将目录学的研究内容人为地狭窄化。

二、关于目录学史的研究

新中国成立 40 年来，关于中国目录学史的研究取得了一定的成绩。目录学工作者运用马克思列宁主义的辩证唯物主义与历史唯物主义的观点和方法，按照“古为今用”的方针，采用批判地继承和发展的观点，对目录学史进行了研究。出版了王重民的《中国目录学史论丛》（中华书局，1984），吕绍虞的《中国目录学史稿》（安徽教育出版社，1984），来新夏的《古典目录学浅说》（中华书局，1981），罗孟祯的《中国古代目录学简编》（重庆出版社，1983）等目录学史研究的专著。此外，还发表了一大批有关目录学史方面的研究论文，据不完全统计，新中国成立以来到1988年底总共发表目录学史方面的研究论文580篇①，占整个40年来所有目录学论文总数1 290篇的44.9%。这些论著主要是80年代以来出现的，显示出如下特点：

（1）试图从联系的、整体的观点出发，将目录学史的发展和当时的社会历史以及文化联系起来对某一个历史时期目录学发展的特点及其规律进行研究。例如，来新夏《清代目录学成就浅述》（《历史研究》，1981年第1期）一文，全面系统地总结了清代目录学研究成果，认为清代是我国古典目录学兴盛、发达的阶段。这一时期目录学著作成果丰盛，目录学学术领域广阔开拓，目录学的时代作用突出，致力于目录学研究的人才辈出。从这些方面看出清代目录学的成就超越于前代，成为一门显学。同时，它又是我国封建社会目录学成果的鼎盛时期，为资产阶级目录学的产生和发展开辟了道路，显示出清代目录学总结前代、开启后来的特色。类似的文章如王晋卿《魏晋南北朝目录学的主要成就》（《湘潭大学学报》，1982年第3期），谢德雄《宋代目录学的发展及其成就》（《图书馆工作》，1982年第2期），谢国桢《明清时代的目录学》（《历史教学》，1980年第3期）。

（2）对近现代目录学研究有所加强。自中华人民共和国成立到1979年，目录学史研究方面的论文约25篇②，对近现代目录学家及其目录学思想研究的论文屈指可数。针对这种情况，彭斐章、谢灼华在《关于我国目录学研究的几个问题》（《武汉大学学报》，1980年第1期）一文中强调指出："近现代目录学史的发展是一部新与旧的交替，进步与落后斗争的历史，也是封建主义目录学衰亡，资产阶级目录学建立与形成时期，同时也是西方目录学传入、影响我国目录学发

① 根据南京图书馆《图书馆学论文索引》（1949.10～1980.12）"目录学类"论文；徐立纲《目录学论文题录》（1983～1984）；初昌雄《目录学论文索引》（1985～1988）统计而来的数字。

② 根据华东师范大学图书馆学系图书馆编《图书馆学情报学档案学论著目录》（1949～1980）统计而来的数字。

展的时期，所以，无论从历史发展的阶段上，还是从目录学的内容上，都应当作为我们研究的着重点。”这些论点得到目录学界的赞同，近年来，对近现代目录学的研究有了很大加强。如乔好勤《略论我国1919～1949年的目录学》（《云南图书馆》，1982年第1期）一文，比较系统地总结了新中国成立之前的30年我国目录学的主要成就及这一时期目录学派别的形成，试图探讨这一时期目录学发展的特点。还有一大批研究我国近现代目录学家及其目录学思想的论文，如卢贤中《论姚名达的目录学理论》（《江西师院学报》，1982年第1期），鲁海《阿英在目录学上的贡献》（《四川图书馆学报》，1982年第1期），韩继章《余嘉锡目录学思想初探》（《湘图通讯》，1982年第4期），张厚生《郑振铎在目录学上的成就与贡献》（《武汉大学学报》，1983年第2期）等。

（3）对目录学家和古典书目的研究范围比以往扩大了，改变了过去只集中对古代著名目录学家和几部著名的目录巨著的研究状况，近年来对一些以往很少被人们重视的目录学家和目录著作开展了研究，扩大了目录学史的研究范围。新中国成立40年来特别是近十年来目录学史的研究取得了巨大的成绩，这是应当肯定的。但是，在学术界纷纷议论史学危机的时刻，目录学界关于目录学史研究的意义与目的议论得比较多，公开发表的论文也有若干篇，认为对于目录学史的研究和花费的精力多了一些，在对待当代目录学和古代目录学的关系上，首要的是要丢掉目录学“历史悠久”、“优良传统”的包袱，对目录学史的继承不应沉溺于史的研究，继承已经在自然地发展中流传下来了等。我们认为这些看法值得商榷，我国目录学历史悠久，源远流长，书目文献极其丰富，目录学家代不乏人，在中华民族文化发展史上，占有重要地位，并以“辨章学术，考镜源流”形成了自己的独特传统而著称于世，这是一个客观事实，是我们中华民族的光荣和骄傲。因此，弘扬祖国的文化，是我们义不容辞的历史责任，批判地总结和继承我国古典目录学遗产，作为发展当前的目录事业的历史借鉴，无疑是目录学研究的重要内容。对这份宝贵遗产的研究，近年来有了很大成绩，是不是在这方面的研究和花费精力多了呢？我国目录学的研究与社会主义建设的要求，与现代科学技术的高度发展，与目录工作实践的需要，还很不适应，必须大力加强目录学理论和实践的研究，这是毫无疑义的。与此同时，我们认为历史不容割断，现代目录学是古典目录学的继承和发展，这就要求目录学工作者运用马克思列宁主义的立场、观点和方法，认真地发掘、分析和批判地总结我国古典目录学的宝贵遗产，决不是自然而然地继承下来的。当然，总结我国目录学的优良传统必须立足于现实，为发展现代目录学和目录工作服务。这里有必要强调，对现实不应作狭窄的理解，要避免研究工作中立竿见影的短视行为，这是我们在目录学史研究课题的选择上，研究过程中，以及课程设置与课程内容的安排上都必须认真思考的问题。历史已将目录学推进到信息社会，研究我国古典目录学的理论与实践能否为今天的现实服务呢？我想这个问题的回答应该是肯定的。关于发挥目录的教育功能的问题，我国学者有很精辟的论述，也有辉煌的实践。清代学者王鸣盛在《十七史商榷》卷七中说道："凡读书最切要者，目录之学。目录明，方可读书；不明，终是乱读。"江藩在《师郑堂集》中指出："目录者，本以定其书之优劣，开后学之先路，使人人知某书当读，某书不当读，则易学而成功且速矣。"梁启超在《佛家经录在中国目录学之位置》一文中说道："著书足以备读者之顾问，实目录学家最重要之职务也。"这些论述强调了目录是指导读书治学的工具。张之洞编的《书目答问》是为初学者略知治学门径而编的一部导读书目。梁启超编的《西学书目表》及《读西书法》是读者摸门径的推荐书目。因此，从理论和实践上总结发挥目录教育功能的经验，对于开拓现代目录学研究领域，指导目录工作的进展具有重要的借鉴作用。特别是当前正处在反对资产阶级自由化的重要时刻，由于资产阶级自由化思潮的泛滥，导致一些有错误观点和格调低下的书刊纷纷出笼，造成阅读阵地的混乱状态，加强推荐书目工作，充分发挥目录在推荐优秀图书，指导读者阅读的教育职能，更加显得重要。

总之，古典目录学的光辉成就和优良传统不容否定，关键是怎样批判地继承和发展。只要正确运用历史唯物主义基本原理，采取新的方法，立足现实，进一步开拓和深化目录学史的研究工作是大有可为的。第一，立足于现实，对于某一目录学专题，联系各个不同时代背景，从纵的方面作历史的探讨，是拓宽和加深目录学史研究的重要内容。第二，以马克思列宁主义为指导，全面系统地总结我国目录学的产生和发展过程，正确反映我国古典目录学的辉煌成就和优良传统的目录学通史的建设工作亟待加强，这方面的成果目前尚不能令人满意。第三，对于目录学家目录学思想的个体研究，也有待开拓，过去这方面作出了很大成绩，但是，还有一些历史人物或目录著作迄今还未触及。第四，运用比较方法研究中国目录学史的工作，目前几乎还是一个空白，更待填补。如中西目录学比较研究，中苏目录学比较研究等，从中西、中苏目录学比较研究中，获得对发展我国现代目录学的借鉴。第五，弘扬我国古典目录学的优良传统和推进现代目录学的发展，是目录学工作者义不容辞的职责。尽管我国目录学以悠久的历史和优秀的传统而著称于世，但在世界目录学史上没有得到应有的反映。只有对我国目录学发展史进行了有分量的全面系统的研究，才能写出以中国为主体的世界目录学史，才有可能从目录学的角度弘扬我国的传统文化。

三、关于加强目录学应用研究的问题

理论来源于实践，应当反映实践并指导实践。目录学是一门实践性很强的学科，它的产生和发展是由目录工作实践需要所决定的，目录学理论发展的程度取决于目录工作实践需要的状况。因此，目录工作实践是目录学赖以产生和发展的源泉。目录学理论是目录工作实践经验的概括和总结，目录学理论研究的不断深入和发展，指导和推动目录工作向前发展。但是，我国目录学研究成果很难在目录工作实践中得到推广和应用，目录学界理论研究与实践脱节的现象相当严重。一方面目录工作者轻视理论的指导作用，他们看不到，如果没有用在每一个历史阶段目录学研究所达到的优秀成果去指导实践，目录工作是不可能顺利发展的。他们安于现状，我国目录工作的组织管理，目录工作方法还比较落后，但又不愿接受理论的指导。应当看到，学术理论工作在某些范围内或某种程度上不被社会重视，这种现象的存在带有一定的普遍性，这与当前某些时弊有关。另一方面目录学理论研究者不重视对目录工作实践中的现实问题的研究，热衷于理论引进，方法移植，闭门构造种种理论模式，建立这种或那种“新学科”。一时间索引学、文摘学、提要学等等，如雨后春笋般地冒出来，理论脱离实践的后果是显而易见的，理论指导实践的功能得不到发挥。

目录学应当研究现实问题，这是由于目录学学科具有实用性的特征所决定的，目录学的应用研究应是目录学的研究重点。近些年来在国家书目的编制及有关问题的研究，我国检索刊物体系的建立与发展的研究，联合目录报道体系和计算机编制联合目录的试验与研究，书目工作标准化的研究，学科目录工作及专科文献目录学的研究等，都取得了一定的成绩。处在向信息社会迈进的今天，日益增长着的文献与人们对它的特定需要之间的现实矛盾显得更加突出，书目情报服务在解决这一矛盾中显示了它的活力，为世人所瞩目。书目情报服务已经成为目录学应用于社会，在新形势下进一步开拓和深化的一个研究领域。它以书目情报咨询服务为主要形式，以文献情报预测为手段，以书目情报有序化为基础发挥其交流、报道、检索等功能，其影响遍布于社会政治、经济和文化生活的各个领域。当前，书目情报服务的研究不论是在欧美，亦或是在苏联和东欧，已成为现代目录学应用研究不可缺少的内容。书目情报服务观念的变革，内容的拓展，方式方法的变化都是目录学研究的重要来源，也是目录学理论变革的先导。书目情报服务的最终目的是最大限度地满足社会成员的文献信息需求。书目情报需求及其特点决定书目情报服务的指向、服务形式和内容，读者书目情报需求的研究是设计和建立书目情报服务体系的基础，是目录学研究的重要课题。抓住读者及各类型读者群的书目情报需求特点及其规律的研究为重点来研究我国书目情报服务的整个问题，是现代目录学应用研究的重要内容。开展书目情报服务研究必须从我国书目情报事业的现实状况出发，也就是充分认识到我国社会信息化程度比较低，我国书目情报服务手段，组织管理比较落后的现实环境，与此同时，还应当将目录学的应用研究与发展研究，理论与实践结合起来。

由于计算机和现代通信技术的发展及其在书目情报服务中的广泛应用，加速了书目情报服务手段现代化的进程，在完善书目情报手工检索体系的基础上逐步建立书目情报数据库，书目情报服务体制必然要变革。实现书目情报服务系统网络化是一个必然的趋势，只有这样，才能有利于整个社会书目情报信息交流，达到国家书目控制，实现资源共享的目的。

总之，我国目录学已经经历了科学发展的全过程，在走向信息时代大趋势的今天，应当面向未来，面向世界，面向现代化。现代目录学要在马克思列宁主义理论指导下，加强基础研究和应用研究，确定目录学领域的科学概念，澄清目录学领域中某些理论混乱现象。巩固目录学理论与实践的联系，目录学研究应面向实际，研究目录工作实践中的现实问题，发挥理论指导实践的功能，目录工作者应当重视目录学研究成果的推广和应用。全面系统地总结我国目录学的发展规律，批判地继承我国目录学的优秀传统，作为发展现代目录学的借鉴。注意对国外目录学理论与实践的研究，吸收最新成果和先进经验，丰富我国目录学的内容。扩大目录学与图书馆学、情报科学、档案学、图书发行管理学等相近学科和分支学科以及交叉学科之间的联系，组成目录学研究的联合体，制定统一的目录学研究协调规划；提高目录学研究的质量与效果。加强目录学研究与教学的联系，提高目录学研究者与目录工作者的素质，壮大目录学研究队伍，密切注视新技术革命给目录学发展带来的机遇，不断开拓和深化现代目录学的研究领域。信息时代的目录学必将出现一个光辉灿烂的前景。

（原载《图书与情报》，1989年第4期）

评新中国成立四十年来的目录学研究

目录学是一门应用广泛的传统学科，历史悠久，源远流长。自汉代刘向、刘歆奠定目录学发展基础后，经宋代史学家郑樵、清代史学家章学诚等人的发展，形成了以“辨章学术，考镜源流”为核心的我国古典目录学理论体系，目录学成为一门“显学”。20 世纪以后，目录学作为文史学科的基础知识，被普遍推行于各大学，并成为读书治学的门径、科学研究的指南，普及到了文化学术界。但是，目录学作为关于书目工作实践活动的概括和总结的科学知识体系的形成，或者说目录学研究书目情报的结构和性质及其产生、传递和利用过程的规律，是在中华人民共和国成立之后。

新中国成立后，党和政府对于发展目录工作给予了必要的重视，目录工作的性质和内容发生了根本性的变化。目录学研究在马克思列宁主义、毛泽东思想的指引下，紧密地结合生产、科学研究和对广大人民群众进行思想教育的需要，努力为经济建设和文化教育事业服务，其研究领域逐渐扩大，分支学科和交叉边缘学科不断涌现，进一步深化了目录学的应用研究，使目录学这门古老的传统学科紧跟社会发展和经济建设的需要，焕发出新的生命力。新中国成立 40 年来，目录学的学科建设和发展的成绩是巨大的，学术研究方面取得的成果与新中国成立之前是不可同日而语的。但是，目录学研究与我国社会主义建设的要求，与现代科学的发展，与目录工作的现实需要，还不很适应。本文从观念和总体认识上，对新中国成立 40 年来目录学研究的成果、存在的主要问题进行评述，这对明确目录学研究的发展方向，建立现代目录学的理论体系将不无裨益。考虑到科学思想有着自身的发展规律，新中国目录学研究可逻辑地划分为两个大阶段：1949 年 10 月～1966 年初；1976 年至今，中间有一个十年的动乱阶段，即

"文化大革命"的十年。

一

中华人民共和国成立到1966年初这一时期，新中国目录学研究处于奠基阶段。丰富的目录工作实践是目录学产生和发展的源泉。在目录工作实践中提出的各种理论、组织和方法方面的问题，需要目录学研究解决。这一时期，书目索引的编制取得了显著的成绩。自1949年10月至1966年初，据不完全统计，编制各种书目索引共6 458种①，是解放前我国所编书目索引总和1 600余种的2.91倍。同时，书目索引的类型渐趋完备。1949年成立了出版总署，开始由图书期刊司后由该署图书馆版本室负责出版物的国家书目登记工作；1955年建立出版局的版本图书馆，成为全国出版物国家书目登记工作的专门机构；在出版物缴送本制度的基础上，出版了《全国新书目》（月刊）和《全国总书目》（年刊）这两个定期书目刊物。国家书目是全面系统地揭示与报道我国出版的所有文献的总目，是用以控制一个国家全部出版物的重要手段，是实现世界书目控制的基础，国家书目又为其他书目的发展提供了条件。在党中央发出"向科学进军"的伟大号召下，1957年9月国务院批准公布了《全国图书协调方案》，按照"方案"的要求成立了"全国图书联合目录编辑组"，为书目工作的协调和协作发挥了巨大作用。不到10年时间共编出27种全国性书刊联合目录、300多种地区性联合目录。在《图书馆学通讯》刊物上发表了一系列有关联合目录的学术论文，如毛坤的《论联合目录》，邓衍林的《编制联合目录的几个基本问题》、《联合目录工作的成就及其展望》，全国图书联合目录编辑组的《在大协作中前进的全国图书联合目录工作》、《我国联合目录事业的发展》等。在向科学进军中，要求图书馆和情报机构作到"兵马未动，粮草先行"。这一时期，图书馆和科技情报研究所编制了大量的质量较高的专题文献目录，由于这类书目的选题是从生产建设和科学研究的实际需要出发的，加强了针对性，充分发挥了书目的效用。例如，北京图书馆在

① 冯秉文．中国书目工作三十年．吉林省图书馆学会会刊，1981

50年代中期编制了《有关黄河资料目录（附汉水）》、《我们将怎样改造黄河——根治黄河论文简目》等专题文献目录，对黄河水利委员会制订根治黄河水害、开发黄河水利的规划，发挥了很好的效用。由于专题文献目录具有编制及时、报道文献信息专深、解决问题针对性强等特点，有利于科学工作者及时掌握某一专题的有关文献信息，颇受欢迎。此外，个人著述目录和地方文献目录都得到了相应的发展。特别要强调指出的是，这一时期，在苏联推荐书目工作经验的影响下，我国各类型图书馆编出了大批的形式灵活多样、内容新颖、选书精当、带有指导阅读的内容提要的推荐书目和一批为读者喜闻乐见的读书计划。它们在配合政治思想教育、推荐优秀书刊、指导读者阅读方面，充分发挥了推荐书目的教育职能，深受读者好评，仅山东省图书馆1954～1956年编制的推荐书目就达80种之多。北京图书馆编的《中国古代重要著作选目》，在选书和内容提要的编写上都达到了很高的水平。朱天俊发表了《推荐书目的编制和利用》一文，比较系统地论述了推荐书目的社会作用及其编制原则和方法。1957年，廖延唐撰写了《建国以来我国推荐书目工作述评》一文，对50年代出现的推荐书目的状况作了初步分析，就推荐书目的选题、选书、所收文献的著录和编排问题进行了评述，并提出应组织书目协调机构，克服平行现象和人力物力的浪费，以提高书目工作的效果。这一时期目录学研究侧重于书目索引编制原则与方法的探讨，与当时目录学界对目录学的认识有关。除了翻译《苏联大百科全书》第2版“目录学”词条之外，王重民在《普通目录学》讲稿中提出：“目录学是一种研究图书目录编制的理论和方法的科学。”吕绍虞在其所编《普通目录学》讲义中，列举了古今中外目录学家对目录学所下的定义，还提出了他对目录学的理解。他认为：“目录学是研究和评介出版物的内容和形式，并探讨目录索引编制的方式方法的一门科学。”

这一时期里，翻译介绍了大量苏联目录学方面的论著，这对促进我国目录工作和目录学研究的发展，产生过积极的影响，这是应当予以充分肯定的。

与此同时，由于当时对苏联的目录学及目录工作实践缺乏认真的、深入的研究，加之又没有很好地结合我国的国情，在学习和借鉴过程中出现过生搬硬套的现象，给我国目录工作和目录学研究带来了某些不良影响，这个教训是应当吸取的。

回顾这一时期目录学研究的发展，以下四点是值得提出来的。

1. 这一时期在目录学研究方面取得的发展和成果，是与我们广大目录学工作者在研究中运用了马克思列宁主义的辩证唯物主义和历史唯物主义分不开的，今后仍应坚持不懈。我们认真地研究了列宁关于目录学的宝贵遗产，列宁在对尼·亚·鲁巴金《书林概述》的评论中，为苏联目录学奠定了布尔什维克的党性原则，他亲自编制的马克思主义参考书目，为我们编制书目以及研究书目编制原则与方法树立了光辉的范例，这对发展我国目录学研究，具有深刻的现实意义。对列宁目录学思想的研究，今后应当更深入地开展。

2. 由于目录工作实践的不断深入发展，提出了一些理论问题，加上苏联目录学界开展的有关目录学理论问题大辩论的影响，从 50 年代末开始，在我国目录学界开展了以“目录学研究对象”为中心的有关目录学基本理论问题的大讨论。讨论的内容范围，涉及到有关目录学的研究对象、内容、学科性质、与其他学科的关系等有关目录学的基本理论问题，参加讨论的人员有长期从事目录学教学和研究的老一辈目录学家和中青年目录学工作者，也有从事目录工作实践的同志，还有其他学科的专家学者。通过各种不同的研讨会、写文章等形式，在“百花齐放，百家争鸣”方针的指引下，目录学工作者本着实事求是的科学态度各抒己见，彼此辩难，异常热烈，取得了可喜的成果。这是我国目录学史上第一次这样广泛、深入而又富有成效的学术大讨论，这对推动我国目录学研究具有积极作用。这场讨论因十年大动乱而停止，但是，这种讨论形式是值得推广的。

3. 大力发展推荐书目，促进社会主义物质文明和精神文明建设。推荐书目是一种内容新颖、形式灵活、编制及时的宣传优秀书刊、指导阅读的书目，在各个历史时期都起着积极的作用，深受广大读者欢迎。特别是在大力宣传马克思列宁主义，反对资产阶级自由化，加强对广大人民群众进行政治思想教育的今天，有必要对推荐书目这一书目类型进行深入研究。同时，希望图书情报机构，各级工会组织，共青团组织以及广大的学者、专家都来编制推荐书目，引导广大读者阅读优秀书刊，自觉地抵制不健康读物的影响，为提高中华民族的素质作出贡献。

4. 在现阶段，科学研究成果的取得在于科学力量的联合，应将各方面的科学研究力量集中起来，围绕大型的、最重要的综合课题进行研究。50年代建立的全国图书联合目录编辑组所取得的成果，充分说明了目录工作协调协作的必要性和重要性。要振兴目录学研究，必须建立权威性的目录工作的协调和协作组织，通过长远的和近期的科学研究规划，加强目录学工作者、图书馆工作者、情报学工作者之间的创造性合作。

二

1976年至现在，是新中国目录学研究蓬勃发展的阶段。正值我国目录学研究步入繁荣和取得硕果的时刻，“文化大革命”开始了，经过1966～1976年的十年动乱，目录学研究遭到了重大破坏，处于停顿状态。党的十一届三中全会以后，迎来了科学的春天，目录学研究重新活跃起来，取得了令人瞩目的进展。据不完全统计，1977年至1988年公开发表在报刊上的目录学论文约1 169篇①，还出版了一批目录学教材、教学参考书和专著。这些论文和著作的问世，反映了目录学学科的繁荣和兴盛，展示了目录学研究的丰硕成果。中国图书馆学会和各省、市、自治区图书馆学会下设的目录学研究组织，以小型多样的方式开展研究活动，不仅推动和促进着目录学研究活动的深入，同时又为目录学情报交流开辟了一条重要渠道。此外，各级学会和有关单位编辑出版的专业刊物，也为目录学研究提供了交流的园地。总之，这一时期目录学研究步入了一个蓬勃发展的阶段，是一个充满生机的阶段。今天我们回顾起来，目录学研究进入这个阶段，是经历了各种困扰并迎接着各种挑战的。经过十年动乱之后，由于目录学理论人才缺乏，目录学界处于一种沉寂的状态。作为一门具有鲜明时代特征和广泛实用价值的学科，目录学理应受到学术界和社会的重视。然而，当时的情况恰巧相反，在从事目录学教学和研究的人们中

---

① 根据南京图书馆《图书馆学论文索引》（1949～1980、1981～1982）“目录学类”，加上徐立纲《目录学论文题录》（1983～1984）和初昌雄《目录学论文索引》（1985～1988）统计而成。

间，却存在着一股目录学有被鲸吞的危机感和学科得不到学术界和社会重视的失落感。如何正确地认识新中国成立以来目录学研究的成绩，怎样客观地估量目录学学科的社会价值，怎样进一步拓宽和加深目录学的研究工作，是当时摆在广大目录学工作者面前的严峻任务。处在关键的历史时刻，广大目录学工作者团结一致，群策群力，总结过去，激励未来，从整体角度对目录学研究加以总结，对如何进一步拓宽和加深目录学研究提出了看法，使大家对于新中国目录学的今天和明天有了一个清晰的认识。为此，对目录学研究进行了全面的总结和展望。1980 年，出于历史责任感和振兴目录学研究的使命感，彭斐章、谢灼华发表了《关于我国目录学研究的几个问题》一文，从目录学的研究对象、目录学史、专科目录学、目录学方法等方面，总结了以往研究的进展，提出了进一步开拓和深化研究的重点，旨在抛砖引玉。1982 年，武汉大学、北京大学合编的《目录学概论》由中华书局出版，列入教育部高等学校文科统编教材，这是解放后我国正式出版的第一部高等学校目录学教科书，概括和总结了新中国成立 30 年来目录学研究的重要成果，对目录学领域的许多重要问题进行了新的探讨，注意了理论与实践结合、古今中外目录学知识的融会。该书为全国大多数图书情报系科选用为教材，1988 年 1 月获国家教委优秀教材一等奖。1983 年 8 月，在沈阳召开了新中国成立以来第一次全国目录学专题学术讨论会，会议收到论文 220 多篇，入选参加讨论会的论文 64 篇，参加会议的有各类型图书馆和情报部门从事目录工作实践的同志，有从事目录学教学和研究的目录学工作者。这次目录学专题学术讨论会，围绕着目录工作如何为四化建设服务和国内外目录学研究的现状与发展趋势两大问题进行研讨，涉及内容非常广泛。这次目录学专题学术讨论会不仅疏通了目录学情报交流的渠道，而且也是新中国目录学研究成果的一次检阅，它对我国目录学研究的开拓和深化起到了积极的促进作用。

目录学研究对象问题是目录学的基本理论问题，在 50 年代末和 60 年代初进行过热烈的讨论，由于“文革”动乱开始而被迫中断。这一时期不少目录学工作者在报刊上撰文重新展开讨论。这些论文的共同特点是，在总结和评述过去各派观点的基础上，提出了一些新的观点。尽管不同观点的同志都从各自不同的角度，提出了关于目录学定义和目录学研究对象的看法，但随着讨论的逐步深入，各派论点渐趋接近。多数同志认为，应当从事物的规律、特殊矛盾和本质等方面来探讨目录学的研究对象，目录学作为一门科学，应当研究规律。

这一时期发表了一系列论文，对新中国目录学研究从整体发展的高度进行总结，对进一步开拓和深化目录学研究提出了展望。如：知寒的《对建国以来目录学研究的评述》（《山东图书馆季刊》，1984年）一文，以翔实的资料，既从整体发展高度，又分专题对新中国成立30年来目录学研究的成绩给予了实事求是的肯定，指出了存在的问题，并对进一步发展我国目录学研究提出了自己的看法。冯秉文的《新中国书目工作三十年》（《吉林省图书馆学会会刊》，1981年）一文，将新中国成立30年来全国各系统图书馆、科研机关和专家学者个人编辑、出版的各种书目索引，按照（1）从1949年10月到1957年第一个五年计划完成；（2）从1958年到1965年；（3）从1966年5月到1976年；（4）1976年到1979年这四个时期，进行了认真的分析，归纳出每一个历史时期书目工作的特点，并对30年来书目工作发展中提出的几个问题提出了自己的看法。这篇文章是对新中国30年来书目工作发展的一个总结。彭斐章的《新中国目录学研究述略》（《武汉大学学报》，1984年）一文，比较系统地总结了新中国成立34年来目录学研究的成绩，并对进一步开拓和深化我国目录学研究提出了看法。乔好勤的《我国近十年来目录学研究的回顾与思考》（《图书馆学通讯》，1988年）一文，分为两大部分，第一部分以简评的方式回顾了新时期我国目录学研究的成绩，认为十年来发表这么多论文，出版这么多专著，组织这么多的活动，在中国目录学发展史上是不多见的。同时，指出了当前存在着一种时时困扰着目录学研究者的危机感，使得目录学陷入困境。文章的第二部分用较大篇幅思考了陷入困境的主客观原因，认为受传统目录学思想的束缚太重，应变能力太差，是其中最重要的因素；并分析了它的五个方面的表现，即理论体系、方法论、传统观念、知识结构、理论与实践的关系。文章为我们了解新时期目录学研究的成绩提供了比较清晰的概貌，所提出的问题值得我们目录学工作者认真思考。余庆蓉的《十年目录学研究的回顾与思考》（《广东图书馆学刊》，1988年）一文，由“新时期目录学研究的回顾”和“对目录学发展战略的几点思考”两部分组成，在第一部分中将新时期的十年划分为恢复、振兴和发展三个阶段，运用统计数据和大量事实，回顾了十年来目录学研究所取得的辉煌成就。文章的第二部分，对当代目录学和古代目录学的关系，如何正确处理目录学理论研究与实践的关系，目录学工作者的研究精神和合作问题等提出了自己的看法和意见。文章对我们掌握新时期目录学研究的现状具有参考价值。

关于我国目录学史的研究与总结。新中国成立40年来，目录学工作者运用历史唯物主义的观点和方法，立足于当前我国社会主义建设的实际需要，批判地总结和继承我国目录学的历史遗产；取得了可喜的成果，出版了一批研究目录学史的专著。如来新夏的《古典目录学浅说》（中华书局，1981），王重民的《中国目录学史论丛》（中华书局，1984），吕绍虞的《中国目录学史稿》（安徽教育出版社，1984），罗孟祯的《中国古代目录学简编》（重庆出版社，1983），等等。此外，还发表了一系列从联系的、整体的观点出发，对某一历史时期目录学发展的概况及其规律进行探讨的文章，如王晋卿的《魏晋南北朝目录学的主要成就》（《湘潭大学学报》，1982年），谢德雄的《宋代目录学的发展及其成就》（《图书馆工作》，1983年）等。对近现代目录学研究有所加强，出现了一批研究文章，如鲁海的《阿英在目录学上的贡献》（《四川图书馆学报》，1982年），张厚生的《郑振铎在目录学上的成就与贡献》（《武汉大学学报》，1983年）等。总之，在目录学史的研究方面成绩是巨大的。但是，目录学界似乎有人要把目录学的“悠久历史”和“优良传统”当做包袱丢掉，认为研究目录学史是一种偏向。我们认为，弘扬祖国文化是我们义不容辞的责任，目录学史的研究不是多了，而是要加强；那种否认目录学史研究重要性的看法，是不对的。与此同时，我们也反对厚古薄今，反对脱离现实的颂古非今的现象。丰富生动的目录工作实践是目录学研究的源泉，目录学研究应该加强对现实问题的研究。同时，我们还要反对那种为夸耀自己历史悠久，牵强附会地将刘向、刘歆当做鼻祖而盲目自大的行为。我们应当实事求是地对外宣传我国目录学的成就。我曾读到以当时北京图书馆馆长冯仲云的名义发表的《中华人民共和国的目录事业概况》的文章，刊登在《苏联目录学》杂志1954年第37期上，文章简明扼要地叙述了我国古典目录学的产生和发展，可惜类似这样的文章太少。谈到普通目录学教科书中应否包括目录学史内容的问题，我们认为这也是很明确的事情，目录学发展史（不是书目发展史）应当成为目录学基本理论的组成部分。例如，“新中国目录学四十年”难道不应该在目录学概论中得到反映吗？

关于目录学理论体系问题。目录学体系是客观实践和时代的产物，目录学是目录工作实践经验的概括和总结；目录工作实践则是目录学赖以产生和发展的源泉，目录工作的变革是目录学理论变革的先导。因此，用新的目录学理论体系代替旧的目录学理论体系是很自然的。1986 年由乔好勤同志发起组织的“目录学研究通讯小组”，组织全国中青年目录学研究者，以目录学理论体系为题组织了一次笔谈，是很及时的，也是有益的。

当前，目录学界要动员一切可以动员的力量，群策群力，共同研究重大的目录学课题，以推动目录学的发展。

回顾过去，我们为新中国成立 40 年来目录学研究所取得的成绩感到欣慰；思考现状，深感目录学研究与当前改革开放，与现代科学技术的发展，与目录工作实践的需要，与目录工作现代化的要求，还很不适应；展望未来，我们深信，目录学研究一定能兴旺发达，具有中国特色的目录学体系一定能建立起来。

（原载《图书情报知识》，1989 年第 3 期）

苏联目录学理论与实践的总结

——《目录学普通教程》评介

苏联莫斯科文化学院目录学教研室主任 O.П. 科尔舒诺夫教授主编的《目录学普通教程》是一部供苏联文化学院、高等师范学院、综合大学的图书馆学系或专业大学生用的教科书。本书的编者主要是多年从事目录学教学和科学研究的专家、教授，这部教科书是他们长期教学经验和科学研究成果的结晶。

《目录学普通教程》由四个基本部分组成：第一部分是书目的一般理论问题，比较详细地论述了书目与社会、书目与政治、书目内部结构关系等。第二部分是书目发展史，研究整个书目及其个别部分从古代到今天的产生和发展，各种书目现象产生的具体历史、社会和经济条件；书目在各个历史发展阶段中与图书馆事业、图书发行事业和出版发行事业的历史联系；书目工作方法的形成和完善过程，以及书目文献类型形式变化等。第三部分是现阶段书目组织的一般问题，过去对书目的组织问题没有单独的研究专著，而书目的组织问题在该教科书中占有比较大的篇幅，这是非常得体的，研究国家管理和规划书目活动的途径和方式，各类型书目机构的功能，书目活动的组织原则，以及书目情报服务的协调与协作等。第四部分是图书馆书目工作的组织和方法。教科书注意到选材精练，删掉了不必要的事实性资料和纯叙述性的、史料性的资料，真正是为了教学参考的目的。教科书特别注意到与相关的专业课如《图书学和图书史》、《普通图书馆学》、《图书馆藏书和情报检索系统》、《情报学基础》、《图书馆工作技术手段》等内容上的联系。为了避免课程之间的重复，对于这些课程带共性的问题，《目录学普通教程》只从书目的角度加以论述。教科书内容丰富，资料翔实，观点新颖，结构严谨，具有较高的学术价值和实用价值，实为当代苏联目录学的一大成果。该书荣获了俄罗斯苏维埃社会主义联邦共和国文化部主办的1982年图书馆和目录学现实问题优秀科学著作第六届竞赛一等奖。

二

能否及时地和系统地概括和总结苏联目录学实践和理论研究的重要成果，保持内容的新颖性，是衡量一部教科书质量高低的重要标志之一。《目录学普通教程》的最大特色是系统地反映了最近25年来苏联目录学理论和实践方面的最新成就。目录学基础理论是目录学体系中的一个基本而又十分重要的研究领域，它构成目录学的哲学基础和理论基础，也是目录学其他原理和分支学科以及书目工作技术的基础和依据。苏联目录学理论作为科学学科是在苏维埃年代形成的，主要是在最近20～25年间。70年代出现了从整体上论述书目理论问题的首批大型专著，其中包括一些专科目录学著作。例如：О.П.科尔舒诺夫《书目的一般理论问题》（1975）；А.И.巴尔苏克《在图书学体系中的目录学》（1975）；С.А.特鲁布尼可夫《文学书目是发展读者美育的手段》（1970）；Ю·Н·劳菲尔《苏联文学书目的理论和方法》（1979）等。

科学地确定最重要的书目概念和范畴，从而形成书目概念的完整体系。教科书首先叙述了在目录学领域里最大限度地统一使用科学术语的必要性，分析了产生书目概念不准确的原因，并对一些重要的术语给予明确的定义。与此同时，教科书在运用苏联国家标准7.0—77《书目·术语和定义》时，不是简单地引用，而是坚持在不违反概念的基本界限的前提下，结合当前书目实践活动的发展，对术语概念的表述是更加准确、更加深化和进一步发展了。例如，“Библиография”一词的基本概念的内容和范围，存在着不同的理解：“Библи－ография”（1）用来指个别的书目索引；（2）用来指按照某种标识区分出来的书目著录的集合；（3）用来指一门关于图书的科学。“Библиография”这个术语长时间以来被运用于几种意义，而且，第三种意义是把实际的书目与关于它的学科概念混淆起来。苏联国家标准7.0—77中“Библиография”一词的定义是，“以促进出版物在社会上的利用为目的而编制书目情报并传递给需求者的科学实践活动”。

教科书并不是简单地引用“标准”中的定义，而是明确地指出，“Библиография”是图书和读者之间的媒介。为了说明书目作为社会现象的本质和特点，作者提出“书目情报”是“书目”概念的出发点。作者从马克思主义辩证法关于对立的矛盾、统一和斗争是一切事物发展的动力这一原理出发，认为“书目”产生和发展的内容应当从分析它的最简单最起码的形式开始，也就是从“文献与情报需求者”的关系这一最基本的形式来分析，得出“文献与需求者”的关系是书目产生的根源的结论。同时，明确指出书目的对象是“文献和情报需求者”组成的文献信息体系。同时，还论证了“文献与需求者”的关系本身的内在属性，即客观上要求有促进这一对矛盾的克服和实现文献与情报需求者之间一致的专门手段，这种手段就是书目。这样就澄清了历史上形成的“Библиография”（书目）这一术语多义性的状况，为目录学术语定义的标准化奠定了基础。

作者抓住书日与社会这个基本理论问题，从书目作为一种社会现象的实质出发，论证了书目情报是书目体系的核心。给书目情报提出明确的定义，书目情报是以具体的历史形成的形式，在文献交流体系中发挥检索、交流和评价职能的关于文献的信息。在这个定义中明确了检索、交流和评价的基本社会职能。书目的实质始终是围绕着为什么和由什么人，为了谁和怎样，用什么观点和为哪些社会目的而编制和传递书目情报。书目是特殊的人类活动，故使书目具有了实际历史的具体内容。书目活动的外在社会制约性带来了发挥书目情报基本社会职能的具体形式的多样性和特点。

关于书目的社会阶级制约性问题，教科书指出，书目的社会阶级制约性明显地和直接地显示在与评价职能相联系的现象中。书目工作者正是在这里表明自己对待其周围社会生活中的珍贵事物及紧迫问题的态度。但是，具体的历史条件产生的书目情报发挥评价职能的形式并不只限于此。由于科学技术的飞速发展，区别性的书目服务显得突出了，各学科的科学辅助书目形式随之得到发展，评价职能的因素受到一定的局限，因而，在一定程度上是与解决检索和交流的任务结合在一起的。总之，作为完整的社会现象的书目应当区分为两个基本结构层次：即一般实质的或称内在的，是由书目情报的基本社会职能组成的结构；具体历史的或称外在的，包括全部书目现象并与其具体历史环境紧密联系的。后者总是制约着书目活动的地位、任务、内容、专门过程、形式和手段。正是由于书目具有稳定的内在结构，才保证了它作为一个体系的完整性，同时，其实际的多样性又是具体情况制约的结果。这些情况历史地形成在“文献与需求者”的体系之中，并以书目为其中介。

关于苏联书目的基本原则和特点问题。使苏联书目具有进步性和处于领先地位的基本原则和最重要的特征是什么呢？教科书明确地指出：列宁提出并科学地论证了作为一种社会现象，书目的共产主义党性是苏联书目的根本性原则。作为一种社会现象，苏联书目的共产主义党性总的说来在于，它是自觉地为社会主义和共产主义建设服务的；它以满足苏联人民即共产主义建设者的各式各样情报需求为目的并完全服务于这一崇高的目标。

党性在各种书目和书目活动的各个部分中，其表现形式是不相同的。书目的党性在具体表现中首先是作为书目过程的主体——书目工作者所固有的活动中。书目的党性归根结蒂在于书目工作者的思想立场即对待自己劳动对象的态度。为了直接观察到这种态度，可从书目工作者对待作为编制书目的对象的文献内容的评价，书目工作者在加工、评价和组织自然科学、技术科学、数学等科学的情报，以及按形式组织的检索和交流用的书目时进行，这些书目情报的共产主义党性不是直接表现出来，而是间接地通过所要达到的最终目的来实现。正如苏联哲学家 В.Г. 阿法纳西耶夫所说：“当然，各阶级和社会对待各类型情报的态度是不一样的，社会为各类型情报提供的出版物也不一样。比方说自然科学和技术科学情报本身不包括直接的阶级内容，这里的阶级倾向性，表现于利用这一情报的目的。”①

关于苏联书目的客观性、科学性和民主性的问题。教科书认为苏联书目的客观性、科学性和最广泛的民主性是与共产主义党性原则紧密相联系的。苏联书目的真正客观性在于自觉地、无条件地服务于社会主义和共产主义建设的目的。苏联书目的共产主义党性和客观性正像是统一整体的两个方面一样不可分割地联系着。苏联书目的科学性

---

① Афанасьев В.Г. Социальная Информация У управление овбществом М. 1975. С40.

奠基于马克思主义科学世界观、辩证唯物主义、历史唯物主义、科学共产主义原则，以及苏联先进科学的全部成就之上。苏联书目的真正科学性一方面显示在它的实践之中，它不断发掘科学方法探索社会主义社会的情报需求及其最充分而又有效的书目情报服务；另一方面还在于具有专门的科学即目录学来研究其理论和组织原则，以及书目活动的形式和方法。苏联书目的社会主义民主性表现在它完全平等服务于苏联社会的所有阶层，并将书目情报及时准确地传递给每一个人。苏联的所有图书馆、出版发行机构、档案馆、科技情报机构、杂志编辑部、广播电台和电视台等机构都从事面向居民的书目情报服务。总之，苏联书目的所有特性都是共产主义党性的直接引申和特有的形式。

苏联书目的显著特点之一是它的国家性。苏联是世界上第一个把书目作为国家事业来管理的国家。早在苏维埃政权的最初年代，1920年6月30日，列宁亲自签署的《关于将书目事业移交给俄罗斯苏维埃联邦社会主义共和国的人民教育委员会》的法令，奠定了苏联书目体系有计划地集中化管理的基础。苏联书目活动由国家规划、拨款和监督。集中化管理书目事业保证了其按计划发展，为书目机关和团体在工作中的广泛协调和协作创造了前提，开辟了集中发展书目活动的物质技术基础，巩固了书目活动的科学基础。

关于书目和目录学与各交叉学科和实践活动的关系问题。教科书的编者指出，书目和目录学属于交叉学科和实践活动的体系。图书馆事业和图书馆学，科学情报事业与情报学，图书业与图书学，书目事业与目录学的相互关系是学者们普遍关注的一个问题。图书馆事业与书目事业，图书馆学和目录学的相互关系是学者们普遍关注的一个问题。图书馆事业与书目事业，图书馆学和目录学都依赖于已有的、历史形成为文献形式的知识，而不包括不记载于物质载体上的情报，并研究其利用于各种社会目的等问题。

科学情报活动和情报学从整体角度（包括一切层次和形式，其中也包括图书馆和书目的形式）来研究科学的情报交流，其最终目的是整个科学交流体系的最优化，使之与当代科学需求相适应。

书目活动、图书馆活动和科学情报活动在其所形成的特殊体系中的相互关系：从书目角度看，图书馆活动和科学情报活动是书目完成检索、交流和评价职能的重要渠道。从图书馆活动和科学情报活动的角度看，书目是它们的结构层次，图书馆和科学情报机构在这个层次上是通过书目情报服务手段来满足读者对文献的需求。因此，书目活动、图书馆活动、科技情报活动就构成了一个完整的系统，在这个系统中各个构成成分既有其共性，又有其特殊的任务和职能。这些相互关系同样反映到相应的学科，目录学、图书馆学和情报学的层次上。

在苏联目录学界对待这些学科之间的关系的认识上，存在着一定的分歧，近年来，出现了列宁格勒学派观点，他们提出在这些学科之上建立一门概括性的学科，称为社会情报学或社会情报学概念，其对象包括一切类型和形式的社会情报。目录学、图书馆学、科学情报学与社会情报学的关系就是概括性学科与局部学科之间的关系。尽管认识上存在着某些分歧，但是，发展趋势是他们的理解愈来愈接近，在这些部门的实践活动中，强调合理分工，相互配合和跨部门的协调和协作，统一科学术语，消除工作中的重复平行和分散状态。这些都是实践部门和相应学科进一步巩固和发展的基础。

二

教科书触及到一些带方向性的研究课题。这些课题都是实践中所提出来的，解决这些问题对于书目实践活动将起推动作用。目录学理论的发展程度取决于书目工作实践需要的程度。当前正处于以信息技术为主导的新技术革命的新形势。知识信息资源将成为国家和社会最珍贵的财富，有效地开发和利用知识信息资源，将成为社会最迫切的需要。新的技术革命向书目活动提出了新的挑战。书目工作的机械化和自动化是书目工作实践和目录学研究的一个迫切问题。书目工作效益的提高和它在国民经济建设中的作用，书目工作的社会威望，都取决于掌握现代技术手段的程度。

教科书用了不大的篇幅论述了书目活动的机械化和自动化问题。在苏联实现书目工作自动化的必要性概括起来是：1）苏联党和政府十分关心和重视书目工作机械化和自动化的问题，于 1974 年和 1979 年通过的关于图书馆工作的决议中，特别强调要迅速推广机械化和自动化在书目活动中的应用；2）书目工作者面临要加工处理的文献资料不仅数量急剧增长，而且出现新的文献类型如未发表资料，声像资料，机读资料和缩微资料，迫切需要实现机械化和自动化，以提高劳动生产率；3）读者对书目情报的需求日益扩大和复杂化，要求书目服务的完备性、及时性和针对性，技术装备的机械化和自动化就成为提高书目服务质量的重要手段；4）信息社会要求书目情报服务工作尽快利用计算机技术、缩微技术、复制技术和现代通信技术，从根本上改善传统的书目情报服务，提供新的服务方式如出版引文索引，建立机读书目数据库和读者远距离对话等。

教科书对在苏联实现书目工作机械化和自动化客观上具备的前提条件作了概括：1）拥有第三代和第四代计算机和全球通讯系统，能够满足书目工作自动化的需求；2）苏联国内已经积累了书目工作机械化和自动化的丰富经验；3）当代目录学对于书目工作机械化和自动化的理论思考；4）推广书目工作机械化和自动化方法和理论基础的形成。

与此同时，还应指出的是，书目工作机构的物质技术装备条件差，工作组织不够合理，管理系统比较分散，干部知识结构不适应书目工作现代化的需要等，都是实现书目工作机械化和现代化的不利因素。尽管如此，苏联在书目工作机械化和现代化方面取得了巨大成绩。全苏图书局研制了“АСОИ——书目系统”是搜集、加工、储存、检索和提供国内出版物情报的自动化系统。苏联国立列宁图书馆建立了新入藏文献自动化系统。自1970年开始苏联使用国立公共科技图书馆研制的全苏外国图书馆联合目录自动化系统。苏联国立公共科技图书馆正在建设科技期刊登记自动化系统，这是社会主义国家间的国际科技期刊登记自动化系统。1977年苏联已经建成30多个专科的科技情报自动化系统。教科书成功地运用了图表形式显示了当前书目工作自动化的状况，同时，也展示了书目过程机械化和自动化的发展前景。

关于读者书目教育问题。要开展学术研究，必须开发和利用知识宝库——图书馆。最大限度地全面有效地利用图书馆，在很大程度上取决于科学工作者运用书目获取知识信息的能力，取决于他们独立地掌握最新出版的信息，进行回溯检索和利用书目文献的能力。

据悉，在受过高等教育的专家中，有70%～80%不了解怎样利用图书馆，不懂得利用书目检索文献资料，不懂得利用图书馆的咨询服务。究其原因，这种状况在很大程度上是由于在中等与高等教育系统中没有关于书目情报教育的规定。善于广泛利用图书馆和各种书目参考工具获取知识信息是大学生必须具有的基本素养。任何科学工作者都必须具有书目情报意识素养，具有利用书目情报，获取知识信息的能力。苏共中央1974年关于图书馆事业的决议强调加强书目情报教育的必要性，责成一切拥有高等或中等专业学校的部、局采取措施，以保证学生掌握利用图书馆和书目情报的知识。教科书对每一个熟练的情报需求者所必须具备的书目情报基本知识的范围作了较好的论述。所有读者都应当了解苏联书目的社会作用、图书馆的书目参考设备、书目的主要类型及其利用、书目编制方法等。读者还应当学会怎样掌握最新文献，如何独立地选择文献，怎样为生产、科研、宣传和自学编制各种书目，怎样利用各种书目参考工具等，总之，书目情报教育应当使读者具备利用图书馆，利用各种书目参考工具获取知识信息的能力。

随着现代科学的发展，目录学与其他学科的交叉越来越普遍，目录学的发展需要吸取其他学科的营养，其他学科的理论、方法促进了目录学的发展，丰富了目录学的理论和方法，目录学是处在整个学科体系之中，目录学与其他学科的关系非常密切，教科书对出现的一些新的学科分支如书目控制理论、计量书目学、比较目录学、书目方法论等都作了阐述。

教科书还用了一定篇幅对现阶段国际书目合作和苏联参加到这些组织的活动情况，作了简要的介绍，为《目录学普通教程》与《外国目录学》课程之间架起了一座桥梁，展示了苏联在国际目录学合作组织中的作用。

这部教科书存在着不足之处。本书与前两版相比修改最小的部分要算苏联书目史，如果说教科书的基础理论部分的篇幅扩大和内容加深是合乎规律的话，那么苏联书目史部分的过分概略化是不够妥当的。教科书的第一、第三、第四部分中成功地利用了图表，增加了教科书的直感，而恰巧在第二部分中却看不到一张十月革命前和苏联著名目录学家的照片，也看不到一些卓越的书目著作书影，这不能不被看做是一大缺陷。

总之，《目录学普通教程》反映了当代苏联目录学理论和实践的巨大成就，系统地论述了书目的理论、历史、组织和方法等基本方面，展示了苏联目录学发展的前景，是一部富有启发性和开拓性的教科书，不仅适合于苏联文化学院、师范学院、综合大学的图书馆学专业师生教学和广大书目工作者参考之用，而且也可供我国高等院校图书馆学专业师生和广大自学者以及从事书目情报工作实践的同志们借鉴。

（原载《武汉大学学报（社会科学版）》，1986 年第 1 期）

苏联目录学研究的现状与前景

苏联目录学经历了一个漫长的和复杂的发展道路。在沙皇时代，目录学得不到重视与支持，发展非常缓慢，虽然在19世纪初期一些进步的俄罗斯目录学家如索必科夫（B. C. Сопиков）——被称为俄罗斯目录学之父，阿拉斯塔谢维奇（B. Г.Анастасевич）等的著述中，在俄罗斯革命民主主义者的言论中，在20世纪初期资产阶级民主主义目录学家的书目文献和目录学论著中，都曾经论述过有关目录学的原理。1899年建立的莫斯科目录学小组，1900年在莫斯科大学成立的俄罗斯目录学协会，这些早期建立起来的目录学组织，注意到对于目录学理论和方法的研究，还出版了《图书学》和《目录学通报》等刊物，进行学术交流，但是，还谈不上是建立在真正科学基础上的目录学研究。

十月革命的胜利为苏联目录学的发展，开辟了广阔的前景。苏维埃政权建立的最初年代，伟大的革命导师列宁曾经多次地指出目录学对于科学的发展、国民经济和人民文化水平的提高的重要作用。

在苏维埃时代，目录学理论问题的探讨开始得到加强，全国目录学界的学术活动，都是在共产党领导下进行的。目录学研究机构的建立，目录学论著、论文集、定期刊物的出版，涌现出一批目录学家如：博德那尔斯基（Б. с. Бодйарский）、兹多布诺夫（Н.В.Здобнов）、马萨诺夫（И. Ф. Масанов）雷斯金（Е.И. Рыскин）、西蒙（К.Р.Симон）、特罗帕夫斯基（Л.Н.Троповский）、福明（А.Г.Фомин）、沙穆林（Е.И.Шамурин）、艾亨戈列茨（А. Д. Эйхенголеч）等，在发展和巩固苏联目录学方面，作出了巨大的贡献。

50年代以来，苏共中央《关于改善全国图书馆事业的现状与措施》（1959）和《关于提高图书馆在对劳动人民共产主义教育和科学技术发展中的作用》（1974）的决议，为苏联图书馆事业和书目事业的发展，指明了方向，同时也标志着苏联目录学的发展进入了新的阶段。本文拟对这一时期苏联目录学研究的现状作一简略的论述。

一

20多年来苏联目录学发展的最大特点是加强了目录学理论的研究。50年代末期苏联目录学界就 B.H. 杰尼西也夫著的《普通目录学》——图书馆中等技术学校学生用的教学参考资料（1954）和 A.Д. 艾亨戈列茨教授主编的《普通目录学》——图书馆学院教科书（1957）的出版，开展了一场关于有争论价值的目录学理论问题的讨论，集中在下列问题：在苏联，目录学理论是否发展了？目录学有没有自己的理论？目录学的研究对象、内容、任务，它与其他学科的关系，关于书目类型的划分等问题，展开了大讨论。通过讨论，以大量事例说明苏联目录学是俄罗斯目录学优秀遗产的直接继承者，苏联目录学理论已经存在并且正在向前发展，虽然它还存在着前进中的问题，它有自己的研究对象、内容和独有的研究方法。通过讨论取得最重要的收获之一，就是明确了目录学的对象和任务，确定了目录学理论在整个目录学中的地位。我们知道，在苏联，长时间以来将“书目”和“目录学”这两个概念混同起来，通过辩论以后，开始摆脱那种对目录学狭隘理解的束缚，结束了长期存在的“混乱现象”。在近年出版的目录学专著和最新的目录学教科书《目录学普通教程》中，明确了书目的文献情报概念，这个概念是建立在对书目活动根本问题的深刻的逻辑分析的基础之上，充分考虑到现代哲学、科学学、情报学、图书馆学、社会学等的成就，奠基在这样一个基础之上的思想，能够完善整个书目活动。以书目的社会实践为自己对象的学科——目录学（Бибдиографоведение）的，理解和确立，是保证苏联目录学作为科学知识门类进一步发展的原则性的基础。“目录学”这个术语已经成为科学的日常现象，但是，目录学界还有一些人不能准确地理解这一新词。问题不在于术语本身，而在于跟随着术语后面的实质。“目录学”术语愈来愈广泛地被人们所接受，一方面反映了书目活动范围迅速扩大，目录学的社会威望和任务的复杂性的不断增长，与此同时，也反映了目录学作为社会现象这一完整概念性质理解的重大变革。

目录学研究的重要成果，反映在近年来出版的一大批目录学专著和普通目录学和专科目录学的教科书和教学参考资料。就以苏联普通目录学为例，我们大家都知道，作为高等图书馆学专业教科书《普通目录学》（1957），《目录学普通教程》（1969），《目录学普通教程》（1981），每修订一次，目录学理论部分都有提高，这说明教科书概括和总结了苏联目录学研究的重要成果，及时地反映了目录学最新的研究动向。而在目录学领域里开展科学研究，取得突出成果的学者，得到了苏联政府的表彰。例如苏联国立莫斯科文化学院普通目录学教研室主任、教育学博士科尔舒诺夫（О. П. Коршунов）教授由于他在科学和教育活动中的功勋，他是一系列目录学大型著作的作者：《目录学一般理论问题》（1975），《苏维埃目录学：现状、问题、前景》（1977），与 А. И. 巴尔苏克合著《普通目录学基础理论》（1978），《苏维埃书目分类问题》（1979），《目录学普通教程》（1981，主编）；他还是一系列专科目录学教科书中的执笔人之一，他关心图书馆干部的目录学训练，他写了题为《在现代要求水平上》一文刊登在《苏联目录学》杂志 1980 年第 4 期上，他在论文中所阐述的问题引起了专家们的争论，在制订的新的教学计划和教学改革的实施中都考虑吸收了他的建议；他还积极地参加社会工作，因此，他于 1982 年 3 月 3 日获得了“俄罗斯苏维埃联邦社会主义共和国功勋科学活动家”的光荣称号。

苏联目录学界特别强调对于科学理论推荐的态度，不容许在实践中轻视科学上拥有的成就，没有在每一个历史阶段目录学研究所达到的优秀成果，去用以指导实践，实践是不可能顺利发展的。近来苏联目录学的科学潜力迅速增长，研究课题更加广泛和深入了。目录学逐渐变成所有现实的复杂的书目过程的直接参加者和促进者。苏联现代目录学的任务是使每一个目录学家都深刻懂得，他的活动的真正价值是在于促进科学文化的发展，促进进步人类当前各项伟大任务的实现，使目录学成为改善书目实践活动的真正杠杆，成为书目实践活动科学管理和预测的坚实基础。

二

掌握科学探索的现代方法的成熟程度，是衡量一门科学是否具有现代水平的重要标志之一。苏联目录学长时间是在经验叙述性的基础上发展的。由于受“目录学是关于图书的科学”的传统定义的束缚，查明、选择、著录、分类和文献的评价看成是研究图书的特殊的方法。现在，目录学作为图书的科学的课程的共同专业化的客观基础，逐渐消失了。过去目录学研究采用的是人文科学所采用的一般的方法：历史法，比较法，文献分析法，实际事实观察的记载和概括的方法等。现代科学正经历着在科学认识活动的性质、方式方法巨大变革的时代。随着解决科学问题的复杂性急剧增长，对科学知识准确性的要求也不断提高。最近20年来，苏联目录学界由于受到外部因素的影响，对于方法问题的研究有所加强。

首先，表现在对读者书目情报需求和书目利用效果的广泛调查和分析。如在1968～1970年苏联国立列宁图书馆与俄罗斯苏维埃联邦社会主义共和国的共和国和省的图书馆合作，在39所大众图书馆的基础上对推荐书目在指导阅读中的效果进行了调查，观察了6万个读者，分析了5.8万个读者咨询，将近3 000个读者记录，进行了1 000多个完整的读者登记请求和一系列其他措施。进行这一工作的方法、资料和结果，分别反映在以《苏联图书宣传体系中的推荐书目》和《指导阅读中的推荐书目》为标题的出版物上。巨大的事实和统计资料，不但丰富了目录学的科学知识宝库。而且也吸引着目录学家的兴趣。当前就是要加速由积累数据和事实的阶段向理论加工和总结分析的阶段过渡，否则就会陷入自我欣赏事实积累的现实危险。

其次，是在一定范围内运用数学的方法，也就是目录学知识数学化的问题。这一问题的提出，在苏联目录学界产生了很大反响，运用这一新的方法也必然遇到一些阻力，这也是可以理解的。这些阻力来自：第一，大部分目录学家，由于历史的原因，他们受的是高等图书馆学专业教育，不具备数理逻辑方面的素养；第二，目录学知识数学化，必然会引起内部的阻力，这些阻力来自于采用传统的人文科学思想方式的习惯；第三，目录学知识数学化要求目录学本身的发展要具备足够高的水平，因为准确性要求高的数学方法，不可能在那些概念或者问题不够明确的地方运用。

再次，系统论的方法在目录学中的运用，是近年来苏联目录学研究方法的新特点。目录学运用系统论来研究推荐书目、主题目录和其他书目方面。图戈夫（Ю.М.Тугов）在他的题为《推荐书目——系统研究的对象》和《论推荐书目的结构》的文章中提出将系统论的一般方法运用到推荐书目的研究，这是在推荐书目中运用系统论的第一次尝试，他的文章的功绩在于力图从方法上丰富我们的理论思维，这些问题，苏联目录学未曾探讨过。这种方法不仅适应于推荐书目理论，而且对整个目录学都是适用的，苏联目录学界近年来对于目录学研究方法问题的兴趣逐步在增长，但是，应当在鼓励和进一步促进目录学方法问题研究的同时，克服存在于目录学家之中的对待这一研究所持的怀疑态度，在他们看来，好像对于书目实践的“抽象论”是不必要的和要求过于苛刻的。须知在任何学科中轻视方法的和逻辑认识的观点都是非常危险的。

三

苏联目录学界近年来在进行一些重大理论课题的探讨，开展一些涉及面较广的大型调查研究项目中，取得了可喜的成果。主要在于合理地组织目录学的研究工作，尽力扩大和加深目录学工作者、图书馆学工作者、情报学工作者和图书学工作者之间创造性的合作，事业上的联系、协调和协作。任何一门科学的最优组织基础和主要组成，是通过长远的和近期的科学研究规划。没有计划或者计划不科学，就会导致人力、物力的分散。在现阶段，科学研究成就的取得在于科学集体力量的联合，将各方面的科学研究力量集中围绕大型的、最重要的综合课题来进行。

1971 年 10 月 1 日，苏联文化部《关于进一步改善图书馆学和目录学科学研究组织的措施》的命令在计划和协调各部门之间科学研究活动的协调中起着重要的作用。命令中确定了科学研究的主攻方向和批准了负责重要课题研究任务的领头科研机构，为协调图书馆与高等图书馆学院校的研究工作，为编制全国联合协调规划，提供了前提条件。

为了统一全苏各系统之间的图书馆学和目录学、图书学的科学研究，在苏联文化部之下设立国家图书馆联络委员会，对建立全国各系统各部门图书馆之间的协调有着巨大的社会意义。1982 年 3 月，这个委员会批准了《1981～1985 年关于图书馆学、目录学和图书学科学研究工作全苏协调规划》，《目录学发展问题》占规划中的一章，反映着在行将到来的年代里进一步改善书目工作的各个方面和发展趋向。其中如《在发展着的社会主义社会书目情报的社会作用》、《书目和思想斗争》等，将提高推荐书目效果的研究作为现实任务，在协调规划中占着重要的地位。为了解决地区国民经济的任务，地方文献书目的研究占有一定的比重。此外，还列有关于建立书目情报服务统一体系的问题等。确定苏联国立列宁图书馆承担全苏图书馆学、目录学和图书学的科学研究协调中心的职务。下面分为各领头的科研机构、所属各部之间的课题委员会、课题研究小组。从苏联目录学科学研究远景规划来看，主要体现出进行基础研究的倾向，在围绕大型综合课题力量协调的基础上，强调课题集中化的原则，广泛地吸引各部门所属图书馆机构参加。现阶段可以说是苏联书目过程技术装备的开始，关于国家自动化书目体系问题的研究，是有意义的。在协调规划中确定由苏联国立列宁图书馆负责出版连续性论文集《目录学问题》，这个论文集的首要任务是总结和阐明现阶段苏联目录学发展的趋势，为目录学工作者开辟了一个新的论坛。

协调规划中关于目录学理论、方法和组织问题的研究注意不够。当前对于加速发展苏联目录学研究，提高目录学研究的效果和质量的障碍是各类型图书馆书目机构、科学情报机构和在进行研究工作的高等图书馆学院校等各部门之间的分离性。为了改变这一状况，目前正采取下列措施：实行重大题材集中化措施，协调机构应当依靠一大批专家、实际工作者确定最有远见和经过长期预测而又能够完成的研究课题，加速对科研选题计划和完成任务的结论和分析的通报工作。缩短科学研究管理的多阶段性，采取二至三个环节的科学研究管理最优体系，尽可能提高领头机构的威望，增强科研潜力，赋予相应的权力，同时要提高领头机构研究一定课题的责任感。采取这些措施的目的，就是为了使主要科研力量不至浪费在解决次要任务上，使得专家和学者不至错过远景方向，能及时地预计到科学发展的新方向。

四

加强目录学教学和研究的联系，是为开展目录学研究提供高级专业熟练程度研究干部的保障。目录学教学需要最新科研成果来充实、更新教学内容，为新的学科分支的生长开辟前进的道路。目录学研究又需要教学机构为之培养输送具有专业熟练程度较高的研究人才。因此，目录学教学与科学研究是息息相关的。获得科学劳动的最高成效，必须有高质量的科研干部队伍。

1975年苏联文化部部务会议通过了《关于改进培养高级熟练程度图书馆工作人员》的决定，在决定中确定旨在保证图书馆事业专家高度专业素养，能够积极促进经济和文化的发展，对劳动人民的共产主义教育。苏共中央和苏联部长会议《关于进一步发展高等学校和提高专家培养质量》的决议（1979）确定了完善全国高等教育整个体系的基本方向，决议强调培养广泛的专业素养，深刻的马克思主义世界观的素养，加强基础训练，提高普通科学和专业课程的理论水平，巩固教学与先进生产实践联系的必要性。

当前，苏联已经建立起一个高等图书馆学教育体系。在这个体系中包括16所文化学院，5所大学，5所师范学院，1所艺术学院，在这些院校中设有图书馆学系或专业，每年培养数千名图书馆员和书目员。在莫斯科、列宁格勒、哈尔科夫、基辅文化学院下面设立了研究生院，扩大了研究生招生名额，每年招收的研究生中有40%～50%的人选择目录学课题作为学位论文来研究。尽管数量上有了跃进，但目录学研究干部的保障仍然是一个很尖锐的问题。这是因为文化学院所属的研究生院当前培养目标是教师，而非研究人员。未来的职业性质在他的培养上留下了不可避免的痕迹。学位论文数量的增加，没有课题上的改变，历史研究的题材占的比重太大，1971～1975年第九个五年计划期间总共通过的副博士学位论文143篇，其中36篇是论述历史的题材，还有20篇论文历史观点占中心地位，因此，在1971～1975年间通过的学位论文，带有历史性题材的占了1/3。并不是说这些题材不应当研究，而是当前目录学许多重要的现实性很强的课题没有人研究。如苏联目录事业的组织、书目过程机械化和自动化的研究，比较目录学、书目计量学的研究，书目方法论的研究等，应当把研究生这支力量组织到完成苏联目录学研究的远景规划中来。

过去缺乏通过博士学位的单独机构，现在苏联最高考核委员会决定在苏联国立列宁图书馆下面设立具有进行图书学、图书馆学、目录学全套学科方面博士论文答辩权利的专业委员会。关于实施图书情报科学副博士和博士统一学位的问题，早已成熟（包括内部的专业方向，图书学、目录学、图书馆学、情报学），以代替现有的怎么也不能证明是正确的教育学、哲学、历史学等学位，而应当按自己基本学科内容设立图书情报学学位。

解决这些任务，使目录学的科学研究工作水平能够提高到新的和更高的程度，不仅仅考虑到研究人员的数量的增长，而且首先要注意培养高级熟练专门程度。

总之，要达到提高目录学研究的效果和质量，必须与加强基础研究，巩固与书目实践的密切联系，完善科学研究工作的协调和协作计划，加强科学研究干部的培训等项任务联系起来。这些任务的解决直接关系到苏联目录学的进一步发展。

（原载《武汉大学学报（社会科学版）》，1983 年第 4 期）

学海浩渺话舟楫

——试论目录学知识普及问题

一

任何一个希望获得知识或者从事创造性的研究活动的人，都不能不借助于书目文献这把打开人类知识宝库的钥匙，来挑选自己所迫切需要的图书文献，以免泛滥无归，事倍功半。因此，掌握目录学基础知识，熟悉并且善于利用各种书目文献，成为每一个科学工作者有效地进行科学研究的基本条件之一。

19世纪末俄罗斯杰出的诗人、卓越的历史学家和文献学家布留索夫对于目录学在科学研究中的作用，做了很好的概括，他说："有人说，学问与其说是知识的储蓄，不如说是善于在书海中找到知识的本领，这话是对的。的确，最近几个世纪以来，人类知识的范围是无比地扩大了。任何一个科学家在工作中（即使是在自己的专业范围内）都不能不利用书籍——过去的和现代的其他科学家的著作。在每一个知识部门中，每一年都要增加几千几万册著作。无论怎样重视和努力，都不可能不借助专门的材料而跟上这种发展。因此，目录学在现代的科学中具有巨大的意义。"①

中国是一个有几千年历史的文明古国，文化丰富，典籍众多，为举世所公认，我国现存古籍，据粗略统计约10万种左右。在科学技术高度发展的今天，人类知识的范围无比扩大，记载着人类知识、思想、经验结晶的图书文献的数量急剧增长。常被人们称之为"汗牛充栋"、"浩如烟海"、"图书文献的海洋"，这是一点也不夸张的。不少

① 图书宣传工作．商务印书馆，1959：pp.111～112

学有成就的专家，在总结自己的治学经验时，常常提到“从书海中探宝”、“从书林中觅珍”的经验。他们是怎样从浩如烟海的图书文献中迅速准确地找到自己所需要的图书文献呢？书海航行，有赖指针，书林探宝，需借助向导，这里所指的指针和向导，就是指的各种类型的书目文献。

中国目录学历史悠久，源远流长，辨章学术，考镜源流是其独特的优良传统。它历来强调从学术史的角度去揭示、编排、组织与报道图书文献，通过目录学的学习，可以“周知一代之学术及一家一书之宗趣”，使人们“览录而知旨，观目而悉词”。目录学自产生以后，深受历代学者的重视，他们把目录学看成是读书治学的入门之学。我国古代学者非常讲究读书治学之道，他们认为读书宜得门径，“泛滥无归，终身无得。得门而入，事半功倍”。①那么，读书治学的门径是什么呢？清代学者王鸣盛在《十七史商榷》中说得好，“目录之学，学中第一紧要事，必从此问途，方能得其门而入。”又说：“凡读书最切要者，目录之学。目录明，方可读书，不明，终是乱读。”王鸣盛不仅仅对目录学与读书治学的关系，作了非常明确的阐述，而且他自己治学的先后顺序也是从目录学入手。近代目录学家余嘉锡在《目录学发微》中指出：“治学之士，无不先窥目录以为津逮，较其他学术，尤为重要。”余嘉锡先生的学问始于目录学，受益于目录学，又以他渊博的学识从事目录学研究，丰富了目录学的内容，他以自己的切身体会指出目录学是每一个科学工作者必须具备的基础知识，他说：“目录学为读书引导之资。凡承学之士，皆不可不涉其藩篱。”(《目录学发微》) 许广平在介绍鲁迅先生生前治学方法时说：“鲁迅先生研究学问的方面很广博，大致对于前辈的从书目入手的方法也并皆采纳……有时鲁迅先生也解释给我们听：这是治学之道……”

目录学不仅仅是读书治学的入门之学，而且也是科学研究的指南。科学研究和图书文献息息相关。任何一个科学工作者，在他运用观察、分析、比较和推理的能力对自然现象和社会生活现象进行研究时，首先必须详细地占有图书资料，必须在前人已经取得成就的基础上进行新的探索。每一个科学工作者，不管他是从事什么专业，也不

① 张之洞．辅轩语·语学

管他在自己所从事的学科领域中有过多么伟大的成就和贡献，在他进行科学研究活动时，都会毫无例外地要遇到这样一个问题，即是否能很好地掌握了有关自己所从事的学科（或科研课题）的历史、研究现状以及未来的发展趋势。否则，就有可能把别人或前人已经发现或发明的东西，当成自己的发现或发明。为了避免科研工作上的"第二次发现新大陆"，科学工作者必须经常地系统地了解本门学科产生、发展和历史，它的传统，它的主要代表人物，它的研究现状，当前要解决的主要问题，认清它的发展趋势。要达到这一要求，主要的办法是通过阅读文献来掌握有关情况。因为每一门学科的成果，都会以各种载体形式记录下来。但是，图书文献浩如烟海，面对着图书文献的海洋，科学工作者只有借助于书目这把金钥匙，才能打开人类知识宝库的大门，迅速、准确地获得自己所需要的特定的图书文献。因此，任何一个科学工作者，应当在目录学方面有相当素养，应当熟悉并善于利用各种书目文献。目录学基础知识应当成为科学工作者进行科学研究的必要的先决条件。

二

具备起码的目录学知识是每一个科学工作者科学研究基本功的重要内容，同时也是智能结构的重要组成部分。正因为如此，目前，不少高等学校文理科各系的大学生和研究生陆续地增开了《目录学》和《科技文献检索》课程，这是非常必要的。那么，一个科学工作者应该具备哪些最基本的目录学知识呢？我们认为，一个科学工作者只有具备以下几方面的目录学知识，才能有成效地进行科学研究。

1. 书目文献知识

熟悉各类型书目文献就是掌握了打开人类知识宝库的钥匙。现代目录学家姚名达说："图书是人类知识的结晶，而目录则是开放人类知识结晶的钥匙，假如没有钥匙，吾人就不容易得其门而入。"（《目录学》）面对着巨大的图书文献宝库，如果我们能够较好地掌握打开它的钥匙，就会免受"孤舟泳海"，"弱羽凭天"，"衔石填溟"，"倚杖追日"之劳。要利用书目文献来掌握和熟悉图书文献的来源，必须以了解和掌握书目文献为前提。我国自汉代刘向、刘歆编制《别录》、《七略》以来，在两千年的历史长河中，积累了丰富的书目文献，我们要了解它和熟悉它，首先应当从了解和掌握书目之书目开始。书目之书目又称书目指南，或三次文献，是了解书目文献的钥匙。属于这一类型的书目，现存的如1920年周贞亮、李之鼎编的《书目举要》，收录汉至清末各种书目277种。1928年邵瑞彭等编的《书目长编》，收书目1 300余种。1953年梁子涵编《中国历代书目总录》，收录以中文现存书目为主，总计古今书目1 666种，这些书目之书目都没有内容提要。1958年中国科学院图书馆编的《中国科学院各图书馆所编书目之总录——中文之部》，汇集了中国科学院系统54个图书馆（室）所编的书目索引共274种。1958年冯秉文编的《全国图书馆书目汇编》，收录解放初至1957年末图书馆所编书目索引2 300余种。目前，我国还缺乏一部“中国书目之书目”——书目总汇，上列书目之书目可作我们熟悉各种书目文献时参考。

我国古代目录分为官修目录、史志目录和私藏目录等。要了解有关我国古籍及其版本方面的状况，应当了解和熟悉班固编撰的《汉书·艺文志》，它是我国现存最古的第一部目录，又是了解先秦到西汉的图书状况的重要工具。班固把艺文志列入正史之中，开创了我国古典书目的一种新的体例——史志目录。从此以后，各朝都仿效班固的做法，艺文志（或经籍志）已经成为多数史书的一部分，到了清代，又开始了艺文志的补注工作，从此，史志目录形成了我国独特的目录学遗产，若将历代的史志目录连成一片，就构成了一部反映从汉代至清代我国古籍的总目录，是我们查考古籍和研究古代历史不可缺少的参考资料。

官修目录保存至今的极少，《四库全书总目提要》是现存影响最大的书目，在收录图书文献上是前所未有的，它的编制体例和方法是集我国古典书目方法之大成，是我们查考和掌握乾隆以前古籍状况的重要工具。鲁迅曾将《四库全书简明目录》向初学古典文学的人推荐，他指出：“其实是现有的较好的书籍之批评，但须注意其批评是‘钦定’的。”（许寿裳：《亡友鲁迅印象记》）这应当成为我们利用古代书目文献的基本原则。此外，孙殿起编撰的《贩书偶记》正续编收书近两万种之多，可补《四库全书总目》之不足。又如，上海图书馆编的《中国丛书综录》，收全国 41 个图书馆所藏 2 797 种丛书，子目 70 000 条。还有《中国地方志联合目录》收录 180 个单位所藏的地方志 8 500 种。目前正在编印中的《中国古籍善本书目》收录全国 781 个单位所藏的古籍善本书。

要了解和掌握中华人民共和国成立以后我国图书文献的出版状况，可参阅历年所编的《全国总书目》。此外，还有全国图书联合目录编辑组编的各种联合目录，可以帮助我们了解国内各图书馆收藏某一文献的状况，便于开展馆际互借或文献复制工作。上海图书馆编的《全国报刊索引》可以提供近期国内主要报刊发表的重要论文的线索。

随着现代科学的发展，知识门类越分越细，科学工作者的分工也越来越专，各学科图书文献数量庞大，类型繁多，文种多样，科学工作者多从本人所在的学科领域而提出特定的需要。科学工作者要经常地系统地了解和掌握本门学科的发展动向，必需熟悉专科文献目录。我们知道，某一知识门类的文献状况，反映着该学科发生、发展和兴衰的状况，记录该学科文献状况的专科文献书目，是反映该学科发展水平的一面镜子，每一个科学工作者应该熟悉和掌握与本人所从事的学科有关的专科目录学的知识。

2. 目录学方法知识

熟悉和掌握目录学的一些基本方法，如书目著录法，书目提要编写法，文摘编纂法，书目编制的原则和方法等方面的知识，是科学工作者有效地进行科学研究的重要因素。我们大家知道，一篇重要的学术论文，一部严谨的科学论著，都必需撰写文摘或提要。就是在我们日常的科学研究活动中也应该充分利用目录学方法的知识，以提高科学研究的质量。我们在科学研究中，需要阅读大量的图书文献，但是，阅读如果不及时地做好提要或文摘，就会像过眼云烟，稍纵即逝。在这方面我们的革命导师马克思和列宁为我们作出了光辉的榜样。马克思、列宁都有非凡的记忆力，但他们对于阅读过的资料，凡是需要记住的地方，都采用写提要、文摘或摘录的办法记录下来。马克思特别重视为图书撰写提要的工作，他认为这是掌握阅读过的材料所必需的工作过程，从他读过的图书文献中，作出文摘、提要、摘录已经成为习惯，他每读过一本书或一篇论文都要写一个提要，例如，他为了写《资本论》曾经钻研过 1 500 种书，而且每本书都写了提要。列宁在阅读各种图书、论文和札记时都要作出很详细的提要和摘录。一篇结构完整的毕业论文、学位论文，一部学术论著都必须具有引文书目或者参考文献目录。当前，不少学术论著不是缺少参考文献目录，就是著录混乱，书目编制水平不高，这些都是由于缺乏对目录学基本方法的训练，影响了科学论著的质量，应当引起科学工作者的高度重视。

3. 书目利用的知识

科学工作者首要的任务是通过一定的途径和方法，较快地、准确地获取自己所从事的学科或科研课题的全部图书文献。要达到这一要求，科学工作者不仅要熟悉书目文献，掌握目录学的基本方法，而且要善于利用各种书目文献，打开知识宝库的大门，获取有关学科或科研课题的全部文献信息。一个科学工作者用于查阅文献的时间是相当可观的，有人估计约占全部科研时间的 30%。苏联乌克兰科学院对科学博士和副博士每天花在查阅文献的时间作了一个粗略的统计，他们每天查阅文献的时间为 3.76～4.09 小时，其中了解外国文献的时间每天为 1.65 小时左右。如果科学工作者熟悉各种书目文献并善于利用书目文献查阅文献，就可收到事半功倍之效。我国古代学者很重视利用书目，如清代学者金榜曰："不通汉艺文志，不可以读天下书。艺文志者，学问之眉目，著述之门户也。"近代政治家、学者梁启超说："载籍浩博，决非一人之力所能尽藏，所能尽读。浏览诸录，可以周知古今著作之大凡，有解题者，读其解题，虽未睹其原书，亦可知梗概。"陈垣先生认为目录是读书治学的门径，他为了掌握中国历史文献的概况，对《四库全书总目提要》进行了详细的研究，并亲自查对了文津阁的《四库全书》。通过自己科学研究的亲身经历，他把目录比作账簿，打开账本，一目了然。经常翻目录，可以扩大视野，又可充分把握前人成果。冯友兰教授利用《汉书·艺文志》里对哲学书籍的著录，为初学中国哲学史的人介绍史料。他在《中国哲学史史料学初稿》中说："收集资料的工作是通过目录来完成的。具体地说，关于先秦的哲学史料就是通过《汉书·艺文志》中同中国哲学史史料有直接关系的部类是'六艺略'和'诸子略'。这些类目中所著录的图书，是较早的文化遗产，史料价值最高。他又说：《汉书·艺文志》是西汉以前的书籍总目录。如果有一部号称先秦时代的著作，而其名不见于《汉书·艺文志》，这一部著作的来源就很可疑。”冯友兰教授在这里为我们指出三点：第一，科学工作者必须熟悉各种书目文献并且善于利用书目——这一打开人类知识宝库的钥匙，才能获得本门学科的全部图书文献；第二，科学工作者要利用书目文献必须首先了解书目的编制体例，书目选材范围，书目的分类体系，各类目包括的范围等，这样才能迅速准确地查寻图书文献；第三，书目文献不仅仅是一定历史时期图书文献的反映，而且书目本身就是科学研究的成果，科学工作者可以通过书目文献来鉴别和考订图书文献的产生和出版时代、真伪、价值等。

在科学研究过程中，“新哥伦布事件”是屡见不鲜的，原因之一在于科学工作者缺乏基本的目录学知识，掌握和利用书目文献的能力差，因而信息不灵，文献线索不清，查阅图书文献不全，故对于本学科或科研课题的历史、研究现状及今后发展趋向掌握不准，造成人力、物力和时间的巨大浪费，这些教训是应当深刻记住的。

科学工作者要想真正从事科学工作，必须学点目录学，掌握最基本的目录学知识，这不仅是为了节省查阅图书文献的时间和精力，而且是提高科学研究质量的需要，如果不掌握目录学方面的起码知识，就不可能有成效地进行科学研究工作。各高等学校应当普遍地为高年级大学生开设《目录学概论》或《科技文献检索》课程，所有的科学图书馆应当大力宣传和普及目录学基本知识，开展书目指导活动，使图书馆的读者服务工作向深度发展。

（原载《冶图通讯》，1982 年第 2 期）

第 二 编

图书馆学教育

论数字环境下我国图书馆学情报学研究生教育制度的创新

【摘　要】本文探讨了图书馆学、情报学研究生教育制度创新的问题。重点包括：学科建设创新，研究生培养目标的创新，师资队伍的创新，研究生课程体系的创新，研究生培养方法的创新，学位制度的创新等。

【关键词】数字化　图书馆学　情报学　教育　创新

【中图分类号】G259.20　　　　【文献标识码】A

【文章编号】1005—8753（2001）01—0001—06

从1987年武汉大学图书馆学系和南京大学图书馆招收首届“目录学”方向硕士研究生算起，我国正规的图书馆学情报学研究生教育已有20余年的历史。20年来，我国图书馆学、情报学研究生教育取得了巨大的成就。国务院学位委员会正式成立了单独的图书馆、情报与档案管理学科评议组，审核通过了3个图书馆学博士学位授权点，3个情报学博士学位授权点，3个档案学博士学位授权点，13个图书馆学硕士学位授权点，18个情报学硕士学位授权点。截止到1998年年底，我们已培养出图书馆学、情报学硕士1 465名，博士43名①。这些毕业生正在我国图书情报工作实践和研究教育领域发挥重要作用。但是，我们也不得不注意到，以数字化为核心的现代信息技术正使图书馆学、情报学研究生教育面临巨大的挑战。在世界范围内，图书馆学、情报学面临学科重组与学科价值重新定位的问题。世纪之交，图书馆学、情报学教育正处在变革与发展的十字路口上。有人甚

---

① 彭斐章．迈向21世纪的我国图书馆学、情报学研究教育．中国图书馆学报，2000（1）

至对图书馆学情报学教育的前途产生怀疑，对该专业失去信心。一些大学纷纷将图书馆学情报学系改为其他名称，或融入到其他学科。这充分反映了当前图书馆学情报学教育者的矛盾心情。那么，图书馆学情报学教育在21世纪到底如何发展？我们认为，对图书馆学情报学教育持悲观的态度自不足取，重要的是，图书馆学情报学教育制度必须创新。本文就研究生教育创新的目标、方法等问题谈一些个人观点，以抛砖引玉，请批评指正。

1. 首先应改变将图书馆学作为文科建设的传统，将图书馆学、情报学研究生教育定位于管理科学教育。目前图书馆与情报学专业教育层次不合理，研究生教育规模太小。在数字化时代，研究生教育应成为专业教育的重点

图书馆学、情报学到底是一门什么性质的学科，这在理论上并未得到解决。例如，图书馆学的性质一直有社会科学、综合科学、应用科学（又有综合性应用科学、应用文科、应用技术科学之分）、管理科学之说①。由于理论研究不深入，加上我国古代图书馆与目录学的文史传统和教育制度上的缺陷，图书馆学事实上被作为文科对待。1987年国家教委高教一司本着“三个面向”和适当拓宽专业面的指导思想，组织修订并公布了《普通高教社会科学本科专业目录》，设立了“图书情报档案学类”。由于这些行政上人为的原因，造成图书馆学招生以文科为主。同时，在教学方法、教学内容上，偏重于文科方面的设计。一些教师、教育管理人士也持这种观点。由于这些认识，导致图书馆学教育偏重文科，对计算机信息技术教学重视和投入均不够。即使想强化这些方面的教学，也因师资力量的欠缺（大量理科背景的懂计算机的教师流入或分配到情报学科，而文科背景的教师则留在图书馆学科）而力不从心。例如有关数字图书馆的教学只能停

① 吴慰慈．我国图书馆学情报学基础理论研究概述．周文骏，吴慰慈．图书馆学情报学基本理论论文选．书目文献出版社，1992

留在概念、介绍等表象层次。至于数字图书馆实现的关键技术，如信息压缩、图像处理、信息传输等技术则深入不下去。结果学生感到作为未来管理数字化信息的人才，自己反而成了信息技术与专业学科之间的“边缘人”。对本专业失去信心，甚至失去兴趣。我们认为这是一个专业定位的问题。图书馆学情报学教育既不同于社会科学、自然科学等具体学科教育，也不同于计算机等技术教育。图书馆与情报学应定位为一门关于信息资源的组织、存储、检索利用的科学。其核心是信息资源管理。它研究的是科学信息的一般规律。只有有了恰当的专业定位，专业教育才不至于左右摇摆，才有创新的目标。

我国图书馆学教育的基础是本科教育，从 1920 年韦棣华女士创办文华图专算起，已有近 80 年的历史。新中国成立以来，专业教育的重点放在本科层次上。有些人认为，研究生主要是进行高层次的研究工作，人数不宜太多。新时期以来，我国先后建立了近 60 个本科教学点，加上数量庞大的函授教育、自学考试以及广播电视教育，图书情报学本、专科毕业生人数猛增，而研究生教育则总量偏少。仅以 1998 年为例，中国招收的图书馆本科生约占当年本专业招生总数的 87.5%，研究生招生人数仅占 12.5%，而美国同年招生人数中本科生仅占 19.94%，研究生则占 80% 以上。当年美国招收的硕士生是中国的 61 倍。就绝对数量而言，建国以来到 1998 年，我国授予的图书馆学硕士学位人数为 1 450 人左右。这一数字只相当于美国一年授予的硕士学位数量的 1/5。这种教育模式在今天已明显不适应信息时代与知识经济的发展需要。首先，图书情报机构无法补充足够数量的高层次人才，制约中国图书馆情报事业的发展。其次，高校图书情报专业无法及时补充具有博士学位的师资。据调查，我国图书情报师资队伍中具有博士学位的只占队伍总数的 7% 左右。博士生导师队伍中具有博士学位的人数比例则只占 10% 左右。目前的教育体制已不能适应社会信息化的需要。研究生教育制度创新的重点之一，是迅速改变观念，提升学位层次，扩大图书情报研究生招生的数量（特别是硕士研究生数量）。创新的目标是研究生招生人数保持与信息技术同步增长，即研究生招生规模在 2002 年翻一番，在 2004 年达到翻两番。

2. 图书馆学、情报学学科建设创新的目标在于学科整合，应在一级学科口径上培养人才

我国将图书馆学与情报学分开建设，分别培养研究生。在研究生制度建立之初，因为当时具备研究生指导经验的导师人数少，国家学科目录对学科专业划分较细，图书馆业务划分也较细，因而，当时完全符合我国实际。

毫无疑问，图书馆学之名称出现较早，并早已形成不同的学术体系①。而情报学概念诞生较晚，也形成不同的学术体系。我们承认，图书馆学、情报学是两门具有各自研究对象的学科，这一点，也被正确地反映在国务院学位委员会发布的研究生专业目录②中。但是，这两门学科具有许多共性。而且，从情报学在1950年以来形成与发展的历史看，它完全是依托图书馆学、应用计算机等现代技术发展起来的。从其师资、生源、毕业生走向看，二者具有许多交叉的地方。图书馆学、情报学较发达的国家，也几乎一致地将图书馆学、情报学作为一共同的大学科来建设。例如，在美国ALA认可的58所图书馆学、情报学研究生院中，几乎找不到单纯的“图书馆学系”，在学科建设与学位建设上，美国几乎全部用“图书馆与情报学”代替以前的“图书馆学”，LIS已成为本学科的代名词。像匹兹堡大学这样博士生招生人数位于全美第一，综合实力处在前5名的LIS学院，也将传统的情报学系建设为“情报与远程通讯系”，原图书馆学系建设为“图书馆与情报学系”。笔者调查，位于美国LIS学院前10名的大学③，均是图书馆与情报学并称的。二者并称不是图书馆学吃掉情报学，也不是情报学代替了图书馆学。目前国际上进一步的发展趋势是，这些学科逐步汇集为信息学科（information sciences）。其sciences用的是复数，值得深思。如华盛顿大学被认为是美国最早设有图书馆学专业

① 陈传夫．论图书馆与体系的进化．图书馆学研究，1992（6）

② 国务院学位委员会第十五次会议和国家教育委员会审议批准．授予博士、硕士学位和培养研究生的学科、专业目录，1997年颁布

③ 根据U.S.News&World Report 1998年的排名

的高校之一，他们经过几次创新，将于 2001 年建成 Information Sciences 学院。

我们讨论上述问题，并非否认图书馆学、情报学的独立存在，而是主张在学科建设上，二者应当整合。利用二者的师资资源、文献资源、学术资源、设备资源，在宽口径的层次上培养人才。在数字化时代，这一趋势已反映得非常明显。印刷文献将继续存在，但印刷文献、各类信息、媒体在互联网上的融合，已成为当今信息化建设的主导趋势。我们很难区分在网络中（通过同根光缆、电话线或无线传输）的信息到底属于图书馆学的内容还是情报学的内容。事实上，区分它们已毫无意义。但是，在网络信息（包括数字图书馆）传输中，则需广泛应用有关目录分类、索引语言、标引技术、词表技术、文献计量技术、信息包装技术、信息扩散技术、信息组织技术、信息存储技术。这些技术既是图书馆学也是情报学研究的核心内容。我国研究生招生、培养、课程设置等方面几乎均仍在二级学科下进行，这种状况同数字时代的需要是极不一致的。

据了解，国务院学位委员会正在进行一级学科的审核工作。我们认为图书馆学、情报学研究生教育，应抓住机遇，不仅要争取一级学科的授权，而且要切实地进行培养制度上的创新，坚决打破图书馆学与情报学之间人为的障碍，按“图书馆、情报与档案管理”一级学科招生。在研究生导师的遴选、教学方案的设计、授予的学位名称之间坚决打通。研究生只有到了毕业论文阶段才缩小研究范围，进行某一专门课题的研究。

1998 年修订后的《授予博士、硕士学位和培养研究生学科专业目录》使得图书馆学、情报学和档案学在学科门类的归属上适得其所，有利于宽口径培养研究生，使按一级学科进行学位授权审核成为可能。图书馆学、情报学与档案学的产生与发展虽有着不同的前景和历史过程，但都属发展中的学科，随着学科向综合化方向发展，图书馆学、情报学与档案学教育也趋向一体化。这是按一级学科进行学位授权审核的实践基础。只有拓宽研究生培养口径，才能使研究生具有坚实宽广的基础，只有有了宽广的基础，知识平台才能深得下去，才可能具备创新能力。

3. 研究生教育制度创新应将能力的培养作为首要目标

研究生培养的目标应随着社会信息环境的变化而变化。我们面临的信息环境正在发生根本性变化。这种变化的核心就是图书情报工作的环境逐步由模拟空间转向数字空间。数字时代是一个技术创新的时代。研究生教育制度创新的重点应是加强研究生创新能力的培养。江泽民同志多次讲到，创新是一个民族进步的灵魂，是国家兴旺发达的不竭动力。陈至立同志讲，创新能力、实践能力和创业精神是素质教育的重要内容，也是研究生综合素质中重要的素质①。教育部研究生工作办公室主任赵沁平同志也指出，“加强创新能力的培养”是当前研究生培养工作中应注意的问题之一②。目前，对研究生创新能力的培养重视还不够。硕士生基本上仍沿用师带徒的方式进行。由于知识面不宽，很难在重大问题上有所创新。我国图书情报研究生学位论文不少，而真正做出创造性成果的，对国际学术有所贡献的并不多。目前还未有一篇论文入选每年举办的“百篇优秀论文”。

学位条例的实施，博士学位和硕士学位授权点的建立，推动着图书馆学、情报学、档案学的学科建设和学科研究。学位授权点的建立与学科建设有着一种互动效应。一般来说，一个学科是否具有硕士学位、博士学位授予权是衡量该学科水平的重要标志。某一学科争取博士、硕士学位授权过程，实质上是推动该学科点建设的过程。被批准获得博士学位和硕士学位授予权的学科点，按照学位条例的要求，规范培养环节和过程，充实和发展优势学科，使其更好地承担高层次人才培养和科学研究的任务。学科建设的成效主要体现在科学研究的成果和高层次人才的培养上。高水平的学科点才能承担重大的科研课题和培养出高质量的研究生；高水平的科研工作为研究生提供了前沿的研究课题，研究生必须在科学前沿探索和在参加科研课题的科研活动过程中得到培养，增长才干。同时，研究生不仅是导师在科研中的得

① 陈至立．陈至立在全国研究生培养工作会议上的讲话．学位与研究教育，2000（1）

② 赵沁平．大力推进研究生培养工作的改革．学位与研究生教育，2000（1）

力助手，又是一支富有活力的科学研究生力军，他们思想活跃，富于创新意识和开拓精神，在导师的指导下，对学科前沿课题开展科学研究，推动着图书馆学、情报学、档案学的研究向更高的水平发展。

4. 研究生课程体系创新的重点在于适应变化的信息环境与信息需求

研究生课程设置直接关系到研究生培养质量。目前我们的研究生教育还普遍存在因人设课、改课程名称不改课程内容的情况。这种课程模式远远不能适应当前信息技术发展的需要。课程体系创新必须围绕图书馆学与情报学是一门管理学科这样一个主旨进行。创新的目标应是有利于宽口径地培养高级人才，培养研究生创新能力。通过对国内外课程体系的分析，我们认为研究生课程体系应由两部分组成，即专业基础课和研究方向课。

专业基础课教学目标是使研究生“在本门学科上掌握坚实的基础理论和系统的专门知识”(硕士生)①，或“在本门学科掌握坚实宽广的基础理论和系统深入的专门知识”(博士生)②，这是宽口径培养人才的基础。专业基础课的核心是“信息的组织、存储、检索与管理”，围绕这一核心，可考虑将专业基础课设置为两部分。一是核心必修课。必修课主要讲授、研讨图书馆学、情报学、档案学、目录学的基本理论、学科历史、学术流派、发展前景、研究进展、教学方法等内容，应包括图书馆学、情报学的前沿进展评析，图书馆学、情报学研究方法等。这一部分可考虑设置《图书馆与情报学学科研究前沿》、《图书馆与情报学研究方法》等课程。二是相关课程模块。建议设置五个课程模块：(1) 信息组织与检索系统模块。主要讲授研究信息组织的技术，包括标引语言、标引方法、书目控制、索引与文摘、现代检索系统尤其是网络系统的设计、数字图书馆关键技术等重大理论与技术问题，互联网信息组织等；(2) 信息资源与评价模块。主要讲授

---

①②中华人民共和国学位条例 .1980-2-12

社会信息资源建设的理论与方法，各类信息资源研究，信息资源的选择、评价政策以及社会科学、人文科学、自然科学、工程技术等领域的信息源及其选择、评价、政策理论；（3）信息服务模块。主要讲授信息服务研究的理论与方法，包括社会信息需求研究，用户研究，信息保障理论，书目情报服务理论，以及相关专门服务如档案服务、古籍服务等；（4）管理科学模块。主要研究图书情报领域的行政管理、图书情报系统设计管理、数字化图书馆管理工程、图书情报人力资源、项目预算与财务管理等内容；（5）图书情报环境模块。主要研究图书情报领域的法律、经济以及相关政治、文化、伦理等问题。

对上述每一个课程模块，可根据本专业的特色考虑设置若干门课程，允许学生从每个模块中任选一至两门课程。例如信息资源与检索模块下可设置“信息资源导论”、“人文与社会科学信息资源研究”、“科技文献资源研究”、“文献计量学研究”、“医学文献资源研究”、“工程技术文献资源研究”、“法律文献研究”、“数字化信息资源研究”等。

课程设置应充分考虑到信息环境的变化和读者需求的变化。在数字时代，读者由对传统的印刷型载体的信息为主的需求，转向对多元化信息的需求。印刷信息仅能满足读者的部分需求。在新的信息环境中，非印刷型需求的比例在逐步加大。在信息高速公路中，视频信息与非视频信息交融，信息载体的原始个性特征消失。我们必须探索数字化环境下图书情报的服务方式与模式，例如在超文本标记语言环境下，信息系统的设计。

读者对信息的需求，从地理因素看，由国家、地区性的情报需求转向全球信息需求。传统的图书馆与情报服务主要是区域性的服务，例如以本馆收藏为阵地的书目服务，以地区合作为目标的联合目录服务，以揭示与报道一国图书的国家书目服务，等等。用户的信息需求已不再局限于一国或一地区，而转变为对全球信息资源的需求。在数字时代，这些局域性的书目中心通过网络技术实现联网，真正实现了世界书目资源共享。在全球书目资源共享过程中，信息的揭示与报道方式发生了根本的变化，例如，在虚拟图书馆信息报道遵循的主要规则不再是书目条例，而是通讯协议。因此，我们要研究网络环境下信息揭示、传播、利用等新问题，在数字时代，社会性书目情报需求与离散型个体化情报需求两极并存。传统信息资源共享主要依赖图书馆、信息研究所、文献中心等机构，这种服务属于集中服务或中心服务。用户获取信息资源的方式包括借阅、阅览、专题目录、参考咨询，等等。在信息社会，由于技术的推动，读者对作为物理状态的图书馆的依赖程度明显降低。作为分布式数据状态的虚拟图书馆将在满足读者信息需求中发挥巨大作用。用户希望在办公室、家庭甚至移动的交通工具上通过计算机、远程通信技术及时获取信息。21世纪信息交流的主要特征是其开放性，即信息资源的无限制复制。另一方面，点对点的信息交流也成为重要的发展趋势，信息服务的商业化是促成这种趋势的重要原因之一。因此，必须探索新的信息资源共享途径。我们必须研究数字图书情报工作者的新任务、网络环境下读者查询行为等新课题。面对信息海洋，读者无法迅速、准确地获取自己所需的信息，这是信息技术环境提出的挑战。目录学的目的就是向读者全面揭示文献的外部信息，从而使读者获得改变自己知识库的启发信息。

由于数字化信息的普及，读者对原始信息的需求逐步转向对数字化信息的需求。信息基础设施是一种公共平台，将影响每一个社会成员。数字化技术的普及也带来了读者利用信息资源行为的变化。数字化查询具有速度快、远程通讯、人机对话、即时编辑等特点，既方便查寻又便于存储，也有利于信息的再生。数字化情报服务与传统的文献服务有较大区别。例如就检索行为看，提问——比较——查找的检索方式将逐步转向浏览——查询——下载的方式，所以，我们也要研究专题服务、定题服务、咨询服务、辅导服务的新任务以及有关的心理学、行为科学问题。

用户的信息需求变化是推动图书馆学、情报学研究的动力。信息环境的变化将带来一系列技术、文化、心理、法律等方面的新课题，需要图书馆与情报专业工作者去继续探索。这些在我们的研究生课程表中应得到充分的反映。

5. 师资队伍创新的重点是结构的创新

我国图书馆与情报专业师资队伍与国际水平尚存在较大差距。首先，就年龄结构看，教师梯队的结构尚有待优化。从美国情况看，他们大约有601位图书馆学、情报学专职教师。其中年龄在40岁以下的占总数的10.4%，40岁至54岁的占总数的58.2%，55岁至64岁的占25.9%，65岁及65岁以上的占5.5%。我国图书馆学、情报学教师中40岁以下者占总数的37.1%，40岁至54岁的占总数的32.56%，55岁至64岁的占25.58%，65岁及65岁以上的占4.65%。通过比较可以看出，我国与美国LIS教师55岁至64岁的比例几乎相同，分别为25.58%和25.9%，65岁及65岁以上者占总人数的比例分别为4.65%和5.5%，也极相近。但是，在40岁至54岁年龄段，我国教师人数的比例是32.56%，而美国则高达58.2%。文化大革命期间，这一代人大多失去学习机会，因而高学历人才奇缺。这也从一个侧面反映中国LIS教师梯队的缺陷。中年教师是构建合理年龄结构师资队伍的战略重点之一，加强中青年学术梯队建设，尤其是加强中青年骨干教师的培养，填补中年教师岗位的空缺，具有重要的战略意义。

教师持有学位情况也是衡量师资队伍素质的一个重要指标。1997～1998年度美国LIS教师中具有博士学位者高达87.7%以上①。中国大学教师持有的学位目前仍以学士和硕士为主，取得博士学位的仅占教师总数的1%左右，其余全部为硕士或学士文凭。

同美国相比，中国大学图书情报专职教师人数要比美国多。据初步估计，我国图书馆学、情报学共有40个左右的本科教学点②，学生与教师人数之比为7.381；中国图书馆学、情报学40岁以下教师取得高级职称的人数比美国多；中国教师队伍中40岁至55岁之间年龄段的教师人数明显低于美国。

由于中国LIS教育的主要师资来源是本国的研究生，研究生人数少，高校无法及时补充具有博士学位的师资。美国LIS教师中持有博士学位的教师人数为中国的43倍。就教师持有博士学位占教师总数的比例看，美国是中国的80倍以上。因此，及时补充具有博士学位

① ALISE Statiscal Report/Faculty，ed.By Timothy W Sineath，ALISE，1998，in Http：//www. ils. Unc. edu/ALISE/1998/faculty/.

② 吴慰慈．我国图书馆学情报学研究概述．周文骏，吴慰慈．图书馆学情报学基本理论论文选．书目文献出版社，1992

的师资是当前师资队伍创新的当务之急。

在现代信息环境下，图书馆的性质与功能也在发生变化。在国家信息化基础结构中，图书馆是其组成部分。信息技术对图书馆的挑战主要因缘于此。信息基础设施的进一步完善，图书馆曾经承担的许多任务被其他信息系统所取代。公众可以在任何地方以有线或无线方式获取信息。而商业化的信息服务又不断地与图书馆争夺用户，造成图书馆用户数量减少，加上商业化信息公司的高薪延揽，信息技术人才走俏，报考图书馆与情报学的考生下降，专业面临生源危机。在这种情况下，有些学校的图书馆与情报学开始改名，有些改得成功，有些改得不成功。教学内容未改，或四处拼凑，条件跟不上，本专业没有学，其他专业又没有学好，学生不知自己是什么专业的。这正是我们今天面临的问题，也反映了处在数字时代挑战中的图书馆与情报学教育管理人员复杂的矛盾心情。其实，从图书馆学专业到情报学专业，这种知识结构的缺陷早已存在。只不过在今天更加突出而已。信息高速公路是一个由硬件（计算机等）、网络供应人（ISP）、内容提供人（ICP）和终端用户组成的信息链。在这个信息链上，硬件就业市场被制造人占领；ISP 的市场被计算机领域的专家占领，如微软的操作系统；只有 ICP 才可能是图书馆与情报学毕业生的主要就业领域。这个领域涉及数据的采集、包装与推广。ICP 需要非常宽广的学科专门知识，例如从事化学文献数据库的包装与生产必然需要相应的化学知识。美国非常重视教师的跨学科背景，而中国师资队伍中图书馆学、情报学毕业生占绝对多数，很少有其他学科毕业生充实到教师队伍中来。

作为一门应用性很强的综合性学科，图书馆与信息中心收藏与提供服务的信息资源涉及人类知识的各个领域。图书馆与情报工作也必须利用计算机、通信、自动化技术从事知识信息的组织，需要利用有关心理学、行为科学、认知科学等知识开展读者服务工作。图书馆学、情报学专业毕业生有些到公共图书馆工作，而更多的则是到医学、农业、生物、法学等专门信息中心工作，毕业生必须具备相对广泛的各学科知识。这一客观事实，对图书馆师资提出了挑战，图书馆学教师也必须具备相应的某些较专门的知识。欧美图书馆学情报学学院比较重视师资队伍背景的多元化。例如 1998 年美国 58 所图书馆学情报学学院招聘的31名助理教授（assistant professors）中，获得图书馆学情报学博士学位的为17人，占新聘职位中的54.8%；而非图书馆学情报学博士学位者为14人，比例高达45.2%，其学科包括计算机科学、教育学、工业技术、哲学等。1998年美国整个LIS教师队伍中非图书馆学情报学专业博士人数为183人，占当年教师总数（601人）的30.4%。LIS教师获得非图书馆学情报学专业的博士学位的学科包括政治、教育、法律、天文、计算机、历史、档案、传播、教育、文学等。有30%的图书馆与情报学学院院长不是图书馆与情报学专业毕业生。我们应鼓励具有其他学科背景的教师到我们的专业来任教。

6. 研究生培养方式的创新，重点是培养过程的创新

我国研究生入学之后即选定导师，这种培养方式有其优点，即研究生可早日进入专业领域，在导师的指导下从事研究工作，这对于培养某一专门领域的人才是非常有意义的。但是，这种方式不能适应数字时代图书情报与信息事业发展需要。在数字时代，图书情报工作之间的业务界限逐渐消除，在交互式网络中，甚至信息的生产者与用户之间的界限也十分模糊，合格的优秀信息管理人员必然要求具有较宽的知识面。在信息管理系统中几乎不再按图书分类、编目、目录、索引、藏书、检索等工作划分设置专门职位，这些工作可以由同一系统自动处理完成。由于专业划分过细，方向太窄，我国有些工科专业在这方面有着深刻的教训。研究生文凭派不上用场。从本科生到研究生在国内读了七年，结果到了国外才发现学的东西只是别人本科专业中很少的一部分。由于专业面太窄，共同的基础知识准备不足，创新受到很大限制，图书馆学情报学研究生教育中也同样存在这些问题。为了解决这一问题，笔者建议采取指导小组方式来培养研究生，即研究生培养以一个导师为主，本专业的若干副教授以上人员组成指导小组，小组成员中至少有一位是不同的研究方向的导师。所谓宽口径培养，提高创新能力，我们认为就是要鼓励研究生在导师的指导下，在更宽广视野下选择研究的课题，尤其是交叉学科的选题和前人没有做过的选题。

根据我国的实际情况，研究生的主要生源仍然是应届毕业生。应届生因没有中断学习，外语、专业课成绩一般都比较优秀。因此，录取的比例要大一些。应届本科生几乎没有实际工作经验，对图书馆、信息研究业务了解不多，参与社会实践的机会少。图书馆学情报学又是一门实践性非常强的学科。在国际上，图书情报研究生计划一般设在职业学院（professional school)，这种情况在美国的大学尤为普遍。

我国图书馆学、情报学学位制度的确立是经过无数先驱长期努力的结果，直到20世纪80年代才建立起来，博士学位制度建立得更晚。在系统制度建立之初，由于人才的缺乏，高校需补充大量的师资，因此，大多数硕士研究生被定位于“研究”与“教学”的培养目标上。事实上，今天正活跃在我国图书情报教育领域的许多知名学者（如曹之、乔好勤、倪晓建、李国新等教授）都是当时的优秀硕士毕业生。培养以研究、教学为主的人才，在当时不仅符合实际需要，而且具有历史性贡献。但是，到了今天，高校师资队伍结构发生了变化，在一些重点大学，师资队伍的补充主要以博士为主，这样，硕士毕业生任教的可能性在逐渐减少。另一种情形是，在政府、商业、法律、政治、文化等实际部门则大量需要硕士层次的高级人才。图书馆与情报学硕士研究生教育专业化已成为时代的呼声。目前，在欧美图书馆与情报学普遍授予的是“图书馆与情报服务硕士”或“图书馆与情报学硕士”。美国许多大学采用专业学位制度，对毕业论文要求并不那样严格，但严格强调宽广扎实的专业基础，学习年限比我们短。对博士研究生则强调其研究能力、教学能力；博士研究生论文要求严格，学习年限比我们要长。

鼓励研究生教学与实践相结合。图书馆与情报学的实践性非常强，这门学科不断随着信息技术的变化而变化。但是，我们目前对研究生实践教学抓得不严，有些甚至省略这一环节。我们认为实践教学绝不是可有可无的一种形式，而是教学过程中必不可少的步骤，其中硕士研究生在图书馆实习的时间应达到六个月至一年的时间。实践教学有利于了解专业业务，寻找到符合实际需要的研究课题。

数字时代图书馆学教育的变革与创新

【摘　要】本文全面回顾了新中国图书馆学教育50年的历程，论述了改革开放20年来图书馆学教育取得的令人瞩目的成就。同时，就新世纪数字环境下的图书馆学教育发展问题，提出了几点看法。文章强调，按图书馆、情报与档案管理一级学科宽口径培养图书馆学人才，尤其是要加强一级学科口径下的图书馆学专业硕士学位的建设。

【关键词】图书馆学教育　变革　创新

【中图分类号】G250　　【文献标识码】A

1. 新中国图书馆学教育的发展历程

我国现代高等图书馆学教育从1920年3月武昌文华大学图书科创办起，迄今已有80年的历史。新中国成立初期，原私立武昌文华图书馆学专科学校于1951年8月由文化部接管，委托中南军政委员会教育部领导，1953年随院系调整并入武汉大学成立图书馆学专修科，后逐步发展成为新中国图书馆学教育的重要基地。1949年8月北京大学将原附属于文学院中文系的图书馆学专修科，开始招收高中毕业生，后逐步发展成为新中国图书馆学教育的又一个重要基地。1951年西南师范学院设立了图书馆学博物馆学专修科，遗憾的是到1954年停办了。因此，在新中国成立初期，坚持办学的仍然是武汉大学和北京大学两个图书馆学专修科。

1956年，北京大学、武汉大学分别将图书馆学专修科改为四年制本科，并正式建立图书馆学系。在教育部、文化部的领导下，两系为适应从图书馆学科升为本科制订了新的教学方案，并确定了新的培养目标。文化部和教育部选派了一批干部赴苏联莫斯科图书馆学院学习或攻读博士学位。1958 年，文化部文化学院开设图书馆学研究班，中国科技大学科技情报学系设立图书馆学专修科，河北文化艺术干部学校和东北师范大学分别开办了图书馆学专修科。这些系科办学时间非常短暂，有的停办，有的合并。

1958 年的“大跃进”给图书馆学教育带来了消极影响。1961 年以后，我国进入调整巩固时期，编写了质量较高的教材。1966 年开始的“文化大革命”，使图书馆学教育遭到了严重的冲击和破坏。全国仅有的北京大学和武汉大学图书馆学系停止招生，相继停课，专业教育处于停顿状态。1972 年，北京大学、武汉大学图书馆学系在停顿 6 年之后恢复招生。结束了“文化大革命”十年动乱之后，图书馆学教育进入了新的发展阶段，主要表现在以下几方面：

（1）专业办学点增多，多层次、多类型、多形式的办学体系初步形成。

1978 年恢复高校统一招生后，图书馆学情报学办学点迅速增加。目前，设置图书馆学情报学系科，专业的普通高校已达 55 所。1978 年，中央作出了恢复研究生教育的决定，同年，武汉大学图书馆学系和南京大学图书馆率先招收了首届“目录学研究”方向硕士研究生；随后，武大、北大、华东师大等相继招收硕士生。1981 年 1 月 1 日，正式实施《中华人民共和国学位条例》，同年 11 月 3 日，北京大学和武汉大学首批获得国务院学位委员会批准，建立图书馆学专业硕士学位授权点；经过国务院学位委员会七次学位授权审核，我国现有北京大学、武汉大学、中国科学院文献情报中心等三个单位设立了图书馆学专业博士学位授权点；同时，在武汉大学、南京大学（与中国科学院文献情报中心联合）、北京大学（与中国科学技术信息研究所、中国国防科技信息中心联合）三个单位设立了情报学专业博士学位授权点；此外，还先后建立了 13 个图书馆学专业硕士学位授权点，18 个情报学专业硕士学位授权点。据统计，截至 1998 年底，依靠我们自己的力量培养了图书馆学情报学硕士生 1 465 名，博士生 43 名，他们已经或正在成长为各个部门的业务骨干力量，其中有的已成为所在学科的学术带头人。目前，我国图书馆学教育已经初步形成了由博士学位、硕士学位、学士学位教育及专科教育与成人继续教育组成的比较完整、多层次、多类型的教育体系。

(2) 图书馆学在专业教育体系中的地位基本确立。

80年代至90年代中期，图书馆学在《授予博士、硕士学位和培养研究生学科专业目录》中授予学位学科门类的归属一直是不确定的。1997年公布的《授予博士、硕士学位和培养研究生学科专业目录》新增加了"管理学"门类，"图书馆、情报与档案管理"作为一级学科，图书馆学、情报学、档案学是三个并列的二级学科，应该说学科门类的归属已经确立，是适得其所。一般来说，研究生培养是按一级学科打基础，按二级学科培养提高，按三级学科确定研究生的主攻方向。因此，新的研究生学科专业目录有利于拓宽专业培养口径，也有利于按一级学科进行学位授权审核。图书馆学和情报学在国家社会科学基金资助项目课题指南中均单独立类，从而确立了图书馆学、情报学在哲学社会科学研究领域的独立学科地位。

(3) 紧密结合教学开展科学研究，积极进行教材建设，保证了教学内容的深化和教学质量的提高。

教学与科研相辅相成。紧密结合教学开展科学研究，可以深化教学内容，这主要表现在教材建设上。1978年以前，公开出版的图书馆学教材只有几种。1978年，教育部在武汉召开全国高等学校文科教学工作座谈会，此后，图书情报专业列入高等学校文科教材规划(1978～1983)的有8种，列入高等学校文科教材编选计划(1985～1990)的有60余种。此外，还有中国科学院文献情报中心和各高等院校自编的教材和教学资料。这些教材和教学资料的特点是：第一，教材学科齐全并形成了系列，如图书馆学系列、情报学系列、文献学系列、图书情报自动化系列等。第二，教材层次分明，教材品种配套。按照教育层次，编写了专科、本科和研究生用的教材，同时，还出版了电大、自学考试用的系列教材；许多课程编出了教科书、教学指导书、教学参考书及教学大纲等配套品种。第三，教材形式多样。既有教育部的选编教材，也有声像教材，可以说形式多样。总之，教材数量增加，质量也在不断提高，如《图书馆学基础》、《目录学概论》、《中文工具书使用法》、《科技文献检索》等被评为1988年国家教委优秀教材。

(4) 调整培养目标，建立和完善层次分明的图书馆学教育体系。

多层次办学是从我国实际出发，发展高等教育的一条重要方针。

新中国成立以来，特别是1978年以来，图书馆学专业教学计划进行了多次修订。按照1998年教育部颁布的《普通高等学校本科专业目录及专业介绍》，图书馆学本科生教育的培养目标为："本专业培养具备系统的图书馆学基础理论知识，有熟练地运用现代化技术手段收集、整理和开发利用文献信息的能力，能在图书情报机构和各类企事业单位的信息部门从事信息服务及管理工作的应用型、复合型图书馆学高级专门人才。"按照《授予博士、硕士学位和培养研究生的学科专业简介》的规定，图书馆学硕士学位获得者应当德智体全面发展并具有坚实、宽广的图书馆学基础知识，较系统深入的专门知识和较强的综合素质与能力，熟练掌握一门外国语和计算机应用知识，全面了解所从事的研究领域的现状和发展趋势，能独立进行科学研究，能胜任大中型文献情报机构的中、高管理工作。博士学位获得者应当德智体全面发展，并具有坚实而宽广的图书馆学基础理论知识，系统深入的专门知识和优秀的综合素质与能力，对所从事的研究领域的历史、现状及前沿有全面深入的了解，熟练掌握一门外国语并能用第二外语阅读专业文献，能独立从事创新性的科学研究，能胜任高等学校教学的研究工作或大型文献信息机构的高层次管理工作。我们认为，专业目录的修订不可能一劳永逸，每修订一次必然向前跨进一步。今后，随着科学技术的进步，社会、经济的发展和人们认识的深化，学科专业目录会逐步调整得更加完善。但是，各个层次的培养目标都会有一个核心。总之，新中国成立以来，图书馆学教育从单一的教学体系发展到比较完整的、多层次、多类型的教育体系，教学内容经历了由不完善到逐步完善，从不丰富到比较丰富的改革发展过程。回顾50年来的发展，图书馆学教育取得了令人瞩目的成就。面向21世纪的数字时代，图书馆学教育中有许多问题值得进一步思考。

2. 面向21世纪数字时代图书馆学教育创新的思考

（1）按一级学科宽口径培养图书馆学人才，加强图书馆学专业硕士学位的建设

经过21年的艰苦努力，我国图书馆学、情报学、档案学的学位与研究生教育取得了可喜的成绩。为我国图书馆学、情报学教育、科

研和图书情报机构输送了一批急需的高层次专门人才。我们自己培养的博士和硕士正在成长为各部门的业务骨干，受到用人单位普遍好评和重用，其中有些已经成为学术带头人，为图书馆学、情报学、档案学硕士和博士生培养立足国内奠定了良好的基础。

学位条例的实施，博士学位和硕士学位授权点的建立，推动着图书馆学、情报学、档案学的学科建设和科学研究。学位授权点的建立与学科建设有着一种互动效应。一般来说，一个学科是否具有硕士学位、博士学位授予权是衡量该学科水平的重要标志。某一学科争取博士、硕士学位授予权过程，实质上是推动该学科点建设的过程。被批准获得博士学位和硕士学位授予权的学科点，按照学位条例的要求，规范培养环节和过程管理，充实和发展优势学科，使其更好地承担高层次人才培养和科学研究的任务。学科建设的成效主要体现在科学研究的成果和高层次人才的培养上。高水平的学科点才能承担更大的科研课题和培养出高质量的研究生，高水平的科研工作为研究生提供了前沿的研究课题，研究生必须在科学前沿探索和在参加科研课题的科研活动过程中得到培养，增长才干。同时，研究生不仅是导师在科研中的得力助手，同时又是一支富有活力的科学研究生力军，他们思想活跃，富于创新意识和开拓精神，在导师的指导下，对学科前沿课题开展科学研究，推动着图书馆学、情报学、档案学的研究向更高的水平发展。

1998年新的研究生专业学科目录中在管理学门类下设立“图书馆、情报与档案管理”一级学科。修订后的《授予博士，硕士学位和培养研究生学科专业目录》使得图书馆学、情报学和档案学在学科门类的归属上适得其所，有利于宽口径培养研究生，使按一级学科进行学位授权审核成为可能。我们知道，图书馆、情报与档案管理是现代管理科学的重要组成部分。图书馆学、情报学、档案学是研究文献信息资料的构成、采集、组织、传递、开发与利用规律的科学，是以现代社会信息化为背景，从国家信息化建设的实际需要和用户（读者）信息需求变化的实际出发，研究现代网络环境下图书馆、情报与档案管理的新模式和新的技术手段。图书馆学、情报学与档案学的产生与发展虽有着不同的前景和历史过程，但都属发展中的学科，它经历着深刻的变革，随着学科向综合化方向的发展趋势，图书馆学、情报学与档案学教育也趋向一体化。这为按一级学科进行学位授权审核奠定了良好的基础。只有拓宽研究生培养口径，才能使研究生具有坚实宽广的基础，只有有了宽广的基础知识平台才能深得下去，才会有很强的后劲，才能适应社会信息化和知识经济发展的需要，培养研究生的创新能力。

硕士学位在我国学位体系中是一级独立学位，我们认为图书馆学硕士学位应当按照应用型的专业硕士学位要求，强调其实践取向，紧密结合图书情报机构的现实需求，按宽口径培养硕士生，增强其适应能力，使图书馆学硕士学位具有面向实践单位的业务导向作用。图书馆学博士学位授权时间比较晚，按照博士学位的要求，属于学术型学位。因此，对图书馆学博士生教育的核心要求是创新，要将创新意识贯穿到博士生培养的每一个环节。

（2）转变教育观念，积极培养创新型复合人才

随着科学技术的飞速发展，高科技对经济的影响越来越大，知识更新的速度越来越快，信息传播手段越来越先进。为了适应新的形势，迎接新的挑战，必须深化图书馆学教育改革。图书馆学教育改革必须以社会对人才的需求和图书馆学教育的客观规律为依据。在图书馆学教育改革中，要以教育思想和教育观念的转变为先导。1996 年 3 月，江泽民主席在接见四所交通大学负责人时，就明确提出了教育的两个转变：一是教育要全面适应现代化建设对各类人才培养的需要，二是要全面提高教育质量与效益。质量是图书馆学教育的生命线。我们要把一个布局结构合理、高质量和高效益的图书馆学教育带入 21 世纪，必须坚定不移地将工作重心转移到优化结构，提高质量，走内涵发展的道路上来，这是时代发展的需要，也是图书馆学教育发展的必然规律。目前，图书馆学办学点的数量增长趋于稳定，但专业办学点的布局不尽合理，同一地区同一层次的办学点过分集中，专科和中专层次越来越少；有的办学点办学条件较差，师资水平不高，学历层次较低，盲目追求上学位点。一个学科是否具有硕士学位、博士学位授予权，是衡量该学科水平的重要标志。但是，研究生培养条件，特别是高质量学位课程的开设和高水平导师队伍的建设，需要长期积累。图书馆学已经有 3 个博士学位授权点和 13 个硕士学位授权点，布局基本合理。因此，图书馆学教育当前不应当追求外延和规模的扩

大，也不应当把注意力放在争取上博士点和硕士点上，而应当将教育思路从根本上转到注意学科建设，重视提高质量和办学效益，走内涵发展的轨道上来。要教育学生树立全面的质量观，强调德智体全面发展，将教书育人贯穿到教学的全过程。提高教学质量的核心是培养学生的创新能力，江泽民主席指出："创新是一个民族进步的灵魂，是国家兴旺发达的不竭动力。"培养学生的创新能力，首先要处理好继承与创新的关系，只有在继承的基础上，才能有所创新。其次，要营造一个有利于培养学生创新能力的学术环境，如开设学科前沿专题讲座，聘请国内外知名专家学者讲学，发扬教学民主，唤起学生的主体意识，加强学术交流，活跃学生的学术思想等。

（3）加强学科建设，促进学术水平与教育质量的同步提高

学科建设是图书馆学教育水平和层次的集中体现。只有以高水平的学科建设为基础、为支撑，图书馆学教育才能提高质量，上水平、上档次，跻身于世界一流的图书馆学教育行列，学科建设的成效主要体现在科学研究的成果和高层次人才的培养上。学位点建设是图书馆学学科建设水平的最重要标志，其本身既是学科建设的产物，又是推动学科发展的主要动力。通过学位授权点的建设，既可以培养出高水平的人才，又可以出高水平的成果。高水平的学位点能承担重大的科研课题，高水平的科研工作能为研究生提供前沿研究课题，研究生正是在科学前沿探索和在参加科研课题的活动中得到培养，增长才干的。因此，学位授权点的建立与学科建设有着互动的效应。

（4）建设一支高水平的教师队伍，是提高图书馆学教育质量的根本保证

在教学中，学生通过与教师的频繁接触，通过各种形式的教学活动获得系统的知识，培养创新意识，掌握思维方法，养成高尚的品德。因此，教师的学术水平和素质直接关系到学生的培养质量。一般来说，导师水平高，对指导工作尽心尽力，其指导的博士生、硕士生的质量就要好一些。导师为人师表，应当是教人先教己，严己后严人，以身作则，身体力行。导师是研究生学术生涯的引路人，其治学态度，科研道德及为人的品德都对研究生产生潜移默化的影响。俄罗斯著名教育家乌申斯基说过："教育者的人格是教育事业的一切。"研究生应在"严字当头"氛围中接受导师的教育和引导。"严"首先要

求导师严于律己，严谨治学；其次是对研究生严格要求。导师要在“指导”二字上下功夫，“指”是指点迷津，避免走弯路，误入歧途；“导”是循循善诱，因势利导，鼓励研究生勇于创新，勇于开拓。因此，建设一支高水平高素质的导师队伍，是培养高质量研究生的根本保证。

参考文献

1. 倪波，郑建明．图书馆学信息学教育发展与成就，中国图书馆年鉴（1996），北京：北京图书馆出版社，1997

2. 董小英，我国图书馆学情报学教育的转型及其问题．中国图书馆学报，1996（1）

3. 彭斐章，谢灼华．评建国四十年来的图书馆学教育．武汉大学学报（社会科学版），1989（3）

4. 国务院学位委员会办公室．中国授予博士、硕士学位和培养研究生的学科、专业总览，北京：高等教育出版社，1996

（原载《图书馆建设》，2001年第1期）

文华图专和中国图书馆学教育的发展

一、文华图专的产生与发展历程

文华图专是武昌文华图书馆学专科学校的简称，人们都习惯这样称呼，是因为这个名字在国内外享有相当高的知名度。文华图专的前身是美籍学者韦棣华（Mary Elizabeth Wood）和沈祖荣、胡庆生等共同创办的文华大学文华图书科。1920 年 3 月诞生的我国第一个图书馆学教育机构——文华图书科，首开在我国通过学校教育系统培养图书馆学专门人才的先河，标志着我国高等图书馆学教育的正式兴起。

文华图书科依照纽约公共图书馆学校之制度，最初是从文华大学二年级以上的学生中招收兼修图书馆学课程的学生，本科毕业除授予文学学士学位外另发给图书馆学专科证书。

文华图书科的兴办是与韦棣华、沈祖荣和胡庆生的名字分不开的，他们为中国图书馆学教育的产生和发展立下了不朽的功勋。韦棣华和沈祖荣在创办文华图书科时，就希望将文华图书科办成独立的图书馆学校。因此，他们在进一步完善文华公书林，使之充分发挥其公共图书馆功能的同时，也使之成为文华图书科的办学依托和教学实习基地。他们还倾注全力促使文华图书科向正规化和制度化迈进。

1927 年 7 月，武汉政变，华中大学（原文华大学）大部分教职员离校，学校决定停办。值此非常时刻，韦棣华和沈祖荣以非凡的胆识，带领全体师生战胜了种种困难，经受了时代的考验，继续坚持办学。与此同时，他们积极谋求使文华图书科成为独立的专门学校的立案活动。1929 年 8 月，经教育部批准立案，文华图书科正式更名为私立武昌文华图书馆学专科学校，成为中国第一所独立的高等图书馆学专门学校。

随着图书馆数量的逐渐增多，图书馆管理混乱，迫切需要图书馆专门人才进行科学管理，以推进图书馆事业的发展，因此，兴办图书馆学教育成了当务之急。学校图书馆学教育与业余图书馆学教育构成当时我国培养图书馆学专门人才的两条重要途径。除了私立武昌文华图书馆学专科学校以外，这一时期出现了兴办各类图书馆员短期培训的热潮。如 1928 年上海印书馆开办了暑期图书馆讲习班；1930 年安徽省立图书馆主办图书馆专班；1930 至 1935 年期间，江苏省立教育学院社会教育暑期学校举办教育服务人员暑期进修讲习会；湖北省教育厅举办暑期图书馆学科讲习会；河北省教育厅、山东省立民众教育馆都举办了图书馆讲习会。湖北省教育厅举办的中小学教员讲习会和全省民众教育馆讲习会均设立了图书馆学课程。对这一时期出现的图书馆学教育的繁荣景象，沈祖荣曾作过最好的描述："一、提倡图书馆教育者之踊跃也；二、征求图书馆人才者之孔多也；三、造就图书馆人才之热心也；四、人民受图书馆教育较前略深也；五、捐资办图书馆者之热度甚高也；六、捐书籍于图书馆者之时有所闻也；七、因潮流所趋，有似默助于图书馆教育者。"①

从 1920 年文华图书科成立到 1950 年，经历了 30 个春秋，作为我国图书馆学教育事业的创始人之一、并长期担任文华图书馆学专科学校校长职务的沈祖荣，领导广大师生经历了由创办、独立到发展的一条曲折而坎坷的道路，倾注了全部精力，战胜了无数艰难险阻，取得了辉煌成就。文华图专在我国图书馆学教育事业发展中始终发挥着中流砥柱的作用，并为此而享誉海内外。

1951 年 8 月，中央文化部正式接管私立武昌文华图书馆学专科学校，并委托中南行政委员会教育部代管，任命王自申（当时任华中大学副校长）为校长，甘莲笙（中原大学图书馆馆长）和沈祖荣为副校长，坐落在武昌崇福山街 1 号的私立武昌文华图书馆学专科学校，正式定名为武昌文华图书馆学专科学校，参加了当年实施的中华人民共和国成立后的首届全国高等学校统一招生考试。我有幸参加了首届统考，并且被录取到武昌文华图书馆学专科学校，成为改制后进入文

---

① 沈祖荣．民国十一年之图书馆教育．新教育，1923，6（2）

华图专的首届学生，同时也是文华图专的最后一届毕业生，于1953年7月毕业并留校任教。由于全国高等学校进行院系大调整，1953年9月1日，文华图专并入武汉大学成为图书馆学专修科，文华图专的全部设备和人员离开了崇福山街来到了珞珈山。由于武汉大学是一所综合性大学，具有悠久的历史，优良的学术环境，多学科的优势和雄厚的师资队伍，这些都为图书馆学教育的发展提供了良好的条件。

二、文华图专的办学特色

1. 在办学模式上，注重学生的相关知识背景。为了适应社会发展和满足图书馆界对人才的要求，文华图书科创办之初，模仿美国纽约公共图书馆学校的办学模式：从文华大学二年级以上的学生中招收兼修图书馆学课程的学生；从大二至大四期间修习图书馆学课程；毕业时除授予文学学士学位以外，另外发给图书馆学专科毕业证书。文华图专建立以后，重新拟定了招生制度，专收大学二年级肄业以上的学生，也有的是大学毕业以后入学的，入学后再接受两年专门图书馆学训练。这样毕业的学生，除了具备图书馆学专业知识以外，还具备其他学科知识背景，适应了图书馆工作的需要。

2. 在课程设置上，注重中西图书馆学的结合。韦棣华女士和沈祖荣无论是在创办文华公书林、推进我国图书馆事业时，抑或是在创办文华图书科，发展我国图书馆学教育事业时，他们的指导思想非常明确，不能照搬西方，必须坚持走中西结合的道路。正如沈祖荣所云："海外留学，所费不赀，远涉重洋，谈何容易？纵令虚往实归，而橘枳变异，势所必然。所学之件，在外国虽称合法，在中国不能完全采用。由是言之，欲推广图书馆之事业，务须在中国组织培养人才的机关，使学生将来学业有成，可以充图书馆之应用。"① 文华图专是仿照美国纽约公共图书馆学校的模式办学，但是，在课程设置上，注重中西融合。开设的课程有：中国目录学；中文参考书举要；西文参考书举要；中文书籍选读；西文书籍选读；中文书籍编目学；西文书籍编目学；中文书籍分类法；西文书籍分类法；中国图书馆史略；

① 沈祖荣．民国十年之图书馆．新教育，1992，5（4）

西洋图书馆史略；图书馆行政学；图书馆经济学；各种图书馆之研究；图书馆建筑学；西方打字法等。沈祖荣是韦棣华派遣去美国纽约公共图书馆学校攻读图书馆学的第一人，学成回国后，大力倡导、宣传新图书馆运动，介绍欧美图书馆事业，引进先进的图书馆学术思想，促进人们藏书楼思想的转变和新图书馆观念的形成，他实为西洋图书馆学流入中国的发端者。沈祖荣认为，要促进我国图书馆事业的发展，关键在于培养大批图书馆学专门人才，因而必须在中国设立图书馆学教育机构，依靠自己的力量培养我们自己的图书馆员。实行中西图书馆学的融合，成为文华图专教学的一大特色。

3. 在教学实习上，注重培养学生的实际操作能力。沈祖荣认为“图书馆学为实用科学”，①故在教学中特别注重实际操作训练。当时的文华公书林与文华图书科关系极为密切，文华公书林不仅是文华大学图书馆，同时又是面向大众的公共图书馆，而且还是文华图书科的办学依托和教学实习基地。文华图书科就设在文华公书林内，包括课堂、实习室、图书馆学研究室及办公室等。由于文华图书科是仿照美国的办学模式，受M. 杜威等人倡导的实用图书馆学的影响，教学方法注重实习。文华图专独立以后，专门设立了实验图书馆，学生轮流参加管理，可以得到实际锻炼。学生实习，可以集中安排，也可分散安排。1929年秋，校长沈祖荣建议组织编目股，将文华公书林旧有的中国书籍40余箱，进行分类整理，编目股的计划拟定、预算、采办材料、用具添置、分配工作任务等均由学生自主办理。学生每周工作4小时，每人轮流当一次股长，增加学生实践机会，培养其管理与组织才能，真正体现学贵切用的原则。因此，重视对学生进行图书馆工作的专门训练，形成了文华图专办学的又一特色。

4. 在培养学生素质方面，重视扩大学生的知识面。沈祖荣认为，图书馆人才的培养不仅在于课堂专业知识的传授，而且更重要的在于事业精神的培养，在于实践技能的培养，在于研究能力的培养，在于知识面的拓宽。只有这样，才能培养出真正适应和满足中国图书馆事业建设需要的图书馆学全才和通才。为了扩大学生的知识面，增长其见闻，活跃学术风气，于1929年成立了“私立武昌文华图书馆学专

---

① 沈祖荣．我对于文华图书科季刊的几种希望．文华图书科季刊，1929，1（1）

科学校群育讨论会”。群育讨论会除利用课外休闲时间研讨图书馆学以外，还讨论与图书馆学相关之其他学科问题，借以联络校内师生间同学彼此间以及与校外人士之感情，每两周举行一次演讲和讨论。演讲者为：(1) 专科以上学校之教授、讲师；(2) 中外之著名学者及专家；(3) 在文化教育机关团体中任重要职务者；(4) 新近由外洋留学归来者。曾应邀前来演讲者及演讲主题略举例如后：周鲠生（武汉大学教授）：国际联盟及研究书目；时召瀛（武汉大学教授）：中国外交关系书目；燕树棠（武汉大学教授）：法学及法学之分类；闻一多（武汉大学文学院院长）：唐代的文学；曾定夫（医师）：公共卫生及书目；陈祖源（武汉大学教授）：中国史籍节略；黄秋圃（华中大学院长）：教育意义；蔡尚思（华中大学教授）：中国哲学之直接研究及客观批评；查啸仙（武汉大学理学院院长）：我国科学之过去与未来；桂质廷（华中大学理学院院长）：近代物理学研究的什么；韩德霖（文华图专法文教授）：圣诞节的意义；严文郁（校友）：德国图书馆事业之现势；严士佳（华中大学教务长）：中国职业问题；吴其昌（武汉大学教授）：十世纪来中国私家藏书之沿革及其所培造的学风；谈锡恩（湖北省图书馆馆长）：宇宙间人生之意义与价值；徐行可（藏书家）：四库提要类目；胡毅（华中大学教授）：从心理学的立场上来讨论图书馆阅览办法；刘乃诚（武汉大学教授）：科学管理与图书馆管理等。① 群育讨论会是在学校领导下由学生具体组织的，校长沈祖荣亲自出面聘请专家演讲。这些演讲人大多是来自武汉大学、华中大学的知名教授，也有的是文化教育机构的领导。演讲的内容涉及面很广，大大地开拓了学生的视野，丰富了学生的知识，增进了学生与校外学术界的接触。

5. 重视对学生外语能力的培养，成为文华图专的传统。对学生除开设英文之外，还开设了德文、法文和日文。日文为选修课程，其余均为必修课。聘请了多名外籍教员和留学归国教员讲授外语。教师们结合图书馆采购、分类编目等课程编有专书，有点像现在的专业外语。因此，文华图专学生的外语水平是比较高的，毕业后出国攻读图

① 程焕文．中国图书馆学教育之父——沈祖荣评传．台北：学生书局，1997：pp. 73～74

书馆学或就职外国图书馆者不乏其人，影响深远。

文华图专在办学过程中形成的这些特色，使得其可以培养出高质量的学生，而他们中的许多人成为当时中国图书馆界的中坚力量和著名的图书馆学家。上述特色，有的仍值得今天借鉴。

文华图专的33年，走过了一条由文华图书科的创办，到私立武昌文华图书馆学专科学校的独立，到抗日战争时期的西迁和以后的返回武昌继续办学，最后到武昌文华图书馆学专科学校的确定——这样一条兴起、发展、繁荣的坎坷道路，其间历尽了艰辛、困苦和挫折。但是，它所开创的中国图书馆学教育事业一直未出现过历史中断，始终如汹涌的波涛滚滚向前，这是为什么呢？就是因为我们拥有一批对中国图书馆事业有着深刻信仰、忠诚于图书馆事业的图书馆学人，是他们不畏艰难险阻，充满克服困难的信心，百折不挠、前仆后继地推动着图书馆学教育事业向前发展，这就是70年前我们的图书馆学前辈们所概括的“图书馆精神”。

韦棣华女士和沈祖荣先生就是“图书馆精神”的代表人物。“图书馆精神”的核心是对图书馆事业的坚定信仰，只有树立了坚定的图书馆事业信仰，才能信心百倍地战胜前进中的各种艰难险阻，因此，坚定的图书馆事业信仰是“图书馆精神”的支柱。忠诚图书馆事业是“图书馆精神”的基础，是坚定图书馆事业信仰的集中表现。沈祖荣先生提出“任事忠诚”，他认为“忠诚含得有牺牲，忠诚含得有奋斗，忠诚含得有毅力，忠诚含得有勤劳，忠诚含得能忍耐，忠诚为万事成功之母。”① 忠诚图书馆事业应当成为图书馆人的行为准则。服务精神是“图书馆精神”的出发点和归宿。早在1930年私立武昌文华图书馆学专科学校独立时，沈祖荣先生就提出将“研究图书馆学，服务社会”定为私立武昌文华图书馆学专科学校的宗旨。他就是按照这一宗旨来培养学生的。他认为，“办理图书馆的人，有一件首先要觉得的，就是以立立人。那个意思，就是我们素来的造就、熏陶、锻炼、培植所求的学问，所得的学位，不是为自己做招牌，乃是要为社会服务，为群众谋利益”。② 沈祖荣先生特别重视对未来图书馆人伟大的

---

① 沈祖荣．国难与图书馆．文华图书馆学专科学校季刊，1932，4（2）

② 沈祖荣．国难与图书馆．文华图书馆学专科学校季刊，1932，4（2）

服务社会精神之培养。他说："文华图书科同学，今日在受图书馆之教育与训练，异日将必服务图书馆界。执事所须热烈情感、服务精神两要素，不可不于今日养成之。"①

坚定的图书馆事业信仰、忠诚于图书馆事业、图书馆事业必须服务社会的精神构成了"图书馆精神"，这是以韦棣华、沈祖荣为代表的中国图书馆人长期积淀起来的优秀传统，是中国图书馆事业建设和发展永恒的动力，是我国图书馆界最宝贵的财富，"图书馆精神"应当在我国图书馆界得到继承和进一步的发扬。

三、图书馆学教育的发展

1953 年 9 月 1 日，随着全国高等学校院系大调整，武昌文华图书馆学专科学校的师生和设备一并告别了武昌崇福山街 1 号，迁到了美丽的珞珈山校园，成立了武汉大学图书馆学专修科。

由于武汉大学是一所教育部直属的综合性重点大学，设备先进，师资力量雄厚，具有多学科优势，无疑这些都为武昌文华图书馆学专科学校未来的发展提供了良好的历史契机。1956 年图书馆学专修科改为图书馆学系，学制改为四年制，成为我国图书馆学教育的重要基地之一。

伴随着改革开放的春风，我国图书馆学教育也迎来了一个新的发展阶段。1977 年恢复高等院校统一招生，图书馆学办学点增多了。1978 年中央作出了恢复研究生教育的决定，武汉大学图书馆学系作为首批在全国恢复研究生招生的单位，招收了首届"目录学"方向的硕士研究生。1981 年 11 月 3 日，武汉大学首批获得国务院学位委员会批准，建立了图书馆学专业硕士学位授权点。

中国情报学教育始于 1958 年，中国科学技术情报研究所创办情报大学，1959 年并入中国科学技术大学，1963 年停办了。为了适应国家对科技情报人才的迫切需求，武汉大学图书馆学系从 1975 年开始筹办科技情报专业，先是抽调图书馆学专业教师为基础，又从全国科技情报机构以及从我校相关专业网罗人才，并开展调查研究，进行

① 沈祖荣．我对于文华图书科季刊的几种希望．文华图书科季刊，1929，1（1）

教材编写，终于在1978年招收了第一届科技情报专业本科生。1983年国家科委和武汉大学联合创办了科技情报人员培训中心。1984年科技情报专业获得国务院学位委员会批准，建立了科技情报专业硕士学位授权点。

1983年，新华书店系统为贯彻中共中央、国务院《关于加强出版工作的决定》，需要大力提高图书发行人员的素质。同时，由于出版事业的繁荣，出版图书品种的增多，使得书店的经营亟待科学化管理，加上计算机技术广泛运用到书店业务活动中，书店迫切需要培养一大批“懂业务，会管理”的图书发行专门人才。出版界的老前辈、新华书店总店原经理王益同志和当时的总经理汪轶千同志等呼吁，希望在中国高等院校内设置培养图书发行人员的专业。当我们得知这一信息时，正赶上当时图书馆学系领导班子中黄宗忠和孙冰炎同志应美国西蒙斯大学图书馆学研究生院的邀请，赴美访问讲学了。为了不坐失良机，付敬生同志在当时武汉大学校领导的大力支持下，一个月内3次赴北京，与新华书店总店和教育部商谈，最后得到教育部的批准，在武汉大学图书馆学系建立了中国第一个图书发行专业，并于1983年开始向全国招生。迄今图书发行管理专业为全国出版发行系统培养了1 000余名毕业生，他们大多成为各级书店的业务骨干，有的还参加了各级出版发行部门的领导班子，担任了经理、副经理等领导职务。这个专业从开办到发展，始终得到出版发行机构领导和同志们的大力支持，出版发行专业的同志们也竭尽全力培养人才，与出版发行机构互相配合，加强合作，开创了高校与企业联合办学的范例。该专业目前具有相当办学规模，从招生来源和毕业生分配来看，是具有强大生命力的专业。特别值得指出的是，原新华书店总经理、武大图书发行管理专业兼职教授汪轶千同志对武大图书发行专业的创办和发展倾注了大量心血，最近为了支持图书发行专业的教学，特将自己从50年代在苏联留学时积累起来的有关图书发行方面的专业图书221册捐赠给武大图书发行专业，供师生们参考，充分表达了图书发行界的老前辈关心图书出版发行教育事业的一片深情。

大家都知道，档案专业是在文华图专最早建立的。早在1940年10月，当时的教育部长陈立夫正式签发批准私立武昌文华图书馆学专科学校设立档案管理科。1940年春季开始招生，招收高中毕业或大学肄业的学生入学，学制为两年。它开创了我国正规档案学专门教育的先河。1949年档案管理科停办，但是，“档案管理”课程在图书馆学专业一直开设到1953年。为了使图书馆学能够与相近的专业配套，有利于图书馆学、情报学、档案学教育趋向一体化，学校于1984年在图书馆学专业基础上，抽调人力，正式恢复了档案学专业。

这些年来，我们抓住了一切有利时机，适时地在原有单一的图书馆学基础上拓宽了专业面，拥有了图书馆学、情报学、档案学、出版发行管理学等配套学科专业，为淡化专业界限、按一级学科培养人才奠定了良好的基础。

1984年经教育部批准，在图书馆学系的基础上成立武汉大学图书情报学院。这是师生们期望已久的事。早在70年代末，考虑到图书馆学系的未来发展，参照了英美和前苏联的经验，系领导班子经多次讨论，决定由付敬生同志执笔，以黄宗忠、付敬生、孙冰炎、曾四喜和彭斐章联合名义给当时教育部高教司司长刘道玉同志写了一封信，阐明了成立单独的图书馆学院的必要性和现实可行性，得到了刘道玉同志的热情支持。

武汉大学图书情报学院设有图书馆学系、情报科学系、图书发行管理系，图书馆学情报学研究所和科技情报培训中心，下面分设图书馆学、情报学、档案学、出版发行管理学四个专业，形成了本科生、硕士研究生、博士研究生、函授本专科生等多层次、多类型的专业教学体系。学院拥有一栋5 000平方米的七层教学大楼，内设专业藏书丰富的资料室，有一个集计算机应用、文献保护、声像技术、缩微技术于一体的规模较大的实验中心，可以按专业教学的内涵，结合网络信息技术应用组织实验教学。

目前，我院拥有图书馆学、情报学博士学位授权点，有图书馆学、情报学、档案学三个硕士学位授权点，并准备按照“图书馆、情报与档案管理”一级学科组织研究生的招生和培养，为合理组织教学资源、拓宽研究生培养口径、提高研究生培养质量提供了良好的条件。最近教育部又批准在我院设立国家文科重点基地“武汉信息资源研究中心”。学院还紧密结合教学开展科学研究，积极进行教材建设，图书情报教材系列已经基本形成，层次比较分明，品种基本配套，保证了教学内容的深化和教学质量的提高。

1990 年 9 月台湾图书馆学界第一次组织的大陆旅游团一行 14 人，访问了北京、天津、武汉、上海、杭州等地，开始了海峡两岸隔绝 40 年后的图书馆界第一次大规模的接触。访问团成员中的一位名叫沈宝环，他是台湾大学图书馆学系教授，我国图书馆学教育创始人之一的沈祖荣先生的儿子。他说自己这次来大陆最主要的目的，就是要亲自目睹文华图专的发展现状。他参观了图书情报学院，观看了反映我院教学和科研现状的录相，对他父亲创办的具有 30 多年历史并且享誉海内外的文华图专发展的现状十分满意，感到确实不虚此行。沈宝环教授还专门拉着我在“从文华图专到武汉大学图书情报学院七十周年展览”旁边合影留念。

值此新千年来临之际，我们以兴奋的心情迎来了中国图书馆学教育及武昌文华图书馆学专科学校建立 80 周年纪念日，我们本着前事不忘，后事之师的精神，总结了文华图专的办学特色，回顾了文华图专逐渐积累沉淀起来的“图书馆精神”，这些都是我们从事图书馆实际工作和图书馆学教学与研究的人们应当永远继承和发扬的。

从文华图专到武汉大学图书馆学系，再到武汉大学图书情报学院，图书馆学教育从创始到今天，已经整整走过了 80 个春秋。虽然在发展进程中遭遇到各种坎坷、挫折、艰难困苦，但是，图书馆学教育仍取得了令人瞩目的成就。我深信，图书馆学教育既有着辉煌的过去，也必将有一个光辉灿烂的未来。

（原载马费成等编：《世代相传的智慧与服务精神》，北京图书馆出版社，2001）

迈向21世纪的我国图书馆学情报学研究生教育

在即将跨入21世纪之际，我国图书馆学情报学界怎样把一个高水平、高质量的学位和高层次人才培养制度带入21世纪，为新的世纪培养更多的高质量、高素质的高层次人才，是时代赋予我们的光荣而艰巨的使命，是我国现代化建设发展的需要。

一、我国图书馆学情报学研究生教育的现状

近代研究生教育产生于19世纪的欧洲，到二次世界大战以后，世界上工业发达国家纷纷建立学位授予和研究生教育制度，美国自60年代以来研究生人数超过了本科生。我国研究生教育发展历史比较短，图书馆学教育虽然已有80年的历史，但真正的图书馆学、情报学研究生教育始于1978年。

结束“文化大革命”的十年动乱之后，迎来了我国科学的春天。1978年中央迅速作出了恢复研究生教育的决定，开始在部分有培养条件的高等学校和科研机构招收了“文化大革命”后的首届研究生。武汉大学图书馆学系和南京大学图书馆于1978年率先招收了“目录学研究方向”的硕士研究生。1981年1月1日正式实施的《中华人民共和国学位条例》和同年5月国务院批准的《中华人民共和国学位条例暂行实施办法》，明确规定了学士、硕士、博士三级学位的学术标准。从此，我国学位制度正式建立起来了，研究生教育进入了新的阶段。

1981年11月3日北京大学和武汉大学首批获得国务院学位委员会批准，建立了图书馆学专业硕士学位授权点。经过21年的艰苦努力，我国图书馆学情报学的学位与研究生教育取得了可喜的成绩。经

过7次学位授权审核，我国现有北京大学、武汉大学、中国科学院文献情报中心等3个单位设立了图书馆学专业博士学位授权点，在武汉大学、南京大学（与中国科学院文献情报中心联合）和北京大学（与中国科学技术信息研究所、中国国防科技信息中心联合）3个单位设立了情报学专业博士学位授权点。与此同时，还先后建立了13个图书馆学专业硕士学位授权点，18个情报学专业硕士学位授权点（见表1)。研究生教育制度的建立与发展，改变了我国图书馆学情报学教育的结构，初步形成了一个比较完备的、多层次的、结构和布局基本合理的图书馆学情报学教育体系。据统计，截至1998年底，依靠我们自己的力量培养了图书馆学情报学硕士1 465名，博士43名，为我国图书馆学、情报学教育、科研和图书情报机构输送了大批高层次专门人才。我们自己培养的博士和硕士正在成长为各部门的业务骨干，受到用人单位的普遍好评和重用，其中有些已经成为学术带头人，为图书馆学情报学硕士和博士生培养立足国内奠定了良好的基础。

全国图书馆学、情报学授予
博士硕士学位单位及批准时间一览表

表1

学位授予单位名称	图书馆学		情报学		备注
	博士点	硕士点	博士点	硕士点	
武汉大学图书情报学院	1993.12	1981.11	1990.11	1984.11	
北京大学信息管理系	1990.11	1981.11	1998.6	1986.7	情报学博士点与中国科技信息研究所、中国国防科工委情报所联合申报
中国科学院技术科学部（文献情报中心）	1993.12	1986.7		1986.7	
南京大学信息管理系		1986.7	1996.4	1993.12	情报学博士点与中国科学院技术科学部（文献情报中心）联合申报

续表

学位授予单位名称	图书馆学		情报学		备注
	博士点	硕士点	博士点	硕士点	
中国科学技术信息研究所				1984.11	
中国国防科技信息中心				1986.7	
华东师范大学信息学系		1984.1			
南开大学信息资源管理系		1986.7			
吉林工业大学情报工程系				1986.7	
空军政治学院信息管理系		1986.7			
中国中医研究院				1986.7	
中山大学信息管理系		1990.11			
中国协和医科大学医学信息研究所				1990.11	
中国航空航天研究所（628研究所）				1990.11	

续表

学位授予单位名称	图书馆学		情报学		备注
	博士点	硕士点	博士点	硕士点	
中国农业科学院情报研究所				1990.11	
南京理工大学情报工程系				1993.12	
北京师范大学信息技术与管理学系				1993.12	
东北师范大学信息管理系		1996.4			
湖南医科大学医学信息系				1996.4	
上海交通大学情报研究所				1996.4	
郑州大学信息管理系		1998.6			
湘潭大学信息管理系		1998.6			
四川大学信息管理系		1998.6			
山西大学信息管理系		1998.6			

续表

学位授予单位名称	图书馆学		情报学		备注
	博士点	硕士点	博士点	硕士点	
黑龙江大学 信息管理系				1998.6	
西安电子科技大学 科技情报系				1998.6	
天津师范大学信息 产业学系				1998.6	

资料来源：①国务院学位委员会办公室《中国学位授予单位名册》(1994)，高等教育出版社，1995

②据学科评议组会议统计

学位条例的实施，博士学位和硕士学位授权点的建立，推动了图书馆学、情报学的学科建设和科学研究。学位授权点的建立与学科建设有着一种互动效应。一般来说，一个学科点是否具有硕士学位、博士学位授予权是衡量该学科水平的重要标志。某一学科争取博士、硕士学位授予权的过程，实质上是推动该学科点建设的过程。被批准获得博士学位和硕士学位授予权的学科点，按照学位条例的要求，规范培养环节和过程管理，充实和发展优势学科，使其更好地承担高层次人才培养和科学研究的任务。学科建设的成效主要体现在科学研究的成果和高层次人才的培养上。高水平的学科点才能承担重大的科研课题和培养出高质量的研究生，高水平的科研工作为研究生提供了前沿的研究课题，研究生必须在科学前沿探索和在参加科研课题的科研活动过程中得到培养，增长才干。同时，研究生不仅是导师在科研中的得力助手，同时又是一支富有活力的科学研究生力军，他们思想活跃，富于创新意识和开拓精神，在导师的指导下，对学科前沿课题开展科学研究，推动着图书馆学情报学的研究向更高的水平发展。

研究生教育是我国图书馆学情报学教育的最高层次，是图书馆学情报学专业教育师资的重要来源。我国已有50多所高等院校设立了图书馆学、情报学专业，其中绝大多数成立于70年代末和80年代初，成立历史短，发展比较快，建设基础差别比较大，师资队伍的数量与质量都比较弱，学历层次不高，教师队伍中具有硕士、博士学位的比例更少。研究生教育的发展，一方面，将一批博士、硕士学位获得者充实到教师队伍中，大大改善了师资队伍的学历结构、年龄结构和知识结构，有利于学术梯队的建设；另一方面，研究生教育也是青年教师在职进修和攻读高一级学位的重要途径，有利于提高现有教师的学历层次和师资质量。研究生教育对提高图书馆学情报学的学科地位，促进图书馆学情报学学科建设发挥着重要的作用。

总之，自从图书馆学情报学硕士、博士学位制度建立以来，学位研究生教育有了很大发展，取得了可喜的成绩。但是，面对新世纪，面对新形势的发展，图书馆学情报学研究生教育无论在数量还是质量方面都远远不能满足需要。从近年来高等学校毕业的图书馆学情报学研究生就业情况来看，是处于供不应求的状况，而且缺口还比较大。研究生教育是未来社会高层次人才的重要渠道，需要一大批硕士和博士补充到图书情报机构中来。我国图书馆学情报学博士生教育起步较晚，博士学位授权点直到90年代才建立。目前专业教师队伍学历层次不高，迫切需要具有博士学位的高级专门人才充实图书馆学情报学教师队伍。另外，目前研究生生源状况还不够理想，研究生管理还不够规范，研究生教育质量监督保证尚不尽人意，研究生教育激励机制还不够完备。在研究生培养上，受到传授知识为核心的知识型教育思想影响，轻视创造能力的培养，过分强调专业对口，忽视人文综合素质的培养，只重视数量指标，追求外延和规模的扩大，忽视质量和效益的讲求和内涵发展为主的原则等。这说明重数量轻质量效益的观念，重知识传授轻创造能力培养的观念需要进一步转变。

二、努力培养图书馆学情报学高层次创造性人才，迎接21世纪的挑战

21世纪将是科学技术和生产力高速发展的时代，也是充满激烈竞争和挑战的时代。为迎接21世纪的挑战，我们必须培养大批基础扎实、知识渊博、素质优良、富有献身精神和创新能力的高质量的图

书馆学情报学高级专门人才。

1. 调整结构，优化培养方案

《授予博士、硕士学位和培养研究生的学科专业目录》是授予学位和培养研究生的重要依据，也是优化研究生培养方案和提高研究生质量的重要基础，直接关系到研究生的招生、培养、学位授予、学位授权审核、质量评估以及学科建设等方面的工作。《授予博士、硕士学位和培养研究生的学科专业目录》在保证研究生教育和学位授予质量、规范研究生教育过程以及对研究生教育进行规划和宏观调控起着十分重要的奠基作用。我们图书馆学情报学研究生教育要想充分发挥自身在社会主义现代化建设和推动时代前进中应有的重要作用，应当抓住机遇，不断深化图书馆学情报学研究生教育改革。

新的《授予博士、硕士学位和培养研究生的学科专业目录》对1990年公布的研究生学科专业目录按照“科学、规范、拓宽”的原则进行了修订。原来研究生学科专业目录中，共设11个学科，72个一级学科，654种二级学科。新的研究生学科专业目录中增加了管理学门类，变成了12个学科门类。对一级学科的设置坚持按学科体系设置的原则，调整了一些范围过大或按部门或行业设置的学科，增设了一些社会急需又具有发展前景的学科，一级学科由原来的72个变成了88个。对二级学科则按照合理拓宽的原则进行了大幅度的归并与调整，新的二级学科由原来的654种调整为381种。新的研究生学科专业目录体现了继承性、科学性和规范性。

学科门类和一级学科是研究生学科专业目录的骨架，应当保持相对的稳定。回顾过去，1981年以来图书馆学划归为文学门类的中国语言文学类，情报学属于工学门类的管理工程类，档案学划归史学门类。1990年公布的研究生学科专业目录中，将图书馆学与情报学划归理学门类，设置系统科学、图书馆学、情报学一级学科，二级学科为系统科学、图书馆学、情报学。新的研究生学科专业目录中在管理学门类下设立“图书馆、情报与档案管理”一级学科，下面设图书馆学、情报学、档案学三个二级学科。修订后的《授予博士、硕士学位和培养研究生学科专业目录》使得图书馆学、情报学和档案学在学科门类的归属上是适得其所，一级学科和二级学科的设置比较规范合理，有利于按较宽的口径来培养研究生，同时也有利于按一级学科进行学位授权审核。我们知道，图书馆、情报与档案管理是现代管理科学的重要组成部分。图书馆学、情报学、档案学是研究文献信息资源的构成、采集、组织、传递、开发与利用规律的科学，是以现代社会信息化为背景，从国家信息化建设的实际需要和用户（读者）信息需求变化的实际出发，研究现代网络环境下图书馆、情报与档案管理的新模式和新的技术手段。图书馆学、情报学与档案学的产生与发展虽有着不同的前景和历史过程，但都属发展中的学科，它经历了深刻的变革，随着学科向综合化方向的发展趋势，图书馆学、情报学与档案学教育也趋向一体化，这为按一级学科进行学位授权审核奠定了良好的基础。

新的《授予博士、硕士学位和培养研究生的学科专业目录》有利于我们按较宽的口径培养研究生。新的专业目录克服了二级学科划分偏窄的弊端，普遍拓宽了二级学科的口径。按较宽的口径培养研究生，是现代化建设对各类人才培养的需要，也是多年来研究生教育实践的经验。只有拓宽研究生培养口径，才能使研究生具有坚实宽广的基础，只有有了宽广的基础，才便于向专精方向深入，才会有很强的后劲，才能顺利地适应科学技术的发展和工作领域的转换。拓宽研究生的培养口径的目的是为了培养研究生的创造能力。一般来说，按一级学科打基础，按二级学科培养提高，按三级学科确定研究生的主攻方向，博士生的学位论文应当在学科前沿选择合适的课题。

在图书馆学、情报学研究生教育改革和发展中应当分层次培养。从我国图书馆学情报学界的现实来看，博士学位授权点建立较晚，全国现有图书馆学情报学博士点 6 个，博士生的培养应当坚持以学术型为主。硕士学位是中国学位体系中的一级独立学位。由于图书馆学与情报学都是应用性和实践性很强的学科，硕士生培养应当转向应用型和复合型人才的培养模式，设置图书馆学、情报学专业硕士学位势在必行。实施图书馆学、情报学专业硕士学位，可以进一步改变学位与研究生教育规格、类型单一的状况，实现培养目标多样化。应用型专业硕士学位培养目标明确，强调按宽口径进行培养，增强硕士生的适应能力。专业硕士学位在课程设置、教学要求和学位论文选题方面紧密结合图书情报机构的现实需求，具有明显的实践取向，使图书馆学、情报学专业硕士学位教育具有面向实践单位的从业导向作用，丰富了学位的类型。

2. 切实提高研究生培养质量

质量是学位与研究生教育的生命线。我们要把一个结构布局更加合理、具有更高质量和效益的图书馆学情报学研究生教育带入21世纪，必须坚定不移地将工作重心转移到优化结构、提高质量和效益为核心的内涵发展道路上来，这是时代发展的要求，也是研究生教育改革和发展的必然要求。研究生教育要牢固树立起质量第一的观念，提高研究生培养质量的核心是培养创新能力。江泽民同志指出："创新是一个民族进步的灵魂，是国家兴旺发达的不竭动力。"创新能力是靠后天培养的，创新是对博士生教育的核心要求。为了加强和突出创新，要努力为博士生营造浓厚的学术环境，要将创新意识贯穿到培养研究生的每一个环节。研究生，特别是博士生主要是从事科学研究，直接参与知识创新活动，注意拓宽研究生的知识面，其目的是为了培养研究生的创造力，培养研究生发现问题、分析问题和解决问题的能力。博士生要求按照学位条例，在掌握坚实宽广的基础理论和系统深入的专门知识的基础上做出创造性的成果，在广博与专精统一的基础上达到提高博士生培养质量的要求。因此，我们要将研究生创新能力的培养作为提高研究生培养质量的核心内容。

要提高研究生培养质量，必须树立全面的质量意识，坚持提高研究生业务素质与加强思想修养的统一，努力培养德才兼备的高质量人才，要大力提倡实事求是、严谨治学的学风和崇尚真理的献身精神，科学应当是以真诚的态度追求真理，以脚踏实地的功夫创造真品的艰巨劳动，要教育研究生热爱科学、尊重科学，为科学事业献身，要教育研究生在开拓进取、勇于创新超越的进程中，努力实现自身的价值并与祖国"科教兴国"的伟大事业结合起来，以增强自己的历史使命感和社会责任感。具有创造性的高层次人才应当具有善于合作的团队精神和组织协调能力。

建设一支高水平的导师队伍是提高研究生培养质量的前提。导师的水平直接影响研究生（特别是博士生）创新能力的培养。高水平的导师能够高瞻远瞩，站在本学科领域的前沿，洞察和掌握学科发展的新进展，预测学科的发展趋势，善于抓住机遇，确定主攻方向。导师一般具有创造性思维方法和创新性工作经验，有较丰富的科研基本功素养，治学严谨，为人师表，敬业爱岗，对教育事业有着执着的追求，乐于奉献，对研究生严格要求，用身教重于言教去影响研究生。所谓名师出高徒，这话有一定的道理。导师不仅要有高的学术水平，高尚的道德情操，还要具有指导研究生的方式方法，导师首先要在“指导”二字上下功夫，指是指点迷津，指导研究生选择课题，明确主攻方向，主攻目标，避免走弯路，走入歧途，即是把关定向；导就是循循善诱，因势利导，鼓励研究生大胆探索，勇于创新。研究生是以导师为楷模潜移默化地接受导师的教育和引导，这就要求导师严于律己，以身作则，要在学术思想、学术水平、学术能力、治学态度、学术品德、敬业爱岗、严格要求等多方面为人师表，成为研究生学习的楷模。导师队伍建设对提高研究生培养质量影响极大。

总之，怎样把图书馆学情报学研究生教育的重心切实转移到提高研究生培养质量上来？首先必须明确提高研究生培养质量的核心是培养研究生的创新意识和创新能力。其次要认清 21 世纪图书馆学情报学研究生教育将处在一个充满机遇、充满竞争、充满挑战的环境，要有适应能力和竞争能力，要有时代感，要抓住执行新的授予博士、硕士学位和培养研究生的学科专业目录的契机，进一步调整学科结构，拓宽培养口径，优化培养方案，要分层次培养研究生，硕士生培养应转向应用型和复合型人才培养模式，建立图书馆学情报学专业硕士学位。要重视学科建设，要有一支结构合理高水平高素质的导师队伍，要努力营造一个优良的学术氛围。只有牢牢抓住提高研究生培养质量这一中心，不断深化研究生教育和教学改革，才能把一个结构更加合理、质量和效益更高的图书馆学情报学研究生教育带入 21 世纪。

参考文献

1. 李岚清．在国务院学位委员会第十六次会议上的讲话．学位与研究生教育，1998（5）

2. 张文修．建设适应跨世纪发展的研究生教育．学位与研究生教育，1998（5）

3. 谢桂华．中国学位与研究生教育制度的发展与特色．学位与

研究生教育，1998（3）

4. 厉以宁．努力培养高素质的创新人才．学位与研究生教育，1999（3）

5. 彭斐章．面向新世纪的图书馆学研究生教育．图书情报知识，1996（2）

（原载《中国图书馆学报》，2000 年第 1 期）

新中国图书馆学教育的回眸与思考

我国现代高等图书馆学教育从1920年3月武昌文华大学图书科创办起，迄今已有80年的历史。新中国成立之前，图书馆学教育落后。中华人民共和国成立后，特别是改革开放以来，图书馆学教育迅速发展。

一、新中国图书馆学教育的发展历程

新中国成立初期，我国高等图书馆学教育单位主要有：原私立武昌文华图书馆学专科学校于1951年8月由文化部接管，委托中南军政委员会教育部领导，成为武昌文华图书馆学专科学校，1953年随院系调整并入武汉大学成立图书馆学专修科，后逐步发展成为新中国图书馆学教育的重要基地；1949年8月北京大学将原附属于文学院中文系的图书馆学专修科独立出来，成立北京大学图书馆学专修科，开始招收高中毕业生，后逐步发展成为新中国图书馆学教育的又一个重要基地。这两个专修科由于扩大了招生规模，补充了新的师资队伍，调整了教学内容，扩大了文化科学知识范围，改革了教学方法，在一定程度上提高了教学质量。1951年西南师范学院设立了图书馆学博物馆学专修科，遗憾的是到1954年停办了。因此，在新中国成立初期，坚持办学的仍然是武汉大学和北京大学两个图书馆学专修科。

1956年，党中央发出“向科学进军”的伟大号召，极大地推动了图书馆为科学研究服务活动的开展，图书馆事业得到社会的重视。当年，文化部在北京召开了全国图书馆工作会议，明确提出“保证图书馆事业发展的最主要问题是干部问题”，对办好图书馆学教育和提高图书馆工作者的业务素质提出了更高的要求。1956年，北京大学、武汉大学分别将图书馆学专修科改为四年制本科，并正式建立图书馆学系。在教育部、文化部的领导下，两系为适应从图书馆学专科升为本科制订了新的教学方案，并确定了培养目标：培养具有社会主义觉悟，拥护社会主义革命和建设，有扎实的图书馆学专业知识和文化知识，能从事各系统大中型图书馆工作和图书馆学教学与研究的人才。执行新的教学计划后，教学质量有所提高。

这一时期，文化部和教育部把图书馆学教育列入议事日程，选派了一批干部赴前苏联莫斯科图书馆学院学习或攻读博士学位。1958年，文化部文化学院开设图书馆学研究班，中国科技大学科技情报学系设立图书馆学专修科，河北文化艺术干部学校和东北师范大学分别开办了图书馆学专修科。这些系科办学时间非常短暂，有的停办，有的合并。

1958年的"大跃进"给图书馆学教育带来了消极影响。当时采用革命大批判、打擂台、群众编教材、青年占领课堂等措施，打破了教学体系，按照图书馆类型设立课程，强调在干中学，以具体任务代替教学内容，其结果是严重挫伤了教师的积极性，破坏了教学秩序，削弱了基本理论、基本知识与基本技能的教学，破坏了教材的系统性和完整性，违背了教育规律与教学原则，影响了教学质量。

1961年以后，我国进入调整巩固时期，在党中央"调整、巩固、充实、提高"的方针指引下，图书馆学、教育事业在认真贯彻"高教六十条"的过程中，取得了显著成绩。主要表现为：明确了学生以学为主，理论联系实际，加强了基本理论、基本知识、基本技能的教学，密切与社会实践的联系。统一编写教材，由于没有列入高等学校文科统一编写教材规划，由北大、武大和文化学院三单位的教师集体编写了《图书馆学引论》、《图书馆藏书与目录》、《目录学》、《读者工作》和《中国图书馆事业史》等教材，这些教材虽未正式出版，但认真贯彻了文科教材编写会议精神，强调加强"三基"，成为新中国成立后质量较高的教材。在这段时间里，由于贯彻了"百花齐放，百家争鸣"的双百方针，紧密结合教学，开展了有关图书馆学基础、目录学基本理论问题的大讨论，活跃了学术空气，充实了教学内容，教学质量有了较大提高，图书馆学教育开始走上正常化。

1966年开始的“文化大革命”，使图书馆学教育遭到了严重的冲击和破坏。全国仅有的北京大学和武汉大学图书馆学系停止招生，相继停课；专业教师下放到工厂、农村、部队进行“斗批改”，教师队伍受到摧残；教学设备严重被破坏，图书馆资料大量散失，图书馆学专业教育处于停顿状态。1972年，北京大学、武汉大学图书馆学系在停顿6年之后恢复招生，在十分困难的条件下办学。当时，北京大学要采取“馆办专业”的体制，武汉大学则采取“系办馆”的体制。由于极左思潮的严重干扰，在办学中，不适当地缩短学制，招生起点悬殊过大，采取以大批判开路，以战斗任务组织教学及以干代学等一系列违背教育规律的做法，导致图书馆学教育严重滑坡。

结束了“文化大革命”的十年动乱之后，迎来了我国科学的春天。图书馆学教育进入了新的发展阶段，呈现出蓬勃发展的景象。主要表现在以下几方面：

1. 专业办学点增多，多层次、多类型、多形式的办学体系初步形成。1978年恢复高校统一招生后，图书馆学情报学办学点迅速增加。目前，设置图书馆学情报学系科、专业的普通高校已达55所。1978年，中央作出了恢复研究生教育的决定。同年，武汉大学图书馆学系和南京大学图书馆率先招收了首届“目录学”研究方向硕士研究生；随后，武汉大学、北京大学、华东师范大学等相继招收硕士生。1981年1月1日，正式实施《中华人民共和国学位条例》；同年11月3日，北京大学和武汉大学首批获得国务院学位委员会批准，建立图书馆学专业硕士学位授权点。经过国务院学位委员会七次学位授权审核，我国现有北京大学、武汉大学、中国科学院文献情报中心等三个单位设立了图书馆学专业博士学位授权点；同时，在武汉大学、南京大学（与中国科学院文献情报中心联合）、北京大学（与中国科学技术信息研究所、中国国防科技信息中心联合）三个单位设立了情报学专业博士学位授权点；此外，还先后建立了13个图书馆学专业硕士学位授权点、18个情报学专业硕士学位授权点。据统计，截至1998年底，依靠我们自己的力量培养了图书馆学情报学硕士生1 465名，博士生43名，他们已经或正在成长为各个部门的业务骨干力量，其中有的已成为所在学科的学术带头人。总之，学位条例的贯彻实施，研究生教育制度的不断完善，大大改变了我国高等图书馆学情报学教育的层次结构，为立足国内培养图书馆学情报学高层次人才奠定了良好的基础。图书馆学专业教育的形式是多样的，除了全日制正规教育外，为适应图书情报单位在职人员业务素质提高和调整知识结构的需要，在坚持图书馆学函授教育的同时，还采用广播、电视等多媒体进行远距离教学，开办高等图书馆学自学考试，举办专业证书班、各种专业短训班、研讨班、进修班等。自 80 年代以来，武汉大学、北京大学开始接收国内外访问学者进修，例如武汉大学从 1988 年起就接收了加拿大、日本、韩国的访问学者进修。目前，我国图书馆学教育已经初步形成了由博士学位、硕士学位、学士学位教育及专科教育与成人继续教育组成的比较完整、多层次、多类型的教育体系。

2. 图书馆学在专业教育体系中的地位基本确立。80 年代至 90 年代中期，图书馆学在《授予博士、硕士学位和培养研究生学科专业目录》中授予学位学科门类的归属一直是不确定的，最早是属于文学门类，后来又归属于理学门类，作为“系统科学、图书馆学和情报学”一级学科下的二级学科，所授学位为理学博士或理学硕士学位。1997 年公布的《授予博士、硕士学位和培养研究生学科专业目录》新增加了“管理学”门类，“图书馆、情报与档案管理”作为一级学科，图书馆学、情报学、档案学是三个并列的二级学科，应该说学科门类的归属已经确立，是适得其所。一般来说，研究生培养是按一级学科打基础，按二级学科培养提高，按三级学科确定研究生的主攻方向。因此，新的研究生学科专业目录有利于拓宽专业培养口径，也有利于按一级学科进行学位授权审核。图书馆学和情报学在国家社会科学基金资助项目课题指南中均单独立类，从而确立了图书馆学情报学在哲学社会科学研究领域的独立学科地位。

3. 紧密结合教学开展科学研究，积极进行教材建设，保证了教学内容的深化和教学质量的提高。教学与科研相辅相成。紧密结合教学开展科学研究，可以深化教学内容，这主要表现在教材建设上。1978 年以前，公开出版的图书馆学专业教材只有几种。1978 年，教育部在武汉召开全国高等学校文科教学工作座谈会，此后，图书情报专业列入高等学校文科教材规划（1978～1983）的有 8 种，列入高等学校文科教材编选计划（1985～1990）的有 60 余种。此外，还有中国科学院文献情报中心和各高等院校自编的教材和教学资料。这批教材和教学资料的特点是：第一，教材学科齐全并形成了系列，如图书馆学系列、情报学系列、文献学系列、图书情报自动化系列等。第二，教材层次分明，教材品种配套。按照教育层次，编写了专科、本科和研究生用的教材；同时，还出版了电大、自学考试用的系列教材；许多课程编出了教科书、教学指导书、教学参考书及教学大纲等配套品种。第三，教材形式多样。既有教育部的选编教材，也有非选编教材；既有翻译国外的教材，还有声像教材，可以说形式多样。总之，教材数量增加，质量也在不断提高，如《图书馆学基础》、《目录学概论》、《中文工具书使用法》、《科技文献检索》等被评为 1988 年国家教委优秀教材。

4. 调整培养目标，建立和完善层次分明的图书馆学教育体系。多层次办学是从我国实际出发，发展高等教育的一条重要方针。新中国成立以来，特别是 1978 年以来，图书馆学专业教学计划进行了多次修订。按照 1998 年教育部公布的《普通高等学校本科专业目录及专业介绍》，图书馆学本科生教育的培养目标为："本专业培养具备系统的图书馆学基础理论知识，有熟练地运用现代化技术手段收集、整理和开发利用文献信息的能力，能在图书情报机构和各类企事业单位的信息部门从事信息服务及管理工作的应用型、复合型图书馆学高级专门人才。"按照《授予博士、硕士学位和培养研究生的学科专业简介》的规定，图书馆学硕士学位获得者应当德智体全面发展并具有坚实、宽广的图书馆学基础知识，较系统深入的专门知识和较强的综合素质与能力，熟练掌握一门外国语和计算机应用知识，全面了解所从事的研究领域的现状和发展趋势，能独立进行科学研究，能胜任大中型文献情报机构的中、高层管理工作。博士学位获得者应当德智体全面发展，并具有坚实而宽广的图书馆学基础理论知识，系统深入的专门知识和优秀的综合素质与能力，对所从事的研究领域的历史、现状及前沿有全面深入的了解，熟练掌握一门外国语并能用第二外语阅读专业文献，能独立从事创新性的科学研究，能胜任高等学校教学和研究工作或大型文献信息机构的高层次管理工作。我们认为，专业目录的修订不可能一劳永逸，每修订一次必然向前跨进一步。今后，随着科学技术的进步，社会、经济的发展和人们认识的深化，学科专业目录会逐步调整得更加完善。但是，各个层次的培养目标都会有一个核心。例如，图书馆学专业本科生教育应培养复合型、应用型人才。硕士学位在我国学位体系中是一级独立学位，我们认为图书馆学硕士学位应当按照应用型的专业硕士学位要求，强调其实践取向，紧密结合图书情报机构的现实需求，按宽口径培养硕士生，增强其适应能力，使图书馆学硕士学位具有面向实践单位的从业导向作用。图书馆学博士学位授权时间比较晚，按照博士学位的要求，属于学术型学位。因此，对图书馆学博士生教育的核心要求是创新，要将创新意识贯穿到博士生培养的每一个环节。

总之，新中国成立以来，图书馆学教育从单一的教学体系发展到比较完整的、多层次、多类型的教育体系，教学内容经历了由不完善到逐步完善，从不丰富到比较丰富的改革发展过程。回顾50年来的发展，图书馆学教育取得了令人瞩目的成就。面向21世纪，有许多问题值得进一步思考。

二、21世纪图书馆学教育发展的思考

1. 转变教育观念，积极进行图书馆学教育改革。随着科学技术的飞速发展，高科技对经济的影响越来越大，知识更新的速度越来越快，信息传播手段越来越先进。为了适应新的形势，迎接新的挑战，必须深化图书馆学教育改革。图书馆学教育改革必须以社会对人才的需求和图书馆学教育的客观规律为依据。在图书馆学教育改革中，要以教育思想和教育观念的转变为先导。1996年3月，江泽民主席在接见四所交通大学负责人时，就明确提出了教育的两个转变：一是教育要全面适应现代化建设对各类人才培养的需要，二是要全面提高教育质量与效益。质量是图书馆学教育的生命线。我们要把一个布局结构合理、高质量和高效益的图书馆学教育带入21世纪，必须坚定不移地将工作重心转移到优化结构、提高质量、走内涵发展的道路上来，这是时代发展的需要，也是图书馆学教育发展的必然规律。目前，图书馆学办学点的数量增长趋于稳定，但专业办学点的布局不尽合理，同一地区同一层次的办学点过分集中，专科和中专层次越来越少；有的办学点办学条件较差，师资水平不高，学历层次较低，盲目

追求上学位点。一个学科是否具有硕士学位、博士学位授予权，是衡量该学科水平的重要标志。但是，研究生培养条件，特别是高质量学位课程的开设和高水平导师队伍的建设，需要长期积累。图书馆学已经有 3 个博士学位授权点和 13 个硕士学位授权点，布局基本合理。因此，图书馆学教育当前不应当追求外延和规模的扩大，也不应当把注意力放在争取上博士点和硕士点上，而应当将教育思路从根本上转到注重学科建设，重视提高质量和办学效益，走内涵发展的轨道上来。要教育学生，树立全面的质量观，强调德智体全面发展，将教书育人贯穿到教学的全过程。提高教学质量的核心是培养学生的创新能力。江泽民主席指出："创新是一个民族进步的灵魂，是国家兴旺发达的不竭动力。"培养学生的创新能力，首先要处理好继承与创新的关系，只有在继承的基础上，才能有所创新。其次，要营造一个有利于培养学生创新能力的学术环境，如开设学科前沿专题讲座，聘请国内外知名专家学者讲学，发扬教学民主，唤起学生的主体意识，加强学术交流，活跃学生的学术思想等。

2. 加强学科建设，促进学术水平与教育质量的同步提高。学科建设是图书馆学教育水平和层次的集中体现。只有以高水平的学科建设为基础、为支撑，图书馆学教育才能提高质量，上水平、上档次，跻身于世界一流的图书馆学教育行列。学科建设的成效主要体现在科学研究的成果和高层次人才的培养上。学位点建设是图书馆学学科建设水平的最重要标志，其本身既是学科建设的产物，又是推动学科发展的主要动力。通过学位授权点的建设，既可以培养出高水平的人才，又可以出高水平的成果。高水平的学位点能承担重大的科研课题，高水平的科研工作能为研究生提供前沿研究课题，研究生正是在科学前沿探索和在参加科研课题的活动中得到培养，增长才干的。因此，学位授权点的建立与学科建设有着互动的效应。

3. 建设一支高水平的教师队伍，是提高图书馆学教育质量的根本保证。德国教育家第斯多惠说过："教师是学校里最重要的师表，是直观的最有教益的模范，是学生最活生生的榜样。"在教学中，学生通过与教师的频繁接触，通过各种形式的教学活动获得系统的知识，培养创新意识，掌握思维方法，养成高尚的品德。因此，教师的学术水平和素质直接关系到学生的培养质量。一般来说，导师水平高，对指导工作尽心尽力，其指导的博士生、硕士生的质量就要好一些。导师为人师表，应当是教人先教己，严己后严人，以身作则，身体力行。导师是研究生学术生涯的引路人，其治学态度、科研道德及为人的品德都对研究生产生潜移默化的影响。俄罗斯著名教育家乌申斯基说过："教育者的人格是教育事业中的一切。"研究生应在"严字当头"氛围中接受导师的教育和引导。"严"首先要求导师严于律己，严谨治学；其次是对研究生严格要求，导师要在"指导"二字上下功夫，"指"是指点迷津，避免走弯路，误入歧途；"导"是循循善诱，因势利导，鼓励研究生勇于创新，勇于开拓。因此，建设一支高水平高素质的导师队伍，是培养高质量研究生的根本保证。

新中国图书馆学教育已经走过了50年的历程，当前正处于发展的关键时刻。我们深信，只要明确图书馆学教育必须在不断改革中求生存，在迎接挑战中求发展，坚持质量第一，遵循教育规律，坚定不移地走内涵发展的道路，迈向新世纪的我国图书馆学教育就一定会有更加光明灿烂的前景。

参考文献

1. 倪波，郑建明 . 图书馆学信息学教育发展与成就 . 中国图书馆年鉴（1996），北京图书馆出版社，1997

2. 董小英 . 我国图书馆学情报学教育的转型及其问题 . 中国图书馆学报，1996（1）

3. 彭斐章，谢灼华 . 评建国四十年来的图书馆学教育 . 武汉大学学报（社会科学版），1989（3）

4. 国务院学位委员会办公室 . 中国授予博士、硕士学位和培养研究生的学科、专业总览 . 高等教育出版社，1996

（原载《图书情报知识》，1999年第4期）

图书情报学教育改革与学科建设

改革开放以来，中国图书情报教育取得举世瞩目的成就，已为世人所公认。但是，在80年代后期，随着改革开放的深入和图书情报事业的发展，图书情报教育开始出现了一些危机现象：第一志愿的考生寥寥无几；学生学习热情不高；毕业后不想到图书馆和情报所去，图书馆和情报所也已人员臃肿，难以再容纳几十所学校的大量毕业生；大学教师待遇低，队伍不稳定，等等。因此，图书情报学教育的改革问题一直为理论界广泛关注，成为理论界研究热点。1992年10月，北京大学图书馆学情报学系率先更名为“信息管理系”，在图书、情报、档案等领域引起了一系列的心理与机制上的波澜，导致了全国图书情报教育单位的改名热潮。教育界发生的这些现象虽然预示着：社会变革的浪潮迫使图书情报院系面对包括人才市场在内的社会主义市场，并根据市场需求调节自身的发展目标，从而使图书情报教育研究有了更为现实的理论背景。但改名之后，教育界还应该做出哪些努力？改名与改革之间如何衔接？仍是教育界迫切关心的问题。主张改名者认为，更改系名与专业名称是市场经济发展的必然结果，通过对招生、毕业生分配等问题的考察可以说明这点。也有人流露出对此举影响学科建设的担心，希望在社会变革时代保持一定理智。正如陈誉谈到：虽然名称不是主要的，却反映出对于一个学科的态度。

由于图书情报教育改革是以社会的现实需要为背景的，而学科的建设和发展离不开历史的日积月累，并且要以教育为依托，因此，如何处理好图书情报学教育改革与学科建设问题，是教育界理论和实践中都不可回避的问题。作为对图书情报学教育改革与学科建设问题的探讨，我认为应考虑以下三个方面的问题：

一、客观地评价现实

80 年代以来，中国大陆的图书馆学情报学教育得到了全面的发展，主要表现是：①图书馆学情报学专业办学点增多；②多层次、多形式办学体系正在形成，改变了图书馆学教学体制单一的缺陷；③紧密结合教学开展科学研究，积极进行教材建设，保证了教学内容的深化和教学质量的提高；④教师队伍建设有了较大发展，教师的知识结构、年龄结构趋向合理化，教师素质得到了提高，促进了图书馆学情报学教育事业的发展。

但是，由于市场经济的冲击，再加上教育体制自身的因素，图书情报学教育存在的问题是明显的，主要表现在以下几个方面：

①教育规模起落太大，发展不稳定；

②办学层次仍需要调整；

③缺乏全国统一的图书情报学教育协调机制，使我国的图书情报学教育发展带有一定的盲目性；

④教学内容尚不能融入世界潮流，教学方法也比较落后。

这些问题说明：图书情报学专业教育的改革势在必行。而调整和改革不可能有现成的模式，更不可能照一种模式去发展。更新教学内容也好，调整办学层次也好，保留或压缩原有专业并创办新专业也好，出发点只有一个，就是从实际出发，实事求是去进行调整和改革。因此，准确地认识图书情报学教育的现实，客观地评估现实状况，是我们从事图书情报学教育改革的前提。

1978 年以来，我国公共图书馆以每 3.7 天一座的速度猛增。1993 年年底，全国已拥有 2 588 个公共图书馆，是 1949 年的近 50 倍。十年来，国家对图书馆事业的投资年年增长，全国公共图书馆事业经费 1980 年为 5 486 万元，1992 年为 3.9 亿元，增长了 7.1 倍。然而正当中国社会进入改革与发展的全新时期，社会百业兴旺，沿海部分图书馆走上了良性发展的道路的同时，全国性的图书馆事业萎缩却加剧了，尽管过去十多年图书馆规模及经费有大幅度增加，但全国图书馆年购书量以 70～100 万册的速度递减，1983 年我国公共图书馆新购图书总量为 1 541 万册，到 1993 年只有 625 万册，下降了

60%；读者人数由此也递减；购书经费在整个图书馆经费中所占比例也下降，由此“三个减少”导致了中国图书馆事业萎缩的危机。国人引以自豪的北京图书馆也不能避开这场萎缩的冲击。1993 年 6 月 28 日《光明日报》以《北京图书馆：瘦死的骆驼》为题报道了北京图书馆令人忧心的现状。

如何避免萎缩的危机，学界同仁纷纷寻找良策，有人将图书馆落伍的根本原因归于自身没有“造血”功能，全部依靠“父母”——国家的赐养。提出图书馆改革的出发点是：转换现有机制，变事业型管理为经营型管理，最大程度上与市场经济接轨。

情报事业也和图书馆事业一样，近几年面临社会主义市场经济大潮的猛烈冲击。有些区别在于，图书馆多少还带有社会公益机构性质，而情报中心则属于完全可以由市场法则来决定其生存权的机构，因而情报事业产业化成为情报机构的共同目标。

图书馆事业的萎缩危机和情报事业的产业化趋势给图书馆学情报学教育提出了一个共同的课题：要求图书情报教育的培养目标由研究型人才向经营管理型人才倾斜。从本质上看是对专业人才的知识结构和适应能力提出了新的要求，这是图书馆情报事业向前发展的必然结果。同时也证明：只要社会还需要图书馆和情报机构存在和发展，图书情报学专业教育就不会也不能完全消失。

众所周知，图书情报事业特别是图书馆事业发展的经费来源，要通过国民收入再分配进行调拨，当国民经济产业部门处于优先发展地位之时，国家用于图书情报事业的投入会有所限制，但这只是一种短暂现象，因为一个物质文明高度发展的国家或地区，最终是不会留下文化沙漠的。我国沿海地区图书馆事业在全国图书馆事业萎缩的大环境下却走上了良性发展道路的事实，就证明了这一点。近几年我院本科生分配的动向也表明，沿海地区图书馆对专业人才的需求每年都有所增加。

因此，对于图书馆情报学专业教育所面临的现实，我们应有一个客观的评价：图书馆界情报界对专业人才的新要求，主要是在知识结构和适应能力方面，作为一种专业教育，为图书馆和情报机构培养新型合格人才应成为教育改革的立足点和出发点。

二、培养目标的制定和实现

面对图书馆情报机构对人才的新的要求，是我们专业教育改革的立足点和出发点。而制定明确的培养目标则关系到专业教育所培养人才的知识结构。毫无疑问，培养目标的制定不能脱离图书情报事业的现状和发展趋势，在某种程度上说，对图书情报事业发展趋势的预测比专业教育的生命力和存在价值更为重要。

以“信息化并向智能化发展”为特点的新技术革命将人类带入了一个新的时代——信息时代。由于信息技术强大的渗透性，特别是各种信息服务机构的出现，打破了图书情报机构是信息用户的主要信息源和信息提供者的一统天下，在电子信息服务的冲击下，图书情报事业发生了深刻的变化。图书情报机构只有走信息化的道路，扩展其职能和服务范围，把自己融入信息服务行业之中，才能在社会主义市场经济中处于不败之地。

根据图书情报事业发展趋势，培养学生成为既是信息的开发人才，又是信息的经营管理人才，是我们专业教育新的培养目标。

培养目标的变化给学科建设提出了新的要求，要求在传统学科内容的基础上拓宽范围，扩充内涵，使传统学科内容和新型电子信息技术在结合中得到深化，这是学科建设的基本思路，也是实现新的培养目标的基本保证。就是说，培养目标的实现是以学科的建设和发展为依托的。

近十年来的学科建设成就是毋庸置疑的，除开基础理论、事业研究、分类研究等传统领域之外，对文献资源的研究和图书馆情报自动化技术研究尤为瞩目，但从总体上看，仍存在一些问题，如：

①对新技术、新方法的接受和应用显得迟钝；

②对传统的、手工的方法技艺侧重较多；

③理论与实践的结合不够，特别是理论对实践的指导性不强。

作为今后学科建设的方向，我认为应该将以下几个方面作为未来学科建设的思路。

1. 走和国际学科发展接轨的道路

70 年代以前，美国与加拿大的图书馆教育机构，多称为图书馆学研究所或图书馆服务研究所，随着 60 年代以来的信息革命浪潮，在美国图书馆学会（ALA）认可的 59 个图书馆学研究所中，有 51 个改称为图书馆与情报科学研究所或图书馆与情报研究所，英国图书馆教育机构改名达 100%。可以说，国际上从“图书馆”到“图书馆与情报”的融合，标志了图书馆学和情报学的一体化，而我国图书情报一体化的问题虽在 80 年代引起过热烈的讨论，但实际上，无论在实践领域或是教育界，仍然是两大块，我国的院系虽然对外都称图书情报学院或系，但内部的专业界限可以说非常清晰，这种现象所表现的本质是：传统图书馆学对新型情报学的拒斥和情报学对传统图书馆学精华的抛弃。图书馆学对情报学新型理论和方法的排斥与情报学的另起炉灶，这种学科建设格局，从整体上看，对于学科的综合发展十分不利，像图书馆自动化技术和情报技术本身可以合在一起进行建设和发展研究领域，却各自在自己的圈子里重复研究。因此，我国真正的图书情报一体化，是使中国的图书情报学科和国际学科发展接轨的必要条件。

2. 学科建设要体现层次性

学科建设的层次性主要体现在专业教育的层次性和教育实体的层次性两方面。

作为专业培养目标的整体要求，是对信息经营管理能力的要求，但这主要是指本科教育而言，而专业教育总是多层次的，除开本科教育，还有硕士生、博士生教育，层次越高，对学科建设的积累性要求越高。而且作为一种循环机制，越高层次的教育与学科建设，越能影响今后学科的发展方向。因此对于学科建设的改革，尤其要采取积极、稳妥、实事求是的态度。学科建设的层次性主要是指要针对不同层次的专业需要。就本科层次而言，要把学生对新型电子信息技术动手操作能力放在首要地位，注重拓宽学生的知识面，培养学生对不同信息工作环境的适应能力，加强对学生智能的培养和管理知识的教学。就研究生层次而言，在研究方向上应注重在学科基础理论与专门研究领域特别是代表未来学科发展方向的研究领域之间找好结合部，使研究生具备扎实的基本功之外，学有所专。作为高层次的学科建设，具体来说处理好以下几个关系：

①研究方向的确定与社会需要的关系；研究方向的选择和制定要面向社会和经济发展的需要；

②理论研究与应用研究的关系。特别应鼓励从事应用研究，而理论研究要讲求深度；

③传统学科内容与新的研究方向的关系；

④学术水平与操作能力的关系；

⑤研究能力与管理能力的关系。

学科建设最终要靠教育单位来实施。由于各教育单位的积累和特长不尽一致，因此，为保证学科建设的层次性，还应该注入宏观调控机制，注重发挥各教育单位的专长，对一些历史悠久、实力雄厚的院系，应鼓励其发展高层次研究生教育，从事国家级重点学科建设，对一般院系应鼓励其发展普通高等教育。此外，还应注意院系的行业布局和地区平衡。

3. 处理好学科建设和课程设置的关系

作为学科建设成就的体现，最终是反映在专业教育的课程设置上，按照原有的课程设置模式，学科建设的最新成就要变成课程设置，需要一个归纳和整理的过程，因此课程设置的内容往往不能及时反映学科建设的最新成就。为此，我们提倡建立动态兼容的课程设置体系，通过核心课程的设置加强学生的基础教育，通过不断更新的选修课或专题讲座，使学科建设的最新成就及时充实到教学内容之中，这样有利于处理好加强基础、拓宽知识和培养能力三者之间的关系。

三、走出教育改革和学科建设的误区

自 70 年代末恢复高等教育考试制度以来，中国的教育体制一直都在调整和改革中发展，图书情报学专业教育也不例外，纵观 70 年代末以来图书情报学专业教育的发展历程，可以发现图书情报学专业教育发生过两次大的转变。

第一次是 80 年代初期以后全国情报学专业教育点的增多，改变了北京大学、武汉大学一统天下的格局，可称为是专业教育的量变。

第二次是 1992 年以北京大学图书馆学情报学系更名为信息管理系为起点的全国改名潮，虽然这次改名背后的许多工作尚未完成，但可以说这是发生在图书情报学专业教育领域的一场质变。

从量变到质变，称为进步也好，称为改革也好。但从本质上说，是代表了专业教育为适应社会需求所作的调整，尽管是必要的，但就像第一次量变过程中，最终会淘汰一批条件不成熟的专业点而使专业教育的数量和规模趋于稳定一样，第二次的质变也需要一个过程来让社会认可这次调整的价值和进行内部完善。如何让第二次质变的价值尽量被社会所认可，这里有些问题是需要我们教育界保持清醒的，也就是说，作为一种对历史的借鉴和对未来的预测，需要我们走出和避免在这次质变过程中可能出现的误区。

1. 是抛弃？还是扬弃？

发生在图书情报专业的第二次质变从名称上彻底甩开了与图书情报的关系，随之给我们带来一个敏感的话题：是完全放弃原有的专业教育积累重新营建一个新颖的经济类或其他专业，还是继承传统专业教育的精华进行合理的扬弃？对此我们应该清醒认识到：采取抛弃方式所形成的新专业必将会成为空中楼阁，会失去生存与发展的价值。原有专业教育中的学科内容如文献信息的理论和技术都有着强大的不可忽视的复合和外向辐射能力，如编目索引、目录学、检索语言等学科方法就可从一般文献实体范畴辐射到市场调研、CD-ROM 多媒体技术、信息咨询等领域，成为新的学科建设的未来方向。

2. 是改名？还是改革？

为适应人才市场的需求，更改专业和院系名称是必要的，名称的改变可以说是专业教育在形式上发生了改变，但这些是否就实现了专业教育改革的目标？随之在专业教育的内容上应做怎样的调整？这也是第二次质变中极有可能出现的误区，因为从目前改名的直接动机来看，大部分是为了解决招生和分配的问题，而在内容的调整上不注意下功夫，对此我们应保持科学严谨的态度，对培养对象的知识结构和适应能力负责。在培养学生较扎实的图书、情报、档案一体化的文献信息的基础上，注重培养学生对于社会经济实务领域的专业知识，如信息市场经营的理论和方法、市场调研方法、信息推销艺术、知识产权、公共关系手段等，并锻炼学生较强的创造、吸收、应用能力和外语、计算机运用能力。对此，在专业教育的教学观念、课程设计、师资结构和教学上都要做到名符其实，走内涵化发展的道路。

图书情报学教育的改革是现实给我们提出的迫切要求，也是给走向 21 世纪的图书情报科学提供的新机遇。可以说，处于改革大潮中的图书情报科学和教育，是希望与困难并存，挑战与机遇同在，关键是要求我们要以积极而又谨慎的态度抓住机遇、迎接挑战，使我们的学科面对 21 世纪的发展方向。

（原载《图书馆工作与研究》，1994 年第 4 期）

加强核心课程建设 努力提高教学质量

——目录学课程建设的回顾与思考

《中国教育改革和发展纲要》指出："高等教育担负着培养高级专门人才、发展科学技术文化和促进现代化建设的重大任务。90年代，高等教育要适应加快改革开放和现代化建设的需要，积极探索发展的新路子，使规模有较大发展，结构更加合理，质量和效益明显提高。高等教育的发展，要坚持走内涵发展为主的道路，努力提高办学效益。"1994年召开的全国教育工作会议重申要以提高质量和办学效益为重点发展高等教育。因此，深化教学改革，提高教育质量，就成为高等教育改革的核心。近年来，武汉大学图书情报学院以提高教育质量为目标，重点进行了学科专业建设、主干课程建设、教材建设等教学基本建设，深入进行教学内容和教学方法的改革，取得了明显的效果。

目录学课程于1987年被确定为武汉大学校级主干课程，这里所指的主干课程亦即核心课程；1992年经学校评估验收，被授予武汉大学一类课程称号。我们深刻认识到，核心课程的确立仅仅是第一步，重要的是核心课程的建设和发展。近年来，在目录学课程建设上，我们始终把为社会主义现代化建设培养合格人才放在首位，深入进行教学内容和教学方法的改革，加强教材建设，将建设与改革有机地结合起来，用建设推动改革，以改革促进建设，积极探索加强核心课程建设的新路子，充分发挥核心课程的作用。

一、教学内容不断更新

中国目录学历史悠久，源远流长，内涵非常丰富，具有优良的传统和广泛的社会基础，历史地位很高，被学者们视为读书治学的入门之学。目录学在我国作为图书馆学专业基础课开设的历史比较早，长时间以来，目录学教学是以史为主，传统的东西较多，理论比较空泛，方法比较陈旧。随着社会的不断进步和科学技术的飞速发展，目录学要改革，一门历史悠久的传统目录学必须向现代目录学转变。在这一变革过程中，面临着一个如何正确处理教学内容的相对稳定与发展的关系问题。一方面，要求目录学教学内容相对稳定，传授经典性的教学内容，即目录学的基本理论、基本知识和基本技能，这“三基”是衡量学科专业成熟与否的重要标志；另一方面，又要求去掉重复的、陈旧过时的内容，不断将国内外目录学研究的最新成果充实到教学中，以保持教学内容的先进性。

在教学中，我们确立了目录学应当以书目情报运动规律为核心，并将书目情报实践活动的基本规律概括为科学地揭示与有效地报道文献信息与人们对于文献信息特定需求之间的矛盾。将书目情报作为目录学研究的基点，使研究者深刻体会到没有对文献信息的科学揭示和有效报道，要满足读者对文献信息的特定需求便无从谈起。近年来，我们对矛盾两个方面的研究给予了应有的重视，关于文献揭示理论的研究，文献信息资源的共建和共享的研究，读者文献信息的需求研究等，都取得了积极的成果，反映到目录学的教学中，大大丰富了目录学的教学内容。

中国目录学是致用之学，致用是目录学的生命线，这不应该成为一句空话。目录学是一门实践性很强的科学，它的产生和发展是由书目情报实践需要所决定的。书目情报实践活动中涌现出来的问题，需要给予理论上的回答，目录学研究应面向社会实际，是当今时代的呼唤，加强目录学应用研究，是现代目录学研究对时代要求的一种自觉回应。近年来，将书目编制法上升到方法论的高度，对各种类型的书目、索引、文摘、综述、述评等的编纂进行了研究，取得了一定的成绩。随着文献的迅速增多和人们对文献特定需求之间的矛盾日益突出，书目情报服务在解决这一矛盾中显示出活力，受到人们的关注。目录学教学组承担了国家教委哲学社会科学博士点专项科研基金资助的“图书情报需求分析与读者服务效率研究”课题，以读者及各类型读者群的书目情报需求特点及其规律研究为重点，研究了我国书目情报服务的整个问题，并以《书目情报需求与服务研究》专著出版作为最终成果。这充分说明目录学史应当研究现实问题，应用研究应当成为现代目录学研究的重点。另外，我们将目录学史部分从目录学中抽出来，单独开出中国目录学史课程。总之，在目录学教学中不断吸收国内外目录学研究的新成果，保持了教学内容的先进性，引导学生了解学科前沿和发展趋势，向新的目标探索。

二、教材配套形成系列

我们在抓核心课程建设时特别重视教材的改革与建设，因为教学内容的改革与更新，课程体系的改革与完善，都要反映并落实到教材建设上。当前，目录学课程的教科书、教学参考书、教学大纲等已经配套，形成了系列。例如：武汉大学、北京大学合编的《目录学概论》（中华书局，1982），这是中华人民共和国成立以来正式出版的第一部高等学校目录学教科书，它概括总结了30年来目录学研究的重要成果，对目录学领域的一些重大理论问题进行了新的探讨，将目录学理论与书目工作实践紧密结合起来，被许多高校图书馆学专业和文科专业作为教材，该书曾获国家教委1988年优秀教材一等奖，对目录学理论研究作出的历史功绩不可磨灭。但由于该书出版于80年代初，对80年代后的成果无法反映，因而，在教学实践的基础上，彭斐章、乔好勤、陈传夫合编了《目录学》（武汉大学出版社，1986），增加了目录学理论基础、目录学的发展规律、书目情报服务、书目工作的组织与管理、书目工作现代化等内容。该书被许多高校作为教材，有的学者认为："作为适应信息化社会的现代目录学，应该说这部著作是一个肇端，它吸取了近年来目录学的研究成果……把目录学研究提高到一个新层次。"与教材配套，我们编印了一系列教学参考书，如《目录学资料汇编》（武汉大学出版社，1986）分目录学基本理论、中国目录学史和书目方法论三部分，比较全面系统地给使用者提供有关目录学研究方面的资料，力图对目录学教学内容有所补充。该书出版后，颇受广大目录学研究者和高等学校图书情报学专业师生的欢迎。自80年代中期以来，目录学研究又有了新的进展，著述纷呈，一片繁荣景象。为了向读者反映新的研究成果，提供更广泛的资料线索，我们决定将该书修订再版，更名为《目录学研究文献汇编》

（武汉大学出版社，1996）。该书对原有内容进行了大幅度的调整与扩充。将1949年以来，主要是80年代以来的目录学研究分为目录学理论研究进展、中国目录学史研究进展、书目工作的成绩与发展三个专题进行评述；对原编目录资料予以调整和压缩；编撰了1949～1993年正式出版和再版的目录学著述提要书目；编撰了1978～1993年目录学博士生和硕士生学位论文文摘；编辑了1949年10月～1994年10月目录学论文索引。该书系国家教委文科教材选编规划的教学参考书。此外，我们还编撰了《目录学文献学论文选》（书目文献出版社，1991）、《目录学教学指导书》（武汉大学出版社，1986）。为了规范目录学教学内容，指导目录学教学工作，保证教学质量，国家教委高教司组织编写了图书馆学专业的核心课程之一的《目录学教学大纲》（高等教育出版社，1996），这是指导目录学教学、搞好教材建设、强化教学管理、进行教学评估的重要文件。为了让学生了解国外目录学研究的现状，我们组织翻译了《目录学普通教程》（武汉大学出版社，1987）、《图书发行目录学》（武汉大学出版社，1992）、《自然科学书目学》（科技文献出版社，1989）。还有一系列专著虽不属教材，但仍是目录学教学与研究的重要参考文献，如《中国目录学史稿》（安徽教育出版社，1984）、《中国文学目录学》（书目文献出版社，1986）、《中国目录学史》（武汉大学出版社，1992）、《书目情报需求与服务研究》（武汉大学出版社，1990）、《书目情报服务的组织与管理》（武汉大学出版社，1996）等。由于目录学课程的教科书、教学大纲、教学指导书、教学参考书和一般参考书由我院教师编撰，并正式出版，形成了系列，对扩大学生视野，了解国内外目录学研究进展情况，加深对教学内容的理解，起着十分重要的作用。

三、教学科研相辅相成

要建设好一门核心课程，就要既搞好教学，又搞好科研。科研是教学的基础，没有高水平的科研，就没有高质量的教材，教学内容的深度和先进性就得不到保证。教学是科研的应用和推动，通过教学实践，科研成果发生效用，科研水平进一步提高。要使目录学的教学与科研有机结合，互相促进，就必须有一支结构合理的学科梯队。没有教师教改主动性和积极性的充分发挥，核心课程建设是搞不好的。列宁曾经指出："学校的真正的性质和方向……是由教学人员决定的。"《中国教育改革和发展纲要》强调指出："振兴民族的希望在教育，振兴教育的希望在教师。"我们目录学核心课程有一个结构合理的学科群体，由2名教授、2名副教授、1名讲师、5名博士生组成；这个群体老中青相结合，职称结构合理，知识结构合理，对古今中外各有侧重；语种结构合理，在古汉语、英语、俄语、日语方面各有所长；他们团结互助，齐心协力，以科研促教学。近年来，他们承担了国家哲学社会科学基金资助的"九五"重点课题1项，国家自然科学基金资助课题2项，国家教委人文社会科学研究课题4项，湖北省社会科学基金资助课题1项。这些课题研究的开展，不仅使目录学研究不断深化，而且使与目录学有关领域的研究得到进一步拓展，对目录学核心课程的建设起到了积极的推动作用。

（原载《图书情报知识》，1997年第3期）

第三编

图书馆事业建设与图书馆学研究

数字时代我国图书馆发展值得思考的问题

【摘　要】对数字时代我国图书馆发展值得思考的问题：数字图书馆建设与传统图书馆建设的关系，科学精神与人文精神的融合，图书馆公益性与有偿服务，图书馆资源配置与新的条块分割等提出了个人看法。

【关键词】数字时代　中国　图书馆　发展
【中图分类号】G250.76　　【文献标识码】A
【文章编号】1002—1167（2002）05—0003—03

1　数字图书馆与传统图书馆建设的关系

图书馆是人类社会的一种文化现象，它的产生和发展与社会环境的变化有着密切的关系，社会环境的变化，就是图书馆赖以存在其中的社会基础和社会条件的变化，也是读者及其需求的变化，我国图书馆发展的历史和现实说明了图书馆是难以游离于环境之外而不受影响的。由于社会的进步，计算机技术、通信技术在图书馆的广泛应用，推动着互联网的发展，网络信息资源迅速增长，图书馆的发展面临着新的环境挑战，数字图书馆在这种背景下出现了。

近年来，在我国掀起了建设数字图书馆的浪潮，有的图书馆已在进行，有的已经起步，有的正在酝酿，总之，各类型、各层次的图书馆都在争先恐后地希望把握这一机遇，数字图书馆成为一种时髦；同时，数字图书馆成为图书情报研究领域的热门课题，发表了一系列有关数字图书馆研究的论著。但是，迄今为止，对数字图书馆的概念还没有统一的认识，怎样建设数字图书馆，还没有固定的模式，正在探索之中。鉴于数字图书馆建设是一项涉及面非常广，需要巨额投资的非常复杂的系统工程，因此，对待数字图书馆的建设应当科学规划、认真论证，决不能赶浪潮，一哄而起。2000 年 6 月 1 日国务院副总理李岚清在对中国数字图书馆工程的批示中指出："建设数字图书馆的主要目的，是有效利用和共享图书信息资源，有巨大的社会效益。国家图书馆应成为我国数字图书馆的核心，要防止重复建设，对方案要精心论证，精心实施。"① 按照这一指示精神，我国数字图书馆建设必将取得成效。

数字图书馆在迅速发展，政府在加大对数字图书馆建设的投资力度，近期对图书馆界进行的重大投资项目都与数字图书馆有关，例如，国家图书馆二期工程投资 11.4 亿元，中国数字图书馆战略组则获得投资 35 亿元，我们赞成加大对数字图书馆建设的投资力度。2002 年 6 月 29 日正式落成开馆的中国科学院图书馆新馆，是"以建设数字化的国家科学图书馆为目标，着力构筑以中科院文献情报中心为主节点，以若干地区或学术性文献情报机构为分支节点，连接研究所文献情报机构的数字化、分布式、可动态扩展的科研信息支撑平台，使全国的科技人员无论何时、何地，都可以通过网络查找和检索世界上最新出版的重要科技文献信息，为提高科技创新能力和国际竞争能力作出贡献。"② 这就是数字时代国家科学图书馆的现实运行模式。

如何处理数字图书馆与传统图书馆的关系，这是决策层在筹划数字图书馆建设时面临的一个最重要的问题。我们认为有些问题必须明确：

1.1 图书馆具有永恒的社会意义

由于数字化技术的广泛应用，以数字资源管理与服务为特征的数字图书馆是否将很快取代传统图书馆的职能呢？答案是否定的。其实，这种论点早已有之。早在 20 世纪 80 年代美国著名的图书馆学情报学家兰开斯特（F. W. Lancaster）在考察了计算机技术对图书馆及

① 周和平．关于建设中国数字图书馆工程的问题．中国图书馆学报，2000 (5)

② 薛冬．我国最大的科学图书馆落成．光明日报，2002-6-21

其功能的影响，认为联机检索和存取技术进入图书馆后，图书馆一直处于“解散”过程中，“在下一个 20 年（1980～2000），现在的图书馆可能完全消失，只留下几个保存过去的印刷资料的机构。这些机构答复读者的方法和现在的邮购公司答复它的顾客的方法很相似；换言之，这些机构将是消极被动的档案室而不是积极主动的情报服务单位。”① 图书馆发展的现实有力地驳斥了这一预言，单纯从技术的角度来推测图书馆未来的发展是片面的，必须综合考察其深厚的历史及社会文化蕴涵，认真分析世界各国文化发展的不平衡性和读者阅读需求的多元化特点。图书馆是人类知识和信息需求体系的物化形式，它与人类对知识的积累和信息的需求共存亡，它永恒地承担着积累和传播文化的重任，因此，图书馆不仅不会消亡，而且具有永恒的社会意义。

我国近年来出现新图书馆建设的热潮，使得在图书情报界甚嚣一时的“图书馆消亡论”成为过去，如近年相继建成启用的中国国家图书馆、上海图书馆、首都图书馆、中国科学院图书馆新馆、浙江省图书馆、武汉图书馆等一批具有文化象征意义的标志性建筑，是人类社会生活中不可或缺的重要文化设施。国际图联秘书长福赫特博士说得好：“虽然图书馆员还没有明确发展战略，但有一点是清楚的，那些预言图书馆在后印刷时代将严重衰落的人错了。”“未来图书馆将是一个混合体，同时包含数字化和书本化藏品，这一点是毋庸置疑的。虽然有些图书馆领导展望的是没有围墙的数字化图书馆，但图书馆建筑仍然发挥作用。特别是公共图书馆将显示越来越大的社会价值。图书馆将被作为很好的聚会场所，作为社区跨越种族和语言障碍的融合者，成为社区的信息中心，受到社会广泛的尊重和信任。”②

1.2 纸质文献不会消失

随着现代信息技术的飞速发展和网络环境的形成，网络信息资源

① F.W. 兰开斯特著，郑登理等译．电子时代的图书馆和图书馆员．科学技术出版社，1985：p.150

② 吴建中．21 世纪图书馆新论．上海科学技术文献出版社，1998：p.81，pp.203～209

迅速增长，有人提出网络信息资源非常丰富，存取十分方便快捷，用户只需将自己的电脑与网络连接，就可以突破时间和空间的局限，方便快捷地在网上获取自己所需的知识和信息，今天，是否可将网络信息资源取代现实馆藏信息资源呢？也就是说，纸质文献还有存在的价值吗？我们认为，今天以及可以预见的未来，网络信息资源不可能取代馆藏实体信息资源。这是因为，当前尽管网络信息资源十分丰富，种类繁多，但是，网上以全文存取的信息资源数量有限，尤其是全文学术信息资源更感不足；网络信息资源的鉴别、选择比起纸质文献更加复杂；纸质文献便于人们能持久地、系统地、反复地利用，从而使人类文明的成果得以不断积累和长久保存；纸质文献是人们长期进行阅读、浏览获取信息和积累知识，从事科学研究活动最喜爱的一种文献载体。从古至今，任何一种信息存储和传递的新型载体的出现并不取代原有的信息载体，而是一种发展，因此，纸质文献不会消亡，无纸社会已成过去。纸质文献将和网络信息资源共同构成现代图书馆互相调剂、相互补充的赖以提供服务的资源基础。目前，图书馆正朝着纸质文献资源与网络信息资源共存的混合型图书馆发展。

1.3 大力发展数字图书馆的同时，要重视传统图书馆建设

我国是一个拥有近 13 亿人口，其中农民占 9 亿的发展中国家，国民经济发展水平尚待提高，各地区间的经济和文化发展极不平衡，图书馆普及程度不高，按照国际图联的规定，每 5 万人应有一所公共图书馆，美国每 1.6 万人有一所公共图书馆，英国每 1.2 万人有一所公共图书馆，我国每 44 万人才有一所公共图书馆。我国人均图书保障为 0.33 册。据悉到 1999 年我国还有 159 个县没有县图书馆。北京、上海、江苏、广州、山东等经济比较发达的地区，图书馆事业发展较快，其他地区相当缓慢。因此，我国还有大多数的读者需要依赖传统的纸质文献服务来获取信息、积累知识。因此，要根据我国的国情，在大力发展数字图书馆的同时，重视对传统图书馆的建设，二者不能偏废，这点必须引起有关部门的关注。

2　科学精神与人文精神的有机融合

技术无疑是推动图书馆发展的动力。现代化手段的应用促进了图书馆的自动化、网络化。技术受到重视，但是，科技不是万能的，它不可能帮助人们解决社会发展中所遇到的一切困难。当前，出现的另一种倾向就是忽略人文精神建设。图书馆建设中的技术与人文关怀成为图书馆界探讨的热点问题之一。肖希明在《图书馆》杂志上撰写了《图书馆呼唤科学精神与人文精神的融合》① 的文章，以便引起图书馆界的关注。他认为科学精神和人文精神是人类精神不可或缺的组成部分，是人类认识活动的结晶，对图书馆的发展产生了深刻的影响。图书馆具有悠久的人文传统，现代科学技术在图书馆的广泛应用又极大地激发了图书馆的科学精神，走向新世纪的图书馆必然是两种精神的有机融合及和谐的统一，而两种精神的失衡与分离，就会背离图书馆的真正目的。科学精神与人文精神本来是统一的，不能分离的。然而，人类在步入近代工业文明后，面临科学精神与人文精神之间非彼即此的选择。不幸的是，这种分离在图书馆表现得非常明显。在图书馆，不少人相信现代科学技术的应用会给图书馆带来彻底解放，图书馆只要用电子计算机武装起来，一切问题就会迎刃而解。在图书馆学研究和教育中，技术也成为炙手可热的领域，似乎沉浸在数字化、网络化的进军之中，写文章言必称技术，谈计算机，讨论网络化，有人认为图书馆学应该建立在“键盘操作”之上。与此同时，图书馆的人文精神在不断滑坡。有些图书馆出现了一些颇耐人寻味的现象：计算机图书流通系统功能先进，馆藏却没有完全向读者开架借阅；工作人员操作电脑十分娴熟，而对读者却冷若冰霜；计算机管理系统不断升级换代，而文献的利用率却并未上升；图书馆为提高现代技术设备的档次，殚精竭虑，而对如何满足读者最基本的信息需求却表现冷漠，以致在书库找不到几本新书。如此种种矛盾现象，实质上反映了图书馆缺乏服务的人性化，他们所面对和关注的，是手段的合理性，而不是目的本身的合理性，这正说明了图书馆热衷于工具理性，忽略了人

---

①　肖希明．图书馆呼唤科学精神与人文精神的融合．图书馆，2000（1）

文关怀。科技与人文缺一不可，促进二者的融合才是应有的态度。

3　图书馆公益性与有偿服务

联合国教科文组织《公共图书馆宣言》提到："公共图书馆是地区的信息中心，它向用户迅速提供各种知识和信息。公共图书馆原则上应该免费提供服务。"①

英国《图书馆宣言》提到："图书馆是今天和将来具有国际、国家和地方意义的馆藏卫士。图书馆对社会的每一个成员免费开放。"②日本《公共图书馆的任务和目标》指出："公共图书馆是由公费维持的公共设施，任何居民都可以无偿使用。"③我们认为图书馆无偿地传递文献，传播知识是历史的选择，作此选择，其理由再简单不过了。社会的进步主要取决于人的素质的提高，学校和图书馆就是用于提高人的素质的社会机关；由政府集中社会成员的财富投资于图书馆，然后再由社会成员无偿利用图书馆，是确保智力投资最大收益的最佳途径。④同时，社会的最高目标是人的全面发展。从这个意义上考虑，图书馆及其无偿服务又成为国家确保公民权利（平等、便利地享用文献以实现全面发展）的象征。图书馆的特殊社会意义和国家投资的形式决定了它的公益性、事业性。既然是公益性的、事业型的，就要以最广大的读者服务为宗旨，既要切实、全面履行保存文化遗产，开展社会教育，传递知识、情报，开发智力资源的社会职能，就要以无偿服务为主要形式。

所谓公益性，是指它所提供信息服务只能由人们共同占有和享用，它具有明显的不可分割性和非排他性。就利益而言，此种利益具

---

① 吴建中 .21 世纪图书馆新论 . 上海：上海科学技术文献出版社，1998：p.81，pp.203～209

② 吴建中 .21 世纪图书馆新论 . 上海：上海科学技术文献出版社，1998：p.81，pp.203～209

③ 吴建中 .21 世纪图书馆新论 . 上海：上海科学技术文献出版社，1998：p.81，pp.203～209

④ 彭斐章 . 世纪之交的思考——中国图书馆事业的昨天、今天和明天 . 图书馆，1995（1）

有公共性、社会性、整体性；利益主体是公众、社会、国家、民族，而不是社会成员中的某一个体。公益性所蕴含的这种公共利益，具有十分丰富的内容：包括社会层次上的经济利益、政治利益、文化利益等。这种公共利益是一种知识信息利益。但是，随着市场经济的不断发展，文献信息深层次开发以及世界范围内图书馆资金的紧张状况，图书馆又提出有偿服务的问题。我们认为，公益性服务的目的是获取最大的社会效益，凡是面向普遍需要的服务，必须是免费服务，即使是收费也应该控制在特殊服务的范围。

4 图书馆资源配置与新的条块分割

文献资源共享长期以来是图书馆界共同追求的目标。从理论上说，社会信息化，将自然消除文献资源共享的障碍。但是，今天，文献资源建设仍然各自为政。

目前我国的图书馆依旧处于“分散多头、各自为政”状态，许多系统或部门还在营造自己封闭的小体系，部门封锁严重；体制、组织上的松散联合极大地制约了图书馆整体效益的充分发挥。传统的图书馆合作中的重要特征是“条条”合作与“块块”合作各自为阵。“条条”方面表现在以专业或系统为纽带，如美国的研究图书馆网络、医学图书馆网络、大学图书馆网络，中国的公共图书馆系统、科学图书馆系统、大学图书馆系统等；“块块”方面表现为地区图书馆网络，例如，中国的地区图书馆协会或协作委员会。这种合作有其历史必然性，也有其重要的历史贡献。但是，这种“条条”结构的合作与地区性的“块块”合作形成天然的障碍。“条条”主要对共同的主管部门负责，如教育部；“块块”则主要对地区主管部门负责，如地方文化厅或科技厅。二者之间形成新的资源浪费，也无法真正实现资源共享，使一墙之隔的不同系统之间的图书馆资源不能实现共享。

1993 年，我国加快了信息化建设的步伐，中国金桥网（CHINAGBN）、中国教育科研网（CERNET）、中国科技网（CSTNET）、中国公用计算机网（CHINANET）作为我国国家级的四大计算机互联网络随之先后建立起来，为我国图书馆网络的建设提供了良好的基础和发展条件。各个图书馆的计算机或计算机局域网可以利用这四大互联网相互连接，各种规模乃至全国的图书馆网络也可以借助这些互联网来建立，因而在 1994 年，原国家教育委员会（以下简称“国家教委”）在“211 工程”中提出建立 CERNET 方案的同时，也提出了建立高校图书馆网络（文献信息资源共享服务系统）的项目。与此同时，中国科学院在决定实施中国科学院计算机网络工程（CASNET，又称“百所联网”工程）时，也提出建立中国科学院文献情报信息共享系统①。北京图书馆（现改名为“国家图书馆”）于 1995 年开通了远程光盘检索系统，将其电子阅览室的 70 多个光盘数据库的上亿条记录通过电话拨号方式为各地读者服务。由中国科学院文献情报中心、北京大学图书馆和清华大学图书馆联合建立的“中关村地区书目文献信息共享系统”（APTLIN）于 1993 年 6 月启动。除了这些全国性的图书馆网络之外，还有珠江三角洲图书馆网这样的地区图书馆网络的建立。依赖不同的网络建立的图书馆资源、书目数据资源无法实现资源共享。

（原载《图书馆论坛》，2002 年第 5 期）

① 薛冬．我国最大的科学图书馆落成．光明日报，2002-6-21

国内外图书馆学研究现状与发展趋势

【摘　要】图书馆与信息技术具有天然的和本质的内在联系，以现代信息技术为依托的社会经济全球化、国际化和全新的网络化、数字化信息环境，对图书馆学研究产生了根本性的影响。以这一历史条件为背景，对国内外图书馆学研究的现状和发展趋势作了系统的阐述。

【关键词】图书馆学　研究现状　发展趋势

【中图分类号】G250　　【文献标识码】A

【文章编码】1005－6378（2002）02－0081－06

一、导　　言

在人类社会进入21世纪之际，随着当代信息技术的高度发展和广泛应用，社会信息化进程不断加强，以因特网为主干的国际计算机信息互联网迅速延伸到每一个角落，正在形成全球性的、高效率的信息资源共享和传输体系。这一世界性的，以现代信息技术为基础的，面向全人类的社会基础设施彻底改变了人类知识信息生产、分配和利用的格局。一个以知识、信息为基础资源的新的经济形态正在由发达国家向全球扩展，日益成为人类社会经济发展的主导力量，进而对人类社会的经济结构和社会生活的各个领域和各个方面产生全面而深刻的影响。

图书馆学与信息技术有着天然的和本质的内在联系，因此，以现代信息技术为依托的社会经济全球化、国际化和全新的网络化、数字化信息环境，对图书馆学研究所产生的影响是根本性的。图书馆学研究进入了学科发展史上的一个十分关键的历史阶段，图书馆学界务必结合当前的社会信息化实践，深入研究这一领域所面临的重大理论问题和重点现实问题，在深化学科建设的同时，为推进信息化进程作出自己的历史贡献。

新世纪之初，是学科建设和学科发展史上的一个历史回顾的时刻，也是一个立足现实进行学科建设的时刻，更是一个展望未来为学科的长期发展展开前瞻性研究的时刻。在这一时刻，无论是进行回顾，进行建设，还是进行前瞻性的研究都具有特殊的意义。

二、研究现状

（一）国外研究概况

1. 图书馆学新的学科知识生长点大量涌现。20 世纪中后期特别是 20 世纪末，由于信息技术的飞速发展，图书馆作为知识信息的社会传播媒介的功能日显重要，尤其网络环境下的知识信息的资源建设、知识信息的组织开发，以及数字图书馆、电子文献、智能检索等课题纷纷成为图书馆学研究的新的学科生长点。这些新生长点是图书馆学与信息科学、计算机科学、管理学等新兴学科以及社会学、经济学等蓬勃发展的传统学科交叉融合的产物，这说明图书馆学在信息时代和知识经济的历史条件下具有旺盛的生机与活力。

2. 图书馆学研究领域不断进行战略性拓展，研究内容和研究深度发生多次质的跃迁。传统图书馆学的研究空间是以馆藏建设与图书馆管理为基本范畴的。20 世纪 80 年代以来，在发达国家先后进入信息经济的历史条件下，图书馆学研究逐渐向信息资源、信息产业与信息服务领域拓展，试图将图书情报机构视为社会信息系统的有机构成并重新为它进行社会定位。然而仅仅时隔数年，在知识经济出现之际，图书馆学刚刚开辟的这些关于“信息”的研究领域又发生了质的飞跃，进一步向“知识”层次深化。即在一般性信息管理的基础上又形成了更高层次的信息管理——知识管理，信息资源的开发建设又升华为对知识资源的组织建设与开发。这一情况足以证明，图书馆学的学术研究和图书馆学的学科建设与信息时代的历史进步和知识经济的深化具有紧密的、内在的和直接的必然联系。

3. 图书馆学基础理论研究进一步深化。随着网络技术与知识经济给图书馆带来的巨大冲击，传统图书馆的命运、未来图书馆的社会组织形态、图书馆社会职能的变化等问题逐步突出。针对这一情况，欧美、俄罗斯等地区和国家的图书馆学学者作了大量的前瞻性的研究。最具代表性的是1995年美国图书馆学家克洛福特与高曼合著的专著《图书馆的未来：梦想、疯狂与现实》，对阮冈纳赞图书馆五定律进行了延伸，提出了新五律，并称之为未来图书馆生存与发展的基本要素。

4. 开展网络信息资源利用开发研究。因特网的发展，推动了信息服务手段向数字化、网络化和多媒体化的方向发展。与此相应，情报检索技术不仅得到了迅速发展，而且得到了社会各领域的广泛应用。例如，搜索引擎、元搜索引擎、基于内容检索等。1995年3月联机图书馆中心（OCLC）和美国超级计算机应用中心（NCSA）在美国俄亥俄州的Dublin召开了研讨会，为因特网信息的组织制定了数字资源的著录标准。

5. 数字图书馆的研究与建设获得重大进展。在欧美国家，数字图书馆已从研究实验阶段转向面向用户的建设。1993年美国国家科学基金会（NSF）等发起的数字图书馆创始工程（Digital Library Initiative）在1994～1998年经过第一期工程（DLI-1）后，第二期工程（DLI-2）已从1999年正式开始。英国、法国、德国、日本、意大利等国在此期间也开始实施自己的数字图书馆计划，并纷纷取得了阶段性成果，准备进入更高层次的研究与开发阶段，有的发达国家人士还倡议开发建立全球性的数字图书馆。

6. 图书馆应用技术的开发更加广泛。图书馆是应用现代信息技术最早、最为成熟也是最为重要的领域之一。近年来，声像技术、复制技术、计算机技术、网络技术、光盘技术、全文存储技术和多媒体技术已成为图书馆工作的重要技术基础。随着信息技术、通信技术的发展，图书馆学又开辟出众多新的技术开发项目。如自动化网络技术、自动标引与分类技术、自动语言规范技术、知识库建设、智能检索手段、参考咨询系统、智能机器翻译、自然语言处理等，都是图书馆学重要的研究课题。与此同时，地区合作、国家合作的技术项目也日益增多。

（二）国内研究概况

1. 图书馆学基础理论研究在新的历史条件下继续发展不断深化。表现为：（1）在现代信息技术特别是在网络技术的强力推动下，在信息经济不断深化，知识经济日益增长，人类社会经济全球化信息化进程不断深入，我国的社会转型日益加快的历史大背景下，国内的图书馆学基础理论研究对未来图书馆的新环境、新格局、新功能十分关切，提出了一些有较大影响的观点，并开始考虑如何建设一个面向21世纪的图书馆学学科体系，如何顺利实现传统图书馆学向现代图书馆学的历史转型与过渡的问题。（2）基础理论研究与应用理论研究在理论认识与研究实践上逐渐由初始阶段的综合开始走向分野。这标志着图书馆学研究正在走向成熟，预示着由既具有紧密的内在联系又相对独立的基础理论体系和应用理论体系共同构筑的图书馆学理论大厦有望在若干年内形成，初步完成图书馆学学科的理论体系建设。（3）产生了一批对图书馆事业与图书馆学研究进行历史回顾与总结的学术论著。（4）随着图书馆学学科建设的深化和发展，关于图书馆学学科建设的深层次理论问题逐渐浮出水面，图书馆学研究者对本学科的元问题日益敏感，研究对象、学科建设与发展乃至图书馆哲学成为目前的研究热点。2000年4月中国图书馆学会基础理论专业委员会在常州召开学术研讨会，专门就网络环境下图书馆学学科新的知识生长点以及当代图书馆和图书馆学的定位与发展问题进行了有益的探讨。

2. 图书馆学的应用理论研究不断走向深入。表现为：（1）由于图书馆学是一种综合性应用性的交叉学科，因此在应用理论层面建立专门图书馆学具有十分重要的理论意义。80年代末90年代初提出的关于建立中国图书馆学和当代中国图书馆事业发展研究的系统理论与思想，标志着图书馆学应用理论研究及其学术思想的进一步成熟。（2）在社会转型和市场经济的冲击下，在相当长的一段时期内图书馆界呈现一种理论上困惑与实践上盲目的状态。针对这一状况，如何用现代产业观来研究分析图书馆现象是理论界不容回避的问题。用现代产业观对图书馆事业和当前图书馆事业建设实践所进行的系统研究，代表了中国图书馆学界在向市场经济转型的历史条件下，图书馆学应用理论研究所达到的新高度。(3) 信息服务研究不断深入，现代目录学研究的深入与发展为文献信息服务领域研究的深化奠定了坚实的科学基础。(4) 文献信息资源建设与共享及文献信息资源社会保障的研究不断深化。因特网的发展，推动了我国信息资源建设不断深入和发展。图书馆学在这一领域的研究，从传统的藏书建设到文献资源建设再发展到信息资源建设，反映出研究领域不断拓展，研究内容不断深化的趋势。(5) 结合数字图书馆的建设，关于数字图书馆的理论研究不断走向深入，为数字图书馆的建设实践与技术开发奠定了科学基础，不断发挥理论的指导作用。

3. 在相关理论的指导下，图书馆事业建设蓬勃发展。(1) 图书馆文献信息资源建设的实践活动取得了重要进展。如上海图书馆近年实施了文献信息资源共建共享计划，目前已开通共建共享协作网页；北京、上海、辽宁等地图书馆馆藏古籍数字化资源转换工作也取得积极成效；各地公共图书馆的地方文献体系及特色图书馆的建设也粗具规模。(2) 数字图书馆建设进入实施阶段。2000 年 4 月，中国数字图书馆工程正式启动，其目标是建立一个超大规模的、分布的、可以跨库检索的海量国家数字化信息资源库。作为数字图书馆工程顶层设计的中华文化信息网现已开通。除图书馆系统外，目前与“863 计划”中国数字图书馆发展战略组签约进入共创的单位还有博物馆、新闻出版、广播影视三个行业。与此同时，国家科技图书馆文献中心也正式成立。该中心是一个虚拟式的科技信息资源机构，是国家创新体系的重要组成部分，其发展方向将是我国最大的专业化数字图书馆，为保障国家科技发展、增强综合国力提供科技信息资源支撑服务。

4. 图书馆学国际交流日益扩大。1996 年在我国北京成功举办了62 届国际图联大会，国内参会代表 900 多人，经国际图联执委会批准发表了 58 篇论文，向国际图书馆学界展示了我国的研究成果。1996 年 9 月，经教育部批准，由武汉大学等单位联合在武汉主办了“′96 信息资源与社会发展国际学术研讨会”；2000 年 6 月，文化部召开了“中文文献资源共建共享合作会议”，来自欧美、东亚等地的 60 余名代表共同探讨了全球中文文献资源共享体系的问题，会议还成立了以开发中文元数据为目标的“中文 medadata 标准格式合作小组”。

在地区学术交流方面，海峡两岸图书情报学术研讨会分别在北京、武汉、上海、广州、成都等地定期召开，两岸专家频繁互访。

中外专家、港台专家互访、讲学，加强了合作，增进了友谊，推动了图书馆学情报学学术的发展。

随着因特网的迅速发展，国际学术交流逐渐向网络化方向发展，特别是联合国科经贸信息网的开通，为国际学术交流提供了友好窗口。

三、发展趋势

目前，图书馆学研究呈现出以下发展趋势：

（一）图书馆学研究呈跨学科研究的发展趋势

第二次世界大战以后，以信息论、系统论和控制论为代表的横断学科的出现，打破了近代以来人类科学思维的方式，世界科学发展由此形成了跨学科、交叉发展的重要趋势。尤其在20世纪六七十年代，西方国家的跨学科发展曾掀起过一个高潮。20世纪80年代以来，我国图书馆学的发展也呈现出这种趋势。这一趋势一方面表现为图书馆学与情报学、档案学等在学科发展史上有同源关系的学科之间的交叉研究，另一方面表现为图书馆学与其他各相关学科的交叉研究。

图书馆学、情报学、文献学和档案学具有共同的历史渊源，在内容、性质、方法、技术手段甚至在学科发展方向上都存在着明显的相同点或相似点。作为不同的二级学科，这四门学科由于具有各自相对独立的研究对象、研究内容和应用范围，因此在历史上，这些学科的研究工作都在各自不同的研究范围内独立进行。电子计算机和网络技术的迅速发展和在各门学科中的具体应用，已经并正在进一步打破这些学科之间的壁垒，它们之间的相互融合、渗透、一体化的趋势十分明显。这四大学科之间紧密联系，捆绑发展，形成了较强的学科群的特点。

现代图书馆日益强调图书馆的情报职能以适应社会日益增长的情报需求，而情报工作的社会教育职能在知识经济的历史条件下的社会需求也是社会发展的必然。在这种情况下，图书情报工作一体化不仅在理论上已经形成共识，而且在社会实践上，上海图书馆与情报所的合并也为此提供了成功的范例。在理论研究和社会实践的推动下，在这四大学科之中，图书馆学与情报学的合流趋势最为明显。在社会信息化、社会信息资源的组织建设与科学管理等事关当代社会进步与科技发展的核心领域的研究上，无论是理论基础、研究对象、研究内容还是研究方法，这两个学科都没有实质上的区别。正因其如此，越来越多的图书馆学和情报学家在其论著中，对这两个学科不再加以严格区分，往往将这两个学科并列在一起称“图书馆学情报学”，或径直将这两个学科合称为“图书情报学”。

图书馆学与其他学科的跨学科交叉，既表现为学科建设层面，也表现为实践应用层面。

在学科建设层面，图书馆学与社会学、管理学、数学、计算机科学、信息论、系统论、控制论、经济学、法学、大众传播学、文化学、教育学、哲学、史学等相关学科正在不断交叉融合，从简单地交换学术思想，直到全面交流学术观点、方法、术语等各种学术资源。图书馆学目前正在迅速成为当代科学体系中一门十分活跃的综合性交叉学科。

传统的图书馆学、情报学与文献学科不但很少向其他学科提供学术思想和研究方法，对其他学科在社会实践层面的应用领域也几乎毫无影响。但在网络环境下，数字化信息资源的组织建设、科学管理、开发利用与社会共享是一个十分复杂的广泛涉及社会各领域的宏观课题，需要综合采用图书馆学、情报学、文献学、信息科学、计算机科学、经济学、法学、管理学、社会学的理论、原则和方法进行协同研究，这使得图书馆学与这些学科之间的相互交叉渗透特别明显和突出。图书馆学在充分吸收各相关学科的科学思想、理论和方法的同时，也不断地向这些学科领域提供自己的思想、理论与方法，与这些学科一道共同解决数字化信息资源的组织和利用问题，共同为当代人类社会的信息化进程提供源源不断的科学动力。

（二）人文传统与技术进步并重的趋势

在人类历史上几乎每一次科学技术的革命都推动了图书馆事业的发展。从纸张、印刷术的发明到电子计算机与网络通信技术的开发、发展和广泛应用无不如此。在当今世界，图书情报工作由于现代信息技术的应用，彻底改变了传统的工作方式，图书馆事业的社会形象面貌一新。现代信息技术的迅速提高和持续发展，不断给图书馆学创造新的研究领域与新的学科知识增长点，成为现代图书馆学不断发展的强劲动力。

传统图书馆学的主要研究对象是人类文明的结晶——文献信息。因此这一学科具有浓郁的人文传统。特别是近代图书馆自其形成以来，始终以消除一切歧视，实现社会公平，使社会成员能有效、便捷地获取公共信息与知识为其自律规范与社会目标。图书馆事业在发挥其社会职能过程中所孜孜以求的社会目标充分体现了民主、自由、公平等当代全人类所共同珍视的最为基本的人文精神。

农业文明和工业文明是一种以物质资源为基础，基本上是一种"以物为本"的物质型文明，而信息文明的本质则应是一种以信息和知识资源为基础，以生成信息和知识的本源——"人"为核心的，即"以人为本"的非物质型即精神型文明。在工业文明时代，图书馆学与图书馆事业为推进人类人文精神的进步作出了重要的历史贡献，而在信息时代，作为以现代信息技术为依托，以社会信息化和信息文明建设为社会终极目标的信息管理科学的分支学科，伴随其自身技术含量的不断提高，其具有信息时代历史高度的人文关怀也必然与日俱增，并伴随历史的进步，不断实现其在物质型文明的历史条件下所无法彻底实现的人文理想。

（三）学科建设的整体性、系统性不断增强的趋势

图书馆学的内容体系由"理论"和"技术方法"即"基础"与"应用"两大板块构成，这一结构形式与范式特征是由其研究对象和科学目标所决定的。作为一门实践性应用性较强的综合性交叉学科，图书馆学的学科体系应由基础理论、应用理论和应用技术三部分构成，其中应用理论和应用技术是其主体部分。这三个方面应既各自相对独立自成体系，又相互衔接内在联系紧密，共同构成一个系统完整的科学体系。改革开放以来，尽管我国图书馆学在理论建树上取得了巨大成绩，但就其学科建设的总体状况而言，一直存在整体性、系统性不足的问题，始终未能形成这样一个系统完整的科学体系。这一局面具体表现为，来自实践部门的一些研究成果尚停留在对经验和技术的简单描述阶段，而来自教学单位的一些研究成果又偏重于思辨和抽象模式的建立而缺乏实证性研究，这两部分研究由于缺乏中间层次的过渡性研究而处于相互游离状态，这一现象实际上反映了图书馆学学科建设的不成熟状态。形成这一状态的根本原因是基础理论、应用理论和应用技术这三个组成部分均发展不够，既没有形成相对独立的理论或技术体系，又未能相互衔接、联系紧密，共同构成一个系统完整的科学体系。近几年来，图书馆学界逐步重视开发性、应用性研究，许多课题围绕着当前图书情报事业建设与发展实践所面临的重大现实问题展开，如文献信息资源的共建共享、数字图书馆的创建等。这样，图书馆学的应用性实用性特征不断加强。与之相对应的是，理论指导性强，具有纵深层次的内涵性、思辨性和前瞻性的理论研究成果也不断出现，这预示着建立在实践基础之上的图书馆学研究，将在基础理论研究、应用理论研究和应用技术三者之间构建一种有效的系统平衡和整体发展的关系。

（四）体现民族特色、增强理论原创性、开掘学科前沿性研究的趋势

图书馆事业不仅仅是物质技术的产物，它是在复杂的社会因素和历史条件基础上所形成并存在于特定历史发展阶段的社会文化现象。文化的本质是人类文明的历史形态和社会表达形式。因此，文化的要义在于特色，否定了特色，也就否定了文化。同时文化又是一个历史概念，在人类社会不同的历史发展阶段，文化又具有不同的历史内涵。当今时代的人类文化内涵，一方面表现为人类文化全面整合、整体发展的历史大趋势，一方面表现为在这一历史背景下的民族特色和本土特色，这种多元一体的整体发展是当代人类文化建设的时代特征，即信息文明的历史特征。以人类社会图书馆现象的共同规律为研究对象的普通图书馆学是以人类的共同文化为基础的，因此可以同时也必须超然于民族文化之上，而在以民族国家为基本文化单元的背景下，以相对具体的社会空间范围内的图书馆现象的特殊规律为研究对象的应用图书馆学则必然与民族文化具有不解之缘。图书馆事业与文化的乃至与社会和历史的这种内在的和本质的联系反映了图书馆事业历史发展的内在规律性。

在我国，应用图书馆学如何实现本土化，如何建设具有本民族特色的中国图书馆学以有效推进中国图书馆事业的历史发展，这类应用理论层面的原创性问题一直未能得到很好的解决。在这一领域，自近代图书馆学理论传入中国后，始终处于不断跟踪与追随国外发展水平的被动状态。20 世纪 50 年代到 70 年代以模仿前苏联为主，而在此之前与之后则主要是以西方的学术思想与学科建设范式为圭臬。实际上，中国图书馆学建设自有自身的优势，并应将这一优势发展成自身的特色。中国图书馆学建设无可比拟的优势在于我们拥有历史悠久的传统文化和丰富的学术资源。中国的古典校雠学、目录学、版本学产生于具有上千年历史的藏书实践之中，不但富有民族特色而且发展十分成熟。如何使这些无比宝贵的文化遗产成为现代图书馆学学术思想和科学理论的有机构成要素，这是中国图书馆学理论研究原创性开掘的关键。

近 20 年来，我国图书馆学研究尽管在体现民族特色发挥传统优势方面十分不够，但仍在基础理论研究和应用理论研究两个方面出现了一些具有较强的原创性和前沿性的研究成果，在一定程度上扭转了历史上曾一度存在的简单地照搬或是机械地模仿外国的被动局面。

需要注意的是，中国图书馆学的原创性建设绝不可误入文化复古的迷途，必须是站在信息文明的人文精神建设的历史高度上，对民族历史文化遗产的科学利用。只有如此，中国图书馆学的原创性建设才既是原创的，更是前沿的，才能保证中国的图书馆学研究站在当今世界科学研究特别是应用图书馆学研究的前列。

参考文献

1. 彭斐章．图书馆、情报与文献学．教育部社政司科研处．人文社会科学研究现状与发展趋势——高校“十五”科研规划咨询报告选．长沙：湖南大学出版社，2001

2. 彭斐章．迈向 21 世纪的我国图书馆学情报学研究生教育．中国图书馆学报，2000（1）

3. 彭斐章．科学研究与开发中的信息保障．武汉：武汉大学出版社，1998

4. 彭斐章．书目情报需求与服务组织．武汉：武汉大学出版社，2000

5. 彭斐章教授七秩寿庆论文集编辑小组．当代图书馆学目录学研究论集．武汉：湖北人民出版社，2001

6. 吴慰慈．回顾过去展望未来开拓前进——建设面向 21 世纪的图书馆学学科体系．中国图书馆学报，1998（5）

7. 吴慰慈，罗志勇．中国图书馆学理论研究现状．图书情报工作（LIS），1996（4）

8. 吴慰慈，张广钦．1990 年以来的中国图书馆学基础理论研究．图书情报工作（LIS），1997（5）

9. 吴慰慈，许桂菊．中国图书馆学研究的成果及展望．图书馆，1998（5）

10. 吴慰慈，杨文祥．从传统图书馆学向现代图书馆学的转型与过渡．图书馆，2001（1）

11. 吴慰慈，杨文祥，王秀亮．现代产业观与图书馆（系列论文之一之二之三）．图书馆，1996（5）（6）、1997（1）

12. 杨文祥．图书馆社会职能的历史阶段性——兼论建立中国图书馆学．图书情报论坛，1989（1）

13. 戴煜滨．论中国图书馆学的形成与发展．中国图书馆学报，1996（6）

14. 杨文祥．论 21 世纪图书馆学学科建设方向、学科性质与学科定位．中国图书馆学会编．21 世纪图书馆：发展与变革．北京：北京图书馆出版社，2000

15. 陈景唐，杨文祥．关于“当代中国图书馆事业发展研究”及有关问题的探讨．图书馆建设，1993（6）

16. 黄宗忠，陈幼华，袁琳．改革开放以来图书馆学基础理论研究综述．中国图书馆学会编译出版委员会．中国图书馆事业二十年．北京：北京图书馆出版社，1999

17. 杨文祥．21 世纪图书馆事业与图书馆学研究的若干问题．中国图书馆学报，2001（1）

18. 杨文祥．论信息文明与信息时代人的素质——兼论信息创新的哲学本质．河北大学学报，2001（1）

19. 杨文祥 . 论社会信息系统及图书馆在信息社会中的地位与作用 . 马费成 .96’信息资源与社会发展国际研讨会文集 . 武汉：武汉大学出版社，1996

20. 杨文祥 . 文献信息社会学三论（信息资源与文献信息资源社会保障系列论文）. 图书馆学研究，1996（5）、1997（4）、1998（4）、1999（2）

21. 杨文祥，王秀亮，夏跃军 . 文献资源共享的历史回顾与现实任务 . 大学图书馆学报，2000（2）

合作者：杨文祥

（原载《河北大学学报（哲学社会科学版）》，2002 年第 2 期）

数字化时代的图书馆学研究

一、图书馆学面临新的信息环境

当21世纪到来的钟声即将敲响的时候，从欧美到亚洲，从发达国家到广大的发展中国家，兴起了一场全球性的信息革命的新浪潮。这次信息革命影响面之广，涉及技术之尖端，以及对人类社会行为方式的影响都是前所未有的，同第一次信息革命不同，这次信息革命出现在世界“冷战”之后，将是一次综合国力的竞争，信息产业成为国家重要经济增长点之一，也是制约整个国民经济发展的重要因素。作为研究文献信息的采集、组织、传递和开发利用规律的图书馆学，正面临着一个新的信息环境。新的信息环境为图书馆学研究的发展提供了前所未有的机遇，与此同时，也提出了严峻的挑战。图书馆学研究应当自觉地适应新时代的需求，抓紧机遇，迎接挑战。那么，图书馆学研究面临的是一个什么样的时代呢？

从图书馆学发展史来看，作为现代意义的图书馆学产生于19世纪的德国，德国的M. 施雷廷格于1807年最早使用了“图书馆学”这一专门术语，19世纪以来，随着公共图书馆运动的兴起，图书馆事业迅速发展，图书馆学也在科学之林确立了自己的地位。但是，从19世纪到20世纪50年代，图书馆学究竟是一门科学（science）还是一门艺术（arts），在美国曾引起激烈的争论，这说明图书馆学在当时还未成熟。

第二次世界大战以后，世界格局发生了很大变化，由于治愈战争创伤和恢复世界经济的需要，科学技术得到了迅速的发展，50年代初期，欧美和前苏联的图书馆事业发展很快，图书馆学教育受到了前所未有的重视。50年代初，美国伊利诺依大学图书馆学家路易斯·莱德纳（Lou’s N. Ridenour）适时地宣布图书馆学进入了“科学时代”（age of science），尽管世界各国图书馆事业发展水平不同，图书馆学进入科学时代的时间有先有后，但是，我们注意到50年代图书馆学所处的新环境是文献数量急剧增长和图书馆自动化的开展，科学时代的图书馆学正是适应了这种背景，抓住了发展的契机，文献计量研究、书目控制研究、文献资源共享研究、文献工作标准化研究、图书馆自动化研究等，均成为这一时期图书馆学研究的新课题，同时在这些领域的研究也取得了令人瞩目的成果。60年代美苏争雄，美国图书馆事业倍受青睐，图书馆学教育繁荣，先后建立了68所图书馆学情报学研究生院，图书馆学研究有了长足进步。80年代冷战加剧，又极大地刺激了高新技术的发展和广泛应用，从而引发了信息革命，导致了人类社会由工业社会向后工业社会的深刻变革，人们认为80年代的社会结构已由50年代的工业社会进入信息时代，美国图书馆学家宣布图书馆学研究进入信息时代（age of information）。信息时代的图书馆事业的主要特征是由传统的简单协作发展到地区协作与国际合作，全球文献工作标准化，图书馆管理自动化。在这一时期国际上产生了公共图书馆书目查询系统，地区或专业性图书馆网络（如美国华盛顿图书馆网络、医学图书馆网络）。图书馆学情报学一体化研究，图书馆协作、联机书目系统等都是这一时期的重要研究课题。

90年代中期，从美国开始，欧洲、日本、中国等先后开始筹建本国信息高速公路暨国家信息基础设施，从而引发了第二次信息革命。随着知识经济的勃兴，社会信息化与信息社会化的速度的加快，信息技术的飞速发展，信息基础设施的建设，Internet的普及，使人类图书馆事业呈现出崭新的面貌。新的信息革命的核心是数字化技术，数字化技术必然引起有关信息资源的采集、组织、传递、开发和利用方式方法的巨大变革，它既为图书馆学研究的发展创造了新的条件和机遇，也为图书馆学研究开拓了广阔的前景。因此我们认为图书馆学研究已经进入数字化时代（age of digital）。

二、新信息环境下的图书馆学研究

1. 数字化时代图书馆学的定位问题

图书馆学是一门什么样的科学？这是学科的定位问题，是开展图书馆学研究首先必须明确的一个问题。尽管人们对图书馆学的学科定位问题有着不同的看法，但我们始终认为，即使处在数字化时代，图书馆学也理应定位在“管理学科”这一坐标上。1997 年 6 月国务院学位委员会、国家教育委员会颁布的《授予博士、硕士学位和培养研究生的学科专业目录》将图书馆学、情报学和档案学划归到“管理学”学科门类中的“图书馆学、情报与档案管理”一级学科下面，这是符合逐步规范和理顺一级学科，拓宽和调整二级学科的专业目录修订原则的。回顾图书馆学最早归属文学学科门类，后来归入理学学科门类，现在划归管理学学科门类，这是适得其所，符合图书馆学的学科定位的，对确立图书馆学的研究规范，为今后培养高层次的图书情报专门人才，发展学位教育都是至关重要的。在我国图书馆学研究进程中，曾有同志试图拔高图书馆学研究层次，通过纯理论推导来发展图书馆学，也有同志企图否定图书馆学理论的重要性，将其降低到简单地经验描述式的图书馆学研究层次，这两种倾向都存在片面性。图书馆学是一门应用性、实践性很强的学科，它所揭示的是人类图书馆活动的规律。图书馆事业是图书馆学研究的基础和先导，现代图书馆学有着深厚的催生其发展的图书馆事业的沃土，图书馆学研究必须坚持理论联系实际的方针，图书馆学理论源于图书馆实践，同时又服务于实践，理论要总结实践，反映实践，还要有超前性和预见性，否则就失去了理论的先进性。

图书馆学需要吸收其他学科的研究成果和方法来促进自身的发展，同时，图书馆学也为其他学科的发展提供知识与方法支持；图书馆学是强调服务的科学，服务观念应成为图书馆学思想的重要因素，离开了服务，图书馆事业就失去了存在的价值。离开了服务，图书馆学研究也就偏离了方向。

2. 数字化时代图书馆学的使命问题

面对新的信息环境，图书馆学研究充满着挑战和机遇，图书馆学的使命就是要服务于国民经济信息化的需要，服务于科教兴国的需要。国家信息基础设施通常包括三方面的内容：①硬件：包括通讯设备、线路、计算机平台；②传输：包括通讯协议、标准等；③内容：包括各类知识与信息、情报。我们要将图书馆事业作为国家信息基础设施的一个组成部分，从大局出发来规划图书馆事业。将本馆的基础设施建设作为大信息系统的一个组成部分和长期工作来看待。图书馆的基本功能仍然是保存人类文化遗产，传递科学情报，开展社会教育，丰富人民群众的文化生活，无论社会信息环境发生怎样的变化，图书馆的基本功能是不会被替代的。但是我们必须研究新的信息环境下图书馆实现这些功能的新方法和所面临的新问题，例如传统的阵地服务与分散的个体服务两者并存的模式研究等。从图书馆的社会教育功能而言，我们要研究新的信息环境下文化信息的平衡问题，信息伦理与平等问题。

3. 数字化时代图书馆学研究的基点问题

关于图书馆学研究的基点问题，曾经有人主张从图书馆事业发生、发展规律上来探索图书馆学的理论问题。我们认为这是非常重要的，但是，除此之外，我们还要强调应将读者信息需求作为新信息环境下图书馆学研究的出发点，也就是研究的基点。一切为了读者是现代图书馆管理的精髓，现代图书馆管理的任务就是使文献、知识和信息与读者需求最恰当地、有序地相结合，最大限度地满足读者的需求，全方位、多层次地为读者提供优质服务。读者对文献、知识和信息需求的方式、手段、行为和特点时刻在发生变化，只有经常研究读者对知识和信息需求的特点和规律，才能使图书馆学研究贴近时代要求，适应新的信息环境的需要。读者信息需求是图书馆学研究的出发点，信息服务是图书馆学研究的永恒课题。

图书馆学是一门发展中的学科，具有鲜明的时代特征，它是随着时代的前进而不断发展变化的，从图书馆学与时代这一命题来看，图书馆学研究经历了科学时代——信息时代——数字化时代这样一个历程。我们始终认为，当前图书馆学研究进入了数字化时代，主要是强调图书馆学研究的时代特征，图书馆学研究必须适应数字化时代的需要，迎接时代的挑战。但是，我们始终认为，传统图书馆学内容是数字化时代图书馆学研究的基础，读者的信息需求是数字化时代图书馆学研究的出发点，服务依然是数字化时代图书馆学研究的主线，信息资源建设是数字化时代图书馆学研究的重要内容。

（原载《图书情报工作》，1998 年第 9 期）

图书馆学定有灿烂的未来

随着21世纪钟声的临近，历史的行程已经走向新旧世纪交替的转折时期。值此世纪之交，我们会很自然地思索如何总结图书馆学的发展历程，分析图书馆学科建设的现状，认识图书馆学的地位、成就、局限以及未来走向，这是每一个富有使命感的图书馆学家不可推诿的责任。

我们知道，中国是世界上最早建有图书馆的国家之一，它自产生以来，不曾中断地保藏着记录和撰述伟大中华民族文明进程的大量文献资料。据不完全统计，现存于各大图书馆里的唐宋以来的古籍约10万种以上，这不仅是我们极其珍贵的文化遗产，而且也是中华民族对整个人类文明作出的独特的、卓越的贡献。但是，作为现代科学意义上的独立学科的图书馆学则产生于19世纪初的西方。德国的M.施雷廷格于1807年最早使用“图书馆学”（bibliothekswissenschaft）这一学科专门术语，1808～1929年间他出版了2卷本《图书馆学综合性试用教科书》，他认为图书馆的作用是将收集到的相当数量的图书加以整理，并根据求知者的各种要求将图书提供给他们利用，图书馆学的内容就是符合图书馆目的的图书整理方面所必要的一切命题的总和。图书馆管理应当成为一门专门而又独特的学科。《图书馆学综合性试用教科书》的出版，被认为是图书馆学诞生的标志。近代图书馆学理论研究的代表人物和代表作有：德国的F.A.艾伯特撰写的《论公共图书馆》、《图书馆员的教育》和《普通目录学词典》，英国的E.爱德华兹的《图书馆回顾》。1886年K.F.O.齐亚茨科在德国格廷根大学最早开设了图书馆学课程，1887年美国M.杜威创立了哥伦比亚大学图书馆管理学院，从此，西方图书馆学正式得到学术界和教育界的公认。中国自古就有丰富的图书馆学思想，经过漫长岁月的积累和系统化，中国图书馆学的发展逐步具有了一定基础。但是，中国图书馆学真正作为一门具有现代科学意义的学科，则出现在 19 世纪末和 20 世纪初。西方图书馆学思想的传入及与中国图书馆学的融合，使中国图书馆学走向近代化。一批中国图书馆学者出版了一批有影响的图书馆学专著，如杨昭悊的《图书馆学》上下册（1923）、杜定友的《图书馆学概论》(1927)、李小缘的《图书馆学》(1927)、刘国钧的《图书馆学要旨》(1934)、程伯群的《比较图书馆学》(1935) 和俞爽迷的《图书馆学通论》（1936）等，这些著作大多具有中西融合的特色。1925 年，中华图书馆协会成立，出版了《中华图书馆协会会报》和《图书馆学季刊》，从而为图书馆学学术交流开辟了渠道和园地。1920 年，武昌文华大学创办了图书科，1929 年改为武昌文华图书馆学专科学校（今武汉大学图书情报学院的前身），这是中国高等学校设立的第一个图书馆学专业。1925 年，上海中国国民大学设立了图书馆学系；1927 年，南京金陵大学设立了图书馆学系；1947 年，北京大学中国语言文学系成立了图书馆学专修科。这些专业为培养图书馆学专门人才、促进图书馆学的发展起了积极作用。

中华人民共和国的成立，为图书馆学的发展开辟了广阔的前景，使图书馆学步入了历史发展的新阶段。40 多年来，图书馆学发展的进程有时进步，有时后退，有时快，有时慢，中间还遭受十年动乱的破坏，可谓经历了一条曲折的发展道路。但总而言之，近 40 多年来，图书馆学的发展是中国历史上任何时期都不能比拟的，特别是 70 年代末以来，中国拉开了改革开放和现代化建设的序幕，开辟了建设有中国特色社会主义的道路，从而为图书馆学的发展创造了宽松的社会环境，使图书馆学取得了令人瞩目的成就和进展，主要体现在：

——建立和逐步完善了图书馆学学科体系，发展了一批分支学科，生产出一批图书馆学教材、专著和论文。据不完全统计，40 多年来共出版图书馆学专著、教材约 1 000 余种，发表论文 4 万余篇。特别值得指出的是，出版了反映国内外图书馆学研究成果的《中国大百科全书·图书馆学、情报学、档案学》和总结我国图书馆事业发展经验、展示新中国成立以来图书馆事业伟大成就的《当代中国的图书馆事业》。图书馆学发展到今天，已经建立起一定的学科理论体系和方法体系，拥有一批造诣较深且在国内外有一定影响的学术带头人和一批有较高学术水平的代表作。

——图书馆学应用研究取得了进展。图书馆学是一门实践性、应用性很强的学科，它根植于图书馆工作和图书馆事业建设的实践。近年来，开展了对图书馆事业宏观现实问题的研究，如文献资源现状调查、文献资源布局的分析研究等，取得了很好的效果。计算机在图书馆中的运用，一直是图书馆学研究的重点，现已形成了以计算机信息处理为主体的图书情报现代技术研究规模，图书馆集成系统的研制也取得了明显的进展。

——图书馆学专业教育得到了新的发展，图书馆学学科建设正步入兴盛时期。1977 年全国高等学校恢复统一招生考试以来，图书馆学教育发展很快，除原来的北京大学、武汉大学以外，1978 年以来新建图书馆学专业的有南京大学、南开大学、中山大学、四川大学、东北师范大学、华东师范大学、华中师范大学、北京师范大学、杭州大学、湘潭大学、山西大学、山东大学、黑龙江大学、郑州大学、湖南医科大学、空军政治学院、南昌大学等 50 所院校。经国务院学位委员会批准的图书馆学博士学位授权点有 3 个，即北京大学（1990 年）、武汉大学（1993 年）和中国科学院文献情报中心（1993 年）。图书馆学硕士授权点有 8 个：武汉大学（1981 年）、北京大学（1981 年）、华东师范大学（1984 年）、南京大学（1986 年）、中国科学院文献情报中心（1986 年）、南开大学（1986 年）、中山大学（1990 年）和空军政治学院（1990 年）。1994 年，首届博士生从武汉大学、北京大学毕业，迄今已有 9 名博士生获得图书馆学博士学位。至此，一个具有中专、大专、本科、硕士、博士五个层次和多种办学形式的完整的图书馆学教学体系已在我国形成，并不断地为图书馆学的发展和图书馆事业建设输送合格的专业人才。

——国内外学术交流非常活跃。1979 年，中国图书馆学会成立，随后，各省、市、自治区相继成立了区域性图书馆学会，各级、各类学会在开展图书馆学领域的学术交流、促进国内外图书馆界的联系与合作、开展图书馆继续教育、推广先进技术、沟通信息和推动图书馆学研究等方面，发挥着积极的作用。近年来，海峡两岸图书馆学情报学学术交流活动日益频繁。1990 年，台湾图书馆学参观团一行 14 人访问了北京、天津、上海、武汉等地；1993 年，应台湾大学邀请，大陆6位学者访问台湾，实现了两岸的双向交流。1993年和1994年，又分别在华东师范大学和北京大学举行了海峡两岸图书馆学情报学学术研讨会。第三次海峡两岸图书馆学情报学教育学术研讨会将于1996年在武汉大学举办，这些活动促进着我国图书馆事业的繁荣和图书馆学研究水平的提高，图书馆界还采取主办学术研讨会、组团出访考察、邀请国外专家学者或代表团来华讲学或考察以及互派访问学者和出国进修等方式，加强与国际图书馆界的联系与合作，并取得了很好的成效。

40多年来，我国图书馆学取得了巨大的成绩，这一点是有目共睹的。这些成绩的取得，经过了几代学者的艰辛开拓，来之不易，应当珍惜。我国图书馆学正处在发展和进步的过程中，随着社会的进步和科学技术的飞速发展，信息被认为是当今社会和经济生活中的关键要素之一。时代为图书馆学的发展提供了极好的契机，我们应当适应时代的需要，认清图书馆学的历史地位，树立大图书馆学的观念，不断拓宽图书馆学研究领域，丰富图书馆学的研究内容，准确地为图书馆学定位，而不应当采取实用主义、功利主义的态度无限制地扩展研究范围，丢弃图书馆学的核心内容，甚至试图改变学科的名称。图书馆是不可替代的重要的信息提供渠道，图书馆收集、整理、保存人类文化和传播文化科学知识的功能任何时候都是不可改变的。随着信息时代的到来，图书馆学的研究和应用前景将更加广阔。历史将会证明，图书馆学有过光辉的过去，也必将会有灿烂的未来。

（原载《图书情报工作》，1996年第3期）

世纪之交的思考

——中国图书馆事业的昨天、今天与明天

处在世纪之交的重要时刻，我们会很自然地回想起近代以来中国100年图书馆事业的历史，也很自然地联系到我国图书馆事业的现实，任何一个有历史责任感的图书馆工作者，必然要为下个世纪图书馆事业的发展而思索。笔者站在世纪之交的时点上，回顾中国图书馆事业的过去，分析中国图书馆事业的现实，同时，也从图书馆事业如何走向21世纪出发，对近期图书馆事业建设提出几点看法：

一、100年的历程

中国是世界上最早建有图书馆的国家之一。至19世纪末叶以前的近两千年的封建社会里，中国古代图书馆事业绵延不断，代有增益，形成了官府藏书、私家藏书、书院藏书和寺观藏书的四大藏书体系。今天，通称它为藏书楼。古代的藏书楼，对于社会文化来说，起到过不可磨灭的历史功用。首先，它保存了珍贵的历史典籍，为中国乃至世界积累了巨大的文化财富。其次，它也在局部范围内起到流通、传播、利用图书文献的作用。当然，限于当时的历史、文化条件，古代藏书楼是保守的，没有能够公开藏书。这一点，同发源晚但发展较快的西方图书馆比较起来，表现得比较鲜明。所以，当中国社会步入半封建半殖民地性质的近代以后，传统藏书楼基本结束了自己的历史，被新式图书馆取代。

近代新式图书馆之兴，有多方面的原因。改良主义者的改良需要，西方文化（包括西书、西方图书馆制度）的冲击，都是直接的因素。改良主义者主张设立公共藏书楼，实质上就是要让藏书楼为民众开放，以“启迪民智”而图改良社会、变法图强。西方文化与中国文

化的撞击，中国文化在图书馆一项所体现的不适，不只是经营方法、技术手段的落后，根本上是管理制度和办馆思想的落伍。透过新式分类法、编目法推行的表象，我们看到的是图书馆要向社会敞开大门的革命。于是，初识文字、稍有地位的公民第一次有机会迈进图书馆的大门。正是在这个时候，“图书馆”一词由日本传入中国（1896 年），而且，因为它能体现与藏书楼的决裂——为民众服务，遂逐渐在中国大地流行开来。1904 年，第一批用“图书馆”三字命名的省级公共图书馆湖南省图书馆和湖北省图书馆建立。

以上由藏书楼向图书馆转变的简单历史回顾清楚地表明，图书馆在中国之设立，其根本的功用是要传播图书文献、教育广大群众的。舍此，其设何用?

当然，在解放前的半个世纪里，中国新式图书馆事业步履艰难，图书馆没有真正能够成为传播知识、教育人才的人人可用的社会设施。这种面貌的根本改观，始自 1949 年 10 月中华人民共和国的成立。社会主义制度的确立，使得人民群众真正获得享用精神文化成果的权利，于是，新中国图书馆事业从十分薄弱的基础上，获得了蓬勃的发展。

第一，图书馆事业的规模迅速扩大。首先，各级各类图书馆的数量成十倍、成百倍地增长。其中，县以上公共图书馆由解放初的 55 所发展到 1994 年的 2 588 所，增长近 47 倍；高校图书馆由 132 所发展到 1993 年的 1 158 所，增长近 9 倍；科研系统中型以上图书馆由 17 所发展到 1994 年的 4 500 多所，增长 260 多倍。其次，各类图书馆藏书总量估计已达 30 亿册，为解放初 1 600 万册的 187 倍。再次，专业队伍已由 1946 年的 2 177 人增加到今天的近 40 万人。此外，馆舍面积也成百倍增长。仅以县以上公共图书馆为例，1978 年馆舍面积为 65 万平方米，1992 年已达 363 万平方米，14 年间增长 4.6 倍。

第二，图书馆的技术手段有了很大改观。首先，在标准化方面取得进展。目前，分类法、主题词表、著录规则等都已颁布国家标准，改变了各自为政的无序状况。其次，声、光、电技术广泛应用于图书馆，初步改变了纯手工劳动的落后面貌，解放了图书馆的生产力。其中，各种图书馆自动化系统的研制成功尤为引人瞩目。

第三，读者服务水平迅速提高。由于图书馆数量、藏书量、馆舍面积、专业队伍和技术手段的巨大变化，更多的读者能够享用图书馆，这是服务水平提高的首要表现。新的服务方式，如开架借阅、计算机流通管理系统的普遍采用，方便了读者的利用，提高了书刊利用率、节约了读者时间，是服务水平提高的另一个表现。而从以书刊为单元的服务到以知识、信息为单元的服务，从满足于书刊流通到开展读者教育、情报咨询等业务，则体现了服务的深度提高。

第四，图书馆学研究与教育取得长足进步。就图书馆学研究来看，它的第一个突出进步是研究队伍的壮大和园地的开辟。从事学术研究的，包括专职研究人员、高校师生和广大第一线的实际工作者，数量是比较大的。图书馆学专业刊物则由一、两种发展到 80 多种。研究方法普遍受到重视也是一个突出进步。中国图书馆学会及各级地方图书馆学会、系统图书馆学会在组织、规划学术研究中起到重要作用。集中体现学术研究进步的，还是大批较高质量的学术成果的产生。现在，每年发表的专业论文数以千计。我们也出版了一系列图书馆学教材和专著，大专教材已成体系。这些成果中，累计有十余项获得国家教委和国家级奖励。尤其值得注意的，是完成了两项重点工程，即《中国大百科全书·图书馆学、情报学、档案学》和《当代中国丛书·当代中国的图书馆事业》。它们系统总结了中国图书馆事业 40 多年来的经验，产生了广泛的社会影响。国家教委“八五”社会科学研究课题指南和国家社会科学基金课题指南中，图书馆学、情报学与文献学单独立项并都设立了单独评审组，这是具有深远意义的事情，是学科地位提高的具体表现。

就图书馆学教育来说，也是成绩斐然。我们从根本上改变了过去那种一、两个教学点，招生规模小，教学层次、教学类型单一，教学质量不高的局面，取而代之的，是遍布全国的数十个教学机构，每年招收数千名学生，中专、专科、本科、硕士研究生、博士研究生教育成龙配套，正规教育、函授教育、自学、电大相结合的教学形式，以及教学质量普遍提高的新景象。专业教育的发展为图书馆事业输送了大批高质量的人才，改变了专业队伍的构成，其意义是巨大的。

第五，我国图书馆事业的国际地位得到提高。自从我国图书馆界恢复在 IFLA 的合法地位以来，中外双向交流日益发展。在这一过程中，我国图书馆事业的国际地位稳步提高，东京 IFLA 年会的会后会在北京举行以及 IFLA 第 62 届年会将于 1996 年在北京召开，就是明证。从 1990 年以来，海峡两岸图书馆界的交流也正在加强。

建国 45 年以来，图书馆事业取得了巨大的成绩，这一点是有目共睹的，无需我们列举更多的事实。每一个图书馆人都应该为此感到骄傲和自豪。回顾 45 年乃至 100 年中国图书馆事业的历程，我们认识到：

第一，就整体趋势而言，中国图书馆事业处在发展和进步的过程中，发展、成绩是主流，但同时，发展的过程不是一帆风顺的，有时进步，有时倒退；有时发展，有时停滞；有时发展速度快，有时发展速度慢；有时正常，有时非正常。解放以前，有过二三十年代的较好光景，也有抗战期间和国内战争时期的停滞和倒退。解放后的 45 年里，建国初，特别是 1954～1957 年及 1961～1966 年发展比较正常，“文革”结束至 1984 年则是 100 年以来最好的时期；但是也有“大跃进”期间的盲目冒进、“文革十年”的破坏以及 1985 年以来的低潮。这体现了事物发展的复杂性和多面性。

第二，图书馆事业的每一步发展，虽然其表现多种多样，但根本上都是朝着有利于社会的知识、信息传播与交流，有利于文献资源的利用与开发，有利于读者需求的满足这个方向前进的。如果离开这个方向，图书馆将不成其为图书馆，我们的事业就将丧失特性和特有功能，就会迷失方向，那是十分危险的。

第三，图书馆事业的兴衰，与社会环境的变化有着密切的关联。社会环境的变化，就是图书馆赖以生存其中的社会基础和社会条件的变化，也是读者及其需求的变化，图书馆是难以游离于环境之外不受影响的。无论盛衰，每一次变化的背后都有明显而深刻的环境原因。这其中，经济、政治、文化及生活方式是主要的影响因素。

第四，同时，图书馆事业的每一步发展又必然是图书馆人肩负历史重任，顺应时代趋势，以满腔热情和脚踏实地的精神投身事业建设的结果，是广大图书馆人心血和汗水的结晶。环境再好，没有图书馆人的努力，也会错失发展良机；相反，环境不利，如果图书馆人能自强不息，也能在逆境中求生存。所以说，我们的事业特别需要一种敬业态度和献身精神。

二、当前的形势

把中国图书馆事业放在100年或45年的大背景中，谁也不会否认它的高速发展。然而，如果回到眼前的现实，情况就比较复杂了。中国图书馆事业的现实究竟是什么？当前的形势如何？我们怎样看待和分析这种形势？这是事关近期发展和21世纪命运的大事，应该认真对待。

我们应该承认，经历了一个时期的高速发展以后，自1985年以来，中国图书馆事业面临多方面的困难，形势是严峻的。

困难之一：经费严重短缺

尽管改革开放以来国家的图书馆投资连年有所增加，但是，由于物价大幅度上涨，又由于事业规模扩大，人员费用增加，图书馆已普遍出现经费短缺。经费短缺的直接结果，是严重影响文献资源建设。在1985～1988年的4年中，公共图书馆入藏新书减少500万册，每年平均减少125万册。1994年5月3日《光明日报》称我国县以上公共图书馆1993年只入藏新书625万册。一向购书经费相对充裕的高校图书馆，情况也不妙。1986年全国普通高校入藏图书3 107万册，1991年的新书入藏量降至1 024万册，下降60%。

经费短缺也影响馆舍翻修、扩建，影响必要的机器设备和其他设施的更新与添置，影响正常业务的开展。

困难之二：读者显著减少

同80年代初期读者为办一个借书证、为占一个阅览座位而在图书馆门前排队等候的红火景象相比较，如今图书馆的冷清足以令人心寒。据辽宁省城市调查队统计，1990年辽宁各大图书馆入馆读者643万人次，借阅图书1 130万册次，至1993年，入馆读者仅161万人次，借阅图书195万册次。3年光景，两项分别减少75%和83%。过去上海每2 000人中才有1人能得到1张上海图书馆的借书证。1993年，该馆决定扩大发放1万张借书证，其中5 000张发给具有副高级以上职称的知识分子，经一年奔波，仅发出2 500张。即使北京图书馆也是“门前冷落车马稀”，因为无人问津，已有阅览室关闭。

困难之三：专业队伍不稳定

最近几年，在图书馆界，因为耐不住寂寞与清贫，业务骨干“跳槽”的现象十分普遍。有的是青年姣姣者走了，有的是部门主任离开了，有的甚至是馆长辞职不干了。1990 年，全国高校图书情报工作委员会对在北京、武汉、长春、广州等地高校图书馆工作的大学毕业生作了一次调查，结果表明：安心图书馆工作的不足 48%，想调离或想转行的达 40%。1991 年的统计表明，80 年代分配到高校图书馆工作的非图书馆专业大学毕业生 3 000 多人，到 1990 年，已有 2 000 多人流失。新闻媒体对北京图书馆 1991 年每月都有十几人离馆的情况的报道，不是曾令文化界哗然吗？在馆的思走，在校的毕业班学生，也热衷于找公司，跑企业，万不得已才只好去图书馆。图书馆与情报所缺乏对图书情报大学毕业生的吸引力。专业队伍的这种变动，已远远不是人才流动的正常表现。如此下去，事业怎么办？

困难之四：研究和教育不景气

亲身经历过改革开放以来十几年图书馆学研究的人，今天谈到学术研究，除了对 80 年代初期的热烈场面的追忆，面对现实，常常要摇头叹息。确实，研究队伍中的一部分高手转行了、出国了，还有相当一部分弃笔去干第二职业了。

专业教育的不景气，更是显而易见。考生不愿填报清水衙门专业，急煞了教书的先生们。于是乎，取十年前各校纷纷上马图书情报专业而代之的，是一夜之间，几十个专业教学点换上了“信息管理专业”之类的招牌。如今，在这些招牌下面，图书馆学的课程被砍得支离破碎，抑或是被改得面目全非。人们不禁要问，中国哪有几个真正的图书馆学教学点？

以上所谈，都是客观事实，无需争辩。问题是，我们如何看待与分析这一现实呢？

首先，我们认为，在正视问题的同时，也要看到事业在发展的一面。

不错，我们面临经费短缺的困难。但是，也要看到，随着国民经济的发展，国家对图书馆事业的投资呈现逐年增长的趋势，而且，它的增长速度已经超过国民生产总值的增长速度。以县以上公共图书馆为例，1978 年的投资额为 5 487 万元，1993 年的投资额为 4 亿元，此间年平均增长幅度为 41.93%，而此间国民生产总值的年平均增长幅度为10%左右。此外，据说政府正在设法下大力气从根本上解决文化事业单位的经费短缺问题。可见，认为图书馆事业不受重视、没有前途的观点，不是实事求是的。

图书馆藏书增长速度放慢，但还是保持了一定的总量增长速度。

图书馆现代技术装备有了很大改观。1986年已有9类55种缩微设备通过鉴定并投入生产，1987年已有15个省、市公共图书馆装备成套的缩微设备，并将建国前出版的一批珍贵报刊和部分古籍善本制成缩微品。

在计算机应用和信息网络建设方面，1988年已有20多个城市设立了40多个检索终端，在30多个城市建立了国际联机检索终端，与欧美500多个数据库联机。1989年，各类图书馆已拥有大、中、小型计算机60多台，微型机900多台，自建数据库80多个。1990年据324所高校图书馆统计，拥有小型机56台，微型机749台，建成数据库250个。1991年2月，北京图书馆中文MARC研制成功，并在全国发行。同年11月，北京图书馆大型计算机综合管理系统开通。

新建和扩建馆舍的工作在80年代初取得极大进展以后，近年继续保持发展势头。比如，1990年，总面积30 429平方米的天津图书馆新馆落成，建筑面积4万平方米的首都图书馆已于1992年动工，建筑面积8万平方米的上海图书馆已于1993年动工。武汉市图书馆新馆也已于今年动工。深圳市2万平方米的少年儿童图书馆正在讨论设计方案。南山区图书馆13 500平方米，投资4 500万元。浙江图书馆新馆工程正在设计、论证之中。

总的来说，读者利用图书馆的积极性有所下降。然而，图书馆的服务工作在深度上却有很大提高。比如，高校图书馆普遍把读者服务延伸到用户教育领域，据统计，1990年开展用户教育的高校图书馆已达500所，1983～1991年，全国共有130万在校大学生接受图书馆用户教育，其中主要是文献检索技能培训。又比如，面向社会开发文献信息资源，主动提供各类情报服务、知识传授、技术培训的工作受到普遍重视，并有较好收效。

图书馆专业队伍存在不稳定的现象，但是，专业队伍迅速壮大、素质有较大提高也是事实。估计目前全国图书馆从业人员在40万以上。县以上公共图书馆1978年有工作人员13 484人，1992年发展到

43 501 人，其中，大专以上文化程度的占 41%以上，具有高、中、初级职称的共计 21 500 人。高校图书馆工作人员 1985 年具有大专以上文化程度的占 53.6%，1991 年发展到 46 000 人，大专以上文化程度者占到 56.7%。1991 年，中国社科院图书馆系统有工作人员 543 人，大专以上文化程度者为 50%。

图书馆学研究规模有所减小，但高质量的学术成果还是不少。1985 年以来，学术专著、教材的出版数量比前 35 年的总和还多，而且有一批著作获得国家教委及地方级奖励。

图书馆学教育也有规模减小的趋势，但令人欣喜的是图书馆学博士学科点的设立。现在博士后流动站的申报工作也在争取之中。

其实，近年以来，还发生了一个前所未有的变化，这一变化将对未来图书馆事业的发展产生深远的影响，这就是观念的变革。随着计划经济体制向市场经济体制的转换，图书馆界逐步建立起信息观念、资源观念、竞争观念、市场观念、效益观念和商品观念。

由此看来，我们的困难是前进、发展过程中遇到的困难；图书馆事业仍然处在发展之中，只是发展的速度放慢了；发展速度的放慢，主要体现在规模上，内涵发展却保持一定的势头。

我们还应该寻找造成图书馆事业困境的原因。

这里，首先要从图书馆界自身来分析。我们认为，盲目追求规模扩张，是造成困境的基本自身原因。本来，在 80 年代中期的图书馆事业发展战略的大讨论中，已经取得共识，那就是在发展战略上，要摒弃规模扩张的习惯思维，代之以内涵发展的道路。可是，理论归理论，实践上还是在走数量型增长的老路。经费的严重短缺，固然跟物价因素直接相关，规模增长造成的“人吃书”，办公费用膨胀，也是重要的直接原因。队伍的臃肿，还助长人浮于事的风气，直接影响服务水平。专业教育的不景气，也跟追求数量增长相关。且不谈各种非正规教育的过猛发展直接扰乱了人才需求市场，正规教育机构一夜春风式的增长，本来就是非理性的行为，带有极大的盲目性，它所带来的潜在危机是必然要表现出来的。正是在专业人才市场趋于饱和的情势之下，不少教学单位才打着教学改革的幌子，转而拉起了“信息管理”教育的大旗。

适应性不强，也是造成困境的自身原因之一。读者需求变化了，服务工作还是老一套，不能满足读者对实用的、新颖的、信息含量大的图书文献与情报产品的需要，读者当然就不信任图书馆了，不登图书馆的门了，这不等于拒读者于门外吗？市场经济体制的推行和文化事业新政策的出台，本来为图书馆提供了一展身手的极好机会，然而，多数图书馆要么等待观望，坐失良机；要么找不准在文化市场、信息市场中的定位，不适应市场经济的规划，四处碰壁，无获而归。有偿服务、以文补文、文献资源开发，喊得热闹，真正有所成、有所获的，又有几家？

误解市场经济的含义，不能正确处理图书馆与市场经济的关系，也是造成困境的一个原因。有人错误地认为，市场经济一推行，我想干啥就干啥；更多的人把图书馆与企业等而视之，置图书馆的主业于不顾。于是，办借书证要收高额费用，一般借阅服务也要有偿，要把图书馆办成租书馆，阅览室变成了商店、舞厅、录像厅、饮食店。如此一来，读者不敢来图书馆，读者在图书馆看不到书，读者没有地方看书。最终，读者被赶出了图书馆大门。这种情况不说很普遍，但的确不少见。

当前图书馆事业为什么陷入困境？社会环境无疑也是极为重要的影响因素。

第一，物价持续大幅度上涨，直接造成经费短缺。一例足以说明问题。1990 年全国公共图书馆预算内开支总数为 27 567 万元，1991 年增至 31 357 万元，增幅为 14%；而同期书刊价格上涨的平均幅度为 20%，外文原版书刊价格涨幅则更高，一般为 26%，一些高科技杂志甚至涨价 500%～800%。

第二，经济热潮的冲击。经济热潮有时也会对文化事业产生副作用。经历了太多的耽搁以后，我们把工作重心转移到经济建设上来。在这一过程的初期，由于孤立地理解了经济的社会意义，一部分干部、群众忽视文化、忽视图书馆，造成了图书馆与经济发展不相协调的局面。1994 年 4 月 23 日《文汇读书周报》称：黑龙江省海林市连续三年地方财政和上缴利税双超亿元。可是，它的图书馆 1993 年只购入新书 12 本。该省“经济十强县”的东宁县，其图书馆 1993 年未购入一本书。经济建设，特别是商品经济、市场经济也带来了价值导向的副作用。相当一部分人认定“有钱能使鬼推磨”，认为读书无用，这直接导致入馆读者急剧减少。也是金钱价值观的诱惑与侵袭，造成了图书馆专业队伍不稳定的局面。

第三，生活节奏加快与文化生活多样化的影响。现代社会生活节奏加快，市场经济的推行使这一变化更为剧烈。于是，人们难得偷闲静心读书。经济富裕，带来了文化生活的多样化，一部分读者被歌舞厅、录像室、音乐厅、文化茶座拉走。这就把图书馆推到了要从文化市场争夺读者的境地。

第四，读者需求变化的影响。以经济活动为中心的社会生活现实改变了文化生活的内容和样式，也使得读者需求从纯粹知识、高深的学问转而取向实用、新颖、知识含量大的信息和轻松、综合类的书刊。由于传统的图书馆模式难以满足读者的这类需求，因而一部分读者从图书馆分离出来，涌向五花八门的信息中心、咨询公司和租书摊、读者社。

以上分析表明：第一，当前图书馆事业仍在发展，同 80 年代初超常规发展相比较，当前的数量、规模增长速度大大放慢，但内涵发展尚有势头。因而，我们大可不必妄自菲薄，不必灰心丧气。第二，造成当前困境的是多方面因素。这些因素的构成表明，困境的出现有其必然性（追求规模增长所致），但其严重程度却是与恰逢环境的变化及由此带来的对困难的放大作用密切相关的。第三，如同一切事物都不可能永远持续高速发展一样，图书馆事业在 80 年代初超常规规模扩张有其特殊的背景，一旦这种作为支撑的社会背景发生变化以及规模扩张的势头超出经济的承受力，减缓发展速度乃至出现困难就是必然的。用不着惊慌失措，更不必夸大其辞。第四，既然社会要向信息化迈进，经济建设要向深层次发展，既然不是读者不需要图书馆，而是图书馆难以适应需求的变化，既然目前的困难是暂时的，那么，一切对图书馆命运的过分担忧，甚至怀疑图书馆存在的必要性、合理性，就是杞人忧天。第五，事实再一次证明了社会环境对图书馆的巨大制约作用，也再一次告诫我们，要时刻关注社会的变化，把图书馆的命运与社会的变化紧紧联在一起。

三、肩负历史重任，顺应时代潮流，创造图书馆事业美好的明天

时间已经转至世纪之交。历史的规律告诉我们，一切社会事物的发展，都是历史连续性与时代性的统一。处在现今的历史时刻，如何理解图书馆事业发展的历史连续性与现实时代性呢？

中外几千年的图书馆历史清楚地表明，图书馆历来就是借图书文献的收藏、整序的传播以承担文化积累与传播之职的文明使者。文化积累与传播对于人类社会发展的极端重要性，是尽人皆知的。从文明肇始至今，图书文献一直在积累与传播文化，推而广之，其在人类社会发展中的地位，从未动摇。进一步讲，社会上又有何时产生过何物可以替代图书馆的功能，可以撼动图书馆在文明进程中的地位呢？从来没有！我们可以自信地说，昨天是这样，今天是这样，明天还将是这样——图书馆将承担起积累与传递文献也就是积累与传播文化的重任。

由于历史的进步，今天履行传递图书文献之职的，已非图书馆一家。但是，第一，能够承担起全面、系统地搜集、保存文献之职的，仅此一家，别无分号；第二，能够履行向全社会传递文献功能，而且主要是无偿服务的，又仅此一家。第一个问题应无争议，第二个问题则要多议几句。

图书馆无偿地传递文献、传播知识是历史的选择。作此选择，其理由再简单不过了，社会的进步主要取决于人的素质的提高，学校和图书馆就是用于提高人的素质的社会机关；由政府集中社会成员的财富投资于图书馆，然后再由社会成员无偿利用图书馆，是确保智力投资最大收益的最佳途径。同时，社会的最高目标是人的全面发展。从这个意义上考虑，图书馆及其无偿服务又成为国家确保公民权利（平等、便利地享用文献以实现全面发展）的象征。“智力投资高于一切”，“人的全面发展是社会的最高目标”，只要这两个大前提不倒，图书馆无偿服务就不容改变。

图书馆应该承担起收藏文献的重任，图书馆主要应该提供无偿服务，这是有史以来一切社会形态下图书馆的共同选择，也是历史交与

我们的重托。我们不能有负于此。

我们的时代是走向信息化的时代。我们的时代，也是以经济建设为中心的时代。世纪交替并非简单的时间概念，它蕴含着深刻的社会历史意义。

处在这样的时代，中国图书馆事业将有怎样的命运？

无论社会信息化，还是经济建设热潮，一方面强化了图书馆的重要性，并将为图书馆的发展奠定物质基础，另一方面又为它开辟了广阔的发展天地。

社会信息化是指信息渗入社会生活的各个领域，对信息的有效利用成为决定社会进程的关键环节。在信息社会，信息业成为支柱产业。信息业所指十分广泛，图书馆主要属于信息传播部门，又兼具信息服务部门的性质，它必将日益受到社会重视。事实正是如此，六七十年代以来，西方发达国家在制定发展规划时，普遍把信息业视为重点发展部门，图书馆也因此受惠不小。美国甚至于 1979 年 12 月召开了关于图书馆与情报服务的白宫会议，总统莅会致辞。

由于图书馆被当做信息业受到重视，又由于信息技术本身的迅速发展，在社会信息化进程中，图书馆的物质、技术条件大为改善。“信息高速公路”的建设更加加快了图书馆技术装备的进程。

我国社会信息化的进程虽然不及发达国家那么快，但是，信息化已成定势。正是得益于信息技术的发展，我国图书馆的现代技术装备进展较快。目前，邮电部会同有关方面正在研究与规划“信息高速公路”。钱学森同志认为，建立全国信息网络是一场推进第五次产业革命的攻坚战，现在要规划包括书目数据库在内的信息网络建设。这些都预示着我国图书馆事业有着光辉的前程。

图书馆与经济是相互依赖、相互促进的关系。因此，经济建设热潮的掀起，现实地提出了对图书馆的热切需要，同时，也将为图书馆的发展奠定物质基础。我国社会主义市场经济建设正处在初期，这个时候，人们对图书馆经济作用的认识水平还不高，经济基础还不足以为图书馆事业插上腾飞的翅膀。但是，我们坚信，经济的深度发展必将日益依靠科学技术和信息，我国的经济实力也必将日益雄厚，因此，图书馆腾飞终有时。关于这一点，珠江三角洲的情况提供了很好的例证。

社会信息化和经济建设热潮也将为图书馆开辟新的天地。以往，图书馆主要履行开展社会教育和传递科技情报的功能，新的时代提出了涉及社会生活各领域的信息产品、信息咨询，特别是经济信息的新需要。对于图书馆来说，这是一片广袤而肥沃的土地。

时代为图书馆事业的发展提供了极好的契机，然而，图书馆的命运还是掌握在图书馆人自己手中。怎样才能不负时代希冀，开创我们事业的新境界呢?

第一，要适应时代变化。图书馆界曾经有一个致命的弱点，就是习惯于两耳不闻“馆”外事，习惯于把图书馆与现实社会生活隔离开来，不能从时代的变迁、社会的变化中去捕捉发展的机会，不能从人类历史进程的高度去把握图书馆的命运。这一状况必须迅速改变。我们要积极、主动地进入信息市场，投身经济建设，否则，市场就会丢掉，机会就会丧失。

第二，要准确地为自己定位。在信息业中，传播信息和提供信息服务的机构很多，它们彼此以竞争对手的身份出现在信息市场上。图书馆要想在竞争中取胜，至关重要的，是要准确地为自己定位。图书馆不是全能的，但它有自己的特点。这个特点，就是定位的依据。图书馆区别于其他信息传播、服务部门的，是它拥有文献信息。因此，它应该定位在文献信息传播与服务这个点上。立足于此，我们才有优势；否则，弃长取短，是很被动的。

必须注意图书馆的事业特性。图书馆的特殊社会意义和国家投资的形式决定了它的公益性、事业性。这一点，连资本主义国家都不否认，我们更没有理由动摇。既然是公益的、事业型的，就要以为最广大的读者服务为宗旨，就要切实、全面履行保存文化遗产、开展社会教育、传递知识、情报、开发智力资源的社会职能，就要以无偿服务为主要形式。说到收费，也要掌握一个公益的原则，即凡是面向普遍需要的服务不能收费，收费应该控制在特殊服务的范围内。

第三，要想方设法加强文献资源建设和现代技术装备。在经费短缺的情况下，这两项工作尤其要引起重视。图书馆服务全凭文献宝藏。现代社会，文献需求量越来越大，需要层次、类型越来越多样。这就对文献资源建设提出了更高的要求。显然，一馆之力难以胜任，馆际协作，地区分工乃当务之急。经费短缺促使我们多想办法。首先，增收节支。所谓增收，即一方面争取增加财政拨款，另一方面以开发收入补充，再一方面争取社会各界支持；所谓节支，就是一切开支，购书优先。其次，通过多条途径、多种形式征集文献。湖南省图书馆建立“湖南名人文库”就是一个好办法。

第四，树立大图书馆观念，切实加强联合与协作。早在1909年，曾任英国图书馆协会主席的古尔德博士就指出：“20世纪的任务，与其说是提出了图书馆内部的工作方法与秩序，不如说是提出了图书馆之间的工作方法与秩序……国内各个图书馆就不再是一个独立的单位，而是互相依靠的伙伴。”联合国教科文组织也于1950年提出了“国家情报体系”（NATIS）计划，试图建立在一国之内图书馆、档案馆及其他文献机构协调一致的国家图书情报体制。这一计划于1974年正式实施。70年代以来，这个组织和国际图联又推出了全球资源共享（UAP）计划，并以国际书目控制（UBC）作为技术保证。可见，大图书馆观、大情报、大信息观正为全球所接受，图书馆之间、图书馆与其他文献信息部门之间的联合与协作也正成为现实。这是必然的。读者的需求不受单个图书馆限制，而单个图书馆的信息容量总是有限的，两者之间的矛盾古已有之。伴随着经济增长和社会信息化，这一矛盾日趋激化。解决的办法只有一个，那就是放弃“大而全、小而全”的小农经济思想，走联合、协作的道路。有人提出“图书馆功能相对增减论”，认为由于经济环境、信息环境、技术和需求的变化，现代图书馆体现这样的趋势：单个图书馆的功能相对减弱，而整体图书馆的功能却迅速增强。这是有道理的。正是鉴于这种认识，1993年11月，国家教委决定在全国15所高校建立15个文科文献情报中心，这些“中心”将立足本校，面向所在地区，为全国高校服务。1994年3月14日，上海地区19家图书馆馆长举行了“文献资源共建与共享协作网”正式启动的签字仪式。可以预料，当新世纪来临之时，中国图书馆界将以各种协作网的整体力量去迎接新的挑战。

第五，继续推行改革。对于改革，应该达成这样的共识：它的根本目的是要解放图书馆的生产力。只有认识到这一点，才能不走或少走弯路，才能避免大的偏差。对于改革，也应该达到这样的共识，那就是图书馆改革必须坚持与时代精神一致的原则。时代精神是什么？是物质文明与精神文明建设两手抓，是开放、进取，是建设社会主义市场经济，是迎接社会信息化。只有这样，改革才能与时代相适应。对于改革，还应该达成这样的共识：改革应该是全方位的，既涉及宏观方面，又涉及微观领域；既包括管理改革，又包括业务制度改革。只有这样，新的制度、规范才能成龙配套，改革才能收到实效。

中国新图书馆事业的头一个100年即将过去，21世纪正向我们招手。人们普遍认为，21世纪是环太平洋区域的世纪。让我们以饱满的热情、积极主动的姿态和踏踏实实的精神做好当前的工作，去拥抱属于我们的世纪，去再铸中国图书馆事业的辉煌！

参考文献

1. 刘德有．适应市场经济的新形势，深化图书馆事业改革．中国图书馆学报，1994（2）

2. 程亚男．图书馆改革的思考．中国图书馆学报，1994（4）

3. 谭祥金．图书馆与市场经济．中国图书馆学报，1994（1）

4. 刘喜申．机遇与挑战．中国图书馆学报，1993（1）

（原载《图书馆》，1995年第1期）

论苏联图书馆事业发展中观念的变革

1987年是伟大的十月社会主义革命胜利70周年。十月革命开辟了苏联图书馆事业史上的一个崭新阶段，在世界上第一次使图书馆变为人人都能利用的普及机构，在苏联建立起了世界上最发达的社会主义图书馆系统。苏联图书馆事业的发展，经历了曲折的道路，但它取得的巨大成就为世人瞩目。今日的苏联，是一个文化普及程度很高的国家。我们都知道，一个国家和民族的读书风气，在很大程度上可以反映这个国家和民族的发展、进步和文明程度。随着政治、经济和文化方面的迅速发展，人们的精神世界也越来越丰富多彩，广大群众被引导到喜爱图书和阅读方面上来。十月革命前，沙皇统治下的俄罗斯人均图书拥有量为0.6册，今天的苏联，每年出版图书8万多种，占全世界出版图书总品种的12%，总印数超过20亿册，占全世界图书总印量的20%，人均图书拥有量为7册，阅读已经成为苏联人民日常生活中必不可少的重要组成部分。在苏联，接触报纸、杂志和图书的人数占居民总数的90%～95%，在农村有95%的家庭订阅报纸，78%的家庭订阅杂志，60%以上的家庭有藏书。据统计，目前全苏联拥有400亿册私人藏书。苏联人阅读普及程度，居世界各国之首。

图书馆事业的状况是整个文化水平的标志。苏联图书馆事业获得了巨大的发展，十月革命前俄国共有各类型图书馆76 000所，藏书总量为4 600万册，其中公共图书馆13 900所，藏书为940万册。目前，全苏各类型图书馆已发展到327 000所，藏书总数为50亿册，其中公共图书馆为11万所，藏书为10.7亿册，居民人均图书保障率为11册。图书服务对象的总数已超过2亿读者。已经实现了列宁在1913年《对于国民教育能够做些什么》一文中所提出的："要使这些巨大的图书馆不仅对学者和教授开放，而且也对一般群众和市民开放”的愿望。苏联图书馆事业所取得的成就是贯彻落实列宁关于图书馆事业建设的指示，不断进行改革的结果。苏联图书馆事业建设的经验曾对我国图书馆事业的发展产生过积极的影响，进入80年代中期，随着苏联经济体制、政治体制、文化教育体制的全面改革，图书馆事业的改革与观念的变革紧密地联系在一起。探索苏联图书馆事业改革中观念的变革，对于发展我国图书馆事业是有益的。

关于强化图书馆事业的集中管理

集中管理是苏联图书馆事业的组织原则，这一原则是伟大的革命导师列宁提出来的。1920年11月3日列宁签署的《人民委员会关于集中管理图书馆事业的命令》规定：教育人民委员部管辖的一切图书馆，以及属于所有其他部门、机关和社会团体的图书馆，一律宣布为人人都能利用的图书馆，列入俄罗斯苏维埃联邦社会主义共和国的统一图书馆网内，并一律交由教育人民委员部（中央政治教育委员会）管辖。集中管理有利于充分发挥政府对图书馆的管理职能，按照一般系统论的观点，部分（元素）的功能之和，并不等于整体的功能。苏联图书馆事业改革的根本目标就是要建立一个联合各系统、各类型图书馆，使之成为全国统一的图书馆网络。关于图书馆网建设的构想，列宁早在1919年5月召开的全俄社会教育第一次代表大会上的《贺词》中强调指出：“我们应当利用现有的书籍，着手建立有组织的图书馆网来帮助人民利用我们现有的每一本书，应当建立一个有计划的统一的组织，而不是建立许多平行的组织。”列宁提出在全国有计划地组织图书馆网的思想，就是以图书为人民服务为宗旨，解决图书馆接近居民的问题，列宁将集中管理图书馆事业称为建立统一的图书馆网的最完善的形式。集中管理不能理解为形式上的分馆制。图书馆事业的集中管理是一种具有多方面内容，需要通过各种方法才能完成的管理，要通过建立集中化图书馆系统从整体上实现图书馆的功能。

建立集中化图书馆系统的活动是在1960年全面展开的。这项活动不是简单地将一批就近的、规模较小的、比较分散的图书馆联合起来；也不是简单地在一批图书馆活动区域内，选择其中一个规模最大的图书馆作为中心馆，其他的图书馆起着分馆的作用的活动。这里所指的集中化图书馆系统是一个结构完整、相互紧密联系的统一的图书馆组织，目的在于实现资源共享，提高服务效率，为全体苏联人民最大限度地利用图书馆的文献，开阔自己的视野，发展经济、文化、科学和技术提供广泛的可能性服务。它是从根本上改变图书馆为居民服务的系统，提高图书馆工作现代化水平的活动。这项改革是社会实践提出来的，图书馆事业的发展必须和社会的需要协调起来，以满足社会对文献的需求、提高社会效益为目的。当前，由于苏联社会情况的变化，人们对于文献的需求和图书馆为人民服务的体系和方法之间存在着某些不相适应的矛盾。读者成分的改变，专家读者的数量大大增加，即受过高等教育和中等专业教育的读者量增加，在农村或工人居住区的农学专家和工程技术人员不断增加，这些变化影响着读者的阅读需要。专家读者需要多学科内容的文献和情报，阅读兴趣非常广泛，这就要求彻底改变图书馆为居民服务的系统。这种系统就是集中化图书馆系统。

建立集中化图书馆系统是一项改革活动，需要进行大量的艰巨工作。首先是人们思想观念上的变革，要克服长期形成的本位主义、分散主义、各自为政的思想，要改变重藏轻用和等待读者上门的静态服务思想，树立资源共享、千方百计吸引读者利用图书馆、全心全意为读者服务的思想。

鉴于苏联地域辽阔，经济和文化的发展不平衡的状况，在建立集中化图书馆系统的步骤上，坚持先进行试点，取得经验，然后普遍推广的做法，分别在加盟共和国、州、市、区和农村选择各种类型的区域试点，还由苏联文化部图书馆事业管理局、全苏国立列宁图书馆和国立萨尔蒂柯夫－谢德林公共图书馆联合制定《集中化图书馆系统组织工作细则》，指导这项工作的顺利进行。到 1981 年底，全国建成集中化的公共图书馆系统 4 000 个，联合 11 万所公共图书馆。工会系统图书馆正在组建集中化图书馆系统的活动。集中化图书馆系统实行统一行政领导，统一图书馆藏书补充和加工，统一人员编制，统一方法指导，统一读者服务活动计划，充分显示了它的优越性。第一，在每一个集中化图书馆系统中，所有的图书馆都被联结成统一的完整的资源，便于资源共享，有可能向读者提供内容丰富的文献，以满足读者日益增长的文献需求。只有这样，才能保证藏书补充的质量，减少复本，增加品种，避免重复，使文献的分布合理，为读者服务提供坚实的物质基础。第二，在集中化图书馆系统中拥有共同的藏书，拥有完善的目录和参考工具，有可能在图书馆书目编制过程中采用现代化技术，提高书目情报服务的质量。第三，建立集中化图书馆系统的目的在于使图书馆员从繁琐的重复劳动中解放出来，全力以赴从事读者服务工作，有可能使被动服务转向主动服务，千方百计地为提高读者服务的质量而努力。

集中化图书馆系统的整个藏书都可通过中心图书馆编制的联合目录互相通用，不论图书馆的收藏处所是在中心馆还是在分馆，均有统一的借书证提供，可共同利用所需文献。

集中化图书馆系统的建立并不意味着取消或削弱个体图书馆的作用，而是通过广泛的协调与协作，建立横向联系的途径来强化个体图书馆的功能，以促进集中化管理制度的发展。

图书馆事业的集中管理是一项具有多方面内容的活动过程，图书馆各个过程的集中管理是一项有组织的集中化措施。苏联为了保证有计划地供应图书馆的图书，建立了国家集中供应图书馆图书的制度，这就是图书馆供应处，保证了图书馆图书的集中供应，改善了图书馆藏书的补充工作。缴送本的合理分配是大型科学图书馆藏书补充的重要来源之一，考虑地区特点做好缴送本的分配工作，使大型科学图书馆都能就近就地满足科学工作者对文献情报的需求。

集中编目在苏联实行比较早，它是采用印刷卡片形式集中对图书进行统一著录和分类，是编制各种图书馆目录的基础，可以避免分编工作中的重复劳动和各自为政的现象，有利于提高书目的质量。在版编目就是在新出的每一本书上印刷该书印刷卡片样张，使图书馆图书供应处按照书上的卡片样张复制出各图书馆所需印刷卡片的数量。可以缩短图书馆收到图书和印刷卡片的时间，大大地提高了文献情报的有效性。

为了加强对全国图书馆事业建设的宏观领导和协调，设立了苏联文化部图书馆事业管理局，它是管理全苏联图书馆事业的行政领导机构，领导全国图书馆网的建设，同时，对全国所有的图书馆，不论其隶属关系如何，均实行国家监督。这一点，已经在 1984 年 3 月 16 日经苏联最高苏维埃主席团批准的《苏联图书馆事业条例》中明文规定。为了加强和改进全国图书馆事业的集中管理，协调各政府部门和专业系统的图书馆活动，成立了由 18 个部委副部长参加的全国部际图书馆委员会，文化部副部长任全国部际图书馆委员会主任，图书馆事业管理局协调处负责日常工作，重大问题交由部长会议或由最高苏维埃主席团批准执行。

关于图书馆事业发展的数量和质量的关系

怎样看待图书馆事业的发展？在比较长的时间里，苏联图书馆界注意用数量来评价图书馆事业的发展。数量和质量是相对的，又是紧密相联系的，没有一定的数量也就谈不上质量。数量是衡量图书馆事业发展的重要标准之一。当然，评价图书馆事业是否发展，不能单纯看图书馆数量有多少，文献收藏量多大，藏有多少珍本文献等，而是要看图书馆的整体社会效益发挥得怎样，文献开发和利用的程度如何。近年来，苏联图书馆界衡量图书馆事业发展的标准，逐渐在变革。我们知道，图书馆数量的多少和文献拥有的状况是图书馆社会作用发挥的条件，图书馆事业是由一定数量图书馆作基础的，图书馆事业的发展需要一定数量的图书馆，例如，以俄国公共图书馆和当前苏联公共图书馆的数字作一比较，十月革命前，1913 年俄国的公共图书馆是 13 800 所，到 1975 年是 131 000 所，到 1986 年是 110 000 所，从这里可以看出当前苏联公共图书馆比十月革命前沙皇统治下的公共图书馆在数量上的发展速度。苏联各类型图书馆总共是 327 000 所，应该说，目前在苏联，为最大限度地满足人民在精神生活方面的需求，创造了必要条件。因此，在图书馆事业发展第十二个五年计划中，规定只在远东地区增加 2 700 至 3 000 所农村图书馆。这并不意味着图书馆事业停滞不前，而是为了将重点放在解决各地区图书馆事业发展的不平衡的问题；认真解决图书馆的合理布局以方便读者利用的问题；关于文献资源的分布，文献的开发和利用等问题上。这一系列问题的解决，正是图书馆事业向前发展的标志。

按照传统的观点，认为图书馆收藏文献量的多少，图书品种的完备程度，藏书中有无珍本等是衡量图书馆的社会作用的标志。对待这个观点，革命导师列宁持不同的看法。列宁在 1913 年《对于国民教育能够做些什么》(《列宁全集》中文版第19卷，271~273页)一文中指出："值得公共图书馆骄傲和引以为荣的，并不在于它拥有多少珍本书，有多少16世纪的版本或10世纪的手稿，而在于如何使图书在人民中间广泛地流传，吸引了多少新读者，如何迅速地满足读者对图书的一切要求，有多少图书被读者带回家去，有多少儿童来阅读图书和利用图书馆。"这就是说，图书在读者中间流传的情况怎样，图书被读者利用的情况怎样，这些都是用以评价图书馆社会作用的重要标志。毫无疑问，文献的拥有状况是图书馆开展活动的基础，在一定程度上也能反映图书馆事业的发展。但是，只有当收藏的文献为社会所需要并得到开发和利用时，才真正体现它的社会价值。"社会有用藏书"这个概念在苏联出现，它是从人们利用图书出发，对图书分析的结果。

图书馆的藏书不是越多越好，而应以满足社会需求为出发点，强调充分发挥藏书的作用。为了提高藏书的质量，在苏联建立了储存图书馆，这是苏联改革图书馆事业的一项措施，也是进行文献资源合理布局的重要步骤之一。储存图书馆是一个全国统一的、不常查询书刊的储存管理系统。储存图书馆不是单纯储存那些从各种类型图书馆剔除的、过时的书刊的书库，它应当在为科研和生产提供情报服务方面起着中心图书馆的作用。储存图书馆的职能是收藏那些年代久远，平时很少有人查询利用的书刊。它应当经常通报馆藏书刊情报以及各种反映储存图书馆的馆藏书目索引、指南等，并从方法论的角度指引有关的图书馆做好不常用书刊的发掘工作和重新分配工作。由于储存图书馆业务服务范围是跨地区跨部门的，1975年3月苏联文化部、国家科学技术委员会、苏联科学院主席团和苏联高等与中等专业教育部批准了《关于国内图书馆寄存藏书组织条例》，并且公布了66所全国最大的图书馆和科技情报单位作为全苏级的储存图书馆名单。此时，全国有储存图书馆约400所。

加强图书馆的情报职能

十月革命胜利后，苏联图书馆在向人民进行共产主义教育、提高劳动人民的科学文化水平过程中发挥着重要作用。图书馆积极参加组织群众阅读、帮助群众形成新的社会意识、进行职业教育和继续教育，图书馆被认为是一种“群众性情报手段”。

但是，随着人民科学文化水平的提高，电视、收录、录像等新的宣传手段的出现与逐步普及，人们获得知识的途径越来越多，现代科技文献数量的急剧增加，读者利用文献的过程越来越复杂。将图书馆仅仅看做是一种“群众性的情报手段”的看法受到挑战。图书馆界普遍感到：要加强图书馆的情报职能。苏联图书馆界对待这个问题在观念上的变革可以归纳为以下几个方面：

第一，强调图书馆在情报传递过程中的作用。图书馆不仅是文化教育机构，也是知识交流、情报传递的场所。早期图书馆由于过分强调其教育职能，而忽视了情报职能。按照米哈依洛夫的观点，情报是用来传递的那部分知识。这种传递须借助一定的符号系统。苏联图书馆学专家丘巴梁认为，国民经济各部门、文化领域内各行各业的专家和学者们就科学技术思想方面的最新成就和生产中的先进经验，提出许多情报，而涉及这些问题的情报工作，正是图书馆为居民服务的一个重要方面。图书馆的情报职能逐步被人重视。情报的存在总是与文献联系在一起的，而图书馆收藏文献丰富，早期的科学图书馆曾被认为是惟一的情报机关。现代图书馆的情报职能表现在系统地收集各种类型、各种载体的情报文献，及时向专家学者通报文献收藏情况，编制各种类型的检索工具供专家查考。图书馆发挥其情报功能有一整套方法，例如书刊著录、分类、注释、书刊展览、咨询、编制与提供检索工具等，而且图书馆情报需求者的范围是十分广泛的。

第二，图书馆是情报交流体系中独立的一部分。图书馆不仅担负着传递情报的任务，同时它又同情报所、档案、新闻机构一起，共同构成国家情报的整体系统。

苏联情报事业约建立于 20 世纪 50 年代。在科学交流的过程中，图书馆与情报机构的方法不同，但目的却是一致的。近年来，苏联图书馆早认识到二者协调的重要性，也从根本上批判了资产阶级学者所谓的图书馆“消亡论”。苏联专家认为图书馆是一个有发展前途的机构，不支持把图书馆融化到情报服务中去，从而建立起单一的情报中心。图书馆是情报系统中的一个独立环节。图书馆的职能超过了情报职能的范畴，为完成情报职能所采用的方法也不同。例如，图书馆以文献服务为主，而情报所则以事实服务为主。因而两者是并列的关系。

第三，情报职能是衡量一个图书馆社会效益高低的重要尺度。正如在前面我们提到的，苏联图书馆界改变了以前单纯从数量上评价图书馆事业发展的做法，而注重从文献情报的开发与利用上去评价，其中最重要的就是其情报职能发挥得如何。这一观念的变化促进了图书馆工作内容的变化。

苏联这种观念的变化，其根源，一是对苏联几十年图书馆工作的反思，另一方面是因为信息时代向传统图书馆工作提出了挑战。苏联部长会议在 20 世纪 60 年代曾通过《关于全国科技情报系统的决议》，提出图书馆是情报系统的一部分。70 年代以来，一些大型图书馆设立了专业情报中心，有力地强化了图书馆的情报职能。

这种观念的变化，给传统图书馆工作带来了深刻影响，为了适应这种情报职能的要求，苏联图书馆界确立了情报书目的概念，广泛开展书目日、专家日、情报日活动，并通过无线电、广播、电台、电视、电话等诸多方式满足读者的情报需求。在图书馆业务方面，努力进行藏书复选，确定核心藏书，提高图书馆自动化水平，加强调查统计，用反馈信息提高图书馆情报服务效果。

（原载《武汉大学学报（社会科学版）》，1987 年第 5 期）

第四编

其他

中国社会科学工具书导论

“工欲善其事，必先利其器。”工具书这种依照特定的需要，广泛汇集相关的知识或文献资料，按照一定的体例和检索方式编排，专供查考资料线索的图书，就是人们在书山探宝、学海求知的“器”。它指引人们在浩瀚无垠的文献海洋中，洞悉前人的研究成果，了解学科发展状况，摸到适合自己的读书治学的门径；它帮助人们独立解决在学习和科学研究中遇到的疑难问题，成为人们的“案头顾问”、“无声的老师”；它帮助科学工作者获取最新信息，开拓视野，节省科研人员的时间，少走弯路，收到事半功倍之效。因此，任何人想要“善其事”——使学有创获，首先必须“利其器”——学会熟练地利用工具书。善于利用工具书，是做学问的一项基本功。塞·约翰逊（S. Johnson）博士说道：“知识有两种，一种是我们自己知道的某主题的知识，而另一种则是我们知道什么地方能够找到知识的信息。”这正好说明科学工作者必须利用工具书去获取某一学科或某一课题的文献信息，才能及时掌握该学科或该课题的国内外发展动向，跟上学科发展的形势。在科学技术高速发展，社会信息量激剧增长的今天，谁更熟练地掌握了工具书这一治学的“利器”，谁就能在科研活动中节省查阅文献的大量时间和精力，谁就延长了科学研究的有效时间。

我国的工具书历史悠久、源远流长。据史籍记载，公元前8世纪周宣王时就有字书《史籀篇》。如果说先秦是工具书的萌芽时期的话，那么两汉则是工具书的奠基时期。《尔雅》、《方言》、《说文解字》、《别录》、《七略》等一批定型的词典、字典、书目，为以后工具书的发展打下了坚实的基础。魏晋南北朝时期出现了我国最早的类书《皇览》，最早的韵书《声类》，最古的人名词典梁元帝的《龄同姓名录》，较早的地图裴秀的《禹贡地域图》，在书目著作方面有王俭的《七志》、阮孝绪的《七录》、李充的《晋元帝四部书目》、释道安的《综理众经目录》、释僧佑的《出三藏记集》等，这一时期是工具书的继承和演变时期。唐宋时期工具书空前发展，类型多样，数量繁富，书目方面出现了魏徵等撰的《隋书·经籍志》，元行冲等撰的《群书四部录》，毋煚撰的《古今书录》，王尧臣、欧阳修等撰的《崇文总目》，晁公武的《郡斋读书志》，陈振孙的《直斋书录解题》，郑樵的《通志·艺文略》等，在我国目录学史上占有重要的地位。类书有唐代的《北堂书钞》、《艺文类聚》、《初学记》等，宋代有《太平御览》、《太平广记》、《册府元龟》、《玉海》等大型类书。唐代出现了我国第一部体例完备的政书——杜佑的《通典》。字典词典方面出现了《唐韵》、《广韵》、《集韵》等。这一时期还出现了唐封演的《古今年号录》这类表谱。明清时期，工具书有所发展，出现了我国历史上最大的类书《永乐大典》、现存最大的类书《古今图书集成》、集古代书目方法大成的大型解题书目《四库全书总目》、使用广泛的大型辞书《康熙字典》等。近代以来，工具书种类出现了新的类型，年鉴、手册、年表、历表等类工具书相继问世，如上海神州编译社出版的《世界年鉴》、上海申报馆的《申报年鉴》、陈垣的《中西回史日历》和《二十史朔闰表》、万国鼎的《中西对照历代纪年图表》等。这一时期索引编制出现了高潮，仅燕京大学哈佛燕京学社引得编纂处编印的专书索引就有60余种，巴黎大学北平汉学研究所也编印有古籍索引数种，以及上海《人文月刊》社编印的《最近杂志要目索引》、岭南大学图书馆编的《中文杂志索引》等。工具书内容的更新和编排方式的改进是近代工具书发展的特点之一，在《康熙字典》的基础上编辑的《中华大字典》增加近代方言字和新字1 000多个，还出版了一批有代表性的现代辞书，如《辞源》、《中国人名大辞典》、《世界人名大辞典》、《中国古今地名大辞典》、《古今同姓名大辞典》等。这一时期工具书的排检法有很大的革新，出现了四角号码法、注音字母法、中国字庋擷法、笔画笔形法等。

新中国成立以后，特别是1978年以来，我国工具书的编辑出版进入了一个蓬勃发展的崭新阶段。新编辑出版的工具书不仅数量庞大，而且向大型化、系列化、多样化、实用性方向发展。在辞书的编辑出版方面，1980年开始出版《中国大百科全书》，这是我国第一部概述古今中外各门学科和各个知识门类的大型综合性现代百科全书，它的出版开辟了我国辞书出版事业的新纪元。在《中国大百科全书》的影响下，一大批专业百科全书、百科辞典以及翻译和编译的外国百科全书得以问世，如《世界经济百科全书》、《儿童百科全书》、《简明不列颠百科全书》、《企业管理百科全书》、《科学技术百科全书》、《苏联百科词典》等。《辞海》、《辞源》以新的面目问世，畅销海内外，创大型辞书发行量的新记录。《汉语大字典》和《汉语大词典》两部鸿篇巨著的出版，结束了以《新华字典》作为我国辞书代表作的落后局面，使我国的词典能跻身于世界大型语文词典的行列。专科辞典的编辑也颇具特色，如《法学词典》、《当代国际人物词典》、《中国戏曲曲艺词典》、《中国近代史词典》、《中国音乐曲名词典》、《地理学词典》、《体育词典》、《简明同义词典》、《唐诗鉴赏词典》、《外国历史词典》、《图书馆学情报学词典》、《中国文学词典》、《简明社会科学词典》等，分别填补了一些重要学科的空白，逐步形成了比较完整的辞书体系。

自80年代初期《中国百科年鉴》问世后，年鉴的编纂方兴未艾，种类多样，学科和行业的覆盖率越来越高。手册在工具书类型中发展较快，品种多，规模大，既有综合性的，也有专门或专科性的，既有学术性的，也有生活方面的，如《旅游知识大观》、《中国图书情报工作实用大全》、《中国旅游大全》、《家庭日用大全》等。

书目、索引、文摘、名录等类型的工具书近年来发展相当迅速，1986年开始分部出版的《中国古籍善本总目》收录了全国各省市（自治区）781个单位所藏古籍善本13万部，是迄今为止比较全面、系统地揭示与报道我国古籍善本全貌的大型书目，此外还有《中国丛书综录》、《中国地方志联合目录》、《中国善本书提要》、《民国时期总书目（1911—1949）》、《中国当代期刊总览》、《中国当代名人录》等。这一系列大型工具书的问世，标志着我国工具书的编辑出版正趋向成熟，显示了我国文化事业的繁荣兴旺。

随着文献数量的迅速增长，出版形式的多样化，和人们对文献需求的复杂化，许多人被文献的海洋所淹没却又不知道到哪里去寻找必需的文献，工具书就是指引人们如何在知识的海洋中迅速准确地获取所需的知识、文献信息。但是，当前工具书的品种和数量日益增多，人们又面临一个如何选择工具书的问题。当人们需要解决某一问题时，首先要知道有哪些关于解决该问题的工具书可供利用，这些工具书以哪本为善，这就需要有工具书的工具书，或称工具书指南、工具书书目来导航。

国外出版工具书指南比较早，1902 年美国的克罗格（A. B. Kroeger）编的《工具书学习和使用指南》（*Guide to the study and use of reference books*）和英国的明顿（J. Minton）编的《工具书举要》（*Reference Books: A Classified and Annotated Guide to the principal works of Reference*）为最早。

我国工具书的工具书出版比较早的是何多源编的《中文参考书指南》（1936），1939 年增订版，收录工具书及大部头资料书 2 350 种，每书均撰写了提要。近年来，特别是 1984 年原教育部发文要求各高等院校普遍开设“文献检索与利用”课以来，出版了一些中文工具书指南包括“文献检索与利用”方面的著作，其中不少是教材，据不完全统计约有 100 多种。这些工具书指南大体分为三类。

1. 以教学为目的，以培养学生的情报意识，提高他们在学习和科学研究活动中利用工具书解答疑难和独立检索文献的能力为主要目标，结合教学重点介绍常用的、重要的和最新出版的工具书，主要向学生剖析工具书类型结构，阐述利用工具书解决问题的思路与方法。例如武汉大学图书馆学系编的《中文工具书使用法》，朱天俊、李国新合编的《中文工具书教程》，来新夏等编《社会科学文献检索与利用》，贺修铭等编《社会科学文献检索教程》等。

2. 以普及工具书知识为目的，既给读者提供有关文献和工具书的基础知识，同时，或以工具书类型为纲重点介绍重要的工具书，或以问题为线索重点介绍常用的工具书，既可供读者自学参考，也可用做“文献检索与利用”公共课的教材。如赵国璋等编的《社会科学文献检索》，王酉梅、倪晓建合编的《文献检索与利用》，武汉大学图书馆等编的《社会科学文献检索与利用教程》，魏克智、金恩晖等编的《社会科学文献与情报检索》，朱建亮编的《文科文献检索》，罗友松、萧毓洵主编的《教育文献检索与利用》，惠世荣主编的《经济文献检索与利用》，潘树广、黄镇伟合编的《中国文学语言文献指南》，金恩晖主编的《史地文献检索与利用》，孟宪恒编的《史学文献检索》，夏南强编的《文史哲资料工具书检索》，南京大学图书馆等编的《文史哲工具书简介》，吴小如、吴同宾合编的《中国文史工具资料书举要》，王明根等编的《文史工具书的源流和使用》，朱一清编的《文史工具书及其使用法》，戚志芬编的《参考工作与参考工具书》，林申清、胡卓澄合编的《中外工具书使用指南》等。

3. 工具书的工具书。读者按照它的指引，知道解决某一问题有什么工具书可供查考，从而开拓视野，提高学习与科研的效率；图书情报工作者可以用它作为组建或补充参考专藏的指南；编辑出版工作者可利用它作为拟定工具书编辑选题的参考。集所有的工具书为一书，方便读者，嘉惠学人，的确是非常有益的工作。这类工具书近年来编辑出版的有：徐祖友、沈益合编的《中国工具书大辞典》，该书收录古代至1986年底出版的工具书10 000余种；任宝祯主编的《工具书辞典》，该书收录新中国成立后至1985年底及历代有重要价值的工具书2 300余种；赖伯年、杨卿俊编的《社会科学工具书七千种》。盛广智等编的《中国古今工具书大辞典》，该书收录社会科学和自然科学工具书20 000余种。今天，我们有幸读到刘荣主编的《中国社会科学工具书检索大典》一书，这是一部工具书的工具书。该书收录从古代至1997年6月我国出版的社会科学工具书18 000余种，应该承认，编纂时间跨度如此之大，收录工具书数量如此之多的大型社会科学工具书检索大典在我国目前尚属首例。该书编纂体例新颖，以分类课题为检索入口，将从古到今的社会科学工具书网罗其中，每题一号，每书一号，相关课题图书作参见处理。对每书的内容梗概、特点、检索方法、题鉴、序及获奖状况等均撰写提要予以介绍，具有系统的指引性和导读作用。该书编排科学，检索途径多样，参加编纂的人员系各类专业人员，历经七年，五易其稿，编成此书，增加了该书的准确性和可靠性。该书在编纂过程中，使用了先进的计算机技术，并建立了国内第一个社会科学工具书数据库，在此基础上，该书还将配备机读版（简本），可借计算机使用该书，使其更具有多方面的使用价值。相信该书定会成为图书馆、情报机构、编辑出版发行部门、档案馆、文化教育和科学研究机构及广大读者的必备工具书，也将引起海外社会科学工作者的关注。

工具书的发展与社会政治、经济、文化的发展有着密切的联系，它是为适应社会特定需要而产生，又随着社会的发展、科学文化的日益进步而发展的。在人类进入信息社会的今天，运用工具书来解决人类知识无限增长与有限利用之间的矛盾，越来越受到人们的普遍重视。社会需要工具书有长足的发展，而从工具书本身来看，它的历史与现状，它的性质、特点、作用、社会效益及评价，它的发展规模、数量、质量及前景，都足以表明它是一个颇具特色的研究领域。加强对这一知识领域的研究，将工具书研究提高到一个新的科学水平，是我们面临的重要而迫切的课题。

新中国成立后，特别是近十多年来，随着我国工具书编辑出版事业的蓬勃发展，对工具书的研究也取得了可喜的成果。这些成就主要表现在：

第一，反映工具书理论研究成果的各类专著与教材陆续出版，工具书知识空前普及，工具书研究与教学和参考咨询服务紧密结合。有关工具书的教材和专著有了很大发展，不仅数量大大增加，而且重视从理论上对工具书的定义、特征、类型、功用、源流、方法和检索策略等进行阐述。实践是理论的源泉，我国工具书在编纂和使用上的丰富实践，为工具书的理论研究提供了大量经验材料。已经出版的工具书教材和专著中不少都突破了以往按类型介绍工具书的旧格局，从实际应用的角度出发，按读者查找问题的需要来介绍或者综合利用工具书。这些工具书教材或专著，不仅受到了专家和广大读者的好评，而且在普及工具书知识方面起了重要作用。

第二，工具书的应用研究不断深入。工具书应用研究一直是人们比较关注的研究领域，已经问世的教材、论著、指南等，大多是工具书应用研究的成果。这些论著的特点是从实际应用的角度，按问题的性质和查找文献资料的需要，介绍综合利用工具书的方法，与此同时，注意研究如何从方法论的角度阐述利用工具书的技巧与策略。也有的论著是从案例研究的角度来论述解答咨询的方法。近年来工具书研究的内容在不断深入，体例在不断创新，这有利于充分发挥工具书的实用功能。

第三，工具书理论研究有了进一步发展。随着工具书的大量编纂出版和工具书应用研究的不断深入，工具书的理论研究也随着逐步深入。近十多年来，有关工具书理论研究的论文不断见诸各种图书情报专业期刊、高等学校学报及其他刊物，探讨工具书学科建立与体系问题。在辞书方面，1979 年创刊的《辞书研究》杂志是研究辞书编纂理论与实践的学术性、知识性期刊。十多年来，该刊先后开展了各种专科工具书编纂的研究与讨论，对辞书的研究起了促进作用。有关辞书学的论著，如胡明扬等编的《词典学概论》、陈炳超编的《辞书概要》、黄建华的《词典论》等，比较系统地研究了辞书编纂的理论、实践和历史发展。类书研究方面如张涤华的《类书流别》、刘叶秋的《类书简说》、胡道静的《中国古代的类书》等，这些论著对类书产生的背景、类书的体例以及历代主要的类书，均作了较深入的论述和考证。百科全书研究方面有金常政的《百科全书编纂论》和《百科全书及其编纂研究》，它们概括地论述了百科全书编纂的历史、理论和方法。

当今社会正进入信息时代，工具书作为浓缩信息的载体，将发挥越来越大的作用，工具书的编纂出版将进入一个更加繁荣的时期，工具书研究也将面临许多新的课题。我们认为未来工具书研究应当在以下几方面取得新的进展：

1. 要认真研究社会对工具书的需求和工具书的社会效益问题。社会的需求是各种工具书编纂的依据，工具书社会效益的大小也要取决于满足社会需求的程度。具体来说，就是满足读者需求的程度，这是衡量工具书优劣的重要标准。近年来出现的“工具书出版热”虽然是件可喜的事，但是，在工具书的编纂中存在盲目选题、内容重复交叉、大同小异、脱离现实需求等问题。因此，工具书研究不能局限于工具书本身，只有认真研究读者对工具书的需求和利用工具书的特点，才能编纂出符合社会需求的工具书。当前，特别要注意研究在深化改革开放的新形势下，我国经济建设对工具书的需求以及工具书编纂应如何为经济建设服务的问题。

2. 从整体高度研究工具书的编纂理论和方法。工具书的最大特点是以特殊的编排组织形式汇辑资料，以便利人们查找为目的。因此，工具书编纂原理与方法是工具书研究的核心内容，以往比较注重对各类工具书编纂的个别研究，而对各类型工具书在编纂方面的整体研究则是薄弱环节。各类型工具书是一个系统，既相互区别又相互联系，它们是一个不可分割的整体，它们之间的界限是相对的，因此，我们不能孤立地研究其编纂体例的某一方面或某一侧面，而应当探索它们应共同遵循的一般原理和编纂方法，以便使各类型工具书的编纂走上标准化、规范化的道路。

3. 工具书编纂与利用自动化的研究，应当成为当前工具书研究的重要内容。现代技术的发展，特别是电子计算机技术的广泛应用，已经或正在影响到工具书的编纂和利用。书目、索引、文摘等书目文献转换成计算机可以阅读的书目数据库，供计算机查找、处理。与此同时，字典、词典、百科全书、年鉴、统计资料汇编等工具书也可转换成机读版工具书。随着机读版工具书的不断增长，将对书目情报服务产生巨大影响，拓宽书目情报源的范围，并且使书目情报服务方式计算机化。因此，对工具书编纂与利用自动化研究是整个工具书研究的重要组成部分。这本《大典》的编纂过程，把这方面的研究又向前推进了一大步。

4. 要重视研究工具书与参考咨询的关系。工具书的应用与参考咨询的关系极为密切。文献检索与参考咨询是从众多的文献中迅速而准确地查寻所需情报的一种活动。要进行文献检索需要借助一定的工具和方法，这就离不开工具书。在国外，工具书研究与参考咨询服务是紧密相联的。如美国 William A. Kaze 编的《参考工作导论》(1978) 就将工具书的研究与参考工作紧密结合起来了。戚志芬编著的《参考工作与参考工具书》也是一部熔参考工作与参考工具书知识于一炉的工具书教材。应该承认，参考咨询与文献检索的效用是建立在工具书的基础之上的，而参考咨询与文献检索的发展又对工具书的编纂提出新的要求，促进它的发展。研究它们之间相互作用的内在机制，有利于工具书的发展和参考咨询工作的开展。

5. 要加强工具书的比较研究。比较研究就是对不同历史时期、不同国度、不同历史文化背景下产生的工具书进行比较，找出其异同，探索其规律。有比较才能继承，有比较才能借鉴。工具书是一种历史的、社会文化的产物，研究历史上所形成的各种工具书发展的历史、编排体例、功能等都将对现代工具书的发展有借鉴意义。当前，更需要开展中外文工具书的比较研究，以便吸取国外工具书编纂和利用中科学的、合理的因素，为我所用。这应当成为工具书研究的重要内容之一。

我国工具书的编纂出版与利用在近十多年来取得了令人瞩目的进展，我们有理由相信，在未来的十年、二十年，随着社会的发展，我国的工具书的编纂与利用、工具书的研究必将进入一个更加繁荣兴盛的新时期。

（原载刘荣主编：《中国社会科学工具书检索大典》，北京图书馆出版社，1999）

沟通——互补——合作

——海峡两岸图书馆学、资讯科学发展的必由之路

中国是世界上文明发达最早的国家之一，在数千年漫长的历史长河中，我们中华民族创造了光辉灿烂的科学文化，留下了许多举世无双、光彩夺目的优秀文化遗产和珍贵的文化典籍。正是中华民族悠久而灿烂的华夏文化，犹如一条超越时空的纽带，时刻把炎黄子孙的梦魂系绕在一起，一条海峡虽然把两岸的联系隔绝了几十年，但是，海峡这边的人和海峡那边的人，一样都不会忘记，我们是同一个摇篮中成长的同胞，因为我们都是华夏文明养育的后代。

如今，“海峡”依然存在，但由于华夏文化的特殊向心力，分别几十年的骨肉手足开始团聚了，振兴民族的经济协作开始了，探亲、旅游观光、学术交流也起步了。这是因为交流与沟通，早就是海峡两岸同胞的共同心愿。

未来社会是信息社会，处在信息社会前沿阵地的图书馆学和资讯科学工作者，能为中华民族的振兴做点什么，早已成为海峡两岸同道共同关心的课题。于是，在大陆各大图书馆的书架上，摆上了台湾学者的著述；在国际图书馆协会联合会会议上，在西安召开的“现代图书馆藏书建设与资源共享”国际学术研讨会上，有了海峡两岸同行的共同参与。特别值得指出的是1990年台湾赴大陆图书馆参观团对北京大学、北京师范大学、武汉大学、南开大学、华东师范大学的访问，两岸同行就双方感兴趣的问题进行了交流，增进了彼此的相互了解，应该说这是一次很有成效的学术交流。

海峡两岸的图书馆学和资讯科学虽然源出一根，由于种种原因，彼此隔绝发展的事实造成了明显的差异。但这并不妨碍两岸同时进行交流与合作，只要双方本着求同存异，取长补短，携手合作，共同努

力奋斗的精神，中华民族的图书馆学和情报科学定会兴旺发达。为了实现这一共同任务当前可以从下列途径开始：

1. 图书馆学、资讯学教育是当前国际图书馆学界研究的重要课题。大陆近十年来图书馆学、资讯学教育发展很快，已经逐步形成一个分布广、多层次、多类型，全日制教育与在职教育相结合的教育体系，已建立起一支具有较高水平的教师队伍，出版了一系列教科书，取得了巨大成绩。台湾也于1990年成立图书馆学教育小组，以“图书馆与资讯教育之改进”作为课题进行调研，提出建议，作为改进图书馆及资讯教育之参考。因此，海峡两岸图书馆学、资讯学界可以就“二十世纪图书馆学教育的回顾与前瞻”为题举行学术研讨会，双方同道就当前图书馆学、资讯学教育面临的问题；图书馆学、资讯学一体化问题；图书馆学、资讯学课程设置问题；教师队伍建设问题；科学研究与教学结合问题；图书资讯工作者的在职教育问题等，撰写论文，召开学术研讨会。只有这样，才能使中华民族的图书馆学、资讯学教育有一个长足的进步。

2. 两岸的学术交流应不断扩大，双方应当努力创造并促进在对方进行讲学的机会。

3. 对海峡两岸40多年来取得的图书馆学、资讯学学术研究成果，通过各种渠道实现交流，达到互相取长补短，共同发展的目的。

总之，彼此沟通，增进了解，互相取长补短，求同存异，共同努力来实现海峡两岸同行的交流与合作，是祖国大陆与台湾图书馆学和资讯科学发展的必由选择。

（原载台湾《图书馆学与资讯科学》，1992年第2期）

序王克强主编《怎样从书海中找到自己的航向》

大量事实说明：书能提高人的素质，推动社会进步；亦可毒害人的灵魂，造成重大社会问题。因而怎样从茫茫书海中找到正确的航向，或者说，依据什么标准去评价、去选择图书，已成为各类社会成员共同关心的紧迫课题。然而，迄今为止，尚未有人明确提出和系统探索“图书评价标准”、“出版选题方向”这两个具有根本性意义的重大课题。

正是在这种历史背景下，青年方法学家王克强承担了中国出版发行科学研究所1990年前科研规划中的选题：“图书评价标准与出版选题方向研究”，并从方法学、书评学、图书宣传学、科学技术史、图书馆学、新闻学等不同视角，对这一选题进行了多侧面、大跨度的系统研究。提出了以“三个方向一致”、“两种评价标准”和“一条研究路线”等基本论点为主干的书评学理论框架和系统选题的方法论框架。这框架，论点新颖，立意高远，富有独创性、启发性和实践性。为著书人、编书人、读书人、评书人、卖书人、藏书人等从书海中找到自己的选题方向，进而有计划地寻找（或预测）自己所需要、所追求的图书或选题，提供了新视角。王克强主编的《怎样从书海中找到自己的航向》一书，就是在这个理论框架的基础上拓展而成的。

在《怎样从书海中找到自己的航向》中，作者将上述理论应用于评书、读书、卖书、藏书、写书、编书工作的具体实践，提出了一系列切中时弊、实践性强的新构想。例如：

一、作者指出，当代中国著作之所以大量沿用“外国模式”和“传统模式”，从书评学的角度看，其根源之一，乃是当前流行的单层次的评价图书标准，持这种标准的评书人或书评家，往往只注重评价图书或选题的学术性、实用性，而忽视其创造性、首创性，特别是容易忽视甚至否定其方向性（揭示某一研究领域或科学的发展趋势）、基本方向性（揭示整个科学的发展趋势）。因而，一些富有独创性和方向性的选题或著作，往往被拒之于门外。

针对这一错误倾向，著作者列举一系列著名科学史（例如纽兰兹的“八音律表”）说明：图书的价值不是单层次的，而是多层次的。因此，评价图书的标准也应是多层次的。依据这一图书和图书评价标准所固有的内在逻辑，我们可以预测或发现，图书评价标准从“单层次”到“多层次”的发展趋势和发展过程，进而据此认识并高度自觉地推动这一进程的发展，从而创造出一整套科学的图书评价标准。

二、进而，作者指出，“系统时代”赋予我们的历史使命将是：不仅要建立科学的图书（选题）评价标准系统，还应移植或创立一种方法，“系统性”地描述这个系统及其整体性。这样，才能为人们提供一种评价图书或选题的意义的背景参考系即理论尺度，使人们一目了然地看到自己选择的图书或选题，是否内含新信息量，以及它在这一理论尺度上的位置。从而达到化繁为简、化难为易、事半功倍的目的。

为了探索达到上述目标（——显然，这是一个十分诱人但难度很大的课题）的思路，王克强在《怎样从书海中找到自己的航向》中，提供了一组实验性的实例：《新思想发展周期系图表》和《图书（选题）评价标准系统图表》。二者实质上是同一个事物的不同侧面，是相互印证、相互补充的。上述两种“理论尺度”虽尚十分稚嫩，但却有可能为图书评价标准的系统化、理论化、模式化提供新的研究出发点，并已具有一定的实用价值。

例如，以这理论尺度为参考系，可清晰地看出，陈景润创立的“陈氏定理”，堪称一项独特性成果，它位于“理论尺度”的“纵向标准 2 级”（定理级）与“横向标准 4 级”（单项级）的交叉点（单项定理级）上；而陈世骧、吴于廑、王梓坤提出了一个可能影响多学科的新的理论框架，因而这三个理论框架，可能位于“理论尺度”的“纵向标准 4 级”（框架级）和“横向标准 6 级”的交叉点（多科框架级）上。

作者还运用这一理论尺度去衡量已知的具有独创性的图书或选

题，指出：历史地看，科学史上影响最大最深远的科学思想，往往是方法，如公理方法，实验方法，数学方论等。这些方法的移植，往往导致一条“纵通古今、横贯百科”的研究路线的出现。无疑地，这些路线，是人类建造的最宏伟壮丽的知识系统工程。据此，作者提出了“科学研究路线”、“路线级新思想”和“历史级新思想”等概念。并认为：这将是已知的评价新思想（或有关图书和选题）的最高层标准。进而，作者还指出：欧几里得的《几何原本》的巨大意义，乃是通过牛顿、罗巴切夫斯基、爱因斯坦等人，从这部著作中发掘出其学术思想核心即方法论思想核心——公理化方法，并将其合乎逻辑地“纵向发挥”（如非欧几何及其他数学分支的公理化演绎系统的建立过程）和“横向发挥”（如牛顿、麦克斯韦、爱因斯坦等人的演绎系统的建立过程），而充分展示出来的。由此可见，公理化方法，实质上是由科学史上的一系列不同学科的演绎系统，依其固有深层结构，构成的科学研究路线，这条研究路线，我们可将其命名为“欧几里得公理化方法的移植与提高过程或路线”，简称“公理化路线”。正是这种移植与提高研究过程，使欧几里得的公理方法，由一个学科的方法上升提高为一种“纵通古今，横贯百科”的普遍适用的方法。

沿此思路，作者指出：在科学史上，公理方法、实验方法、数学方法等的移植与过程的提高，构成了若干条“横贯百科”的路线，创造出了一系列“纵通古今”的知识系统工程。无疑地，这些研究路线或知识工程，是人类创造出的最伟大的科学成果，正是这些成果具体体现了科学（或学科）的基本趋势。

据此分析，王克强指出：依据图书或选题所包含的新信息量的从小到大的顺序，可将其粗略地划分为“观点级”、“理论级”、“方法级”三个大类。并指出：已有大量事实说明，一个学科甚至整个科学的进步，往往是一种重大方法的创立、移植与提高所带动起来的。

三、那么，在学科一体化的今天，是否还有某种新方法需要（甚至正等待着）我们去发掘、去移植呢？从“方法级”这一出版选题和图书评价的高标准（或“构建新路线”这一科学发展过程的高层次）来看，时代要求我们建造出怎样的研究路线呢？

在《怎样从书海中找到自己的航向》和《技术发展的历史逻辑》等著作中，作者以自然科学和社会科学汇流的全局为背景，对此重大课题，进行了高层次、多学科、大跨度的系统探索，通过极其艰苦的长途跋涉、层层进剥、逐步逼近，继而提出：门捷列夫周期表中蕴藏着一种擅长于发现和描述“系统”的统一性和整体性的科学方法，发掘、提炼与移植这一方法，使之与辩证逻辑方法汇流，将可能发现并描述出一系列“系统”的整体性，由此，将这些“系统”及其研究成果，连成一个横贯百科的研究路线：“整体化路线”。

由此可见，当代科学再度面临一个重大的历史性课题，及早重视并率先系统研究这一课题，将可能为我们勾画有中国特色和时代特色的出版（科研）选题方向，预测并组织出版一系列“选题方向与科学趋势一致”的著作或选题，提供新视角。为当代中国自立于世界出版（科学）之林，并再度争夺世界之冠，提供新思路。因为从一个侧面看，构成一条新的研究路线，往往是数百年乃至千余年才出现一次的历史性机遇！

尤其值得重视的是：如果说，科学史上的“科学研究路线”是一系列学者，历时数百年、千余年甚至数千年共同创造的，那么，“整体化路线”则是作者依照科学发展的历史逻辑，高度自觉地（有计划地、目标明确地）提出或预测的，并且，这条路线的粗线条框架，是一次性地构思设计的。

四、作者不仅率先明确提出上述课题，而且将上述方法移植于进化论、书评学、方法学等一系列领域，提出了一系列独创性见解。

例如，沿着上述思路，王克强提出：上述“公理化路线”，实质上是一篇“纵通古今、横贯百科”的巨大无比的优秀“书评”。这“书评”中实质上包含着一种以“理论评价理论”、“著作评价著作”的评价方法。其基本特点是：（1）“画龙”，即把科学史上的各个公理化理论体系和逻辑体系（或表述这些体系的著作），依其固有的历史联系和逻辑联系，贯串为一个相互印证、相互补充的有机整体：“公理化理论（著作）的系统”，从而形成一个具有“评价功能”（“说明功能”、“预测功能”）的背景参考系。（2）“点睛”，即将欧几里得公理方法（或《几何原本》）置于参考系的固有位置上，由此而揭示出其意义，及其深刻的历史原因和逻辑原因等。

可以看出，上述的“书评”实质上还说明：评价一种著作，特别是其学术思想核心的最好方法，乃是移植它、应用它、纵横发挥它。

无疑地，一种学术思想或科学方法的移植路线愈长，跨越学科愈多，应用范围愈广，则其学术生命力和“穿透力”愈强。

综上所述，作者提出：依据辩证逻辑的“个别性——特殊性——普遍性”原理，我们可将上述的“理论评价（说明、预测）理论”的评价模式或科学方法浓缩在一篇书评论文之中，由此而创造出两种“画龙点睛式”的书评体裁：一是“历史型”体裁。即将上述的“公理化路线”浓缩在一篇书评之中，这篇书评看来好像是花费了大量的篇幅，甚至以80%～90%的笔墨“画龙”，即描绘整个公理方法的移植路线上的牛顿等人的工作和成果，因而貌似离题万里。但正如上所述，这一切都是为“点睛”服务的，这一切都是衬托《几何原本》这个“尖端”的基础建筑。惟有这样，才能显示出《几何原本》的高大，才能显示出其学术思想核心所固有的巨大能量。二是“未来型”体裁。即先从所评书中发掘出其学术思想核心，然后，将其合乎逻辑地纵横发挥，即运用（移植）这一学术思想去解决本学科和其他学科中的科学问题，提出几个甚至十几个、几十个新构想、新观点，甚或新的理论框架。进而，将这些新构想与所评书的学术思想核心，依其固有的“深层结构”连成一个具有评价（说明、预测）功能的有机整体，从而从“整体”与“个体”的互相联系中，充分展示出所评书及其学术思想的科学意义。

五、王克强还认为：在知识爆炸的时代，人们愈来愈要求对图书体系（和知识体系）进行化繁为简、化难为易的再加工、再创造，从而使之系统化和简明化。现代目录学研究成果表明：如果说，图书系统从一个侧面反映了人类知识的深层结构，那么，目录系统则从一个侧面反映了图书系统的深层结构。从门捷列夫周期系方法的角度看，可以说，一个科学的目录系统，实质上包含着一个反映了图书体系（和知识系统）的历史联系和逻辑联系的选题系统或概念系统，因此，这系统实质上具有以“书名评价书名”、以“选题预测选题”的科学功能。据此，作者提出：门捷列夫周期系方法与现代目录学的交叉，还将导致一种以“目录评价目录”、以“书名评价书名”的科学方法或评价模式的产生。在《怎样从书海中找到自己的航向》第五章中，作者为此模式提供了两个实验性的实例，即在两篇千字短文中，各自介绍了近20余种图书，并试图将20种图书依其选题方向所“固有的”逻辑联系，贯串为一个相互印证、相互补充的有机整体，从而使每一种图书都实质上置身于一个由自身的目录构成的背景参考系中，由此达到从图书的相互联系（个体与整体、个体与个体的联系等）中，理解和评价图书及其选题方向的目的。

这样，这种“目录式”的书评，不仅为建立两种信息容量大、评价层次高的新书评文章体裁提供了新思路，而且为“广告”与“书评”的结合、“广告学”和“书评学”的交叉，以及由此建立“图书宣传学”和“图书宣传学的新文体”（“广告式书评”、“书评式广告”等），提供了新的实例或视角。

六、王克强还指出：门捷列夫周期表的又一方法论奥秘，是不仅发现“系统”及其整体性，而且将这一发现即元素周期系描述在一纸之上，使之成为一种可供人们直观“系统”及其深层结构全貌的实用理论工具：“元素周期表”（参见王克强与杨敏才教授合著《元素周期表的新探索》等）。由此，系统地反映（或预测）每一种元素的性质、位置及其深刻的逻辑原因和历史原因。

运用这一方法（即“门捷列夫周期系描述法”），作者不仅力图发现若干个“系统”的整体性，而且试图将其描述在一纸之上，使之成为一种集中而简洁地反映“系统”及其深层结构的全貌的实用理论工具。例如，上述的《图书（选题）评价标准系统图表》等，就是力图具体体现上述思想的实验性实验例。

另如，作者不仅力图发现“教学用书”的系统及其整体性，而且试图其描述在一纸之上，建立一种富有实用性和预见性的理论工具——《教学书周期系图表》，从而为从一个侧面简洁地反映“教学用书”及其出版选题过程的纵向规律、横向规律、整体规律，据以对“教学用书”进行系统分类，预测若干种新的教学用书选题等，提供了新的视角。比如，从该图表可见，“教学管理书”是“教学用书”发展过程中即将出现的必要一环，据此，王克强组织编写了一种社会效益和经济效益俱佳的出版物：《小学教师——家长联络手册》，并已由湖北少年儿童出版社 1988 年 7 月出版。这种书体现出：在格调低下的图书“横流”而格调健康的图书市场“萎缩”的今天，仍有发行量极大的出版物，有待于我们去开发。沿着这一思路，不仅可能为创造新的图书印数记录提供新视角，而且能为寻找这种规律的方法，提供可能性。

在阅读《怎样从书海中找到自己的航向》的过程中，深感其中新见迭出。例如，作者提出：(1）在现代，从重视“创造成果”到重视“评价成果”，从“文章”到“文摘”，从重视“著书人”到重视“编书人”和“评书人”等，已成为一种“横贯百科”的发展趋势。因此，可以说，在知识更新换代周期日渐缩短的今天，任何一种知识成果，往往是“著者——编者——评者”共同创造的，三者缺一，便破坏了这种整体性。(2）当代书评学发展的基本趋势之一，是从“文学评论”到“学科评论”，因此，书评学应是（并必将会发展成为）一门从一个侧面看所有学科著作的“横断学科”，并且，书评学特别是评价标准、选题方向等，将应是一个各类社会成员，即“青少年——中年人——老年人”和“著书人——编书人——评书人——卖书人——读书人——藏书人”等共同关心的重要课题。正因为如此，我们不仅要明确提出和系统探索图书评价标准，揭示其“深层结构”的整体性，而且还应运用门捷列夫周期系描述法去描述它，使之成为一种“化繁为简、化难为易”，便于大多数人实际应用的理论工具。(3）当代书评学的又一发展趋势，是从“书评学”到“书评”、“书讯”、“广告”的交叉集合。为此，旧的“书评学”、“书评模式”或“书评文章体裁”等，将面临着一系列挑战和冲击。新的内含更丰富、框架更宏大的学科和文章体裁等，或迟或早将会问世，并且，上述发展变化是一个五光十色、立体交叉的空前复杂过程，但若究其底蕴，则可见其万变不离其宗，其深层结构仍是从“单规定性”到“多规定性”、从“单层面”到“多层面”、从“单视角”到“多视角”。总之一句话，科学发展的基本趋势是“系统化”，即不断寻找各类知识共通的“深层结构”，使之相互补充、相互印证、相互转化，从而在更高一级的层次上整体化起来。诸如此类的例子，在《怎样从书海中找到自己的航向》中至少不下百余处，这里就不一一举例了。

然而，诚如任何新事物都可能是不很完善的那样，《怎样从书海中找到自己的航向》中的疏漏之处甚多，似亦不下百余处，例如，书中的新概念提得太多，且一些概念及其含义前后不统一；新构想太多，而因限于篇幅等，一些新命题往往是大题小做，论证和表述显得空疏乏力；思绪奔涌，但一些思想跳跃过快、幅度过大，间断痕迹过宽，因而有一部分思路缺乏严密的逻辑性、完整性，甚至十分令人费解；等等。

总之，《怎样从书海中找到自己的航向》是一部“珍珠共鱼目一体、新见与疏漏百出”的重要著作，而这一特征，也许不仅是一部独创性、开拓性的新著，而且是我们赖以识别一种新著（特别是一部含有巨大新信息量的可能成为传世之作的新著）的重要标准或标志。诚如爱因斯坦所指出的：知识是个圆，圆外是未知世界，知识愈丰富，则接触的未知世界愈大，面临的疑题愈多。同样地，一部著作的新信息量愈大、独创性见解愈多，则疏漏愈多。并且，大量事实说明，一种科学或事物的新发展虽不完善，但却可能是人类智能在一定时期所能达到的最好一步。须知，“新发展在尚无更好代替者的情况下是非常有用的”。因此，求全责备的态度“有时阻碍或延误了新发展的采用”（贝弗里奇语）。正因如此，我们呼吁社会重视这部新见迭出的著作的同时，亦希望作者对其进行去粗取精的再加工、再创造，撰写出新著。

1989 年 4 月 3 日

（原载王克强主编：《怎样从书海中找到自己的航向》，武汉工业大学出版社，1989）

立下园丁志　甘为后人梯

我与图书馆学结缘是很偶然的，1951 年夏季，我以在职干部的身份参加了中华人民共和国成立后的首届全国高等学校统一招生考试，被服从分配录取到武昌文华图书馆学专科学校。由于自小受家庭环境的熏陶，个人的兴趣与爱好是比较广泛的，但对于图书馆学却是一无所知，故没有填报这方面的志愿，现在让我学习图书馆学，可以说是人生道路上面临的一次选择。如何对待服从分配，20 世纪 50 年代的知识分子有一个最显著的特点，就是能够自觉地将自己的前途和命运同祖国和人民的需要紧密地结合在一起，认为兴趣并非天生，志愿选择也只具有相对意义，社会的需要就是自己的志愿，兴趣会在不断的学习过程中得到培养。我愉快地参加了学习，从此，与图书馆学结下了不解之缘。通过学习，加深了对图书馆事业在社会主义建设中作用和地位的了解，更加深了对图书馆学的热爱，1953 年 7 月我以优异成绩毕业，分配我留校担任助教，我又加入到图书馆学教师队伍的行列。1953 年 9 月 1 日按照院系调整方案，武昌文华图书馆学专科学校并入武汉大学成立图书馆学专修科，1956 年改制为图书馆学系，1984 年由教育部批准在原来图书馆学系的基础上成立了我国第一所图书情报学院。我自 1953 年 8 月留校迄今，其中有 4 年多时间赴前苏联留学，在武汉大学从事图书馆学教学与研究已经整整 42 个春秋。1961 年定为讲师，1978 年晋升为副教授，1983 年晋升为教授。1978 年全国科学大会召开，祖国大地迎来了科学的春天，国内部分重点大学恢复招收研究生，我是恢复招收硕士研究生的首批指导教师，1984 年武汉大学图书情报学院成立，我被任命为第一任院长，1985 年被聘任为国务院学位委员会学科评议组成员，1990 年被国务院学位委员会批准为博士生指导教师，1991 年开始招收现代目录学方向博士生，迄今，我已经培养硕士研究生32名，博士生已经毕业并获得博士学位的6人，在校博士生7人。

回顾40多年来的图书馆学教学与研究生涯，我深深感到，教师作为人类灵魂的工程师，是一项非常崇高的职业，教育的产品周期长，工作见效慢，所谓“百年树人”，教师职业的特点决定着教育工作者应当忠诚党的教育事业，无私奉献，应当具备为学生的成长铺路搭桥，甘当人梯的精神。要实现我立下的当一名忠实的园丁的誓言，首先应当学习、学习、再学习，教人先教己。

一、教育者须先受教育

当人生坐标定位于图书馆学教育事业以后，自己深感责任重大，凝重的历史责任感时刻激励着我要勤奋地学习和兢兢业业地工作。留校工作两年后，恰好有一个好的学习机会，1955年夏，领导决定我去参加留苏研究生考试，结果顺利地通过了考试，在北京外国语学院留苏预备部进行了为期一年的语言培训，1956年11月3日我带着党和人民的嘱托、前辈们殷切的期望和对知识的渴求赴前苏联国立莫斯科图书馆学院（今国立莫斯科文化大学）研究生部学习。在出国留学之前，曾专门拜访了我国著名的目录学家王重民教授和徐家麟教授，他们指出，中国目录学历史悠久，源远流长，有着丰富的遗产和优良的传统，但是，作为现代目录学理论研究还很薄弱，许多问题有待探索，应当珍惜这一难得的学习机会，好好学习，以便为发展和繁荣祖国目录学研究作贡献。到达莫斯科图书馆学院以后，在老同学佟曾功、赵世良、赵琦、鲍振西、郑莉莉的推荐和协助下，选拜了前苏联著名目录学家阿·达·艾亨戈列茨教授为导师。由于我是在工作一段时间以后重新获得学习机会的，深知“书到用时方恨少”这句话的含义，故非常珍惜这来之不易的学习机会，如饥似渴地勤奋学习，刻苦钻研，留学四年多的时间，除了外出调研以外，不管是节假日，也不管是星期天，几乎都是在学院图书馆和列宁图书馆度过的。对我来说，时间就是生命，经过寒来暑去，四度春秋，真是分秒必争，通过了学位课程考试，在导师指导下，数易其稿，完成了学位论文的撰写，于1961年3月顺利通过了学位论文的答辩，获得了教育学副博士学位。四年多的学习与研究使我深刻体会到科学来不得半点虚假，个人的成长和学术上的成就不能靠侥幸，需要个人的勤奋学习和顽强的拼搏，宝剑锋从磨砺出，梅花香自苦寒来。与此同时，应当特别强调指出的是，在研究生学习阶段科学导师的作用不可低估。我的科学导师阿·达·艾亨戈列茨是前苏联知名的目录学家，他学术造诣深厚，治学严谨，德高望重，他对学生寓德于教，严格要求，循循善诱，指点迷津，他将严、导、爱紧密结合起来的指导方法，使我在潜移默化中受益殊深，终生难忘。在我的学习研究过程中，他以下几点给我印象深刻：第一，严格要求。他对学生是高标准、严要求，但又不刻意求严。首先是抓培养计划的制定，培训计划是由我和导师一道拟定，要求非常明确，安排十分具体，他说，计划一经校领导批准，就具有法定的约束力，我们就必须共同执行，并规定每月向他作一次汇报。我记得有一次，因为那一段时间中国驻苏大使馆留学生管理处布置我们连续开会学习和听报告，计划完成情况不够理想，我还是按时去他家里汇报，当我讲到有少量工作还没有来得及完成时，他顿时声色俱厉，严肃地说，你马上回去，不完成计划不要来见我。这位导师平时平易近人，和蔼可亲，但对待学习和工作要求严格，铁面无私，不管你是否外国人，他都一视同仁。这次事件给我极其深刻的教育，从此，我对待学习计划不敢再有半点松懈，不管时间多么紧张，即使挑灯夜战也得按时完成，从不草率从事。他平时对我的学习是很关心的，他对我说，你是我指导的第 17 名研究生，前面的 16 位都已顺利通过了论文答辩，你不要辜负你们祖国对你的期望，要付出加倍的努力。他指出要特别重视学位论文的撰写，因为学位是评价个人学术水平的一种尺度。学位论文首先要求创新，要高瞻远瞩，随时注意掌握本学科的前沿动态。他介绍说，列宁图书馆设有一个新书展览厅，是一个常设机构，这个新书展览的内容包括：按照苏联制定的出版物缴送本制度的规定获得的国内出版物缴送本，采购到馆的新书，国际交换和接受赠送的图书等，每周更换一次，星期一不开放，其余每天都开放。这里成了我掌握最新文献的最好的地方，每周必去一次。第二，要求树立严谨务实的学风。他要求在科学研究上必须树立严谨务实的学风，他对学生的科研严格把关，精益求精，他从不放松对一个数据和一条文献出处的考证。他指出务实是创新的基础，创新必须务实。他说，目录学研究要走出象牙之塔，面向实践，要加强目录学的应用研究。他亲自为我安排到莫斯科、列宁格勒、高尔基省、古比雪夫等地进行实地调研和收集资料，我到过的10多个单位，每一个他都亲自写推荐信，由于他是全苏知名学者，桃李满天下，他的推荐信比学校介绍信更顶用，为我的实地调研和收集资料提供了极大的方便，这也可以说是名师效应吧！第三，熟悉文献。他认为文献和读者是目录学研究的基础，研究目录学的人应当熟悉文献，而且强调要多读原著。榜样的力量是最重要的，阿·达·艾亨戈列茨教授对图书史、俄罗斯目录学史造诣很深，博通俄罗斯古典文献，对自己从事研究的学科文献了如指掌，研究中运用文献得心应手，左右逢源，讲起课来旁征博引，如数家珍，且身教重于言教，给我留下了深刻印象。

总之，阿·达·艾亨戈列茨教授渊博的学识、严谨治学、寓德于教、循循善诱、指点迷津的作风，善于将严、导、爱相结合孕育出既是严师又是益友的师生情谊，对工作认真负责，精益求精，对专业无限热爱，执着追求，在他身上体现出一名教育工作者的春蚕思想和红烛精神。这些在我的教学和研究生涯中始终起着润物细无声的潜移默化的作用，将使我受用终生。

二、辛勤耕耘培育人才

满怀豪情回国以后，迫切希望能有机会充分释放自己的才能，为祖国图书情报事业的振兴和图书馆学科的繁荣贡献力量。但是，事情并不那么容易。1961年中央召开全国文科教材会议，确定了文科教育方针，在全国文科专业范围内进行有计划的教材建设，图书馆学专业的教材就由北京大学和武汉大学两校合编，既未列入统编教材规划，也不予公开出版。我是去北京大学参加《目录学》教材编写的编者之一，由此感到图书馆学学科地位低人一等。1962年夏，我作为武汉大学的招生人员到湖北省参加高考录取工作，一查湖北地区没有一个人报考图书馆学，后来发现湖北省高等学校招生专业目录上竟然将图书馆学专业编漏掉了。这两个事例充分反映了一些领导部门和一些同志对待图书馆学的偏见和不重视，这将影响学科建设和图书馆事业的发展。任何个人的成长，学术上的成就，除了个人的勤奋和拼搏以外，如果离开了成长繁衍的沃土，必将寸步难行。因此，我下定决心，不把图书馆学情报学学科地位提高誓不罢休。

我庆幸成长在一个有着“自强、弘毅、求是、拓新”光荣传统和优良学风的全国著名的重点综合性大学之一的武汉大学，在前辈几代学人的努力下，特别是80年代以来，我们学院全体教职工齐心协力，锐意改革，开拓前进，在图书馆学、情报学教育方面取得了令人瞩目的成就，学科地位有了显著的提高。首先，办学规模扩大了，在原来图书馆学系的基础上建立了包括图书馆学、情报科学、档案学、出版发行学四个专业在内的学科比较齐全的综合性图书情报学院，有利于发挥综合学科优势，有利于促进国内外学术交流。其次，多层次、多形式的办学体系正在逐步形成，除了本科生以外，还开设了成人教育，1981年国务院学位委员会批准建立图书馆学硕士学位授权点，1984年科技情报硕士学位授权点获得批准。考虑到建立完整的研究生教育体系对于学科建设的巨大作用，学术界对是否建立图书馆学、情报学博士点存在着疑义。1985年我被聘任为国务院学位委员会学科评议组成员，我写了多次报告向有关领导和国务院学位委员会申述我院具备培养图书馆学情报学博士生的条件，以及发达国家设立图书馆学、情报学博士点的历史与现状，从我国图书馆学情报学未来学科建设的思路必须走与国际学科发展接轨的道路出发，说明人才培养必须体现层次性。经过多方的争取，终于在90年代初经国务院学位委员会批准先后在我院设立了图书馆学和科技情报学两个博士学位授权点，从此，我们学院完善了从学士——硕士——博士的图书馆学和情报学的三级学位体制。第三，坚持教学与科研相结合，以科研作后盾，加强了专业教材建设，使之形成系列，注意教材的配套，有的教材达到全国一流水准。第四，抓住有利时机，争取多方面的办学经费，创造新的办学条件，建立了有一定规模的现代化实验中心，为实现我院教学手段现代化奠定了基础。

优化育人环境，培育适合人才成长的沃土，都是为了造就一大批高质量的人才。我从1978年开始招收硕士研究生到1991年开始招收博士研究生，10多年来一直从事研究生的培养工作，我始终把这项工作看成是对自己培养高层次人才责任的加重，历史责任感驱动着我兢兢业业勤奋地工作。在指导研究生工作中，我对自己提出如下的要求：

严格要求。研究生教育是我国高等教育的最高层次，是代表我国教育水平的一个重要标志，博士生又是国家高层次的学术梯队，对高层次人才的培养，质量是其生命线，因此，必须坚持高标准、严要求，确保研究生的培养质量。我将质量第一的原则贯穿在博士生培养的每一个环节。我认为培养高质量的博士生，必须有高素质的生源，在招收博士生时，不论生源来自本校或者校外，我都坚持标准，全面衡量，择优录取，确保质量，宁缺毋滥，切实把好生源关。在指导博士生的整个过程中，要求树立勤奋的学习和工作态度。严格是科学的生命，来不得半点虚假，成功决不靠侥幸，而要靠顽强的拼搏和脚踏实地的勤奋工作。我经常鼓励自己的博士生，入深水，擒蛟龙。我对学生严格要求，毫不放松，但首先做到严己后严人，教师是人类灵魂的工程师，为人师表就要给学生作出榜样，教师的一言一行，都会给学生以潜移默化的影响。学生会从多方面来观察老师，看自己的老师怎样治学，怎样工作，怎样待人。因此，作为一名科学导师，一定要严于律己，以身作则，不仅要言传，而且更要身教。例如，我自1984年至1992年12月兼任了图书情报学院院长，对双肩挑的教师来说，既要搞好管理，又要完成好教学科研任务，我指导的研究生和访问学者比较多，但是，我没有因为院务忙而放松对研究生的指导，我经常是挑灯夜战和放弃节假日，按时阅读博士论文和进行其他指导工作。对研究生从严要求，但不刻意求严，我对自己的要求是，既要成为学生的严师，又要成为他们的益友。我渴望青年人尽快成长，乐于和他们相处，他们思维敏捷，受传统影响较少，接受新知识和新事物快，形成新观点快。我和他们一道研讨问题，合作撰写论文，审阅论文等，对我来说，既是一个引导的过程，又是一个学习的过程。总之，我是把整个研究生培养过程看成是一个教学相长的过程，我不以导师自居，不强加于人，鼓励博士生发表自己的学术观点，也不以自己的学术观点作为评判学术水平的标准。同时，对待博士生的缺点和错误，我一贯采取严肃的态度，决不护短。严、导、友相结合孕育着我们师生深厚的情谊。令我十分欣慰的是，我的研究生都非常自觉地严格要求自己，克服困难，勤奋地学习，取得了好的成绩。例如，我的一名92级博士生马芝蓓，来自山西大学信息管理系，1992年考取我的博士生时，她的儿子还不到1岁，她含着泪水给襁褓中待哺的儿子断奶，将孩子交给了父母，三年一直坚持住校攻读，1995年初，春节期间为了赶写论文，没有回家过春节，她爱人赶来武大陪她。她勤奋学习，完成了博士论文的撰写，获得了专家的好评，顺利地通过了答辩，成为中华人民共和国成立后，由我国自己培养的图书馆学第一位女博士。

循循善诱。导师在指导博士生过程中应当突出一个“导”字，导的内涵是多方面的，我认为首先要引导博士生学习如何做人，引导他们树立正确的人生观和事业观，要求他们做一个有高尚道德的人。具体说，要能正确处理个人与国家、个人与社会、个人与集体、个人与家庭、个人与他人之间的关系。博士生是未来学科的带头人，应当树立远大的理想，要热爱自己所从事的事业，应该立足本国，放眼世界，要争图书情报事业的地位，要争图书馆学情报学的学科地位，个人的名利生不带来，死不带走，应该放淡一些。其次要引导博士生养成良好的学风，做学问必须有优良的学风，对于从事现代目录学研究来说，特别强调严谨务实，因为目录学是一门实践性很强的学科，必须强调务实，务实是创新的基础。第三，我很重视对博士生进行读书指导，传授治学方法，古人说：治学之道，宜得门径，得门而入，事半功倍。我认为应以书目作为读书入门的向导，以目录学的基础知识和方法作为读书治学的工具。学点目录学知识，对于读书治学的人来说实在太重要了。俄罗斯文献学家布留索夫说得好，学问与其说是知识的储蓄，倒不如说是善于在书海中找到知识的本领。目录学就是帮助人们学会迅速准确地在文献海洋中找到自己所需要的知识的本领，学点目录学知识，对任何一个科学工作者来说，将会终身受益。

勇攀高峰。要引导博士生树立勇攀科学高峰的理想，攀高和创新是紧密相联的，要想在学术研究中不断探索新问题，开拓新的研究领域，提出新的学术观点，就不能固步自封，而要站在本学科的前沿，高瞻远瞩，一览众山小，才能“不畏浮云遮望眼”。攀登学术高峰，必须具有坚忍不拔、锲而不舍、不畏艰险的勇气，成功之路就在脚下，需要跋涉者一步一个脚印去攀登，才能达到预期的目的。

回顾 40 多年的图书馆学教育生涯，红烛春蚕是我的思想基础。教师是平凡而伟大的，教师教书育人的劳动，往往影响学生的一生；教师的职业是神圣的，教师也是清贫的，但我清贫乐教，因为，千金难买师生情。我热爱图书馆学教育事业，爱我所选，无怨无悔。我作为一名园丁，寄厚望于学生，希望他们青出于蓝而胜于蓝。最令我欣慰的是，用自己的心血和辛勤的汗水培育出一批又一批的人才，他们很有出息，不少人取得了高级职称，有的还晋升了教授，都成了各单位的业务骨干，还有的已经是研究生的导师，当看到雏凤成为良师时，禁不住眉开眼笑，真可谓“平生最觉开心处，喜看桃李结满枝”。

(原载俞君立、黄葵主编：《中国当代图书馆界名人成功之路》，武汉大学出版社，1996)

质与量的和谐是当代出版业的使命

图书是一种文化商品，具有双重属性。作为精神产品，要反映出思想性、知识性和价值观，表现出它作为社会意识形态方面的本质特征，要以文化的普及与提高为惟一宗旨，并以此实现其社会效益。而作为物质产品，要通过一定的交换关系流通于图书市场，受制于商品交换的基本原则，要以盈利为惟一目标，实现出版者的经济效益。

中国图书价格在 1993 年 4 月以后，虽然除大中专教材和中小学课本实行国家定价外，其图书价格已基本放开，但由于出版业能够盈利或者多盈利，还是要通过规模经济来降低单位成本，仍然是印数越大，经济效益越好。这样，出版社要实现较好的经济效益，势必要追求一定的出版数量，包括单位图书出版数量（印数）和图书品种数量。这是出版社实现经济效益的基本前提。

资本主义制度下精神产品的纯商品化，决定了交换价值成为衡量出版物质量的根本标准，一切艺术价值、学术价值、思想价值往往成为市场价值的附属物。社会主义条件下的出版活动，不能纯粹地以价值生产或经济效益为目的，而应以影响精神世界和指导实践活动的社会效益为首要的和最终的目的，首先强调出版物的社会效果，这是社会主义出版事业的本质规定性，也是出版物的质量标准。

对出版物数量的追求和对质量标准的遵循之间的关系，实质上是社会效益与经济效益的关系，这也是社会主义出版业特有的矛盾关系，反映了出版业的双重目标。这对目标之间有时是相容和统一的，有时则不是那么协调，甚至是无法调和的。当代出版业的使命，就是需要求得这对双重目标的高度和谐，为此我认为应着重抓好两个方面的工作。

1. 把质、量和谐的首要工作落实在出版活动的起点。法国学者罗贝尔·埃斯卡皮曾经用三个动词来形象地概括出版的职能：挑选、生产、发行。选题是出版活动的起点，质与量的和谐应首先落实在选题上。国家批准建立一个出版社时，就等于赋给了选题权，这是一种神圣的权力。国家对选题权的运用所进行的行政规范和经济力量的约束都集中在“质”的要求和标准方面，要求出好书，出优秀书，即要求出版物能较好地实现文化的普及与提高的目标。一般来说，要实现文化普及的目标，主要是选择出版普及类读物，而要实现文化提高的目标，则要求选择出版学术类著作。由于普及读物总是大大高于学术类著作的市场容量，图书的盈利目标与文化普及目标在相当程度上还是一致的。而学术类著作读者群的相对狭窄，图书的盈利目标与文化提高目标之间则较难协调，这种质与量的潜在冲突随着市场经济大环境的形成日趋明显。某些出版社由于对印刷数量的一味追高，演化成对盈利数额的片面追求，出现了不顾社会效益、倒卖书号的违法乱纪行为，使图书的质量面临着严重的挑战。现在国家对出版社书号数量进行了限额控制，以期通过“以量管质”，对倒卖书号行为产生一定的遏制作用，但仍需要有强有力的执行和监督机制，否则，倒卖书号现象就不可能绝迹。

“以书养书”，作为一种政策导向和政府大力提倡的出版选择行为，在部分出版社已经实行并且卓有成效，此举无疑是求得图书质、量和谐的重要措施，要使这一行为继续发扬光大，国家应该建立奖励机制，以投资、信贷、税收乃至利益分配政策加大倾斜度。

2. 实现质、量和谐的关键是从业者出版意识的转变。数量与质量之间，存在着固有的辩证关系。马克思主义认为，事物的发展总是从量变到质变的过程。十多年来，中国出版业伴随着量的变化，也发生了质变。从业者应该在对这种变化的适应中，树立新的出版意识。

中国图书数量变化的显著特征是，图书品种的持续增长和平均印数的连续下降。图书品种由 1979 年的 17 212 种增加到 1992 年的 92 148种，1994 年已近 10 万种，其中新出书种数由 1979 年的 14 007 种增加到 1992 年的 58 169 种，而平均印数则由 1979 年的 23.66 万册下降到 1992 年的 6.88 万册。新出图书品种自 1979 年至 1989 年持续增长之后，分别在 1990 年和 1992 年出现了负增长。这种数量的变化显示着图书出版业质的变化。

在市场机制的作用下，出版从业者为了增加经济效益，在品种开发上进行了顽强的努力，并且获得了相应的回报。1990 年和 1992 年图书新品种虽然呈负增长趋势，但正好说明了重版书数量的增多。按照现代消费经济学的观点，市场经济是消费者主体经济，消费需求直接带动生产。没有消费需求，图书不可能获得重版的机会。图书能够重版，一般都经得起社会效益的检测，品位和质量也较高，而成本的降低无疑又会增加盈利，因而开发长版的重版书品种，能够较好地实现图书质与量的和谐和统一，总是成为出版者着重选择的目标。这些都说明了一个事实，追求初版印数不是实现盈利的惟一途径。为此，出版从业者应该树立一种新的出版意识，将短期性质的、初级水平的初版印数的竞争转化为长期占有市场的重版图书品种数量的竞争，以重版品种的数量弥补初版印数的不足，这是实现质、量和谐的关键。

（原载《出版科学》，1995 年第 2 期）

第五编

专访

图书馆学定有灿烂的明天

——访我国著名图书馆学家彭斐章教授

主持人：张欣毅

【关键词】图书馆学教育；图书馆学研究；学科建设；人文关怀；专家访谈

【中图分类号】G250　　　　**【文献标识码】**D

【文章编号】1005—8214（2004）01—0001—04

本刊主编：首先，我谨代表本刊，对彭先生从事图书馆学教育和研究工作50年表示衷心祝贺。这50年也是中国图书馆事业和图书馆学学科在中国历史上发展的重要时期，您不仅目睹也亲自参加了中国图书馆学学科的建设。一般来说，一个学科的建设主要通过教育与研究两大途径。这里想请您先就我国图书馆学教育50年的成就作一概括性的总结。

彭教授：新中国成立以来，图书馆学教育从单一的教学体系发展到比较完整的、多层次、多类型的教育体系，教学内容经历了由不完善到逐步完善，从不丰富到比较丰富的改革发展过程。回顾50年来的发展，图书馆学教育取得了令人瞩目的成就。主要表现在以下几个方面：

（1）专业办学点增多，多层次、多类型、多形式的办学体系逐步形成　1977年恢复高校统一招生后，图书馆学情报学办学点迅速增加。目前，设置图书馆学情报学系科、专业的普通高校已达55所。1978年中央做出恢复研究生教育的决定，同年，武汉大学图书馆学系和南京大学图书馆学系率先招收了首届“目录学研究”方向的硕士研究生。1981年1月1日，正式实施《中华人民共和国学位条例》，同年11月3日，北京大学和武汉大学首批获得国务院学位委员会批准，建立图书馆学专业硕士学位授权点。目前，已先后建立了16个图书馆学专业硕士学位授权点。经过国务院学位委员会八次学位授权审核，我国现有北京大学、武汉大学、中国科学院文献情报中心三个单位设立了图书馆学专业博士学位授权点。2000年武汉大学和北京大学获得图书、情报与档案管理一级学科博士学位授予权。学位条例的贯彻实施，研究生教育制度的不断完善，大大改变了我国高等图书馆学情报学教育的层次结构，为立足国内培养图书馆学情报学高层次人才奠定了良好的基础。我国图书馆学教育已经形成了由博士学位、硕士学位、学士学位教育以及专科教育与成人继续教育组成的比较完整的、多层次、多类型的教育体系。

（2）图书馆学在专业教育体系中的地位基本确立　1997年公布的《授予博士、硕士学位和培养研究生学科专业目录》，新增加了“管理学”门类，“图书馆、情报与档案管理”作为五大一级学科之一归入到管理学门类，一级学科下面设立图书馆学、情报学、档案学三个二级学科。武汉大学信息管理学院由于已经获得一级学科博士学位授予权，通过国务院学位办备案，获准自主增设了出版发行管理学和信息资源管理学两个二级学科。从此，学科门类的归属已经确定。研究生培养是按一级学科打基础，按二级学科培养提高，按三级学科确定主攻方向。新的研究生学科专业目录有利于拓宽专业培养口径，也有利于按一级学科进行学位授权审核。图书馆学和情报学在国家社会科学基金资助项目课题指南中均单独立类，图书馆学情报学在哲学社会科学研究领域的独立学科地位得到确立。

（3）紧密结合教学开展科学研究，积极进行教材建设，保证了教学内容的深化和教学质量的提高　图书情报专业列入高等学校文科教材规划（1978～1983年）的有8种，列入高等学校文科教材编选计划（1985～1990年）的有60余种。这批教材的特点是：教材学科齐全并形成系列，层次分明，品种配套，形式多样。教材数量增加，质量也在不断提高。许多教材获得国家级奖励。

（4）调整培养目标，建立和完善层次分明的图书馆学教育体系　多层次办学是从我国实际出发，发展高等教育的一条方针。1978年以来，图书馆学专业教学计划进行了多次修订，按照1998年教育部公布的《普通高等学校本科专业目录及专业介绍》，图书馆学本科生教育的培养目标为："本专业培养具备系统的图书馆学基础理论知识，有熟练地运用现代化技术手段收集、整理和开发文献信息的能力，能在图书情报机构和各类企事业单位的信息部门从事信息服务及管理工作的应用型、复合型图书馆学高级专门人才。"按照《授予博士、硕士学位和培养研究生的学科专业简介》的规定，图书馆学硕士学位获得者应当德智体全面发展并具有坚实、宽广的图书馆学基础知识，较系统深入的专门知识和较强的综合素质与能力，熟练掌握一门外国语和计算机应用知识，全面了解所从事的研究领域的现状和发展趋势，能独立进行科学研究，能胜任大中型文献情报机构的中、高层管理工作。博士学位获得者应当德智体全面发展，并具有坚实、宽广的图书馆学基础理论知识，系统深入的专门知识和优秀的综合素质与能力，熟练掌握一门外国语并能用第二外语阅读专业文献，能独立从事创新性的科学研究，能胜任高等学校教学和研究工作或大中型文献信息机构的高层管理工作。各层次的培养目标都有一个核心，其中本科生教育应培养复合型、应用型人才，图书馆学硕士研究生教育应当按照应用型的专业硕士学位要求，强调其实践取向，使其具有面向实践单位的从业导向作用，图书馆学博士生教育的核心要求是创新。

（5）教师队伍建设有了较大发展，教师的知识结构、年龄结构趋向合理化　近年来，青年教师学历层次有了较大的改变，教师素质得到提高，这是图书馆学教育事业发展的重要条件。

本刊主编：先生对图书馆学教育成就的概括十分精当。下面再请先生梳理一下研究方面的主流性进展。

彭教授：这个题目很大，很难全面梳理。我考虑可否以新带旧、以现实和未来的视野去总结过去。基于这样的思路，我认为，以现代信息技术为依托的社会经济全球化、国际化和全新的网络化、数字化信息环境，对图书馆学研究已经并正在产生巨大影响，图书馆学研究正在进入学科发展史上一个十分关键的历史阶段。

（1）图书馆学基础理论研究在新的历史条件下继续得到深化　表现为对未来图书馆的新环境、新格局、新功能的高度关注；对21世纪图书馆学学科体系以及实现传统图书馆学向现代图书馆学历史转型与过渡的问题；对图书馆学学科建设的深层理论进行探讨；基础理论与应用理论开始从理论认识与研究实践上逐渐由初始阶段的综合走向分野；产生了一批对图书馆事业与图书馆学研究进行总结的学术论著。

（2）图书馆学的应用理论不断走向深入　20 世纪 80 年代末 90 年代初提出建立中国图书馆学和当代中国图书馆事业发展研究的系统理论与思想，标志着图书馆学应用理论及其学术思想的进一步成熟；以现代产业观对图书馆事业和图书馆事业建设实践所进行的系统研究，代表了中国图书馆学界在向市场经济转型的历史条件下，图书馆学应用理论研究所达到的新高度，信息服务与文献信息资源建设与共享及文献资源社会保障的研究不断深化。

（3）在相关理论的指导下，图书馆事业建设蓬勃发展　文献资源建设的实践活动取得重大进展，数字图书馆建设进入实施阶段。

（4）传统馆藏理论的发展研究　网络环境下，馆藏文献及其开发利用的方式方法发生了巨大变化，图书馆的信息资源建设的对象，不仅仅是纸质文献，而是包括传统文献、电子文献和网络信息等在内的信息资源。目前对传统馆藏理论的发展研究包括：网络信息的有效组织与合理开发、馆藏评估、资源共建共享等。

（5）未来图书馆的研究　对于未来图书馆的研究成为当前国内外图书馆学情报学界热烈讨论的课题，主要集中在电子图书馆、数字图书馆、虚拟图书馆及其相互关系上。

①数字图书馆研究　对于数字图书馆理论与方法的研究开辟了图书情报学的新天地。数字图书馆是未来图书馆发展的方向，研究的主要内容有：数据存储、压缩、转换技术与理论；全文检索技术；多媒体检索技术；电子出版物的标引、著录；数字图书馆涉及的非技术性问题，如数字图书馆版权、标准等。

②未来图书馆服务模式研究　现代信息技术对图书馆服务模式产生极为重要的影响，这方面的研究主要集中在：图书馆新的服务模式（包括服务形式、内容等）研究，新旧服务模式的关系以及对用户的信息素养的培育等。

③未来图书馆员角色转变的研究　图书馆员的角色由原来的图书管理员、文化传播者向信息中介、信息经纪人，再向信息资源管理者、知识导航员、学科馆员、网络向导以及网络图书馆员这样的角色

转变，对其所需素质与技能的研究成为研究的重点。

（6）用户研究　网络信息环境使人们的信息存取、浏览与阅读方式与行为发生嬗变，需要我们树立以用户为中心的理念进行用户研究，包括现代信息技术对用户使用信息行为的影响及心理影响的研究，用户界面以及用户教育等的研究。

（7）网络信息资源的组织与揭示及其优化研究　目前，网络信息资源组织与揭示已引起国内外研究者的广泛关注，对于网络信息资源组织的研究包括的主要内容有：总结搜索引擎方式研究现状（其知识组织方式、搜索引擎的比较研究、分类体系研究、搜索引擎功能的完善），调查分析关键词搜索引擎与主题指南搜索引擎存在的主要问题，提出相应的优化措施；调查与分析重点学科导航库与专题特色数据库建设现状与存在问题，并与国内外同类研究进行比较，提出以虚拟图书馆方式组织网络信息资源的改进与优化对策；总结传统文献分类法用于网络信息组织的现状，分析存在的问题，比较中外的差距，探讨文献分类法用于网络信息组织的优化措施；调查主题法用于网络信息组织的现状，分析基于主题词表的检索界面的特征，提出使用主题词表改善用户检索界面的方法及今后努力的方向，并对以检索窗口方式组织网络资源的方式及其优化进行研究。

对于网络信息资源组织这方面的研究主要集中在：关于以机读目录格式揭示网络信息资源的研究；关于以元数据方式（涉及元数据的定义与功能研究、都柏林核心集（Dublin Core）研究、资源描述框架（RDF）研究以及元数据的应用等）揭示网络信息资源研究，并对网络信息资源揭示与描述的优化进行探讨。

（8）知识管理研究　知识管理发端于专业信息服务、研究和咨询企业，与信息管理不同，它是在信息管理的基础上，更进一步地发现知识、创造知识，使知识增值并传递给最需要知识的目标人群，促使图书馆学情报学从“以信息、知识为中心”走向“以用户、利用为中心”。

另外，图书馆学的国际交流日益扩大。1996 年在我国北京成功举办了第 62 届国际图联大会，还先后主办召开了“’96 信息资源与社会发展国际学术研讨会”、“中文文献资源共建共享合作会议”等国际会议以及多次举办海峡两岸图书情报学术研讨会，中外专家学术交流、讲学频繁，推动了图书馆学情报学学术研究的发展。

本刊主编：您曾担任国务院学位委员会图书馆、情报与档案管理学科评议组成员、召集人等重要职务达10余年之久。图书馆学、情报学、档案学学科评议组从无到有，从小到大。您能否给我们谈一谈图书馆学、情报学与档案学等学科的建设情况以及您对未来学科建设思路的看法？

彭教授：我自1985年底开始担任国务院学位委员会第二届学科评议组成员到2003年第四届学科评议组成员换届，连续三届达18个年头，这期间深刻体会到一个学科争取在学术之林有一席应有之地很不容易。图书馆学最初是定位在文学门类，属于中国语言文学学科评议组，经过多方努力，不断反映情况，后定位于理学门类，属于系统科学、图书馆学、情报学学科组，到最后归属于管理科学门类，独立成立图书馆、情报与档案管理学科组。图书馆学自1981年开始，武大、北大两个图书馆学系都取得了图书馆学硕士学位授予权。但是，有些学者不同意图书馆学、情报学设立博士点，认为有了硕士学位授予权即可。这样，我们又到处奔走，反映情况，写报告，详述国外图书馆学、情报学学位设置的情况，特别是美国、加拿大、英国、法国、日本、前苏联等国有关图书馆学、情报学学位设置情况，终于在1990年获得国务院学位委员会的批准在我国设立图书馆学、情报学博士学位授权点，武大、北大从1991年开始招收图书馆学、情报学博士生，至此，学科地位得到确认，应该说，来之不易，应当十分珍惜。20世纪80年代以来，图书馆学、情报学与档案学学科得到全面发展，但也存在明显的问题，作为今后学科建设的方向，我认为应该将以下几方面作为未来学科建设的思路。

（1）走与国际学科发展接轨的道路　国外已实现从“图书馆”到“图书馆与情报”的融合，实现了图书馆学与情报学的一体化。我国虽然在20世纪80年代对图书情报一体化问题进行了热烈的讨论，但实际上，无论在实践领域或是教育界仍然是两大块。我国的院系虽然对外都称图书情报学院或系，但其内部的专业界限非常清晰，这种现象所表现的本质是：传统图书馆学对新型情报学的拒斥和情报学对传统图书馆学精华的抛弃。图书馆学对情报学新型理论和方法的排斥和情报学另起炉灶的这种学科建设格局，从整体上看，对于学科的综合发展十分不利。中国图书情报学科和国际学科发展接轨的必要条件是要真正实现图书情报一体化。

（2）学科建设要体现层次性 学科建设的层次性主要体现在专业教育的层次性和教育实体的层次性两方面。专业教育的层次性是指要针对不同层次的专业需要，就本科生而言，要把学生对新型电子信息技术的动手能力放在首位，注重拓宽学生的知识面；对于研究生层次而言，应注重在学科基础理论与专门研究领域特别是代表未来学科发展方向的研究领域之间找好结合部，使其具备扎实的基本功外，学有所专。高层次的学科建设，要处理好以下几种关系：研究方向的确定与社会需要的关系；理论研究与应用研究的关系；传统学科内容与新的研究方向的关系；学术水平与操作能力的关系；研究能力与管理能力的关系等。

学科建设最终要靠教育单位来实施。对一些历史悠久、实力雄厚的院系，应鼓励其发展高层次研究生教育，从事国家重点学科建设，对一般的院系应鼓励其发展普通高等教育，还应注意院系的行业分布与地区平衡。

（3）处理好学科建设与课程改革的关系 作为学科建设成就的体现，最终要反映在专业教育的课程设置上。我们提倡建立动态兼容的课程设置体系，通过核心课程的设置加强学生的基础教育，通过不断更新的选修课或专题讲座，使学科建设的最新成就及时充实到教学内容之中，这样有利于处理好加强基础、拓宽知识和培养能力三者之间的关系。

本刊主编：国内外图书馆学教育机构都在进行教育变革的探索。国内至少有30多所大学招收图书馆学专业的本科生。尽管如此，许多图书馆多年还要不到图书馆学专业的毕业生，图书馆学专业硕士和博士研究生的社会需求更大。请您给我们谈谈我国图书馆学专业教育创新及图书馆学教育应注意些什么问题？

彭教授：20世纪80年代以来，我国图书馆学教育取得的成就有目共睹，但我们也不否认，图书馆学教育目前仍存在着这样一些问题，如：教育规模起落太大，发展不稳定；办学层次仍需调整；缺乏统一的图书馆学情报学教育协调机制，图书馆学情报学教育发展带有一定的盲目性；教学内容尚不能融入世界潮流，教学方法也比较落后；理论与实践的结合不够，特别是理论对实践的指导性不强等。今后，关于我国的图书馆学教育创新问题，我认为：

(1) 按一级学科宽口径培养图书馆学人才，加强图书馆学专业硕士学位建设　学科建设的成效主要体现在科学研究的成果和高层次人才的培养上。高水平的学科点方能承担更大的科研课题和培养出高质量的研究生，高水平的科研工作为研究生提供了前沿的研究课题，研究生必须在科学前沿探索和参加科研课题的活动中得到培养，同时，研究生不仅是导师科研的得力助手，也是一支富有活力的科学研究生力军，他们在导师的指导下，与导师共同推动着学科研究向更高的水平发展。

只有拓宽研究生的培养口径，才能使研究生具有坚实宽广的基础，只有基础宽广，才能向专精方向深入，才能适应社会信息化和知识经济发展的需要，培养研究生的创新能力。

(2) 转变教育观念，积极培养创新型复合人才　图书馆学教育必须以社会对人才的需求和图书馆学教育的客观规律为依据。我们要把一个布局结构合理、高质量和高效益的图书馆学教育带入 21 世纪，必须坚定不移地将工作重心转移到优化结构、提高质量、走内涵发展的道路。培养学生的创新能力，首先要处理好继承与创新的关系，只有在继承的基础上，才能有所创新；其次，要营造一个有利于学生创新的学术环境。当前，要把教育思路从根本上转到学科建设上来，转到重视提高质量和办学效益上来。

(3) 加强学科建设，促进学术水平与教育质量的同步提高　学科建设是图书馆学教育水平和层次的集中体现，只有以高水平的学科建设为基础、为支撑，图书馆学教育才能提高质量，上水平、上档次，跻身于世界一流的图书馆学教育行列。

(4) 建设一支高水平的教师队伍，是提高图书馆学教育质量的根本保证　教师的学术水平和素质直接关系到学生的培养质量，导师是研究生科研的引路人，其治学态度、科研道德及为人的品德都对研究生产生潜移默化的影响。

图书馆学专业教育应注意的问题主要有：

首先是图书馆学的准确定位问题。在信息领域中，传播和提供信息服务的机构很多，图书馆要想在竞争中取得优势，必须准确地定位，也就是根据自己的特点作为定位的依据。历史和现实的经验表明，图书馆应该定位在文献信息传播与提供服务这个点上，才有优势。因此，图书馆学研究也应该定位于研究文献信息资源的收集、整理、加工、传递与开发和利用方面。我们现在的《授予博士、硕士学位和培养研究生学科专业目录》将图书馆学定位于“图书馆、情报与档案管理”这个一级学科是合理的，也是科学的。但是，现有一级学科的名称应当改为“文献信息管理”，或者“文献信息资源管理”更为合适，这是因为图书馆、情报机构、档案馆、出版发行机构都是以记录在文献上的知识和信息作为研究对象，以解决知识信息的收集、组织与传递中的矛盾为主要任务。从历史角度看，这些学科都源于古代文献的收集、整理、加工、传递等工作，具有源于同一族系的特征，因此，将其归于一个一级学科之下是合理的。随着社会信息化进程的加快，这些学科相互协作成为必然，研究手段及工作方式的一致性或一体化，使得这些学科共同归属为“文献信息管理”这个一级学科具有科学性和合理性。

其次，要适应时代变化，与时俱进。在信息时代和知识经济的条件下，图书馆专业教育有来自两方面的压力，一是现代信息技术迅速而持续的发展；二是在这一技术基础的历史条件的支撑下，图书馆事业的社会职能空前强化。图书情报机构对人才的新要求是图书馆学专业教育的立足点与出发点。图书馆学专业教育在这一形势下的培养目标问题、图书馆事业专家队伍的整体素质结构与个体知识结构的规划与设计问题以及相应的教育培训的教学体系、教学方法和教学模式等一系列问题，都要与社会需要相一致。

最后，传统教育要向适应现代化技术的方向变革。当前，图书馆学情报学所发生的变化主要表现在新的技术手段被引入学科之中，但是其研究信息的生产、收集、贮存、传递的内核未变，图书馆学情报学的核心内容是知识组织与信息服务，这是其区别于其他专业的本质要素。但是技术的变革，使图书馆产生了新的研究对象、新的知识点和新的方法与新的研究课题，图书馆学教育的改革是现实给我们提出的迫切要求，我们要以积极而又谨慎的态度抓住机遇，迎接挑战，构筑图书馆学专业教育的宏伟蓝图。

本刊主编：彭教授从事图书馆学教育50余年，早已是桃李满天下。您能否给我们谈一下指导研究生的经验？您认为一个青年教师如何才能成长为一名优秀的研究生指导教师？

彭教授：回顾50年的图书馆学教育生涯，应该说春蚕思想、红烛精神是我的思想基础，“立下园丁志，甘为后人梯”是我的誓言。1978年开始招收研究生以来，已有34名硕士生获得硕士学位，19名博士生获得博士学位，在读博士生4人。在指导研究生工作中，我始终坚持：第一，严格要求。研究生教育是我国高等教育的最高层次，是代表我国学术水平的一个重要标志，博士生是国家高层次的学术梯队。人才培养，质量是生命线。因此，我对研究生是高标准、严要求，但又不刻意要求，我的原则是先严己，后严人，即要求学生做到的，首先从自己严格要求做起。研究生的培养过程是一个教学相长的过程，我不以导师自居，也不强加于人，鼓励他们发表自己的学术观点，不以自己的学术观点作为评判学术水平的标准。同时，对待研究生的缺点，我一贯采取严肃态度，决不护短。严、导、友相结合孕育出深厚的师生情意。第二，循循善诱。导师在指导研究生过程中应当突出一个“导”字，我认为：首先要引导研究生学习如何做人，其次要引导其形成良好的学风，再则重视对研究生进行读书指导，传授治学方法；第三，要引导研究生勇于创新，树立勇攀高峰的理想。要想在学术研究中不断探索新问题、开拓新领域、提出新观点，就要站在本学科的前沿，高瞻远瞩。我鼓励他们并为之创造条件，希望他们青出于蓝胜于蓝。我的大多数毕业生现已成为业务骨干，有的已成为硕士生导师和博士生导师，我感到十分欣慰。

导师队伍建设是提高研究生培养质量的前提。一个高水平的导师应能够高瞻远瞩，站在学科领域的前沿，洞察和掌握学科发展的动态、预测学科的发展趋势、善于抓住机遇、确定主攻方向。青年教师要成为一名优秀的研究生指导教师，总的来讲，一是要不断提高学术水平和科研素养，治学严谨，掌握创造性思维方法，积累创新性工作经验。二是要志存高远，为人师表，爱岗敬业，乐于奉献，对教育事业有执着追求，用身教重于言教去影响研究生。三是要具有正确的指导研究生的方式与方法，要在“指导”二字上下功夫，“指”是指点迷津，指导研究生选择课题，明确主攻方向、主攻目标，避免走弯路，即是要把关定向。“导”是循循善诱，因势利导，鼓励研究生大胆探索，勇于创新。总之，要严于律己，以身作则，要在学术思想、学术水平、学术能力、治学态度、学术品德、敬业爱岗、严格要求等方面为人师表，成为研究生学习的楷模。

本刊主编：20 世纪 90 年代以来，数字图书馆的发展对图书馆学研究产生很大影响。可以说，目前的图书馆学理论与数字图书馆建设的需要之间还存在较大差距。您认为在数字环境下，图书馆学研究已呈现出什么样的趋势？如何在数字化的环境中强调人文关怀？

彭教授：图书馆学与信息技术有着天然的和本质的内在联系，数字图书馆对图书馆学研究产生巨大影响，图书馆学研究进入了学科发展史上的一个十分关键的历史阶段。在这一历史背景下，图书馆学研究已呈现出如下发展趋势：

（1）图书馆学研究呈现出跨学科研究的发展趋势　20 世纪 80 年代，我国图书馆学的发展呈现出跨学科研究的趋势。这一趋势一方面表现为图书馆学与情报学、档案学等在学科发展史上有同源关系的学科之间的交叉研究；另一方面表现为图书馆学与其他各相关学科的交叉研究。图书馆学、情报学、文献学和档案学具有共同的历史渊源，在内容、性质、方法、技术手段甚至在学科发展方向上都存在着明显的相同点或相似点。电子计算机和网络技术的迅速发展以及在各门学科中的具体应用，已经并正在进一步打破这些学科之间的壁垒，它们之间的相互融合、渗透、一体化的趋势十分明显，捆绑发展，形成了较强的学科群的特点。图书馆学与其他学科的跨学科交叉，既表现为学科建设层面，也表现为实践应用层面。网络信息资源的组织与利用问题，涉及社会众多领域的宏观课题，需要图书馆与解决该课题的各相关学科的协同研究与攻关，图书馆学与其他学科的跨学科交叉日趋明显。

（2）人文传统与技术进步并重的趋势　在信息时代，作为以现代信息技术为依托，以社会信息化和信息文明建设为社会终极目标的信息管理科学的分支学科，伴随其自身技术含量的不断提高，其具有信息时代历史高度的人文关怀也必然与日俱增，并伴随历史的进步，不断实现其在物质型文明的历史条件下所无法彻底实现的人文理想。

（3）学科建设的整体系统性不断增强的趋势　近几年来，图书馆学界逐步重视开发性、应用性研究，许多课题围绕着当前图书情报事业建设与发展实践所面临的重大现实问题展开，图书馆学的应用性、实用性特征不断加强。与之相对应的是，理论指导性强，具有纵深层次的内涵性、思辨性和前瞻性的理论研究成果也不断出现，这预示着建立在实践基础之上的图书馆学研究，将在基础理论研究、应用理论研究和应用技术三者之间构建一种有效的系统平衡和整体发展的关系。

（4）体现民族特色，增强理论原创性，开掘学科前沿性研究的趋势　在我国，应用图书馆学如何实现本土化，如何建设具有本民族特色的中国图书馆学以有效推进中国图书馆事业的历史发展，这类应用理论层面的原创性问题一直未能得到很好的解决。实际上，中国图书馆学建设自有其自身的优势，并应将这一优势发展成自身的特色。如何使我国无比宝贵的文化遗产成为现代图书馆学学术思想和科学理论的有机构成要素，这是中国图书馆学理论研究原创性开掘的关键。

近20年来，我国图书馆学研究尽管在体现民族特色、发挥传统优势方面十分不够，但仍在基础理论研究和应用理论研究两个方面出现了一些具有较强的原创性和前沿性的研究成果，在一定程度上扭转了历史上曾一度存在的简单地照搬或是机械地模仿外国的被动局面。需要注意的是，中国图书馆学的原创性建设绝不可误入文化复古的迷途，必须是站在信息文明的人文精神建设的历史高度上，对民族历史文化遗产的科学利用。只有如此，中国图书馆学的原创性建设才既是原创的，更是前沿的，才能保证中国的图书馆学研究站在当今世界科学研究特别是应用图书馆学研究的前列。现代科学技术特别是网络信息技术的飞速发展，不仅给传统图书馆的工作方式带来革命性的变革，而且还在思维和观念的层次上给图书馆带来冲击和震荡，它削弱了图书馆的人文传统，致使图书馆的人文精神不断滑坡，这种现象不得不引起我们的深思。数字环境下，我们要大力提倡人文精神与人文关怀。

应该说，图书馆是文化的存在，它具有悠久的人文传统，现代科学技术在图书馆的广泛应用又极大激发了图书馆的科学精神，走向新世纪的图书馆必然是两种精神的有机融合及和谐统一，而两种精神的失衡与分离，就会背离图书馆的宗旨。肖希明认为：图书馆人文精神是指在图书馆工作实践中所体现的以人为本的思想，以满足人的需要，实现人的价值，追求人的发展，体现人文关怀，创造美与和谐作为图书馆活动的宗旨。人文关怀是图书馆人文精神的核心，人文关怀的对象主要是读者和用户。对此我完全赞同。我们应该真正树立读者至上的指导思想以及平等自由开放的图书馆管理理念，大力提倡智慧服务的精神，提供阅读的便利与服务创新。

人文价值观念是我们图书馆职业的核心，图书馆的人文思想是图书馆在社会历史变迁和科学变革中不致消亡的根本原因之一，也是它与其他文化教育和信息机构激烈竞争的重要优势。数字环境下，弘扬人文精神、提倡人文关怀是图书馆理论与实践必须体现的基本理念和根本使命。

（原载《图书馆理论与实践》，2003 年第 1 期）

为人师表五十载　一生不悔园丁情

——彭斐章教授访谈录

肖红凌　（黑龙江省图书馆　哈尔滨　150008）

【摘　要】2003 年是我国著名图书馆学家、目录学家、图书馆学教育家彭斐章先生从事高等教育工作 50 年。本刊编辑部特别推出对彭斐章先生的专访，将先生的从教历程及从教 50 年的感悟展现给读者，借此弘扬我国老一辈图书馆学家“立下园丁志，甘为后人梯”的育人精神。

【关键词】彭斐章　图书馆学　图书馆学教育

【中国分类号】G259.297　【文献标识码】B

武汉大学信息管理学院前院长、博士生导师彭斐章教授长期致力于目录学的教学、科研与管理，是中国现代目录学领域成就卓著的开拓者。中国传统目录学注重文献整理，主张“辨章学术，考镜源流”。彭先生将中国目录学置于世界目录学的大家族之中，从世界的、社会发展的角度研究目录学的发展，使中国目录学发展成为研究文献与文献需求者之间书目情报交流的科学。

彭斐章先生既是一位图书情报学专家，中国现代目录学的泰斗，也是一位教育家。2003 年 9 月，在北京大学召开的“纪念王重民先生诞辰 100 周年学术研讨会”上，我有幸与出席大会的彭先生见面。素闻彭先生对学生要求非常严格，而他的学生中，已有相当一批是我国图书馆界相当有威望的图书馆学教授、博士研究生导师，我这样一个初出茅庐的晚辈，在彭先生面前不免有些惴惴不安。然而，出乎意料，他非常平易近人，我目睹他的学生们和图书馆界的晚辈，对他没有一点隔阂感，个个争先与先生或叙旧或讨教，甚至可以当面提出异议，可见彭先生确实是晚辈们的良师益友。正如一篇文章所描述的，“彭斐章，永远是一个给人以信心的人，永远是一个鼓舞人们前进的人，不论是在事业上，还是在学术上，对于后学来说，他总是一位宽厚的、谆谆善诱的师长。”恰逢今年是彭先生从事高等教育工作50周年，我抓住这次难得的机会采访，先生欣然答应并兴奋地与我交谈起来。于是有了这篇关于先生从事高等教育50年的专访。

问：彭先生，您从事图书馆学教育及教学管理工作整整50年，台湾省著名学者沈宝环先生曾撰文称您是“大陆图书馆界排名第一的学人”。我们想请先生谈谈您从教50年的简要历程。

彭先生：我1953年毕业于武昌文华图书馆学专科学校并留校任助教，讲授中文图书编目。1953年9月武昌文华图书馆学专科学校随院系调整并入武汉大学，重组为武汉大学图书馆学专修科（1956年改为武汉大学图书馆学系），我任该科助教兼秘书。1956年由国家选派到前苏联国立莫斯科图书馆学院（今国立莫斯科文化大学）研究生部攻读目录学，师从著名目录学家艾亨戈列茨教授，1961年3月毕业获教育学副博士学位。同年回国在武汉大学图书馆学系任教，1961年定为讲师，1978年晋升为副教授，1983年晋升为教授。1978年全国科学大会召开，国内部分重点大学恢复招收研究生，我是恢复招收硕士研究生的首批指导老师。1984年经国家教委批准成立武汉大学图书情报学院，我被任命为第一任院长。1985年被聘为国务院学位委员会学科评议组成员。1990年被国务院学位委员会批准为博士生导师，1991年开始招收现代目录学方向博士生，迄今，我共培养硕士研究生34名，博士生15人顺利完成学业并获得学位。

问：作为高校的教师，既要搞好教学，又要从事科学研究，您在两方面都有杰出成就。请问您是如何处理二者之间关系的？如何实现二者之间的互动？

彭先生：我1953年7月留校任教，同年9月1日院系调整后任助教兼专修科秘书，从那时起，长期以双肩挑的教师身份出现，既要搞教学，又要搞科学研究，还要兼管教学管理工作，面临着正确处理教学与科学研究的关系的问题，我始终认为在高等学校里教学与科学研究是相辅相成的，以科学研究带动教学工作，以教学促进科学研究的发展。没有高水平的科学研究，就没有高水平的教材，教学内容的深度、新颖性和先进性就很难得到保证，因为教学需要最新的科研成果来充实和更新它的内容，只有通过科学研究才能及时消化吸收新知识，发展新知识，补充教学的新内容，能使教师将课程内容讲到学科发展前沿。教学是科学研究的应用与推动，通过教学实践，科学研究成果产生效用，科学研究水平进一步提高。在高等学校里，教学与科学研究是紧密相联的，二者不可偏废。

回顾多年来在加强主干课程——目录学建设上的经验，我们始终以科学研究促进教学的发展，先后承担了国家教委“七五”哲学社会科学博士点专项科研基金项目“图书情报需求分析与读者服务效率研究”和国家教委“八五”人文社会科学研究项目“我国书目情报服务体系的优化与改革”等多项课题。这些课题研究的开展，不仅使目录学研究内容不断深化，而且研究成果直接用来充实和更新目录学的教学内容，对目录学核心课程的建设起到了积极的推动作用。

问：在“纪念王重民先生诞辰100周年学术研讨会”的“图书馆学教育”分会场，当大家就“图书馆学及图书馆学教育”的现状及趋势展开讨论时，我注意到，您言谈之中，始终对图书馆学、图书馆学教育保持乐观向上的态度。能否谈谈您关于这方面的想法？

彭先生：说起来有意思，我与图书馆学结缘是一个很偶然的机会，1951年夏季，我以在职干部的身份参加了中华人民共和国成立后的首届全国高等学校统一招生考试，被服从分配录取到武昌文华图书馆学专科学校，而当时我的志愿是做一名工程师，但是20世纪50年代的知识分子有一个显著的特点，就是能够自觉地服从组织分配，不讨价还价，认为社会的需要也就是自己的兴趣，兴趣会在不断的学习过程中得到培养。因此，毫不犹豫地毅然放弃自己的选择，从此，与图书馆学结下了不解之缘。这可以说是我人生路上的一次重大选择，通过学习加深了我对图书馆事业在社会主义建设中的作用和地位的理解，也加深了对图书馆学的热爱和执着追求。1953年我以优异成绩毕业，分配留校担任助教，从此加入到图书馆学教师的行列，这是我人生道路上的第二次选择。

当人生坐标定位于图书馆学和图书馆学教育事业后，凝重的历史责任感和使命感时刻激励着我要热爱图书馆学，忠诚党的图书馆事业，不断地给我压力，同时也引发了动力。我从事图书馆学教学与研究生涯的这50年，也是我国图书馆事业、图书馆学科和图书馆学教育在中国历史上发展的极其重要的时刻，我幸运地目睹并亲自参与了我国图书馆学的学科建设，也经历了我国图书馆学教育的起起伏伏。新中国成立后，我国高等图书馆学教育单位主要有武昌文华图书馆专科学校（1953年随院系调整并入武汉大学图书馆学专修科）、北京大学图书馆学专修科。1956年，北京大学、武汉大学分别将图书馆学专修科改为四年制本科，并正式成立图书馆学系。但随后的1958年"大跃进"给图书馆学带来了消极影响。1961年以后，在党中央"调整、巩固、充实、提高"的方针指引下，图书馆学教育事业取得了显著成绩，教学质量有了较大提高，图书馆学教育开始走上正常化。1966年开始的"文化大革命"，使图书馆学教育遭到了严重的冲击和破坏。全国仅有的北京大学和武汉大学图书馆学系停止招生，相继停课，图书馆学教育处于停顿状态。1972年，上述两校在停顿6年后恢复招生，但由于极左思潮的严重干扰，采取一系列违背教育规律的做法，导致图书馆学教育严重滑坡。十年动乱之后，图书馆学教育进入了新的发展阶段，呈现蓬勃发展的景象。经过7次学位授权审核，在北京大学、武汉大学、中国科学院文献情报中心设立了图书馆学专业博士学位授权点，在武汉大学、南京大学（与中科院文献情报中心联合）和北京大学（与中国科学技术信息研究所、中国国防科技信息中心联合）设立了情报学专业博士学位授权点。与此同时，还先后建立了13个图书馆学专业硕士授权点，18个情报学专业硕士授权点。设置图书馆学情报学系科、专业的普通高校55所。除了全日制正规教育外，为适应图书情报单位在职人员业务素质提高和调整知识结构的需要，在坚持图书馆学函授教育的同时，还采用多种形式的远程教育和自考、短期班、进修班等进行业余教育。总之，新中国成立以来，图书馆学教育从单一的教学体系发展到比较完整的、多层次、多类型的教育体系，教学内容经历了由不完善到逐步完善，从不丰富到比较丰富的发展过程，培养的各级各类人才正在成长为各部门实践，教学、科研工作的业务骨干，受到用人单位普遍好评和重用。

回顾50年来的发展，图书馆学教育取得了令人瞩目的成绩。虽然经历了一些挫折，但毕竟是前进中的曲折。同时，从我自身来讲，我深切地体会到，作为人类灵魂工程师的教师，是一项非常崇高的职业，教师教书育人的劳动，往往影响学生的一生；教师的职业是神圣的，需要甘于奉献，乐于清贫，具备为学生成长甘当铺路石、甘为人梯的精神。我热爱图书馆学教育事业，爱我所选，无怨无悔。春蚕思想、红烛精神是我的追求，我愿做一名忠实的园丁，“立下园丁志，甘为后人梯”是我的誓言，引领着我献身图书馆教育事业50年，执着无悔。若要问我为什么对图书馆学、图书馆学教育始终保持乐观向上的态度，这就是引发动力之所在。

问：您对图书馆学教育的发展趋势有什么看法？

彭先生：图书馆学及目录学必定有美好的未来，这是不容置疑的。发展是个过程，需要不断地努力。从我上大学以及从事高等教育工作这50年的经历，通过武汉大学图书馆学系及其他院系的发展历程，我认为图书馆学教育始终是呈发展壮大的趋势。

随着科学技术的飞速发展，高科技对经济的影响越来越大，知识更新的速度越来越快，信息传播的手段越来越先进。为了适应新的形势，迎接新的挑战，必须深化图书馆学教育改革。图书馆学教育改革必须以社会对人才的需求和图书馆学教育的客观规律为依据。要建立一个布局结构合理、高质量和高效益的图书馆学教育体系，必须将工作重心转移到优化结构、提高质量、走内涵发展的道路上来，这也是图书馆学教育发展的必然规律。目前，我国图书馆学高等教育体系布局基本合理。所以，应该注重学科建设，重视提高质量和办学效益，促进学术水平与教学质量的同步提高。学士教育是通才教育，应培养复合型、应用型人才。硕士学位在我国学位体系中是一级独立学位，图书馆学硕士学位应当按照应用型的专业硕士学位要求，强调其实践取向，紧密结合图书情报机构的现实需求，按宽口径培养硕士生，增强其适应能力，使图书馆学硕士学位具有面向实践单位的从业导向。图书馆学博士教育是专才教育，对其教育的核心要求是创新，要将创新意识贯穿到博士生培养的每一个环节。总之，应根据不同层次的特点，有针对性地做好各级各类人才的培养和教育。而建设一支高水平的教师队伍，是提高图书馆学教育质量的根本保证。教师的学术水平和素质直接关系到学生的培养质量。

图书馆学教育界历史上作了很多的尝试，如1972年北京大学、武汉大学图书馆学系恢复招生时，在十分困难的条件下办学，当时，北京大学采取“馆办系”的体制，武汉大学则采取“系办馆”的体制。这对图书馆学教育不失为一种有益的尝试。再如，我们系曾将教师送到其他各系做教师，扩大教师的知识范围，在实践中更好地理解图书馆学。又如，我们系的俞君立老师在系里做了一段时间的教学工作后，到陕西图书馆工作，现在重新回系里，由于实践工作丰富了他的教学内容，他所教授的“分类法”课非常受学生欢迎。这就是经过实践，将理论与实际很好结合的范例。总之，图书馆学教育采取哪种模式，还需要我们在实践中探索，吸取在实践中得到的经验，碰壁再回来，不要气馁，再继续摸索。

目前，许多青年图书馆学者，都在扎扎实实地从事图书馆教育与科研工作，也在进行关于教学和科研的尝试。如倪晓建、杨沛超、郑建明都转移了岗位（由图书馆学系到图书馆当馆长），但并没有脱离图书馆学专业，还在从事教学活动。这些年轻学者一边兼任馆长，一边从事教学，这对图书馆学教育或许也是一种很好的办法。

新中国图书馆学教育已经走过了50年的历程，当前正处于发展的关键时刻。我深信，只要明确图书馆学教育必须在不断改革中求生存，在迎接挑战中求发展，坚持质量第一，遵循教育规律，坚定不移地走内涵发展的道路，我国图书馆学教育就一定会有更加光明灿烂的前景。

参考文献

1. 彭斐章教授七秩寿庆论文集编辑小组．当代图书馆学目录学研究论集．武汉:湖北人民出版社,2001

2. 田霜月,高霞,彭斐章．现代目录学的开拓者．湖北日报,2002-12-6

（原载《图书馆建设》,2003年第6期）

【目击学术精英】

编者按：天地原本就是一个“混沌”的世界，“流动”的世界，“无边界”的世界。你想象自己就是创世的“神”，你就能冲破思维的边界，于是，我们就不可思议地跟“大师”站在了同一个水平线上，我们创意的思维有如神灵相助，才思泉涌……

《目击学术精英》正是这样一个栏目，它让你的思维冲破图书馆的围墙，它让你和图情学科大师们面对面交流，它让你汲取图情专业知识的精华，它让你的思维畅游图情学科的前沿。

博导系列访谈：彭斐章教授

司莉（本刊特约记者，武汉大学　武汉　430072）

目录学是一门应用广泛而且具有辉煌历史的传统学科，我国古典目录学经郑樵与章学诚等学者的发展与完善，形成了以“辨章学术，考镜源流”为核心的理论体系，目录学在清代被尊为学中之学。具有厚重历史沉淀的中国现代目录学已由研究如何指导读书治学而逐步发展成为科学地揭示与有效地报道文献信息，以解决巨量的文献与人们对其特定需要之间的矛盾的规律的科学，它将信息引入目录学而创造了书目情报这一概念，创立了学科基点，在现代科学综合化的趋势之下，目录学也由古典时期对文献的重视和近代对读者的重视，转而将两者进行综合研究，并以书目情报传播将两者有机地结合成一个整体，以之形成现代目录学的特色。目录学是时代的产物，现代信息技术的迅猛发展对目录学产生极为深刻的影响。网络环境下，对于网络信息资源的科学揭示与有效报道成为现代目录学新的增长点，为目录学提供了广阔的应用空间，也是时代赋予信息管理工作者的历史使命。

本刊特约记者：彭先生，您从事图书馆学、目录学教育、科学研究及教学管理工作整整50年，台湾省著名学者沈宝环先生曾撰文称您是“大陆图书馆界排名第一的学人”，您是我国现代目录学的开拓者，是我国第三代目录学家的杰出代表，先生目录学思想的发展历程代表了现代目录学发展的轨迹，为当代目录学研究引航导向。我们想请先生从学术思想角度，来谈谈我国现代目录学发展的脉络。

彭斐章教授：好的。我1953年毕业于武昌文华图书馆学专科学校并留校任教，1956年由国家选派到莫斯科图书馆学院（今莫斯科文化大学）研究生部学习，师从著名目录学家艾亨戈列茨教授，1961年3月毕业，获教育学副博士学位，同年回国任教，至今已整整50年。对于现代目录学我们要以马列主义哲学原理为理论基础，立足现实，融会古今，贯通中外，理论结合实践，继承优良传统，革新与发展目录学，建立具有中国特色的现代目录学体系。中国目录学是一门具有悠久历史、优良传统，同时又具有鲜明时代特征和广泛应用价值的学科。我主张将中国传统目录学置于世界目录学之中，从世界的、社会发展的角度研究目录学的发展，使中国目录学发展成为研究不断增长着的巨大文献信息量与读者对文献信息特定需求之间矛盾的科学。

我对于目录学的探索主要经历了三个阶段：

1.1953年至1966年文革前　1953年留校后讲授中文编目，1956年至1961年留苏，跟随导师艾亨戈列茨教授进行目录学方向的学习与研究。艾亨戈列茨教授是前苏联当代著名目录学家，在列宁与书目、俄罗斯目录学、图书史方面造诣很深。在导师的指导下，我潜心研究列宁目录学思想、目录学基础理论、书目方法、目录学史等问题，这些是我进行第二阶段研究的基础；我的毕业论文选题是《论现代条件下省图书馆书目为读者服务的体系》，对书目与读者服务的关注，成为我第三阶段研究目录学的重点。

2.1978年至1990年　我从研究列宁目录学思想入手，在总结目录学方法与经验的基础上，比较中外目录学，对目录学基础理论进行了深入的探讨。在“目录说”、“图书说”、“关系说”等目录学研究对象众说纷纭时，1980年，我与谢灼华联合撰写《关于我国目录学研究的几个问题》，正式提出目录学“矛盾说”，我们认为“揭示与报道图书资料与人们对图书资料特定需要之间的矛盾，构成了目录学领域里诸矛盾现象中最基本最主要的矛盾，也就是目录学的研究对象。”

对于目录学的指导原则，我们认为，目录学应当研究科学地揭示和有效地报道文献的指导原则，开展目录工作方式方法研究的原则，这些原则就是思想性原则、科学性原则和实用性原则，三者是一致的、统一的，不能割裂开来。

目录学的内容是由其研究对象决定的，因而，我在《目录学概论》（1982）中提出目录学的内容应当包括三方面：一是关于认识、揭示文献的研究；二是关于目录学的历史发展和现状的研究；三是关于文献利用的研究。在1986年的《目录学》一书中，我们将目录学的内容扩展为：关于目录学基础理论的研究；关于文献的研究；关于书目、索引类型及其编纂法的研究；关于读者书目情报需求特点与书目情报服务的研究；关于书目工作组织与管理的研究；关于国内外目录学的研究；关于中国目录学遗产的研究以及关于目录学方法的研究8个方面。我认为目录工作形成和发展的一般规律就是书目情报运动规律，因此，目录学就是研究书目情报运动规律的科学。目录学研究对象的“矛盾说”的矛盾的一端是文献，另一端是读者，而书目情报服务正是解决文献巨量增长与读者对文献信息的特定需求之间矛盾的重要手段，在《目录学》一书中设专章对于书目情报服务进行探讨，这在国内尚属首次。

3.1990年至今，目录学研究纵深发展阶段　这一阶段的标志是三部著作（即三个重点研究成果）的诞生。一是对于读者书目情报需求的深入研究。为了对读者的情报需求作出正确的评估与预测，我在主持高等学校哲学社会科学博士学科点专项科研基金资助项目“图书情报需求分析与读者服务效率研究”课题的过程中，在向国内几百个单位的不同读者进行问卷调查和跟踪调查的基础上，撰写成《书目情报需求与服务研究》一书，可以说是对“矛盾说”读者一端作的深入探讨，拓展了目录学研究领域。

二是目录学学科基点的确立。1990年我被国务院学位委员会批准为首批图书馆学博士生导师，主持了国家教委人文社会科学研究“八五”规划项目“我国书目情报服务体系的优化与改革”，《书目情报的组织与管理》（1996）就是该研究项目的主要成果。我在本书的序言中明确提出：书目情报是跨世纪目录学研究的基点，它是关于文献的效用信息。以“书目情报”作为跨世纪目录学的研究基点，是“矛盾说”在新时代条件下的升华，体现了信息时代目录学的本质特征，必将引起目录学研究者知识结构的更新，催生一批新的目录学研究方法，有利于扩张目录学的渗透力，提高目录学的社会地位，将会使目录学融合现代科学的发展潮流，强化目录学的整体化和科学化趋势，培育出目录学理论的新体系。本书以书目情报为基点，借鉴组织与管理理论，探索出适合我国国情的书目情报服务管理的新体制。

三是2000年的国家教委“九五”重点教材《书目情报需求与服务组织》的出版，它是前书的姊妹篇，体现了对书目情报服务的进一步思考，是对书目情报需求与服务所作的全面、系统而深入的总结与探讨，是对“矛盾说”文献一端进行的系统思考。

我国目录学有着辉煌的历史，自向、歆以后，郑章两家把目录学定为校雠，使之沿史学方向发展，形成古典目录学著名的“辨章学术、考镜源流”的主体思想。如何处理古今中外目录学的关系，实现目录学方向从古典向现代的转化，我着重进行了以下几方面的探索：

目录学基本理论　包括对于目录学研究对象、学科性质、指导原则、研究方法的研究。

书目方法论　涉及文献揭示报道、书目的类型及书目编纂法三方面。

中外目录学史　中国目录学史的研究应该加强，必须把目录学史逐步深入到学说史来研究，要系统地研究国外目录学，取人之所长，避其所短，创立中国特色的目录学。

书目情报服务　早在1986年，《目录学》一书就首次提出“书目情报服务”概念，它是开发文献资源、向读者传递文献信息、为经济建设和科学研究服务的重要手段。书目情报需求与服务理论是目录学应用于社会研究所取得的显著成果，其内容包括：编纂书目文献、开展参考咨询、建立统一的书目参考工具体系、提供最新文献信息、指导读者利用、加强对反馈信息的管理等，并围绕书目情报进行了一系列深入细致的探讨。

本刊特约记者：谢谢先生，您为我们清晰地梳理了现代目录学的发展脉络。有人称您的目录学研究紧扣目录学与时代、目录学与社会等主题，您总是在目录学发展的每个关头，及时总结目录学的进展，评述存在的问题，预测发展趋势，指出研究的课题和重点，对于拓深目录学研究层次，起着导向作用，请您谈谈今后目录学的发展趋势？

彭斐章教授： 目录学是一门智慧之学，同时，它是一门具有鲜明时代特征和广泛应用价值的科学。中国目录学经历了漫长的知识积累、经验总结的阶段后，于20世纪开始步入理论发展阶段。现代目录学已由研究如何指导读书治学变成研究科学地揭示与有效地报道文献信息来解决巨量的文献与人们对它的特定需求之间的矛盾的规律的科学。

谈到今后目录学的发展趋势时，必须结合科学技术的发展对目录学的影响来进行探讨，目录学的发展呈现出两种趋势。

第一，整体化趋势，目录学发展必须顺应科学的整体化趋势，其整体化表现在两个方面，首先是目录学自身的整合，它是通过以书目情报为基点的分层次研究来完成的，第一层次是目录学的微观研究，侧重于书目情报实践活动中具体问题的研究；第二层次是目录学的中观研究，主要将目录学基础理论与书目情报实践相联系，围绕书目情报系统和书目情报服务建立目录学的应用理论；第三层次是目录学的宏观研究，即关于文献信息、书目情报与读者关系的研究。目录学整体化的另一个表现是目录学与其他学科的融合。从“知识——文化——社会意识”的路向来考察，目录学将与文化学、教育学、社会学等学科融为一体，使目录学融合进广义文化学的整体化中心中来。从“知识——信息——交流”的路向来考察，目录学将与符号学、交流学、传播学、计算机科学、数学等众多学科交叉结合，融合进信息科学的整体化中心中来。

第二，目录学的科学化发展趋势。科学化是目录学发展成熟的标志，目录学科学化的实现基本上是方法论问题。

把握住目录学的整体化和科学化发展趋势，使目录学在未来社会的渗透力全面提高，将目录学融合进整个科学技术的潮流，是我们对目录学的未来走向的理性把握。未来目录学研究与发展的十大方向是：

目录学的理论基础和方法论　马克思主义哲学、信息科学和文化学以及现代认知科学等是目录学理论基础的构成要素，方法论是研究和发展的武器，应不断更新。

目录学的理论体系建设 包括三个层次：目录学理论基础、目录学基础理论和目录学应用理论。

目录学的量化研究　其意义不仅仅在于建立并发展成一个分支学科，而是增加了目录学理论的逻辑性和严谨性。

书目控制研究　书目控制应与跨世纪学科研究基点与学科制高点相吻合，为世界范围的文献资源共享开辟新途径，建立起具有中国特色的书目控制理论和实践体系。

书目情报消费研究　要从“经济人”的角度审视读者和用户，建立起书目情报消费理念。

书目情报产业化及产业政策问题 要将二次文献产品的建设与国家的发展目标统一起来，致力于开发具有世界级竞争力的书目情报产品。

目录学的文化研究　从文化的视角研究目录学，要将目录学置于文化系统之中进行考察，另一方面研究目录学与其他学科的文化渗透，认识目录学的文化体系。

国外目录学理论研究 应当重视近10年来国外目录学家的研究动向，及时进行借鉴与合理吸收。

目录学学科思想史　目录学研究要上升到文化史的高度，注意学科发展史和思想史，注意发展历程的世界比较。

应用研究和分支学科研究　我们强调目录学研究不能脱离书目实践的土壤，力戒纯“经院式”研究方式。

时代要求目录学以整个社会文化为背景，紧跟时代演进的节拍前进。关于“目录学与时代”命题的探讨是一个永恒的主题，当前对于网络信息资源的科学组织与有效揭示问题的研究就是时代赋予我们的历史使命，涉及网络信息资源的组织方式、揭示方式的总结与归纳，存在问题的分析和提出优化措施等。

本刊特约记者：感谢先生为我们勾画目录学发展的前景与趋势。您作为著名的图书馆学教育家，以“立下园丁志，甘为后人梯”为座右铭，致力于图书馆学高层次人才的培养，可以说是桃李满天下了。能否给我们介绍您在培养研究生方面的体会？

彭斐章教授：回顾50年的图书馆学教育生涯，应该说红烛春蚕是我的思想基础。自1978年开始招收研究生以来，已有34名硕士生获得硕士学位，19名博士生获得博士学位，在读博士生4人。在指导研究生工作中，我始终坚持：第一，严格要求，研究生教育是我国高等教育的最高层次，是代表我国学术水平的一个重要标志，博士生是国家高层次的学术梯队，人才培养，质量是生命线。因此，我对研究生是高标准、严要求，但又不刻意要求，我的原则是先严己、后严人，即要求学生做到的，首先从自己严格要求做起，与研究生建立起严师益友的关系；第二，循循善诱，导师在指导博士生过程中应当突出一个“导”字，我认为：首先要引导博士生学习如何做人，其次要引导博士生形成良好的学风，再则重视对博士生进行读书指导，传授治学方法；第三，要勇攀高峰，要想在学术研究中不断探索新问题、开拓新领域、提出新观点，就要站在本学科的前沿，高瞻远瞩。我鼓励他们并为之创造条件，希望他们青出于蓝胜于蓝。我的大多数毕业生现已成为业务骨干，有的已成为硕士生导师和博士生导师，我感到很是欣慰。我指导的19位博士生主要进行了以下选题的研究（按毕业先后顺序）：

王新才的《中国文化与目录学发展研究》(1994)，从文化视野来考察目录学的产生与发展，目录学产生于目录学内在之文献增长与人类文献需求的矛盾同文化合力（包括阻碍、推进与约束目录学发展等力量）之间的相互作用。农业文化时期的目录学为古典目录学，偏重于文献整理，近代目录学倾向于读者及其需求，而现代目录学是研究文献与读者间的书目情报传通的科学。当代目录学需要站在整体的高度进行整合（包括目录学与文化的整合、目录学自身学科的整合以及与相关学科的整合三个方面），使目录学的整体化发展有一个坚实的基础。

柯平的《书目情报系统的理论研究》(1994)，以大书目情报观为基础，从社会角度研究书目情报系统类型与功能、环境与运行机制、现代化与发展等问题，揭示书目情报系统运行和发展的一般规律。未来的书目情报系统具有信息资源管理专家和知识集团的特征。

傅清波的《文献信息揭示理论研究》(1994)，综合运用多学科的原理与方法建立了当代目录学中的文献本质原理；多媒体文本的阅读原理；文献信息揭示的一般哲学原理；文本效用信息及冗余信息原理；文献信息交流的智能信道原理；文献信息揭示的动态调控原理；保真度原理以及描述书目情报阅读机制的反褶积原理。

肖希明以《文献资源共享：系统、环境与模式研究》（1995）为题，从信息学、文化学、经济学和系统论的角度，深层次探讨了文献资源共享的理论基础。将文献资源共享作为一个整体进行研究，考察其功能和不同的结构方式，论述了文献资源共享系统的目标和构建原则，提出了我国文献资源共享的三级网络模式及其保障机制。

马芝蓓的《文献价值论》（1995），以文献价值特性为研究的逻辑起点，将文献价值、知识与信息价值作为整体进行考察，从文献的属性、功能与价值的内在联系出发，探讨文献价值环境的优化、文献价值形成、交换与实现规律，以及文献价值创造与增值实现的机制。

贺修铭的《文献生产的社会化及其管理》（1995），运用辩证逻辑、系统分析、比较分析、历史分析等方法，分析文献生产的社会化及其管理。主要内容包括：关于文献生产活动本体的研究；关于文献生产的社会化过程；关于文献生产的社会化管理研究。

吴平以《书评理论研究》（1996）为选题，分为总论与分论两部分，总论以书评的性质、任务及书评的意义为中心，强调现代书评研究的必要性。分论由书评与时代、书评与社会、书评与文化和书评与科学 4 个研究专题。论文从时代、社会、文化、科学的宏观背景研究书评。

卿家康的《论中国图书市场建设》（1996），从论述图书市场对中国书业的必要性入手，指出现阶段图书市场建设在目标上必须实现由图书商品市场向书业市场经济体制的跃升，要以提高市场组织化程度、整顿市场秩序、搞活市场主体和加强宏观调控等为对策。对于我国书业体制改革、书业政策制定以及书业实践具有现实意义。

李为以《国际资本市场信息监管研究》（1996）为题进行研究，对于解决中国资本市场监管与信息监管问题具有现实意义。论述了国际资本市场信息监管的理论体系，阐述资本市场信息监管系统的构成、功能与作用，提出国际资本市场信息监管的模式，以书目情报理论研究资本市场信息监管，拓展了书目情报理论的应用范围。

娄策群以《社会科学评价的文献计量理论与方法研究》（1997）

为题，在探讨社会科学评价概念、范围、意义、要求、评价系统及其运行机制、社会科学文献评价功能的客观性、实现途径及其特点、社会科学文献语词、著者、出版、摘录、引证、奖惩等标识的评价性能以及社会科学评价的文献计量指标设计与建模的基础上，建立了社会科学研究成果、学术期刊、研究人员、学术机构评价的文献计量指标体系与模型，并就社会科学学科性质与研究取向、发展阶段与发展潜力、当采学科与带头学科、学科间相互关联的评价提出了相应的文献计量指标与方法。

赵涛以《论社会科学研究的情报保障》(1997) 为题，重点探讨如何根据社会科学研究的情报需求的特点来提供有效的情报保障问题。提出社会科学研究的情报保障能力由社科情报源保障体系的支撑能力、社科二次文献系统的控制能力和社科情报的提供能力三种基本能力构成。提出两种社会科学研究的情报保障模式，即个体保障模式和联合保障模式，探讨我国实施联合保障模式的对策与措施。

刘磊的选题为《社会科学情报需求与系统管理研究》(1998)，以社科情报需求研究为基点，探讨社科情报需求与社科情报管理的相互关系和内在机制，着重研究我国国家社科情报系统的设计与管理问题，提出了我国社科文献信息资源合理配置的原则、模式和战略目标以及开发的相关措施。

黄先蓉以《著作权对图书馆影响及对策研究》(1999) 为题，以对著作权与图书馆关系的历史发展进行回溯性研究为起点，探讨著作权对图书馆的影响，提出了法律环境下的图书馆发展的对策。

邱晓琳的选题是《提高企业竞争力和情报保障》(1999)，从企业竞争力与竞争情报，企业竞争情报需求分析，企业竞争情报的获取策略，企业竞争情报分析与服务，企业竞争情报保护和企业竞争情报系统的构建 6 个方面研究分析我国现代企业在决策制定以及生产经营活动中的情报需求，探讨如何从企业自身和企业外部对提高企业竞争力提供情报保障。

李晓红以《我国网络信息服务管理机制研究》(2000) 为题，分析探讨我国网络信息资源配置机制、网络信息服务的组织机制、市场机制与监督机制，并对我国网络信息服务发展的实践进行实证分析。

方卿的选题是《基于网络的科学信息交流载体整合与过程重构研

究》(2001)，分析信息载体演进的基本规律，探讨信息载体的演进对科学信息交流活动尤其是科学信息交流过程的影响，确立不同载体在科学信息交流体系中的角色和功能定位，确立科学信息交流过程中各个不同环节的载体结构及其基于这种结构的信息交流活动的运作、组织和管理方式。

邓小昭的《因特网用户信息需求与满足研究》(2002)，围绕因特网用户信息需求这一主线，系统探讨因特网用户信息需求的特点与规律、信息需求状况以及满足信息需求的对策等一系列相关问题。

贺剑锋的《中国出版企业核心竞争力研究》(2003)，对中国出版业的宏观竞争环境、出版产业内竞争和产业组织优化进行研究，分析讨论出版企业核心竞争力的两个主要方面，即出版产品与市场，对出版企业的人力资源战略与企业组织变革等进行探讨。

司莉以《网络信息资源组织与揭示及其优化研究》(2003) 为题，围绕当前信息组织与揭示这条主线，从搜索引擎方式、虚拟图书馆方式、文献分类法方式、主题法、检索窗口方式等 5 种组织网络资源的方式，以及以 MARC 格式和元数据方式等 2 种揭示网络信息资源方式，系统深入分析网络信息资源组织与揭示的现状及存在问题，进一步提出优化的措施与方法。

(原载《高校图书馆工作》，2003 年第 4 期)

“大文科计划”与导读

——彭斐章教授访谈录

王　析　　樊　照

最近，国家教委试点推行“大文科计划”，一些大学如复旦大学、武汉大学等迅即开展了有关活动，以加强大学生文化素质教育，全面提高人才培养质量，其中一项重要活动是读书与导读。很显然，这也是加强社会主义精神文明建设，提高全民族思想道德素质的一个重要方面。为此我们走访了目录学家、武汉大学博士生导师彭斐章教授。

问：响应国家教委“大文科计划”，一些学校为提高大学生文化素质，提出了一系列相关措施，其中一项是组织学生开展课外阅读。可以说阅读是提高大学生文化素质的重要一环，也是提高全民族思想道德素质的重要一环。围绕着阅读，导读的重要性也就日益显露出来。彭老师，就读书与导读问题，请谈谈您的意见。

彭斐章教授（以下简称彭）：读书与导读问题的提出，在现阶段提高大学生文化素质、提高全民族思想道德素质、加强社会主义精神文明建设的活动中是非常有意义的。读书极为重要，一般说来，要了解一个人，看他读什么书。优秀的作品在人的成长过程中往往起着终身的鼓舞作用、指导作用。我国是一个具有悠久历史的文明古国，但一段时间里，人们忽视了读书问题。据调查，我国在 1985 年人均购书即达 5.93 册，而 10 年后却只有 5.51 册，呈下降态势，人均购书册次的减少从一个侧面表明读书在我国没有受到人们应有的重视，这是与我国的历史以及现实不相称的。

虽然从个人的角度来说，人均藏书较少，但从整个社会及图书本身来看，则图书文献极多，人们甚至用文献海洋乃至信息爆炸来予以形容。要从文献海洋中找到自己需要的或适宜自己的书是很不容易的。因此，需要导读。导读，简单地说，就是指导阅读，它主要通过有关专家学者的努力，比如编制推荐书目、专题书目等，告知人们读书先后缓急等问题。导读在我国具有极为悠久的历史，这是因为我国有着极为悠久的书目编纂传统。古人在编目过程中，一般要给单本书写提要，给一类书写小序，这就起到了总结学术源流、品评图书得失等作用，对于人们读书治学常能给予极大的帮助。

问：事实上，世界各国亦多重视读书与导读。您曾在前苏联留学，请您谈谈国外这方面的情况好吗？

彭：一些国家在读书与导读上比我们做得好，比如日本，有举世闻名的“电车文化”；韩国率先设立了“读书节”，以推动国民读书。欧美一些国家，多设有读书俱乐部，在形成国民的读书习惯中起了极重要的作用。美国读书俱乐部最多，80 年代即有 150 多家，成员多达 700 余万；瑞典加入读书俱乐部之人亦达 40%；解体前的苏联亦有极多的读书俱乐部，前苏联人爱读书，连宾馆服务小姐对于世界名著也能谈得头头是道。因而他们的评书也是群众性的，各种交通工具上常听人们谈论图书。他们习惯读书，也习惯买书，家里多有宽敞的书房。而且公共图书馆设立专门部门，接受私人捐赠，这也鼓励了私人藏书。

问：对比国外，您如何看待我国目前的读书情形呢？

彭：相比之下，我国还没有形成读书风气，不过也有许多值得肯定的地方。比如江苏省的江阴市在城乡开展“123”，即推行每个家庭有 1 个书柜，订两种报纸，藏 300 本书；天津塘沽区的“爱我中华”读书活动，推出“234”，即订两种报，月读 3 本书，藏 400 本书；武汉市江汉区的“金桥”读书评书活动已坚持 10 年，等等。这些活动都极有意义。

问：那么，您认为怎样才能形成读书风气呢？

彭：读书风气的形成不是一朝一夕的事，要形成读书风气，必须舍得在读书上投入。一方面，国家应增加对图书馆的资金投入。图书馆也应该给读者一个好的读书环境。图书馆在引导大众读书、形成读书风气中起着重要作用。一些名家所写的“我与图书馆”的回忆文章表明，其成长一般得益于读书。我国在 20 世纪 50 年代读书极普遍，山东、湖北等地的图书馆有针对性地编有相当多的推荐书目。现在人们的读书倾向则有淡化趋势。

另一方面，应宣传个人购书，鼓励大家将钱用于买书。1994 年，中国青少年研究中心的抽查表明，中国青少年38%的家庭缺乏藏书。因此，应提倡少上馆子、少抽烟、少玩什么“潇洒”，多投资高尚的文化娱乐。

但是，光投资买书是不够的，因为还有一个买什么书、读什么书和如何读书的问题，所以必须引导、指导其读书。张之洞编《书目答问》，答的是好学诸生“应读何书，书以何本为善”的问题，所以他选择好的版本的图书，加以分门别类，以便初学。梁启超亦有“著书足以备读者顾问，实目录学家最重要之职务也”的名言。指引大众读书，应当编制推荐书目，编写提要，告知读书要领。

问：长期以来，导读一直存在两种倾向，一是专家学者们在推荐好书、指导阅读时，将其学术化；另一则是一些人在图书宣传过程中不择手段，迎合低级趣味，宣传迷信，将导读庸俗化。因而导读社会化、大众化就显得极为重要，您如何看待这一问题？

彭：我觉得要使导读活动社会化、大众化，首先要提倡大众学点目录学，增强其书目情报意识。告诉其读书方法比告诉其读一本书更重要，这也就是所谓的给人以钓鱼竿而不是给人以鱼。学点目录学知识，增强书目情报意识，有助于人们提高在文献海洋中迅速获取知识的本领。因而可以说增强书目情报意识是提高全民族文化素质的因素之一。其次，应当开展一些活动，特别是书市与书展。我国较为注重书市。书市以卖书为主，书展则不一样，以宣传图书、辅导阅读为主。这方面前苏联列宁图书馆的做法是颇值得借鉴的。该馆图书来源广，有缴送本，有自己买书，有国际交换图书，极多，且设有一新书展览厅，每周将到馆新书陈列展示，周一休息以换书。所展书分专题，一般说来，读者每周去一次，一年去52次，即可了解全年有何新书。去看书的人极多，老读者常常是直奔其专题，浏览一过。因而书市固然重要，但不能取代书展。有关图书馆开展专题书展、定期书展非常必要。再次，社会各界应共同努力，一段时间里，黄色读物、伪科学读物等泛滥，因而有“扫黄打非”之举，“扫黄打非”是应该的，但光“扫”光“打”是不够的、消极的。积极的做法还必须以导读等活动与之配合，导读活动需要专家学者的参与，但绝不仅仅只是专家学者的事，它是一项庞大的系统工程，需要全社会的关注，需要专家学者、图书馆、新闻媒体、教育界，乃至家庭等共同努力。目前各界都做了不少有益的工作，如报刊方面，有专门的读书报刊，有报刊的读书版；电视也有了“读书时光”等节目，这些起了极重要的导读作用，对社会读书风气的形成是极有帮助的。更重要的是，国家教委推行“大文科计划”，国家开展社会主义精神文明建设，致力于提高全民族思想道德素质，这将极大地促进读书与导读活动。在这种背景下，在社会各界的共同努力下，导读活动会做得更好，而全社会的读书风气将会形成，国民素质也就会提高。

（原载《东方文化周刊》，1997 年第 4 期）

培养跨世纪人才

——访武汉大学博士生导师彭斐章教授

宋和平　　李荣建

彭斐章教授，国务院学位委员会学科评议组成员，中国大百科全书图书馆学编委会副主任兼目录学分支主编，中国图书馆学会学术研究委员会主任委员。鉴于对目录学和图书馆学教育的卓越贡献，他被选入上海人民出版社1991年出版的《中国当代名人录》和英国剑桥国际传记中心1993年出版的《国际知识界名人录》等10余部人物辞典。

彭斐章教授这段时间特别忙，他指导的3名博士研究生顺利通过论文答辩，成为我国第一批图书馆学博士。他刚应邀北上参加了北京大学增列博士导师的评审会，旋即南下作为特邀代表出席在上海召开的"信息技术与信息服务国际学术研讨会"，紧接着又飞抵广州，参加国家教委召开的"图书馆学专业课程教学大纲审定会"。笔者最近登门拜访了刚从外地归来的著名目录学家彭斐章先生。

宋：彭先生，首先恭贺您带出我国第一批图书馆学博士。请先生谈谈培养研究生的情况。

彭：我自1978年开始招收硕士研究生，共招了10届32名，均已毕业。1991年招收首批"现代目录学"研究方向的博士生，迄今已招了4届，共11名。我为博士研究生上的第一课，就是讲设立图书馆学博士点十分不容易，要求他们珍惜来之不易的学习机会，做人要谦虚，治学要严谨，亦即古人说的"道德文章"。我严格要求学生，同时严于律己。如今，首批博士生如期完成学业，校内外专家对他们的评价还不错。他们很高兴，我也感到欣慰。

李：真是"严师出高徒"啊！我记得，您曾在1985年第4期《写作》杂志上发表了《怎样撰写学术论文》一文。请问先生是如何把好博士论文写作这一关的呢？

彭：我于1984年担任武汉大学图书情报学院首任院长时，提出要树立一个高目标，即出高水平教材，出高质量人才，出高水平科研成果，出办学经验。博士论文应当是高水平成果。因此，我对博士生讲，撰写论文，首先要树立一个高目标，要有志气在全国同类学科中争第一。其次科学研究贵在创新。所以，我希望他们勇于创新，确定有价值的选题。此后，让他们把开题报告打印出来，交研究室老师们讨论、审改、通过。在搜集资料方面，这批专攻目录学的博士生有一定优势，他们在充分占有资料和分析研究资料方面可以说是轻车熟路。此外，从拟定论文提纲到论文写作、修改，我都要认真审阅。甚至连论文的参考文献目录，我也要求他们仔细编好。总之，激励他们写出高水平的、完整的论文，走到当今世界本学科的前沿。

宋：先生50年代留学前苏联，后又两度赴苏考察和出席国际学术会议，近几年还曾先后率团访问联邦德国，应邀到美国讲学等。请先生简要介绍一下这几个国家的图书馆学与目录学研究状况。

彭：总的说来，这几个国家在该领域各有千秋。具体地讲，前苏联相当重视目录学理论研究，因而在理论研究方面走在世界前列。该国许多图书馆的基础设施是比较健全的，其基本队伍——图书馆员的文化素质也较高。但美中不足的是，前苏联对图书馆现代技术的开发与利用尚不充分，落在西方发达国家的后面。而美国的图书情报技术非常先进，培养了大量的中高级专门人才，可是对该学科的理论研究似乎用力不够，其中薄弱环节亟待加强。联邦德国的图书馆也有其特色，传统与现代化并重。一方面，积极采用现代先进技术，使图书馆逐渐现代化；另一方面，不断改进传统的东西，使其日趋完善。由于图书馆工作有一定的继承性，所以联邦德国的经验最值得我们借鉴，它比较适合我国目前的国情。顺便举个例子，联邦德国实行每周五天工作制，但图书馆周末仍然全天开放，晚上还开通宵，有不少人在图书馆里挑灯夜读。这种读书风气值得提倡。

李：先生说到联邦德国人爱读书，所以他们的文化素质也较高。而今，我国京、沪等一些地区的读书热有所升温，令人兴奋。而去年在武汉举办的第六届全国书市，则进一步浓厚了江城人的读书风气。先生是著名目录学家，而目录学是打开知识宝库大门的钥匙。请先生进一步讲讲如何运用目录学这把金钥匙。

彭：著名作家高尔基说过："书籍是人类进步的阶梯。"办书市的确是一件大好事，它不仅给人们提供优良的精神食粮，而且有助于引导广大青年读好书，进行高层次的文化娱乐。书市展出了数以万计的各类图书，让人目不暇接。而一般稍具规模的图书馆，收藏有数以十万计、百万计各种各样的图书。当读者走进图书馆，面对卷帙浩繁的图书、文献的海洋，有的人如鱼得水，有的人望洋兴叹。而目录学是读书治学的入门之学，诚如清代历史学家王鸣盛所说："目录之学，学中第一紧要事，必从此问途，方能得其门而入。"用现代通俗的话说，目录学是一门告诉人们怎样在书海中找到知识的学问。如果读者具备起码的目录学知识，掌握各种检索文献的方法，知道怎样利用图书馆目录和各种书目参考工具，便可获悉该馆有哪些藏书。尤其是带有提要的书目，会提示图书的主要内容。读者进而明白怎样读书，先读哪些书，后读哪些书。不少青年正是爱读书、会读书，才走上成才之路。此外，引导读者也很重要。在报道新书、评价好书方面，宣传媒体做了许多有益的工作。仅就本地报纸而言，《湖北日报》、《长江日报》、《武汉晚报》以及《书刊导报》等，就经常发表一些书讯、书评，对广大读者起到了较好的引导作用。希望影响广泛的宣传媒体继续发挥其优势，尽可能增加对优秀图书的报道和宣传，在引导人们读好书的活动中起到更大的作用。

宋：如果说，宣传媒体是间接地教育人，读者、听众不计其数；那么，先生在大学执教40余年，一直面对面地培养人，且把教书育人、教学科研融为一体，不仅桃李满天下，科研也是硕果累累，出版了有关目录学的专著、合编、译著等10多部，发表学术论文60余篇，更是难能可贵。请问先生目前主要忙些什么？下一步有何打算？

彭：现在，我一方面继续带博士生，指导国内外访问学者；另一方面，我正带领博士生一起开展国家教委高校博士点基金项目《我国书目情报服务体系的优化与改革》研究，使博士生在科研实践中得到培养。与此同时，我致力于学科建设。我院图书馆学学科办学的层次已经完备，但还面临着把学科推向前进的任务，努力向重点学科发展。要把学科建设好，须有若干条件。第一，要有一流的教学资料，例如，我主讲多年的目录学课程，去年被评为一类主干课。大家共同努力，首先把教学搞上去。第二，要有一流的科研成果，承担学科前沿的科研课题，带领博士生一起搞，把科研搞上去。第三，要有一个好的学术梯队，积极扶助优秀中青年人才，为他们创造条件，促使他们更快地成长，不断攀登学术高峰。所有这一切，都是为了把学科建设得更好，为后来者铺路，培养跨世纪人才。

宋、李：先生老骥伏枥，志在千里。我们预祝先生逐步实现自己的愿望，取得更多、更丰硕的成果。

（原载《图书馆》，1996 年第 1 期）

为信息社会培养跨世纪人才
——访我国著名图书情报学专家彭斐章教授

邱 昶

21世纪是信息化社会，作为信息业的一个重要组成部分，图书情报业应怎样紧跟时代，造就大批跨世纪的图书情报专业人才？带着这个话题，记者近日访问了我国图书情报界的著名专家、武汉大学博士导师彭斐章教授。

彭教授是日前南下广州，参加在华南师范大学召开的全国首届图书馆学管理学教育与培训学术研讨会的。来自全国19个省市的图书馆学、情报学专家、学者，首次聚会广州，也正是为了研讨上述这一重大课题。据彭教授介绍，在改革开放春风的吹拂下，古老的图书情报业焕发出青春，充满了活力。全国从原有的武汉大学、北京大学两个图书馆学系，目前已发展到50多个正式开办图书馆学、情报学、信息管理学专业教育的院、系，每年培养出大批硕士研究生和本、专科生。但在信息产业和高科技迅猛发展的今天，随着我国经济体制加速向市场经济过渡，以及新体制的确立和逐步完善，在为图书情报学教育的发展提供了广阔前景的同时，也对图书馆学信息管理学专业教育提出更高的要求，换言之，眼下，传统的图书情报教育面临着严峻的挑战。

如何迎接挑战，充分发挥图书情报业在建设有中国特色社会主义的进程中的“耳目”和“参谋”的作用？桃李满天下、享誉国内外图书情报界的彭斐章教授用与治学、教学一样严谨的口吻告诉记者，教育改革势在必行。这次改革包括培养目标的重新确立，课程体系的建设，教学内容的更新以及教育模式、培养手段和方法等一系列相应的改革配套措施。例如，进入90年代，计算机、多媒体技术迅速成为一个潮流，导致了计算机应用领域的一场深刻革命。因而，图书馆现代化是当代社会发展的潮流和趋势，也是当今社会的特征之一。毫无疑问，高科技在图书馆的应用，势必对图书馆员提出更高的要求；新的信息媒介和新的传播方式，也大大突破了图书情报系统原有的传统服务模式。有感于此，彭教授语重心长地说：“可以预言，如果图书情报学教育仍然固守在‘书籍世界’之中，将极难适应蓬勃发展起来的信息技术和信息产业的要求，图书馆也很难登上信息服务的大舞台。”对此，彭教授的高足、现任华南师大图书馆馆长兼信息管理学系系主任乔好勤教授感同身受。他们争取到这么一个高水准的学术会议在该校举行，正是为了在中国图书情报学教育界先行一步，身体力行当好这一重大教育改革的先行者。

“《中共中央关于建立社会主义市场经济体制若干问题的决定》明确指出：‘社会主义经济体制的确立和现代化的实现，最终取决于国民素质的提高和人才的培养。’而高等教育就是推动经济体制转轨的一个最重要、最深刻的因素。这次学术研讨会是我国图书馆学信息管理学界的一次盛会。我与到会的专家、学者一样，深感任重而道远啊！”彭斐章教授在采访即将结束时所说的话，一字一句都显示出其特殊的分量。

（原载《信息时报》，1995-12-29）

强化读者的情报意识

——访武汉大学图书情报学院院长彭斐章教授

陈一民

彭斐章教授是我国著名图书馆学、目录学专家和教育家，社科情报方向研究生导师，新中国首届图书馆学、情报学博士导师。他在我国图书情报园地里已辛勤耕耘了38年，桃李满天下，是新中国情报事业发展的见证人。我受本刊编辑部的委托，就情报服务的有关问题采访了彭教授。

我请教彭教授的问题是：目前在整个图书情报界，一方面是“情报爆炸”；另一方面情报资料利用率却不高，而读者又感到情报缺乏，似是处于情报“饥饿”状态。其原因是什么呢？

从1985年起就承担国家教委“七五”博士点资助研究项目《读者书目情报需求与服务效果研究》，并于1990年5月出版其研究成果的彭教授稍加思索后说：“我看关键是读者的情报意识还不强。所谓情报意识，指的是公众对情报敏感的程度，即在什么时候需要情报、需要什么样的情报、通过何种方式获取情报等方面的内容。情报意识是一个世界性的问题，前苏联、美国对这个问题也没有解决好。新中国成立以后，尤其是党的十一届三中全会以来，我国图书馆学情报学中对基本概念、理论体系、核心定理、应用技术的研究在某些方面达到甚至超过了国际一般水平。国内的教育质量也是相当高的。但我们还应看到，我们的专业喜欢搞阳春白雪、象牙之塔，忽视了向外界输出信息。例如，大多数研究成果都发表在本专业学术刊物上，而不像哲学、史学、文学渗透面广。同时，我们的专家重视专业人才的教育，而忽视了向‘外行’普及情报知识，专业研究还存在着某种程度的封闭性，缺少通俗情报著作，这说明我们的理论和教育还没有完全贴近普通读者。”

那么，如何才能在当前治理整顿的环境下充分挖掘潜力，减少浪费，提高服务水平和质量呢？彭教授胸有成竹地说：“除了加强管理等工作外，目前还应着重坚持理论与教育的导向，花大力气提高科研决策人员的情报意识，首先是需要的意识，即决策、科研时首先想到情报，了解别人已进行了哪些研究，有何意义，其发展前景；其次是查找的意识，即通过书目、索引、文摘等检索工具，系统查找相关、有用的情报；再次是情报交流的意识，即决策科研人员将自己的研究成果通过情报文献的形式（如文摘、题录）纳入统一的正式情报交流渠道。”

对于目录学，彭教授强调指出：“目录学为学中第一紧要事。在社会科学界，郭沫若、冯友兰、谢国桢、蔡尚思、程千帆、来新夏、胡道静、白寿彝诸先生都曾提倡或致力于目录学。目录学的实质在于解决文献增长与人们对文献信息利用的矛盾。”彭教授所发表的目录学著作、论文已达30余种，并于1978年率先招收了该方向的硕士研究生。

专业教育如何进行？彭教授认为：“高校图书情报专业教育应尽可能打通图书馆学、情报学、档案学之间的界限，淡化专业意识，培养适应实际工作的能力，造就大批适应面更广一些的毕业生。同时，应注意硕士、博士生高层次人才的培养，社科情报专业还可招收一些双学位生。”

社科与科技情报工作如何互相借鉴经验呢？彭教授认为，目前，科技情报中核心定理、现代技术等方面的研究比较先进，而社科情报中综述情报、非文献情报较有特色。希望加强双方交流，携手攻关。三峡工程论证资料的提供就是成功的一例。

（原载《情报资料工作》，1991年第2期）

樱花烂漫，如同桃李

——武汉大学图书情报学院建院三周年前夕访院长彭斐章教授

钟　敏

一

武汉大学校园正门的左侧，一幢高七层的现代建筑拔地而起，巍峨壮观，四壁生辉，玻窗耀眼，与秀丽的珞珈山交相辉映，常令过往人们驻足凝望。这就是武汉大学的图书情报大楼。

我们赞叹它的建筑速度：这座大楼于 1985 年 1 月破土兴建，到 1987 年 5 月竣工交付使用，历时一年半，建筑速度不谓不快了；我们更为其属主——武汉大学图书情报学院而赞叹：武汉大学图书情报学院建院虽不过三年，但她的前身却可上溯到原武汉大学图书馆学系和更早的武昌文华图书馆学专科学校时代。多少年来，这里曾一批批迎进热情专一的莘莘学子，又一批批地为国家输送优秀的专业人才。

1984 年 5 月，原教育部批准，将在武汉大学成立一所图书情报学院。消息不胫而走，引起全国图书馆学界和图书馆界的极大关注。是年 10 月，武汉大学正式任命了学院领导班子。11 月 9 日，召开了成立大会，宣布中国第一所图书情报学院——武汉大学图书情报学院正式诞生，消息见诸报端，令人瞩目。中国图书馆学教育史和中国教育史上应该记下这个日子：1981 年 11 月 9 日。从这一天起，一个具有大半个世纪悠久历史的中国图书馆学高等教育系科，又开始了新的腾飞。

建院快满三年了，她现在的情况如何？今后将有什么发展？记者带着这些图书馆学界和图书馆界共同关心的问题，按响了武汉大学图书情报学院院长彭斐章教授家的门铃。

彭斐章，字庆成，湖南省汨罗县（原属湘阴县）人，现年57岁。在他不满20岁时担任过湘阴县第十完全小学校长。新中国成立不久考入武昌文华图书馆学专科学校，专攻图书馆学，该校随院系调整并入武汉大学，毕业时留武汉大学任教。1956年11月赴前苏联留学，1961年3月毕业于前苏联国立莫斯科图书馆学院（现国立莫斯科文化大学）研究生部，获教育学副博士学位。回国后先后担任武汉大学图书馆学系目录学教研室主任、系党总支委员、副系主任等职务。1961年定为讲师，1978年晋升为副教授，1983年晋升为教授。从1978年起开始招收“目录学研究”方向的研究生，任指导教师至今。1984年10月被任命为武汉大学图书情报学院院长。

门开了，彭院长把我让进他的新居会客厅。开学前的8月底，处暑已过，但此时的武汉，仍处在“秋老虎”的威胁之中，宽敞的会客厅，却给人凉爽之感。寒暄、倒茶、落座。我向他说明来意，并向他倾诉说了多次吃闭门羹之苦。他无可奈何地笑了。彭院长告诉我，上个月他从外地回来，打开家门，发现家里空无一物，经向别人打听，才知道家已搬进了高知楼。这也难怪，作为一个院长，会议很多，省内的、省外的、全国性的；作为一位教授，除担任本院的教学工作、培养研究生外，还受聘为南京大学的兼职教授；他在社会上还另有诸多头衔：中国图书馆学会理事、学术委员会主任，国务院学位委员会第二届学科评议组语言文学评议组成员，湖北省图书资料专业高级职务评审委员会副主任委员，等等。

开门见山。“武汉大学图书情报学院建立即将三年了，三年来它有什么发展？现在情况如何？”我向他提出了这个问题。

二

“要问现在情况怎么样，不能不谈到它的过去，现在是过去的延续嘛。再说，通过比较，才更能了解它的发展”。彭院长的话匣子打开了。

武汉大学图书情报学院是在原武汉大学图书馆学系的基础上建立起来的。武汉大学图书馆学系是中国高等学校中最早设置的一个图书馆学专业教育机构。从武昌文华大学图书科算起，到学院成立，有

64年的历史，经历了新、旧社会两个完全不同的历史时期。在旧中国就有近30年，30年不能说是一个短阶段，但培养的学生人数并不多。她的发展是在新中国成立以后，严格地说是在“文化大革命”以后，在党中央粉碎“四人帮”以后，特别是党的十一届三中全会以来，武汉大学图书馆学系才真正发展起来，由原来的1个图书馆学专业，发展到4个专业，新增加的3个专业是：情报学专业、图书发行管理专业和档案学专业。建院以后又建立了图书馆学情报学研究所和科技情报培训中心。现在全院在校本科生、专科生、研究生总数是1 005人，为“文革”前学生人数最多年份的4倍多。

“听说，学院现在的研究生人数和‘文革’前学生人数最少的年份差不多，是这样吗?”我适时地插了一句，“您能谈谈研究生培养的情况吗?”

“我们现在的在校研究生共95人，分布在13个研究方向上。”停顿了一下，他接着说，武汉大学图书馆学系1978年开始招硕士学位研究生，当年只招了1个研究方向——目录学的4名研究生。之后逐年发展，不仅招生人数增加了，而且规模也越来越大。1984年招了10个方向的研究生；1985年又扩大到了13个研究方向；1987年仍保持招13个研究方向，它们是：图书馆学基础理论、文献编目、读者研究、社科参考服务（中文）、社科参考服务（外文）、社科情报理论方法、目录学、图书馆管理（理科）、科技文献检索、科技情报研究、科技文献研究、情报理论方法、国际经济信息管理。他如数家珍，一一道来。

彭院长向记者详细地谈到了高层次人才培养的意义。他说：高层次人才培养既是我国图书馆事业发展的长远需要，又是我国图书馆实际工作目前的需要；既是发展图书馆学教育事业的需要，又是图书馆学和情报学理论发展的需要。一个高级图书情报人员的知识结构应该是某一学科知识加图书馆学、目录学、情报学知识加工具知识（外语和古汉语）。他认为，除扩大硕士研究生的培养外，还要努力创造条件培养博士学位研究生。他谈到今年早些时候，他作为中国图书馆代表团成员出访苏联、保加利亚和罗马尼亚的情况。苏联以前是将图书馆学附属在教育学之内，称为教育学博士学位，从1983年起已独立出来单独成立图书馆学、目录学博士学位和副博士学位。美国很早就开始实行图书馆学博士学位。“外国能够做到，我们也是可以做到的。”他不无信心地说。

“当然，培养图书馆高层次的人才是十分重要的，但就目前我国图书馆界的实际状况来说，中级专业人才的培养，似乎显得更为迫切，请您谈谈在这个方面武汉大学图书情报学院所做的工作，以及今后的打算。”

“这要从两个方面来谈。我们一方面要坚持办好本科和专科，另一方面要抓好函授教育。前一个问题你可能有所了解，知道得更多一些，我想着重谈谈后一个问题。”彭院长微笑着说。

高等函授教育是国家高等教育的一种制度，是高等教育的一个重要方面，它是培养和提高在职干部的重要途径。1963 年我们就开办了图书馆学专业函授专修科。十年内乱之后，图书馆在职干部的培养和提高就显得更为迫切，为了适应社会的需要，满足图书馆界的要求，我们在教学与科研任务繁重、师资力量紧张的情况下，于 1980 年开始恢复函授教育。1960～1985 年函授毕业生共计 1 488 人，其中大量的是 1980 年以后招进来的，1982 年函授毕业生为 545 人，1985 年为 602 人。1960 年和 1963 年招来的两届毕业生总人数才 341 人。1982 级学员分布在全国 15 个省、市、自治区；现在在校的函授学员总共 1 358 人，来自全国 17 个省、区。我们在全国建立了 19 个函授站：武汉、长沙、南昌、重庆、成都、西安、贵州、南宁、昆明、济南、福州、合肥、郑州、洛阳、桂林、杭州、苏州、广州、南京。函授教育毕竟和正规教育不一样，一是学员分散于各地，面授、辅导均以省区为单位集中于一处，二是学员水平参差不齐，且年龄相差悬殊。但是，教师努力，学员刻苦。学员毕业后大多成为图书馆工作的业务骨干，有的被提拔为馆长、副馆长，还有的考上了研究生呢。说到兴奋处他不时地站起来，眼睛里放出了光芒。

他告诉我，今年 9 月将有 111 名图书馆学专业大专起点的本科三年制函授生入学。这是今后图书馆学专业函授生招生的方向，以后不准备再招图书馆学专科函授生了。同时情报学专业今年第一次招了专科函授生 545 名，设置了郑州、洛阳、南昌、青岛、杭州、武汉等 7 个函授站。彭院长要记者告诉热爱图书馆工作并决心献身图书馆事业、至今仍未获得大学本科或专科学历的人们，武汉大学图书情报学院今后将搞好成人教育本科提高和图书馆在职干部继续教育的工作，为这部分同志的学习、提高提供机会、创造条件。

武汉大学图书馆学系历史悠久，在国内享有盛誉，在国外也有较大的影响；图书情报学院成立三年又取得了不少成绩。这都是有目共睹、有口皆碑的。今后有什么发展？记者向彭院长提出了这个大家共同关心的问题。

“大家关心武汉大学图书情报学院，想了解它今后的发展，这是很自然的。在校内外，甚至国外的朋友，也都向我提出过这个问题。”他沉吟了一下，接着说：“今年初，学院制订了1986～1990年教育事业发展规划’，这是武汉大学图书情报学院的‘七五’规划，我就结合这个规划谈一下”。

“‘七五’规划，保密吗?”

他以行政管理工作者所特有的敏感，又不失学者的风度，笑着说：“大家关心嘛，可以披露!”

“七五”规划总的指导思想是：充分发挥优势，力争上游，努力把图书情报学院办成全国图书馆学情报学教育中心和图书馆学情报学科学研究中心；不仅要出人才，而且要拿出一批有分量的科研成果，使它继续保持在全国图书情报界的领先地位。彭院长说，办好图书情报学院，保持它在全国图书情报界的领先地位，关键是要根据我院的实际情况，保持自己的特点，发挥自己的特长，形成自己的特色，并不断创新。他着重谈了四个问题。

第一，教师队伍建设。图书情报学院现有教师96人（不包括教辅、党政和其他人员），其中，正副教授19人，讲师40人，助教37人。“七五”期间，要形成一个知识结构合理，层次合适的教师队伍。今后将主要是选留部分研究生和聘用国外学成归国的研究生。“七五”期间争取聘用高级职务人员的指标达到教师总数的25%～28%，并将选派一些中青年骨干教师出国进修。过去几年，曾有多批研究生出国攻读硕士、博士学位，有学者出国进修、考察、访问，分赴美国、日本、加拿大、英国、法国、联邦德国、南斯拉夫、苏联等不同社会制度的国家。多种形式的国际交流，对教师队伍的建设极为有利，今后还要加强这方面的工作，保持老学科的优势，发展新学科，关键问题就是师资队伍的建设。

第二，教材建设。教材建设是图书情报学院各科教育的一项基本建设。学院已列入全国文科教材选编规划的教材有 25 种，占全国同类学科总数 49 种的二分之一强。《中国图书与图书馆史》、《图书分类学》、《文献编目》、《科技文献学》、《数据库系统管理》、《中国历史文献学》等 7 种推荐教材已通过审稿，不久将可面世；前几年出版的数种统编教材将列入修订计划，使其更臻完善；新开设的课程要争取出教材，几门研究生的主干课程争取编写出 2～3 种水平较高的教材；情报学系还有 8 种新编教材拟在此期间内完成并争取全部出版。教材建设是搞好教学、保证教育质量的重要条件之一，一定要抓好。

第三，进一步改善办学条件。在办学条件上，图书情报学院有明显的优势：教学楼已竣工使用，扩充了实验设备，实验工作逐步趋于标准化、正规化和科学化，教学条件已大为改观。前不久，英国图协主席马克斯·布鲁姆先生一行 3 人参观新的教学楼后赞叹不已，说是这样的条件在英国也不多见，愿意和我们建立联系，或长期讲课，或短期讲学都可以。在教学设备上，目前已有 5 台微型计算机、1 套先进的录像设备和 1 套先进的复制设备；除国家教委拨款外，还自筹资金投资了 56 万元，为实验室添置设备；前不久又用 6 万多元买下了中国图书进口总公司、武汉大学图书情报学院和有外文书店三家联合举行的“外国图书馆学情报学书展”的全部展品。“七五”期间，计算机应用将从实验阶段转向实用阶段，应用于图书馆学情报学教学、管理、情报检索、发行管理学、档案学管理、汉字显示等方面，形成计算机配套，教学与管理网络化的研究和应用相结合。

第四，加强科学研究。几年来图书情报学院科学研究取得了较大的成绩，据不完全统计，自 1978 年以来，教师在各种学术刊物上发表学术论文 424 篇；1984～1986 年参加全国学术会议 18 次，大会宣读论文 12 人；获国家科学进步一等奖 1 个；获省市社联科协二等奖 2 人，三等奖 6 人；获武汉大学一等奖 1 人，其他奖 10 个；计算机研究获奖的项目有：WD-TIX 微型机图书流通系统；WD-TQGX 微型机图书情报管理系统和 SDI-ECCO226 计算机情报检索程序。现在正在进行的科研项目，有国家教委社会科学博士基金资助项目 2 个：哲学社会科学情报计算机分析与处理；图书情报需求分析与读者服务效率研究。还承担武汉大学科研项目 7 个。

“七五”期间争取在图书馆学、情报学、目录学基本理论研究，图书情报管理研究，现代化应用研究，传统文化研究等方面，有所成就。鼓励开展横向联系及跨院系、跨行业、跨单位的科研合作。

彭院长娓娓而谈，对未来充满了信心。

“但是”，话锋一转，“我们面临着新的挑战”，他把“挑战”二字咬得很重。“我们要充分地估计我们所面临的问题和困难，如战线过长、头绪过多、教师疲于奔命等，如不彻底改变这种状况，总结办学的经验、教训，研究新的教学内容和方法，我们要落后，这是非常危险的！我们处在激烈的竞争的环境之中，这是压力，也是动力，我们要虚心向全国各兄弟系、专业学习，扬长避短，发挥优势，不断前进。”

已是午夜时分，结束这次采访，走出他的家门，我的耳畔仍回荡着彭斐章院长激情的侃侃谈锋。他的谈话充满着自豪和骄傲。这自豪，是因为图书情报学院以及几十年发展历程中，已培养出了大批专业人才；这骄傲，是因为他和他的前辈学长、同辈教师和中青年学人为之奋斗的事业取得社会公认的成绩。一位名人曾如此言：没有哪一位教育家不爱恋自己所献身的事业，并为之骄傲和自豪。彭斐章教授就是这样的教育家。

武汉大学那城堡似的老斋舍下，枝繁叶茂的樱花树排列成行，每年四、五月，当那春雨下着就绿了的时候，灿烂的樱花怒放清香四溢令人心神皆醉。我突然从这一排排、一行行樱花树，想到了武汉大学图书情报学院几十年的发展历程，她正是樱花烂漫，如同桃李啊……

（原载《高校图书馆工作》，1987 年第 4 期）

锐意改革，振兴图书情报学教育事业

——访武汉大学图书情报学院院长彭斐章教授

肖 莉

1984 年 11 月 9 日，我国第一所图书情报学院——武汉大学图书情报学院在珞珈山诞生了。

最近，我走访了院长彭斐章教授。彭教授向我介绍了学院的发展情况。图书情报学院的前身是武汉大学图书馆学系。现已有图书馆学、情报学、档案学和图书发行管理学四个专业，各专业在校学生 1 000多人，除了四年制的本科生外，从 1978 年开始招收硕士研究生。今年已有 11 个专业方向招收三年制的硕士研究生，去年还招收了两年制的研究生班。同时还设有函授专修科。目前，在册的函授学生有 1300 多人。

当我问到从一个系发展到一个学院，工作千头万绪，有无困难时，彭教授表情严肃地说："摆在我们院系领导班子面前的任务非常艰巨。困难多、战线长、任务重、人员少、设备差。但是，尽管如此，我们院系领导班子还是充满信心，我们有许多有利条件，有党的十二届三中全会精神指引，有党和政府对图书情报事业的高度重视，有学校领导的支持，特别是有中央关于教育体制改革的决定作为我们改革的方向，我们有决心把图书情报学院办好。"他还告诉我，北京大学图书馆学系等全国 50 多个兄弟院校的图书馆学系（专业）的同志们都在注视着我们，必然要和我们竞争，这对我们是一个极大的鞭策。这就要求我们全院师生必须团结一致，齐心协力，勇于改革，善于改革。只有这样，才能把武汉大学图书情报学院办成我国名符其实的第一流的图书情报的教学中心、研究中心和在职人员的培训中心。

我向彭教授询问了图书情报学院的发展方向和改革的目标，他兴致勃勃地向我作了介绍：为了适应多层次、多规格办学的要求，学院应当担负起培养高质量的图书馆学、情报学、档案学和图书发行管理学专门人才的重任。因此，本科生招收规模将适当有所控制，而要逐步扩大研究生、双学士学位生的招生比例，逐步向图书情报学研究生院的方向发展。今年，共招收 85 级研究生 44 人，其中包括 2 名出国研究生和 22 名代培研究生。

彭教授还向我介绍了几项具体的改革设想：第一，从管理改革入手，建立良好的院风，保证其他各项改革的顺利进行。根据定编要求，按照德、才标准配齐干部。建立岗位责任制，做到职责分明。对教工实行严格的考核制度，充分发挥他们的积极性。第二，认真进行教学改革，完善各系和专业的学分制教学计划，注意培养学生独立思考和勇于创新的能力。加强基础课的教学，打基础宜厚不宜薄，对档案学和图书发行管理学专业尤其要注意打好基础。一、二年级要求学生必须听课，而三、四年级只要能拿到学分，则可以不听课。减少必修课，增加选修课，必修课不超过 60%，让学生有较大的余地选修课程，合理地组织自己的知识结构。这就要求教师必须开出高质量的、内容新颖的选修课，这也是一个竞争。只有质量高、内容新的选修课才能吸引好学生。在授课时间上，要减少课时数，增加学生的自学时间，让学生独立自学，有较多时间开展科学研究。第三，加强科学研究。为了适应图书情报学教育面向现代化、面向世界、面向未来的需要，加强对国内外图书馆学、情报学、档案学和图书发行管理学发展动向的研究和图书情报学重大理论问题的研究。大力开发小型、微型计算机在图书情报工作中的应用研究。加强对图书情报教育的研究。办好《图书情报知识》和《国外图书情报信息》刊物，开展学术交流，活跃学术空气，沟通图书情报信息。第四，加强师资队伍的建设，要求现有教师补学一些计算机、教育学、心理学和管理学的知识，有计划地选派一些人去苏联和东欧国家进修提高。

我饶有兴趣地听了彭院长的改革设想和一年来的发展，衷心祝愿武大图书情报学院越办越好！

（原载《图书馆学研究》，1985 年第 2 期）

第六编

评　　说

学以载德　桃李芬芳

——记彭斐章教授

陈传夫

彭先生斐章，字庆成，1930 年 9 月 30 日出生于湖南省汨罗市（原湘阴县）弼时镇。先父爱读书并工书法。在严父督促下，先生五岁半就被送到幼稚园读识字班，后又上彭氏好古小学接受新式教育。毕业后去长沙东乡就读高仓中学，在此期间，叔叔彭卣簧利用假期教他读《左传》、《四书》等古书，打下了厚实的古文功底。1948 年高中毕业至 1951 年担任湖南省湘阴县丰家庵中心国民小学、第十和十四完全小学的教员、校长等职。1951 年通过高考，被录取到武昌文华图书馆学专科学校。入学后不久，土改开始，他下乡参加土改运动。回校后任文华图专学生会主席。1953 年 8 月毕业留校任助教，讲授中文图书编目。1953 年 9 月武昌文华图专随院系调整并入武汉大学，重组为武汉大学图书馆学专修科（1956 年改为武汉大学图书馆学系），先生任该科助教兼秘书。1956 年被选派到前苏联国立莫斯科图书馆学院（今国立莫斯科文化大学）研究生部攻读目录学。1961 年 3 月毕业获教育学副博士学位。回国后在武汉大学图书馆学系任教，1961 年定为讲师，1978 年晋升为副教授，1983 年晋升为教授。曾担任目录学教研室主任、系副主任等职。1984 年经国家教委批准成立武大图书情报学院，先生担任首任院长，兼任武汉大学学术委员会委员、学位评定委员会委员、《武汉大学学报》（社科版）编委。先生自 1985 年至 2003 年担任国务院学位委员会第二至第四届学科评议组成员、召集人，国家教委图书、资料专业高级职务评审委员会委员，湖北省文化厅图书、资料专业高级职务评审委员会副主任委员，中国图书馆学会第一、二届理事，第三、四届常务理事，湖北省图书馆学会第一、二届副理事长等职。1988 年 7 月应聘担任《中国大百科全书》图书馆学编辑委员会副主任委员兼任目录学分支主编。此外先生还受聘担任南京大学等校的兼职教授、吉林省图书馆学会会刊等多家杂志的学术顾问和特约撰稿人。现任武汉大学大众传播与知识信息管理学院教授，图书馆学博士研究生导师。

先生长期致力于目录学、图书馆学教学、科研与教育管理。在文华图专读书期间受徐家麟、吕绍虞先生的影响，对中国目录学发生浓厚兴趣。在前苏联留学期间，他选择了艾亨戈列茨教授作为导师，将普通目录学作为研究方向。艾亨戈列茨（1897～1970）是当代著名目录学家，也是前苏联当时为数不多的图书馆学、目录学教授之一，是前苏联高校普通目录学通用教材的主编者。在戈氏指导下，先生潜心研究列宁的目录学思想，研究目录学的基本理论、书目工作和目录学史，初步形成了以目录学理论为中心、中外结合、融会贯通的学术风格。先生提出目录学的研究对象是文献的大量增长与人们对文献特定需求之间的矛盾，并从这一观点出发，建立目录学的理论体系。他的这一观点被称为“矛盾说”，一直是我国目录学界具有重要影响的学术流派。先生以此为核心，在目录学基础理论、中国目录学史、苏联目录学、各类型书目、书目控制论、社会科学情报理论与方法等方面进行了深入的研究，笔耕不辍，取得了一系列重要成果。

1982 年，先生与谢灼华、朱天俊、孟昭晋等合编的《目录学概论》由中华书局正式出版。这部著作总结了新中国成立以来 30 年的目录学研究的重要成果，探讨了目录学基本理论、中国目录学发展简史、国内外目录学研究的现状和书目方法论、各类书目理论与编制方法。该书根植于我国书目工作的实际之中，内容全面，理论与应用并重，是新中国第一部正式出版的目录学教科书，被认为有“不可磨灭的贡献”、是“书林新葩，学海津梁”（乔好勤教授评语）。该书先后七次印刷发行达 10 万余册，并于 1988 年获国家教委高等学校优秀教材一等奖。

1986 年先生与乔好勤等合著的《目录学》由武汉大学出版社出版。该书把目录学内容进一步扩充为目录学基础理论、目录学的发展规律、书目文献编纂原理、书目情报服务原理、书目工作组织原理、国内外目录学研究六个方面。先生在该书中拓展了目录学的研究内容，总结了信息时代目录学的特征，把目录学研究对象的矛盾说进一步深化为“揭示报道文献信息与人们对文献信息特定需求之间的矛盾”观。把目录学深化为“研究书目工作运动规律的科学”。这样就使目录学由过去的对文献表面研究深化到文献内容的信息运动研究，使目录学研究在理论层次上上了一个新台阶。因此学术界认为“作为适应信息化社会的现代目录学，应该说这部著作是一个肇端，它吸取了近年来目录学研究的成果，发展了这门科学……把目录学的研究提到了一个新的层次，使得目录学与信息化社会紧密相连，不再是游离在外。”（鲁海研究员评语）1990 年该书获中国图书馆学会庆祝中华人民共和国成立 40 周年优秀著作奖。1986 年底先生和谢灼华等合编的《目录学资料汇辑》也由武汉大学出版社出版。该书的编撰初始于 1980 年，历时 7 年才编就。以摘编的形式分主题选编了 45 万字的古今中外目录学资料。该书列入国家教委高等学校文科教材选编规划的教学参考书，1996 年再次修订重印，为推动我国目录学教学和科研起到了资料保障作用。

2000 年先生主编的《书目情报需求与服务组织》出版。该著作作为图书馆学研究生教材，荣获 2002 年教育部国家优秀教材一等奖。2004 年先生主编的《目录学教程》被列入教育部面向 21 世纪教材系列由高等教育出版社出版。与此同时，他长期主讲建设的《目录学》被评为国家优质课程。

先生笔耕于目录学园地近 40 载。在列宁的目录学思想、中国目录学史、目录学基础理论、书目情报服务、书目方法论、俄罗斯目录学等诸多领域都留下了丰硕的耕耘果实。综观先生的学术轨迹，笔者认为有这样一些特点。

第一，先生强调图书馆学、目录学研究中应坚持辩证唯物主义和历史唯物主义的指导。他在对历代书目的分析、对历代目录学家思想的探索和当代图书馆学发展等方面都具体运用了这一科学原理。

第二，先生紧扣时代脉搏，科学总结前人的认识成果，正确地把握中国图书馆学与目录学的发展方向。20 世纪 70 年代末，目录学研究百废待兴，一些带方向性的问题摆在目录学工作者面前。1980 年，他与谢灼华先生发表《关于我国目录学研究的几个问题》（《武汉大学学报》，1980 年第 1 期）。该文明确指出“主张用校雠学包举目录学的观点，既不符合现代科学的发展，也不能反映目录学研究的历史和现状。”指出：“揭示与报道图书资料与人们对图书资料的特定需要之间的矛盾，构成了目录学领域里诸矛盾现象中最基本最主要的矛盾。也就是目录学研究的对象。”该文还指出要纠正极左思想对目录学的影响，实事求是地对待历史人物和历代书目。在目录学史研究方面，要进一步拓宽研究领域，研究的重点应由古代转向近代这一空白。在方法上，要注意从深度、广度上揭示文献，同时注意新课题，如书目控制论、计量目录学、比较目录学的研究和专科目录学的建设。先生的这些论述对于确立我国新时期目录学的研究方向起到了向导作用，绝大多数设想均为目录学界同仁的实践所证实。80 年代中期，目录学界出现了“危机论”，先生进一步总结我国目录学 35 年来的成就，和谢灼华先生合作《对当前目录学研究的思考》（《武汉大学学报》，1984 年第 6 期）一文，切中时弊，令人信服地指出，随着数学、系统工程、控制论、电子计算机引进目录学领域，目录学内容将发生重大变革。科学方法论的应用，只能促进目录学的发展，而不会使目录学的发展出现“危机”。先生认为应注意把目录学体系建立在更加科学化的基础上，把书目编制法上升到书目编纂学的高度，把目录学史的研究深入到学说史的高度。在该文中先生首先提出要加强读者文献需求特点与书目情报服务方式、书目工作组织管理等课题的研究。这篇文章为推动目录学迎接信息时代的挑战，深化目录学层次起到了导向、推动的作用。不仅如此，先生还身体力行，在目录学更加贴近读者方面进行了系统的探索。从 1985 年起，先生承担国家教委“七五”哲学社会科学博士点专项科研基金资助项目“图书情报需求分析与读者服务效率研究”课题。该课题获得两项重要成果，一是“书目情报需求与服务研究”，一是“中国书目总录”。其中专著《书目情报需求与服务研究》（武汉大学出版社，1990）通过对国内几百个单位的不同读者进行问卷或跟踪调查，系统分析了我国读者书目情报研究的现状、情报需求的层次、特点、影响因素，情报保障的总量与结构，书目工作效益及其评价，书目情报工作体制及其优化，图书发行书目情报服务案例。这是第一部系统研究读者书目情报需求规律与服务优化的专著，填补了国内这方面的空白。90 年代以来，图书馆学目录学面临着信息技术的严峻挑战，学科建设面临新的社会环境。一些大学纷纷调整专业方向。先生通过对图书馆学的历史与现实的研究，及时指出图书馆学定有灿烂的未来。他的论述，为图书馆学研究者指明了方向，增添了信心。

第三，先生的研究具有古今结合、中外结合、理论与实际结合的风格。先生谙熟中国古典目录学，但他又是当代目录学研究的先行者。先生受导师艾氏影响，对俄罗斯目录学研究尤为独到，他熟练的俄文，使他对这一领域的研究具有得天独厚的条件。但先生的目的在于为我所用。20 世纪 50 年代初，先生就积极介绍俄罗斯书目工作的经验，为新中国书目工作借鉴。80 年代以来先生先后发表《苏联目录学研究的现状与前景》（《武汉大学学报》，1983 年第 4 期）总结前苏联目录学史与现状，指出前苏联目录学史的特点是其理论性，探索数学统计学方法在前苏联目录学中应用情况，研究前苏联目录学教学与科研的关系。目的在于为中国目录学走向世界提供借鉴。围绕前苏联目录学、图书馆学，先生还发表了《论苏联图书馆事业发展中观念的变革》（《武汉大学学报》，1987 年第 5 期）、《苏联目录学理论与实践的总结——〈目录学普通教程〉评介》（《武汉大学学报》，1986 年第 1 期）等，先生与赵世良等合译的《目录学普通教程》（武汉大学出版社，1987）系科尔舒诺夫主编的前苏联目录学教科书，更加全面地介绍了前苏联在这一领域的进展。

第四，先生以目录学为中心，以图书馆学和社科情报学为旁支，形成了以书目情报运动规律的探索为主旨的研究方向。先生在图书馆学方面发表了诸多成果，也利用这些学科的成果来丰富目录学的内容。先生与詹德优、谢灼华合著《中文工具书使用法》（商务印书馆，1982）系同类论著中出版较早、被学术界使用较频繁的一种，该书被列为国家教委高等学校文科统编教材，获国家教委 1988 年高校优秀教材一等奖。先生参与编著的《图书馆学基本知识问答》也获广泛采用。先生先后在国内外杂志上公开发表的近百余篇论文涉及目录学、图书馆学的各个方面。

先生不仅辛勤笔耕，而且是一位图书馆学、目录学教育家。先生长期坚持在教学第一线，教书育人。先生自 60 年代以来，主讲《目录学》、《苏联目录学》、《书目情报需求与服务》、《目录学文献选读》等课程。其中《目录学》为武汉大学主干课。1978 年先生率先在图书馆学界招收了目录学方向的研究生，1986 年又开始招收社会科学情报理论与方法方向的硕士研究生。作为一名教育家和国务院学位委员会学科评议组成员，先生为在中国设立图书馆学、情报学博士学位呼吁奔波，不遗余力。1990年秋，国务院学位委员会正式批准设立中国图书馆学、情报学博士学位授权点。先生被批准为首届图书馆学博士研究生导师。并于1991年招收了我国首届目录学方向的博士研究生。先生精心指导，严格要求，提携后学。自1981年以来先生指导的研究生中已有34人获得硕士学位，21人获得博士学位。其中大多数毕业生成为本单位的业务骨干，有的已成长为第二代硕士导师，有的被破格聘任高级职称，有的被评为省市级劳动模范。

先生是著名的图书馆学教育家，数十年来不断探索我国图书馆学教育的模式，努力探索中国图书馆学教育方向。先生认为应建立有中国特色的专科、本科、研究生教育相结合，全日制教育与业余教育（电大、函授、岗位培训）相结合，专业教育与双学位教育相结合的教育模式。应在适当扩大办学规模和发展速度的前提下，以提高教学质量与人才培养质量为核心。自1984年以来，先生担任武大图书情报学院院长。他同其他院系领导一起，坚持社会主义办学方向，努力改善办学条件，拓展办学层次，深化教学改革，提高教学质量。先生主持完成的“图书馆学、情报学教学体系的深刻变革”项目荣获国家教委颁发的国家级优秀教学成果奖。图书情报学院是我国第一所学院级的图书馆学情报学教育机构，在中国图书馆学情报学教育体系中发挥着重要作用。1999年与新闻学院合并成立大众传播与知识信息管理学院，设有图书馆学、信息管理与信息系统、档案学、编辑出版学等7个本科专业，图书馆学、情报学、档案学等5个硕士学位专业，图书馆学、情报学两个博士学位专业。先生一向认为中国图书馆学教育的改革应立足本国，放眼世界。1986年9月先生出席了在北京由国际图联（IFLA）和中国图书馆学会联合召开的“图书馆学情报学教育研讨会”，在会上作了题为“关于图书馆学高层次人才的培养”的发言。先生认为高层次图书馆学人才的培养是中国图书馆事业发展的战略需要，也是图书馆实际工作和图书馆学理论发展的需要。他认为对整体而言，图书情报高层次人才是百科知识型的群体知识结构的人才，而就个体而言，个人知识结构包括学科知识、图书情报专业知识、工具知识。高层次人才应是政治素质和专业素质兼备的人才。要达到这个目标，须采用“主辅修制”的培养模式。他的这个发言受到与会专家的重视。

先生不遗余力地身体力行，推动图书馆学情报学的学科建设和科学研究。先生认为学位授权点的建立与学科建设是衡量该学科水平的重要标志。某一学科争取博士、硕士学位授予权的过程，实质上也是推动该学科点建设的过程。被批准获得博士学位和硕士学位授予权的学科点，应按照学位条例的要求，规范培养环节和过程管理，充实和发展优势学科，使其更好地承担高层次人才培养和科学研究的任务。学科建设的成效主要体现在科学研究的成果和高层次人才的培养上。高水平的学科点才能承担重大的科研课题和培养出高质量的研究生，高水平的科研工作为研究生提供了前沿的研究课题，研究生必须在科学前沿探索和在参加科研课题的科研活动过程中得到培养，增长才干。先生认为，研究生教育是我国图书馆学情报学教育的最高层次，是图书馆学情报学专业教育师资的重要来源。面对新世纪，面对新形势的发展，图书馆学情报学研究生教育在研究生培养上，要改变传统的以传授知识为核心、轻视创造能力的培养、过分强调专业对口、忽视人文综合素质的培养，只重视数量指标、追求外延和规模的扩大、忽视质量和效益等观念。研究生教育制度必须创新。创新的重点是按一级学科宽口径地培养创新型的复合型高级人才。先生指出要重视学科建设，要有一支结构合理、高水平、高素质的导师队伍，要努力营造一个优良的学术氛围。只有牢牢抓住提高研究生培养质量这一中心，不断深化研究生教育和教学改革，才能把一个结构更加合理、质量和效益更高的图书馆学情报学研究生教育带入21世纪。先生的这些主张对于我国图书馆学情报学研究生教育制度的创新具有重要的指导意义。在国务院学位委员会图书馆、情报与档案管理学科评议组工作期间，先生与评议组的其他专家密切合作，顺利通过了3个图书馆学博士学位授权点，3个情报学博士授权点，1个档案学博士学位授权点，13个图书馆学硕士授权点，18个情报学硕士授权点。

为推动海峡两岸图书资讯界的相互了解和学术交流，促进祖国统一，先生积极倡导和参与交流活动。1990年以武汉大学图书情报学院院长身份，成功接待了台湾图书资讯界首次赴大陆参观访问团一行14人。1993年应台湾大学邀请作为大陆图书馆学界首批访问学者赴台湾参观访问，并作了“中国目录学的今天与明天”的学术报告。随后参加在上海、北京、武汉、广州、成都召开的海峡两岸图书资讯学术交流会。

先生积极参加社会工作，繁荣学术，培育新人，促进国际交流，发展同行的友谊。1983 年，他积极参与组织中国图书馆学会目录学分委会组织召开的全国性目录学专题讨论会，对我国目录学研究的发展起着推动作用。此外，他还多次参加和主持了全国性的专业学术讨论会。1980 年先生参加由教育部（今国家教委）组织的中国大学图书馆代表团并任团长，赴西德访问考察。1987 年 4 月参加文化部组织的中国图书馆代表团赴前苏联、保加利亚等国访问。1988 年 1 月应美国西蒙斯大学图书馆学研究生院之邀赴美国波士顿、伊利诺依等地访问讲学。先生的学术成就得到国内外的广泛承认。先生从事教书育人的高尚事业近半个世纪，早已是桃李满天下。2000 年 9 月 30 日是他老人家七十岁华诞。为了祝愿先生健康长寿，推动学科研究，他指导过的数十位研究生包括乔好勤、张厚生、倪晓建、黄慎伟、陈传夫、柯平、程三国、李为特举办了学术研讨会、出版《彭斐章图书馆学目录学文集》，对先生的图书馆学、目录学思想进行了研讨。《文集》受到学术界的高度评价。2004 年先生被武汉大学遴选为资深教授，主要从事博士研究生的指导和学术研究工作。

ТВОРЧЕСКИЙ ПОРТРЕТ

Всегда Первый

Э.К.Беспалова

Это рассказ о человек, которого считают главным библиографоведом Китая, о создателе лучшей библиотечной высшей школы-первом директоре Института библиотековедения и информатики при Уханьском университете Пэн Фичжане.

Когда во время нашей первой встречи в г. Ухань в 1992г. Я попросила Пэна рассказать, как он учился, имея в виду историю его образования, он быстро ответил: 《Всегда первый》. Однако на высказанное мною пожелание назвать статью о нем 《Всегда первый》 (я уже много знала оего незаурядных достижениях и признании в Китае и за рубежом), он скромно ответил, что нет, не всегда он был первым: не был, напримел, первым аспирантом, посланным страной в Советский Союз и защитившим диссертацию. Это, конечно, иной смысл первенства, но я не могу не уважать его скромность. И все же очени важно рассказать о нем, его жизни, судьбе, трудах и достижениях в любимой отрасли—библиотечном деле и библиографии, показать труды и дни человека безусловно выдающегося, взошедшего на вершину успеха, но оставшеголся простым и скромным тружеником.

Пэн Фичжан родился в г. Мило (провинция Хунань) 30 сентября 1930г. Его отец Пэн Юйци, по выражению сына, "был способным к чтению и письму"-характерисимка для сложной иероглифической традиции весьма высокая. Сын начал учиться еще в дошкольном возрасте. В 1936-1942гг. Обучался в Хао Гу начальной школе, а в 1942-1949гг. В Гао Цэн средней школе.Учился всегда отлично и получил звание “лучший ученик” .

После окончания школы началась самостоятельная жизнь. Пэн-учитель в Хао Гу начальной школе, а в следующем 1950/51 учеб. г. -уже не толко учитель, но и директор другой начальной школы. Пэн хотел учиться дальше и в сентябре 1951г. Выдержал единый государственный экзамен в Вэнь Хуа библиотечный институт. В 1953г. Закончил его был оставлен в должности ассистента и секретаря факультета, читал курс “библиотечный каталог” . Через два года-очень строгий экзамен на право обучения за границей (речь шла о поездке в Советский Союз), и в 1955—1956гг. Пэн изучает в Пекниском институте иностранных языков русский язык. Произошло изменение и в личной жезни: в 1956г. Пэн женился на Дэн Минкан, которая получила высшее библиотечное образование и работала в Хубэйской провинциальной библиотеке. Радость молодоженов была недолгой: через 20 дней после свадьбы Пэн уезжает учиться в СССР. Он-аспирант Московского государстванного библиотечного института (МГБИ) . На кафедре библиографии его руководителем стал видный библиограф, исследователь истории книги, теории, истории и методики библиографии, знаток библиотечно-библиографической, опытный педагог, проф. , зав. кафедрой Александр Давидович Эйхенгольц.

Годы аспирантуры-это не толко работа над диссердацией и ее защита. Пэп много читал, изучал теоретические достижения советского библиотековедения и библиографоведения, новую для него проблематику. Опыт этого контакта был плодотворен и оказал решаюшее влияние на его дальнейшую работу и жизнь. Внимание Пэна особенно привлекали вопросы библиографической работы в библиотеках разных типов. Поэтому он много ездил по стране. Побывал в Китеье, Ленинграде, Куйбышеве (во время студенческой практики, проходившей под руководством Л. А. Левина) , ростове-на-Дону для сбора материала по диссертации. Он отмечает, что под влянием А. Д. Эйхенгольца пришел к пониманию глубокой связи теоретической научно-исследовательской работы с практикой. Поэтому темой кандидатской диссертации стала “Система библиографического обслуживания читателей областной библиотеки в современных условиях” . Тема актуальная, наполненная жизненным материалом и обощениями. Диссертация был успешно защищина в 1961г. , и Пэн получил советский диплом кандиидата педагогических наук. Он не был первым кандитатом, получившим степень за рубежом (ранее, в 1959г. , в МГБИ защитил кандидатскую диссертацию Тун Цзангун) . Но это, я думаю, не имеет значения для характерически личности.

Годы аспирантуры (1956-1961) -это еще и многообразие незнакомой ему жизни, которую так интересно наблюдать, изучать, чтобы понять ее особенности. Надо было былосоверсовершенствоваться в русском языке, знакомиться с Москвой и ее культурными ценностями, приобретать русских друзей, наконец, привыкать к русской кухне, что давалось нелегко, к общежитию, магазинам, транспорту. Наверно, в вопросах быта спасали удивительная способность китайцев к самоограничению, умение готовить (особенно рис) , стирать, терпеть холод, довольствоваться малым, сохраняя равновесие духа и тела, какой-то естественный рационализм. Эти прекрасные качества особенно необходимы в чужой стране, как бы тепло она ни принимала гостей.

В эти годы в СССР обучалось много китайских студентов и аспирантов. Много их было и в МГБИ. Значит, еще одна грань жизни-островок Китая, организация диаспоры, сохраняющей дух и требования национальной идеологии и нравственности. Все это стало наглядным, когда было построено новое общежитие для библиотечного факультета с просторными холлами, украшенными цветами. Пэн Фичжан жил в одной комнате с двумя аспирантами-Тун Цзангуном Михаилом Никитичем Беспаловым. Муж рассказывал мне, что каждый вечер китайские студенты и аспиранты собирались в холле и долго что-то обсуждали. Когда он, удивившись постоянству этих собраний, спросил: “Зачем вы опять идете в холл, и что вы все время обсуждаете?" - Пэн кратко ответил: "Поговорить надо".

Можно полагать. что это была обязательная воспитательная мера, чтобы удержать молодежь от "разложения", ибо уже существовало мнение Мао Цзэдуна об "обуржуазивании в Советском Союзе", вредное влияние которого надо было нивелировать.

Помню такой факт: на первый кур сприехал красивый и, как оказалось, богатый китайский юноша. Он вел себя независимо, развлекался, вообще, "вы бивался из рядов". Китайские студенты вскоре узнали, что одец юноши-представитель "компрадорской буржуазии", которая еще была в Китае. В конце первого курса молодому человеку пришлось вернуться в Китай: диаспора не приняла его.

Естественно, что почти все, вернувшиеся в Китай из Советского Союза, в годы культурной революции проходили "перевоспитание трудом" ради очищения от вредных влияний другой жизни и идеологии, хотя и коммунистической, но уклонившейся в своей практике от "правильного пути".

Прошел такое "очищение" и Пэн, но жизненная стойкость и вера в правильность и право общественного воздействия на любую личность-основа китайского менталитета. Уже в 1990-е гг., когда я была в Китае, одна китаянка рассказала мне, что, поступив как лучшая выпускница средней школы без экзаменов в университет, она была вынуждена заниматься не медициной, к которой у нее был талант (свидетельствую, как практически не глядя, нажав большим пальцем три точки, она сняла боль в моей спине), а русским языком. "но почиму?" -спрашиваю. - "Так обществу надо". И все. Потом, к концу первого курса, друзья по группе узнали, что она жила только в городе и никогда не работала на земле. Итог: ее отправляют на год в деревню на выращивание риса. Она овладевает этой "наукой" и гордится своими успехами. Но перерыв в изучении сложного русского языка означал потерю года работы. Все надо было восстанавливать, от сокурсников она отстала. Это не исключение, это норма и как норма воспринимается, но никто не застрахован от личных сожалений о потеряном. Моей героине все казалось, что она владеет русским языком хуже, чем другие.

Еще от Конфуция идет понимание трех ценностей: моя семья, мой род, мой народ. Это создает особый дух коллективизма, без которого громадная нация давно бы распалась. Личность, ориентированная на семью и общество, становится опорой государственности. А человек интеллектуального труда есть еще и сознательный носитель государственной идеологии. Это дорогой слой нации.

То, что я вижу в жизни, делах и судьбе Пэн Фичжана, мне представляется ярким и типичным для определенной эпохи, но, безусловно, не рядовым явлением. И уровень решения задач, которого он достиг, свидетельствует не только о присущем все китайцам трудолюбии, но и о его личном громадном творческом потенциале. Счастьем его жизни стали семья и любимая профессия, работа.

Типичным для 1950-х гг., хотя и не столь частым, был сам факт обучения за границей, определивший дальнейшую судьбу Пэн и его семьи. Очевидно разница культур и национальных менталитетов может подавить личность, но может и дать большой творческий заряд, если человек подготовлен к сложной перестройке мышления и может перенести достижения другой культуры на свою родную почву. Так было в делах и судьбе Пэн Фичжана. Поставленный перед задачей овладеть русской библиотечно-библиографической наукой (параллельно с изучением русского языка), он не только решил ее, но и существенным образом повлиял на развитие отрасли, организовавв своей стране центр подготовки кадров на высоком теоретическом и практическом уровне.

Вспоминается такой эпизод. В октябре 1992 г. Пэн Фичжан пригласил на месяц поработать в Уханьском университете канд.пед.наук, ведущего специалиста Министерства культуры России Ильдара Каюмовича Назмутдинова (1938-1997) и меня.

Ехали поездом. В забайкальске-приграничной станции-нужно было ждать 5-6 часов, пока поменяют железнодорожному составу колеса. В зале ожидания разговорились с немолодой супружеской парой китайцев-профессорами технического вуза. Когда они узнали, что мы библиотекари и едем в Ухань, сразу сказали, что там лучшая высшая библиотечная школа, там Пэн Фичжан. Это было неожиданно и приятно.

Итак, вернемся к нашему герою. Приехав из СССР, Пэн Фичжан стал преподавать в Уханьском университете.

Ухань (провинция Хубэй) находится на реке Янцзы, в устье которой расположен знаменитый Шанхай. Город делится на три крупные по территории части-административно-культурную, фабрично-заводскую и торговую. Провинциальный центр Ухань имеет 6 млн жителей. Сравнивать провинциальные центры Китая с нашими республиканскими и областными городами бесполезно-не те масштабы, не то население, наконец, не те темпы развития. Впечатляют масштабы научной работы в области библиотечного дела и библиографии: каждая из 30 провинций имеет свой библиотечный журнал. “Мы понимаем, -говорит Пэн, -что в этих журналах статьи не всегда высокого теоретического уровня. Но нам важно, чтобы как можно больше библиотекарей рассказывали о своем опыте, и мы поощряем это”. Но чтобы библиотекари испытывали потребность писать о своей практической работе, нужна хорошая профессиональнаяподготовка. Вот эту задачу и стал решать Пэн Фичжан.

Уханьский университет, существующий с 1890-х гг., построен на специальноотведенной и огороженной громадной территории, сохранившей все красоты первозданной природы-леса, горы, озера, долины. Тут имеется все: на склонах гор-коттеджи для профессоров, построенные еще в старом национальном стиле (сейчас многие предпочитают жить внизу в современных многоквартирных домах), больница, детский сад, средняя школа, магазины, рынок, аптека, баня, швейные и часовые мастерские, библиотеки, крытый бассейн, стадионы. Словом, можно родиться, вырасти, выучиться, остаться на работе в университете и благополучно закончить жизнь. Говорят, есть люди, родившиеся здесь и никогда не выходившие в город. Но времена наступили иные, народ стал динамичным, перемещения стали знамением эпохи.

В Уханьском университете Пэн Фичжан начал работать старшим преподавателем, затем донецтом, профессором, был заместителем декана, заведующим кафедрой. Однако главная задача всегда была одна-совершенствование содержания учебных дисциплин, ориентировка на лучший мировой опыт. Процессы информатизации как выражение общемировой тенденции культурного развития позволяли взглянуть на проблему подготовки библиотечно-библиографических кадров широко. И Пэн Фичжан сыграл здесь большую роль. Он стал идеологом и организатором, с 1984 г. в течение 8 лет первым (затем вторым) директором Института библиотековедения и информатики, созданного в структуре университета. Надо было определить его структур, направления самостоятельной работы, учитывая опыт развития информационного образования в других странах. Институт приобрел 25 новейших компьютеров-20 для студентов и 5 для преподавателей, аспирантов и студентов других вузов университета. Это важная и наиболее перспективная новация в библиотечно-информационном образовании-изучение компьютерных технологий и английского языка. Пэн Фичжан именно так оценил задач и возможность компьютерной эры. Но надо было подготовить кадры преподавателей информационных наук, и он посылает наиболее способных в другие страны (в конце 1980-х гг. преподаватель дё Юйин, знавшая русский язык, в течение года стажировалась в Киевском государственном институте культуры по информатике у доц. Л. Амлинского). Вслед за аспирантурой открылась докторантура, которой он руководит.

Столкнувшись с проблемой компьютеризации, китайские

библиотекари оказались перед сложной задачей: как совместить иероглифику с новой техникойё? Обработку новых поступлений в библиотеки надо вести в форме, соответствующей графике документа, т.е. преимущественно иероглифически. Специалисты решили эту задачу. Очевидно, у китайцев есть дар решать сложные задачи и овладевать техникой. Меня удивило, например, что, когда я читала первую лекцию для аспирантов в октябре 1992 г. , нам дали аудиторию, оснащенную аппаратурой для видеосъемки, и была сделана запись.

Такие темпы и размах научно-образовательных процессов привели к тому, что в стране в целом и в отдельных провинциях были созданы центры аттестации научных кадров. Пэн Фичжан стал членом и руководителем значительного числа этих центров, а также членом редакций важнейших изданий. Но чтобы подготовить кадры высокого уровня, способные проводить аттестацию, он занимался разработкой учебных дисциплин и изучением практического опыта библиотечно-информационного обслужвания, которые должен быть отражен в преподавании. Работа шла по двум направлениям: чтение учебных курсов и подготовка учебной и научной литературы-издание сборников лабораторных заданий, учебных пособий, учебников, монографий. Достаточно сказать, что он автор 20 крупных отдельных изданий и более 100 статей. Но это уже итоговая цифра, к которой нелегко было подойти.

Пэн понимал, что надо выбрать из мирового опыта преподавания библиотечно-библиографических дисциплин то, что более всего необходимо для подготовки специалистов в Китае. И он выбрает советский учебник "библиография. Общий курс" (М., 1981) . "У нас советская школа библиографоведения", -считает он. Перевод учебника осуществлен им совместно с Чжао Шиляном, окончившим МГБИ. Из русских примет учебника, ставшего китайским, укажем две: на обложке и титульном листе среди иероглифов бросаются в глаза русские буквы О. П. Это -инициалы Коршунова, редактора учебника（инициалы иероглифами не обозначить）. В знакомых всем таблицах и рисунках Олега Павловича также можно увитеть русские инициалы. Перевод издан в 1986 г., а в 1989 г. выходит и перевод учебника “библиотекаведение”.

Круг читаемых Пэном учебных дисциплин весьма широк: “Введение в библиографоведение”, “библиотечный каталог”, “Основы советского библиографоведения”, “Использование справочных пособий на китайскомязыке”-это для студентов. А для аспирантов разработаны курсы “Исследование запросов на библиографическую информацию и обслуживание”, “библиографическое источниковедение”, “Теория и методика информации по общественным наукам”, “Исследование современного библиографоведения”. Так дисциплины, традиционные для наших курсов, как “История книги”, “История библиотечного дела”, “История библиографии”, не читаются: студенты овладевают ими сами и прекрасно знают эти вопросы, а монографий для изучения достаточно. Аспиранты пишут диссертации в основном по проблемам библиографической информации и штудируют труды советских библиографоведов. Такой масштаб преподавания, безусловно, требует постоянной научно-исследовательской работы. Она отражена в учебниках и монографиях Пэн Фичжана (см. Список его трудов, приведенный ниже и прокомментированный им самим).

Научно-исследовательская и научно-организационная работа Пэн Фичжана поражает масштабами и выбором самых главных направлений, идущих от потребностей практики. Это современное библиографоведение в Китае; организация и методика библиотечно-информационной службы; основы системы библиотечной информации; информационное обеспечение научной работы специальстов; автоматизация библиотечно-библиографических процессов; пропаганда информационных знаний и библиотечно – библиографическое обучение читателей; использование ЭВМ в высшей библиотечной школе Китая; методика преподавания библиотечно-библиографических и информационных дисциплин в высшей школе; библиографическая персоналия; библиотековедение и библиографоведение в XX в.

Все эти проблемы отражены в его монографиях и статиях.

В соответствии с расширением профессиональной проблематики, обусловленным процессами информатизации, Пэн Фичжан занимает актуальная проблема: информационное обеспечение и обслуживание специалистов. Результаты его практического исследования отражены в монографиях 1990-х гг., выпущенных издательстом Уханьского университета: “Исследования спроса на библиографическую информацию и обслуживание” (1990.274 с.) и “Информационное обеспечение в научном исследовании и развитии” (1998.424 с.). Удивляетопять-таки масштаб исследования, объем монографий-это при смысловой емкости иероглифического письма!

Кроме того, Пэн является ведущим редактором многих научных произведений и учебников, написанных другими авторами. В 1996 г. Министерство просвещения КНР поручило ему подготовку учебной програмы по библиографоведению. На основе своих предыдущих работ он создал учебник для аспирантов “библиографические информационные потребности и организация обслуживания” (2000.342 с.).

Постоянная напряженная работа по обеспечению подготовки библиотечно-информационных кадров высшей квалификации принесла блестящие результаты. Институт, который возглавлял Пэн Фичжан в течение 10 лет, получил признание как лучшая высшая библиотечно-информационная школа Китая. Руководимые им аспирантура и докторатура обеспечивают потребности страны в научных кадрах, его ученики работают почти во всех провинциях. С 1978 г. под его руководством зашитились 34 кандидата и 17 докторов наук. Они являются ведущими специальстами в своих сферах, а Пэн Фичжан признан ведушим специальстом Китая по комплексу библиотечно-библиографических и информационных наук. Он проявляет активный интерес к разработке вопросов учебной реформы по библиотековедению и информатике. Под его руководством еще с 1980-х гг. идет изучение темы “Глубокая реформа учебной системы библиотекаведения и информатики”. В 1989 г., после завершения первого этапа, работа получила Государственную премию. Продолжается она и сейчас, а главный ответ Пэн Фичжан на потребности совершенствования образования-его учебники и монографии, его научная школа.

Деятельность Пэн Фичжана отмечена многими наградами. В 1989 г. Государственный комитет просвещения присвоил ему первый дипром лучшего специалиста педагогической работы. В 1993 г. он стал кавалером почетногознака “Достижения XX века”.

Еще одно направление работы Пэн Фичжана научно-организационное. Когда мы совместно готовили справку-документ для вступления в Международную академию информатизации (он действительный член отделения информационной культуры, руководимого проф. Ю. С. Зубовым), то перечень его щрганизационно-научных постов оказался внушительным. Это не только свидетельство востребованности специалисьа такой квалификации, но и показатель развитости научной инфраструктурыв Китае, тесных межрегиональных и межотраслевых связей. Он член ученого совета Уханьского университета; член комитета установления и присвоения высшей должности по библиотечной специальности при Государственном комитете по делам просвещения, при управлениях культуры провинций Цзянсу, Хубэй; член редакций “Собрание научных работ Уханьского университета”, “Вестник Уханьского университета” (по социологии); заместитель председателя редакционной коллеги по библиотековедению “большого китайского энциклопедического словаря”, член редколлегии и автор “библиотечной энциклопедии”. С 1994 г.-консультант биографического института США, член правления Ассоциации библиотековедов Китая 1-3-го созывов, теперь постоянный член правления данной ассоциации и советник Общества научных исследований; советник РЖ “библиотекаведение”; постоянный член правления ассоциации социологов и ученых по информатике Китая и др.

Впечатляют и международные связи Пэн Фичжана. В октябре 1980 г. по поручению Государственного комитета по делам просвещения он возглавил делегацию китайских университскихбиблиотек и посетил ФРГ. В октябре 1982 г. в куньмине провел 3-ю сессию ассациации библиотековедов Китая и выступил с заключительной речью. В апреле 1983 г. на симпозиуме по библиотечно-информационной науке выступил с речью на тему "Постараться обновить состояние обучения библиотековедению" .в августе 19823 г. на 1-м симпозиуме по библиотековедению в г. Шэньяне сделал доклад на тему "О некоторых вопросах развития библиографоведческой работы".

В сентябре 1986 г. выступил с речью на тему "Подготовить высших специалистов по библиотековедению для нашей страны". В марте 1987 г. побывал в СССР и болгарии как член делегации китайских библиотек. В январе 1988 г. посетил Бостон и Иллинойс (США) и прочитал лекции на тему "Состояние китайского библиографоветения". В 1990 г. по приглашению Китайской библиотечной ассоциации в Китай приехала тайваньская библиотечная делегация и посетила Пекин, Тяньцзинь, Шанхай, Ухань, После возвращения проф. Библиодековедения Тайваньского университета Чэнь Бао Хуань опубликовал статью, в которой назвал Пэна первым в китайских библиотечных курсах. В 1993 г. по приглашению Тайвантского университета Пэн сделал доклад на тему: "Сегодня и завтра китайского библиографоведения".

Пэн Фичжан-участник сессии ИФЛА в 1991 г. в Москве.

Он член органиционного комитета Китая по проведению сессии ИФЛА 1996 г. в Пекине, участник этой сессии. В 1992 г. был инициатором и организатором приглашения в Уханьский университет русских специалистов библиотечно-библиографического дела для чтения лекций аспирантам и докторантам.

У Пэна большая и дружная семья. Необычно для этого поколения, но у него трое детей. Старшая дочь-Пэн Вань-заочно получила библиотечное образование в Уханьском университете и работает в университетской библиотеке. Вторая дочь-Пэн Ли-тоже имеет заочное высшее библиотечное образование и работает в Уханьской городской публичной библиотеке. Сын-Пэн Син-закончил Пекинский институт передачи информации и работает в Хубэйском провинциальном телевизионном центре: он диктор и руководитель телевещания. Пэн Фичацан гордостью говорил мне, что когда сын поехал учиться, он выдержал огромный конкурс (400 человек на место) и был отмечен как безупречно владеющий литературным китайским языком. Сейчас он закончил аспирантуру Института журналистики Уханьского университета и получил магистерскую степень. Внучка пока одна. Она, скорее всего, продолжит семейную библиотечную традицию. "У меня счастливая семья", -пишет мне Пэн.

Пэн Фичжан отдает силы и знания библиотечно-информационному образованию и библиографоведению уже 50 лет. За большие заслуги в развитии отечественного высшего образования с начала 1991 г. Государственный совет выдает Пэн Фичжану ежегодное правительственное пособие. Он входит в список выдающихся специалистов, которые могут работать всю жизнь.

В жизни Пэна не было места спокойной созерцательности. Сама поездка на обучение за рубеж как бы задала его судьбе особые параметры. Он не стал узким специалистом, замкнувшимся в границах своего института. Его знания нужны стране, его книги востребованы отраслью, он широко общается с отечественными и зарубежными коллегами.

Пэн помнит: когда он уезжал из Москвы в 1961 г., его друг М.Н. Беспалов сказал на вокзале прощальную речь, подготовленную им на китайском языке. Но главная память, к которой можно часто возвращаться в кругу семьи, -фотографии с научным руководителем, преподавателями и аспирантами. Он пишет: "Фотографии хорошо показывают дружбу между народами Советского Союза и Китая, а старая дружба очень крепкая, и с ходом лет становится как хорошо выдержанная и дошедшая до настоящего времени” .

(С: .: Библиография.2003.ио 1)

彭斐章先生与中国目录学

柯 平
（南开大学信息资源管理系）

彭斐章先生是中国目录学一代大师，其从教数十年，弟子众多。笔者有幸投其门下，攻读目录学十年，得其恩泽最多。当先生60大寿那年，笔者撰得一篇《彭斐章目录学思想初探》以庆贺①，发表在《图书与情报》1990年第2期，文章从回顾先生的治学道路入手，总结先生在目录学领域的研究方向与贡献，是对先生20世纪80年代以前的目录学核心思想之发微。十年之后，笔者与陈传夫等诸位师兄弟共同发起于2000年9月30日在武汉大学珞珈山庄召开了彭斐章教授七秩寿诞庆祝学术研讨会，尽管笔者有心继“初探”之后再探，以学习继承和发扬光大先生的目录学思想，只因那时担任郑州大学信息管理系主任兼图书馆馆长两职甚忙而未能如愿。转眼又近5年，在南开园里，笔者记起此事，深感前文未能深探，而先生的目录学新思想又不断增多，于是赶紧提笔，撰此文既作先生目录学思想研究之续篇，又作为庆祝先生75岁生日和从教52年的献礼。

一、学科引路：当代目录学大师

彭斐章先生是国内外著名的目录学家。他是怎样踏上目录学道路的呢？是如何发展中国目录学的呢？在中国目录学史上的地位如何呢？笔者探寻先生的学术足迹，找到了先生的目录学研究与中国目录学发展紧密联系的答案。

---

① 此文由倪晓建师兄交《图书与情报》，倪晓建贺文《授业有方的导师——彭斐章》发表在《山东图书馆季刊》1990年第4期

1. 从小学教员到留苏博士

彭斐章先生1930年9月30日出生于湖南湘阴县（今汨罗市）的一个书香门弟，从小受父亲和叔叔的影响，从幼稚园到中学毕业，既接受新式教育，又攻读古书，为后来攻读目录学打下了深厚的文化基本功。

1948年高中毕业后，先生先后在湘阴县清溪乡中心国民小学、第十和十四完全小学任教，还担任过第十完全小学校长。少年春风得意之时，更有求学宏图大志。1951年夏，21岁的他以在职干部的身份参加解放后全国首届高考，被录取到武昌文华图书馆专科学校学习，毕业后留校任教，讲中文编目。

他选择目录学为专业是在赴苏留学之时。当年留学苏联选择方向，经过了三个月的周密考虑，经过武汉大学目录学教授徐家麟、北京大学目录学教授王重民、苏联图书馆学家安巴祖勉、列文等的指点，他选择了艾亨戈列茨的“普通目录学”方向。

阿历山大·达维多维奇·艾亨戈列茨（1897～1970）是苏联目录学的一代大师，领导国立莫斯科文化学院目录学教研室达20余年，曾专门研究“列宁与书目”这一课题，长期探索苏维埃时期的书目史，主编了苏联高校目录学教材，在目录学理论特别是目录学史方面作出了突出的贡献，被称为“著名的科学组织者、教育家和研究者”。这位大师的目录学思想与方法对于彭斐章先生治学有着极大的影响。

在名师的指导下，1961年3月，彭斐章先生通过了题为《论现代条件下省图书馆书目为读者服务的体系》的论文答辩，获教育学副博士学位，学成归国。

从学生到教师，先生勤奋学习，潜心研究，深得目录学之真谛。回到武汉大学后，先生一直从事目录学教学和研究，把目录学知识贡献给祖国。

2. 研究苏联目录学

彭斐章先生回国后，不仅是我国图书馆界有名的“苏联通”，而且是精通苏联目录学的权威。虽然20世纪50年代初就有翻译和介绍苏联目录学的文献，但一直没有系统的介绍与研究，先生在这方面做了大量的工作，他写的《谈谈苏联省图书馆的方法辅导工作》（《图书馆学通讯》，1958 年第 3 期）和《苏联省图书馆书目工作的组织》（《图书馆学通讯》，1960 年第 2 期）系统研究了苏联公共图书馆的书目工作方法和组织。虽然这一课题研究一度遭到夭折，但先生始终没有放弃探索。

粉碎“四人帮”后，先生为研究生开设了国内仅有的“苏联目录学”课程。在《苏联目录学研究的现状与前景》（《武汉大学学报》，1983 年第 4 期）一文中，他总结了 20 世纪 50 年代以来苏联目录学基本理论、研究方法、研究组织、研究队伍方面的成就、新观点及其弊端。在《苏联图书馆学和目录学教育》（《图书情报知识》，1984 年第 1 期）一文中，他阐述了目录学教育的发展，分析了改进目录学教育的措施。特别值得提出的是，他受国家教委委托主持翻译了苏联著名目录学家科尔舒诺夫主编的《目录学普通教程》，由武汉大学出版社 1987 年出版，这是我国首次翻译出版的外国目录学教科书，在《苏联目录学理论与实践的总结——〈目录学普通教程〉评介》（《武汉大学学报》，1986 年第 1 期）中，他系统分析了这部教材的特点和不足，这是客观评价外国目录学成果的一个范例。

先生重视与苏联目录学界的交流。他多次赴苏联参加学术活动，也邀请苏联专家到中国交流。如 1992 年 10 月，邀请莫斯科文化大学目录学教研室别斯帕洛娃教授在武汉大学作《关于书目情报的最新观点》、《书目的功能与类型结构》、《目录学的方法论》等系列专题报告，就共同关心的目录学理论问题进行了交流和讨论。

3. 中国目录学的一个转折点

由于目录学光辉灿烂的历史、显学地位以及“辨章学术，考镜源流”的优良传统，目录学史一直是中国目录学的主流。这就使现代目录学产生后，虽然一方面受西方目录学的影响，发展了图书馆目录学；另一方面受苏联目录学的影响，发展了推荐书目等，但目录学的“重古”、“尊史”之风日盛，将中国目录学打上了鲜明的“古典”烙印。

彭斐章先生以他广博的学识，基于对国外目录学和中国目录学的精深探究，努力推动着中国目录学的一个重大转折——现代化。

其一，转变目录学“史”的方向，把目录学研究重心放在当代。

其二，确立马列主义在目录学的指导地位。循着导师艾氏在“列宁与书目”的研究基础，他把列宁对于书目的贡献上升到列宁的目录学思想来研究。1960 年，为纪念列宁诞辰 90 周年，发表《学习列宁关于目录学的宝贵遗产》，系统分析了列宁的《书林概述》书评的“马克思主义”书目，指出列宁对目录学的最大贡献就是给苏维埃目录学奠定了布尔什维克的党性原则，特别指出这一原则与科学性原则的高度统一。先生在许多学者进行这一课题探索的基础上，1980 年又发表《列宁目录学思想初探》（《武汉大学学报》，1980 年第 5 期）一文，从书目意义、书目思想性科学性和书目工作法令等新的角度进行更全面深刻的阐述，标志着我国在这一课题研究的突破。他还开展了对马克思主义文献目录学的研究，发表《加强马克思主义文献目录学的研究》（《图书馆杂志》，1983 年第1期），阐述研究马克思主义文献目录学的现实意义和重大任务，使这一专科目录学建立起来。

其三，从以图书为中心的研究转向以书目工作为中心。

4. 第三代目录学领袖

现代目录学的形成与发展，经过了三代人的努力。以姚名达为代表的第一代目录学家对古典目录学材料进行了整理和探索，虽然注意到图书馆目录的成果，但还没有把传统方法与现代方法结合起来。解放后以王重民为代表的第二代目录学家开始用马列主义的方法研究古典目录学，在古典目录学系统研究特别是目录学大家思想探索方面取得了突破，然而现代目录学体系还没有真正建立起来。这一重任落在了第三代目录学家的肩上，彭斐章先生便是这一代的杰出代表。

先生继承并发展了前两代目录学家的思想。他不仅仅是运用了马列主义的思维方法，而且研究马列经典作家对目录学的贡献，以马克思主义的辩证唯物主义和历史唯物主义作为目录学的指导思想，并与现代科学方法结合起来，进行新时代目录学的建设。

先生站在目录学的制高点，领导中国目录学的现代化。他与谢灼华、朱天俊等目录学家一起，探索目录学领域急需解决的重大课题，提出有价值的理论依据。1980 年，他与谢灼华先生联合发表了重要论文《关于我国目录学研究的几个问题》（《武汉大学学报》，1980 年第 1 期)，第一次全面剖析了 30 年来我国目录学领域诸方面悬而未决的问题，澄清了多年来的模糊认识。文章强调拓宽目录学史的研究领域，重点转向近现代，并强调目录学方法和专科目录学的研究，成为后来目录学研究的“向导”，它对后 10 年目录学的指导作用和影响是公认的。在他的指导下，书目控制论、书目计量学、比较目录学等目录学的重要分支建立起来。他还身体力行，带头开展新领域的研究，1990 年先生在《图书情报论坛》发表了《概论书目控制论》，1993 年在《武汉大学学报》发表了《中西目录学比较研究》。

先生以博大的胸襟，审慎处理目录学发展中出现的重大问题。针对 20 世纪 80 年代中期的新技术革命影响和信息热中的目录学危机论，先生与谢灼华先生联合发表了《对当前目录学研究的思考》(《武汉大学学报》，1984 年第 6 期)，阐明了新技术革命对目录学发展不仅不是危机，而且是一个大好机会；新技术革命为目录学发展提供了许多有利条件，关键问题是目录学在信息时代要尽快完成自我转换。针对 90 年代的历史包袱论和反传统倾向，先生指出：在丰富的目录学历史遗产中既有许多具有时代局限性的内容，也有不少是历久常新，在今天仍然具有现实意义的内容。采取民族虚无主义全盘否定的态度是不对的，应当采取科学分析的方法，抛弃一切过时的陈旧的内容，继承和发扬我国古典目录学的优秀传统，这对于建设现代目录学是完全必要的①。在他的培养、指导和影响下，一批中青年目录学研究者迅速崛起并成熟起来，目录学从困境走向繁荣。

先生高瞻远瞩，为目录学的未来而谋划。他总结评价各个时期目录学研究的成就和问题，作出目录学方向的正确决策。1984 年，他在《新中国目录学研究述略》(《武汉大学学报》，1984 年第 1 期）中回顾总结了建国 34 年的成就、经验和教训，在此基础上又合撰《对当前目录学研究的思考》(《武汉大学学报》，1984 年第 6 期）就新技术革命的形势作了目录学科学预测，提出目录学新方向和十大课题，对刚出现的目录学危机论作了客观评价。1985 年又作了《近年来我国目录学研究的综述》(《图书馆学文摘》，1985 年第 2 期)，在文献

---

① 彭斐章 .90 年代的中国目录学研究 . 见：马费成主编 . 知识信息管理研究进展 . 武汉大学出版社，1998

统计的基础上总结三中全会以来的研究进展。在建国 40 年之际，他发表《评新中国成立四十年来的目录学研究》（《图书情报知识》，1989 年第 3 期）分 1949～1966 年、1976 年至今两大阶段进行概括描述和总体评价。他的这些宏观研究把目录学引向信息化社会。为评价 20 世纪的中国目录学，先生发表了《20 世纪中国目录学：发展历程、成就与局限》（《高校图书馆工作》，1999 年第 2 期）、《20 世纪中国目录学研究的回眸与思考》（《图书馆论坛》，2004 年第 6 期）等，评价中国目录学在 20 世纪步入理论目录学的发展征程，在百年中完成了其近代化及现代化的历程，走过了科学发展的全过程而成为一门真正独立的科学；指出 20 世纪中国目录学的最大局限在于人们无法很好地解决中国传统目录学与西方目录学之间的矛盾。

世纪之交，先生从目录学发展的整体化和科学化趋势出发，提出要加强四个方面的研究：逻辑研究、量化研究、应用研究和文化研究①。先生提出了未来目录学研究与发展的十个方向：目录学的理论基础和方法论；目录学的理论体系建设；目录学的量化研究；书目控制研究；书目情报消费研究；书目情报产业化及产业政策问题；目录学的文化研究；国外目录学理论研究；目录学学科思想史；应用研究和分支学科研究②。

5. 组织全国目录学专家学者开展学术研究

20 世纪 80 年代初以来，彭斐章先生等发起组织了全国目录学学术研讨会，已举办了四届。每次会议，先生都是与会代表的核心，他把握大局，指引未来，领导和推动着全国书目工作和目录学发展。

1983 年 8 月在先生的倡导下，中国图书馆学会学术委员会目录学小组在沈阳召开了首次全国目录学专题讨论会，围绕目录工作如何为四化建设服务和国内外目录学研究的现状与发展趋势两大主题进行研讨。他和谢灼华先生的论文《发展我国书目工作的几个问题》是紧

---

① 彭斐章．世纪之交的目录学研究．图书情报工作，1995（2）：pp.1～5

② 彭斐章．面向未来，重塑辉煌——跨世纪目录学研究基点的选择和学科制高点的确立．见：图书馆学与资讯研究论集——庆祝胡述兆教授七秩荣庆论文集．台北：汉美图书有限公司，1996

扣大会主题的佳作，有力地回答了当时我国目录学暴露出来的理论脱离实际的严重问题，在中国目录学现代化进程中具有重要作用。

1991 年 5 月在南京召开的第二届研讨会，先生与来自各地的目录学专家就书目工作性质、作用与其他文献工作关系和目录学教学问题进行了有益的讨论。

1994 年 9 月的太原第三届会议以“迎接新时代挑战的目录学”为主题，先生率众弟子参加，占了大会的半边天。“面对这一群肩负跨世纪学科建设任务的年轻人，不由你不佩服作为教育家的目录学博士导师彭斐章教授的战略眼光”，先生“在大会上作了题为《世纪之交的目录学研究》的报告，可以说直入主题，为会议讨论确定了主旋律”①。

2004 年 10 月底在南开大学召开的第四届研讨会主题是“‘网络信息文化’——新世纪书目工作与目录学的发展”，先生提交了合作论文《20 世纪目录学研究的回眸和思考》，全面地回顾了 20 世纪中国目录学的发展历程，系统地总结了 20 世纪中国目录学的研究成果，对网络环境下中国目录学研究的发展趋势做了认真的思索，并提出了网络环境下中国目录学研究应深入研究和实践的课题。

6. 书目情报理论的开拓者

20 世纪 80 年代以来，彭斐章先生领导一批中青年学者致力于现代目录学的突破，借鉴苏联书目情报研究成果，开展书目情报服务研究，最终建立了书目情报理论，这是 20 世纪中国目录学理论研究的最大收获。

1990 年先生独立撰写并由武汉大学出版社出版的《书目情报需求与服务研究》是我国书目情报理论研究较早的一部专著，1995 年获首届全国高校人文社科著作二等奖。它不仅探讨了书目情报应用的许多问题，揭示了书目情报需求与服务的规律，开辟了新的领域；而且通过向全国几百个单位的读者进行问卷和跟踪调查，获得了读者书目情报意识与书目情报行为的研究结果与结论，具有重要的指导意义，从而掀起了国内的书目情报服务调查研究之风。在先生的指导

① 韩柳．目录学：世纪之交的思考．图书馆，1994（6）：pp.44～45

下，产生了一批有影响的论著①。

先生还组织进行了书目情报服务组织管理的深入研究，相继出版了《书目情报服务的组织与管理》（武汉大学出版社，1996）、《书目情报需求与服务组织》（武汉大学出版社，2000）。此外，先生发表了多篇论文，如《产业化：书目情报服务的发展方向》（《津图学刊》，1996年第2期）、《在传统与未来之间：我国书目情报服务组织与管理的变革》（《图书馆》，1996年第2期）。

7.21世纪目录学的网络化创新

彭斐章先生等认为，书目情报工作的电子化、网络化是21世纪中国目录学的重要特征。电子化已取得很大成就，而网络化主要有三层含义：书目情报产品在传统的印刷、卡片形式外出现了电子版、网络版；书目产品传输的网络化；读者通过网络使用书目情报产品②。司莉、彭斐章、贺剑峰的《网络信息资源组织与目录学的创新和发展》（《图书情报工作》，2001年第9期）从网络信息资源类型特点入手，阐述网络信息资源组织的超文本、搜索引擎、指引库、元数据和图书馆编目几种方式与目录学应用问题，提出目录学创新与发展的新知识增长点。

综上，讲学术渊源，先生既有中国文化的底蕴，又继承了艾亨戈列茨的学风，吸取了苏联目录学的优秀思想。他以此厚实的基础，以创新的精神和智慧，数十年如一日，致力于中国目录学的建设，在建立有中国特色的目录学体系、提高目录学学科地位上作出了重大贡献。

二、育材造林：现代目录学教育家

先生是目录学家，更是一位目录学教育家。他是中国最早的图书

① 笔者完成的博士论文《书目情报系统理论研究》对书目情报系统进行了多方位、多层次、多角度的理论发展，1996年由书目文献出版社出版，曾获第二届全国高校人文社科著作三等奖

② 彭斐章，贺剑锋，司莉．试论21世纪中国目录学研究的基本特征．图书馆杂志，2001（5）：pp.2～5，p.28

馆学校——文华图专的最后一届毕业生，又是解放后最早的一批图书馆学教员之一，他用严谨治学、教书育人的风格影响着目录学后学，在中国图书馆学教育中具有承上启下的地位。

1. 构建中国目录学高等教育体系

经过“文革”十年动乱，我国目录学百废待兴，目录学高等教育的历史重任落在了彭斐章先生的肩上。他十分重视各层次的目录学教学，把握我国目录学教育的总体发展。他以身作则，亲自主讲大学本科、函授、电大的目录学课程，有系统地制订教学计划和教学法，严把教学质量关，讲求教学效果。他改革传统的目录学教学法，增添新的教学内容，特别是通过提要、文摘编写和书目索引编制，开展目录学教学实习，培养适应时代需要的目录学实用人才。

2. 主持编写教材

为了巩固和发展目录学的教学体系，他与朱天俊、谢灼华等目录学家一道，进行目录学的教材建设。他主编的全国第一部高校目录学统编教材《目录学概论》由中华书局1982年出版，该书先后7次印刷，发行量10余万册，成为全国目录学教学的一个范本，1988年获国家教委优秀教材一等奖。此外，他组织研究生编辑《目录学研究资料汇辑》四个分册，形成了教材和教学资料相配套的模式。

1986年，他主编的电大教材《目录学》和高等学校文科教学参考书《目录学资料汇编》由武汉大学出版社出版，这部新教材改变旧体例，增添新内容，真正成为一部现代目录学学术著作。同年还出版了《目录学教学指导书》（武汉大学出版社，1986）。

为了规范目录学教学内容，指导目录学教学工作，保证教学质量，受国家教委高教司委托，先生组织编写了图书馆学专业的核心课程之一的《目录学教学大纲》（高等教育出版社，1996），成为指导目录学教学、搞好教材建设、强化教学管理、进行教学评估的重要文件。

2000年先生主编的普通高等教育“九五”国家级重点教材《书目情报需求与服务组织》由武汉大学出版社出版，2002年10月获教育部全国普通高等学校优秀教材一等奖。

对1986年《目录学》的修订版2003年由武汉大学出版社出版，不仅各章增加了许多新的内容，而且综述单列一章，目录学方法占有较大篇幅。

在教育部图书馆学教学指导委员会组织编写的“面向21世纪教材”中，先生组织武汉大学、北京大学、南开大学、南京大学、中山大学的目录学教授合编了《目录学教程》，2004年7月由高等教育出版社出版。该书除对目录学基础理论和中西方目录学的产生与发展有全面的论述外，从新的视角介绍了文献揭示与组织、书目文献编纂、书目控制、书目情报需求与服务、书目工作组织与管理，增加了书目文献资源的利用。

3. 目录学教学改革与课程建设

先生在培养人才的过程中，主张和推动目录学的教学改革，使一门历史悠久的传统目录学教学向现代目录学教学转变。他认为，在这一变革过程中，面临着一个如何正确处理教学内容的相对稳定与发展的关系问题。一方面，要求目录学教学内容相对稳定，传授经典性的教学内容，即目录学的基本理论、基本知识和基本技能，这“三基”是衡量学科专业成熟与否的重要标志；另一方面，要求去掉重复的、陈旧过时的内容，不断将国内外目录学研究的最新成果充实到教学中，以保持教学内容的先进性。在武汉大学，除开出《目录学概论》外，还开出《文学目录学》、《书目情报服务》、《社会科学文献学》、《科技文献学》等，目录学课程形成体系。

在图书馆学教育一度兴起信息热而压缩原有专业课时，有的学校将目录学从核心课中撤出为选修课，有的则借调整专业课程而舍弃了目录学或者将目录学改头换面融化为其他课程，先生不仅多次指出这种做法是不正确的，而且坚持深化目录学教学改革。在他的影响下，许多学校的目录学课程被保留了下来。

先生领导目录学教学课程组建设目录学课程，增强书目方法论教学，教材配套形成系列，教学科研相辅相成。该课程于1987年被确定为武汉大学校级主干课程，1992年经学校评估验收，被授予武汉大学一类课程称号。最近，该课程被教育部评为全国首批精品课程，这是图书情报学专业教育界惟一获得的殊荣。

4. 培养目录学高层次人才

先生以目录学的远见卓识，培养高层次人才，为目录学教育呕心沥血。1978年先生同谢灼华先生率先招收目录学硕士研究生，为各地输送目录学教师和研究人员。从1978年至2003年，已有34名硕士生获得硕士学位。

先生在培养研究生过程中，让学生参与科研项目，进行严格的科研训练。组织研究生完成科研成果，培养研究型人才。他组织研究生编写目录学资料汇编，编制中国书目总录（卡片），编制目录学论文索引等。他主持完成了国家教委哲学社会科学博士点专项科研基金资助的"图书情报需求分析与读者服务效率研究"课题，国家教委人文社会科学研究"八五"规划项目"我国书目情报服务体系的优化与改革"等。

中国目录学要有博士学位，这是彭斐章先生多年的愿望和努力的目标。在担任国务院学位委员会第二届学科评议组成员期间，他为争取图书情报学学科点奔走呼吁。终于在1990年6月，图书馆学情报学经国务院学位委员会批准首次获得博士学位授权学科并建立了两个博士点，先生成为全国首批图书情报学三个博士导师之一。1991年秋开始招收现代目录学方向的博士研究生，从此先生以培养目录学博士为契机，开始了振兴中国现代目录学的计划。在先生主持的《现代目录学专题研究》中，博士生们探讨了现代目录学的一系列重大问题：目录学与时代，目录学的哲学研究，目录学与文化，目录学与文献，目录学与书目情报①。《图书馆》1992年第1期为纪念《目录学概论》出版十周年发表了先生及其博士生们的系列研究成果。

1991年至2003年，先生培养了19名博士，他们都已成为第四代目录学的骨干力量，在学术界崭露头角。

5. 开展目录学教育研究

彭斐章先生重视目录学各层次教育的探索，他呼吁目录学的社会

① 昌华，一方．开拓现代目录学的新天地——全国首届目录学博士生毕业纪实．图书馆，1994（6）

教育，写了《学海浩渺话舟楫——试论目录学知识普及问题》(《冶图通讯》，1982年第2期)，他对函授也极为重视，为提高其科研能力给学员作毕业论文写作的报告。

针对本科生和研究生的培养，他发表了一系列文章。在1986年国际图联和中国图书馆学会联合召开的图书馆学情报学教育研讨会上，先生提出图书馆学高层次人才培养是中国图书馆事业发展的战略需要，也是图书馆实际工作和图书馆学理论发展的需要。提出高层次人才的知识结构，就整体而言是百科知识型的群体知识结构，就个体而言包括学科知识、图书情报专业知识、工具知识。还提出了“主辅修制”的培养模式。

在长期目录学课程教学经验的总结基础上，先生撰写了《加强核心课程建设努力提高教学质量——目录学课程建设的回顾与思考》发表在《图书情报知识》1997年第3期。

先生将自己的全部毫无保留地奉献给了目录学和图书馆学教育事业，他担任了许多重要的职务：武汉大学图书情报学院院长、中国图书馆学会学术委员会顾问、《中国大百科全书》图书馆学卷编委会副主任委员兼目录学分支主编、国务院学位委员会评议组成员、召集人。

先生说“回顾50年的图书馆学教育生涯，应该说红烛春蚕是我的思想基础”①。从教52年，先生正是用这种燃烧自己照亮学生的红烛精神和春蚕般的意志，教育了一代又一代年轻人，培养了一批又一批优秀的本科生和研究生，使图书情报人才济济，目录学后继有人。正是：红烛春蚕桃李天下，目录之学教育振兴。

三、博通宏义：目录学研究与思想

研究彭斐章先生的目录学思想，对于掌握当代目录学的成就与动向，建立和发展目录学的理论体系有着重要的意义。先生的目录学研究与思想博大精深，其核心主要有以下方面。

① 司莉．博导系列访谈：彭斐章教授．高校图书馆工作，2003（4）：pp.1～5

1. 矛盾说

彭斐章先生以毛泽东的《矛盾论》为依据，将20世纪60年代初的那次大讨论引向深入，1980年提出了目录学对象“矛盾说”并写入《目录学概论》，基本结束了长期以来目录学研究对象的纷争。他认为：揭示和报道文献与人们对文献的特定需要之间的矛盾是目录学领域里特有的矛盾，也就是目录学研究的对象，这一观点得到许多学者的赞同。从这一观点出发，他把目录学的内容初定为原理、史与方法，进而概括为基础理论、文献研究、书目索引类型及编纂法、书目情报服务、书目工作组织、国内外目录学、中国目录学遗产、目录学方法八个方面。

先生对目录学基本矛盾的深入研究，根据学科的发展不断补充新的思想，完善矛盾说。在1996年《书目情报服务的组织与管理》一书中，先生指出“揭示与有效地报道图书资料（文献信息）与人们对图书资料（文献信息）的特定需求之间构成了目录学研究的对象”，此后，用“文献信息”替代“图书资料”或“文献”，更为准确。

矛盾说在目录学领域影响深远，“可以说，20世纪80年代和90年代是以‘矛盾说’为基点的目录学理论体系形成期”①。

2. 功用论

关于目录学的学科性质，在有人提出属于综合科学或横断科学时，先生从目录工作的社会活动特点和目录学家研究的制约性出发，坚持认为目录学属于社会科学，这一思想得到目录学界的公认。他认为我国目录学与学术史、科学研究息息相关，古代目录学与校勘学、版本学有着紧密的联系，但校雠学在今天已无法包括目录学。针对有人提出的图书馆学包括目录学，他指出：目录学与图书馆学都有各自的研究对象和特定的研究范围，它们的历史发展各不相同，图书馆学和目录学应当是各自独立、相互利用、互相促进、共同发展的关系。他认为情报工作是目录工作的深入和发展，目录学和情报学既有联系

---

① 乔好勤．也谈《目录学》课程的教学改革．图书馆论坛，2002（2）：pp.28～30

又有区别，从而摆正了目录学与相关学科的关系。

先生认为目录学应当研究科学地揭示和有效地报道文献的指导原则、开展目录工作方式方法研究的原则，这些原则就是思想性原则、科学性原则和实用性原则，并强调三原则的一致性。先生认为，读书治学，宜得门径，得门而入，事半功倍，从而把目录学的意义概括为“读书治学的入门之学”、“科学研究的指南”。概括书目的社会作用是反映一定历史时期科学文化的发展概貌，是打开人类知识宝库的钥匙，是推荐图书指导阅读的工具，是图书馆开展业务活动必不可少的工具。

先生一直认为，目录学是一门具有鲜明时代特征的科学，目录学是一门实践性很强的科学。近几年来，先生在《书目情报需求与服务组织》、《目录学》（修订本）、《目录学教程》等论著中，提出了对目录学更高的认识：“目录学是一门智慧之学”。它教人们学会怎样在文献和知识的海洋中迅速、准确地找到自己所需知识的本领，这种本领也是网络时代建立现代学习型社会、进行终身学习必备的信息素养，是令人终生受益的。

3. 体系论

在中国目录学界还沉浸于“史”和“书目”的研究热情之中时，先生较早倡导现代目录学研究，不断开拓新的领域，力求建立现代目录学的理论体系。先生的目录学体系论主要反映在四个方面：

（1）“论、史、法”体系

先生主持的《目录学概论》确立了中国现代目录学的“论、史、法”三分体系，成为目录学的经典。此后，根据目录学的新变化，他提出目录学理论上深化、体系上完善、内容上充实的思想，指出从目录学发展规律上总结，建立科学的目录学体系。在《目录学》中，对“论、史、法”体系有所突破，提出了理论、方法技术和组织管理三部分的体系。在最新的《目录学教程》中，进一步丰富这一体系，形成“理论、历史、方法、管理”体系。

（2）目录学方法论体系

彭斐章先生认为，科学方法论的应用只能促进目录学的发展，而不会使目录学出现“危机”；但他也认为目录学在新技术革命的形势下必然实行重大变革。他强调进行目录学知识数学化的研究，将新的科学方法引进目录学，建立书目计量学、书目控制论和比较目录学。

先生认为目录学方法主要包括用户资料的选择、图书资料的揭示与图书资料的编排，目录学方法的研究必须建立在科学方法论的基础上，因而提出了“书目方法论”，把过去的书目方法经验上升到理论。在《目录学概论》中，他撰写的书目方法论包括文献揭示、书目类型、书目结构三方面。在《目录学》中，他撰写的“文献揭示与报道”、“书目的类型”、“书目编纂法”三章更全面地反映了他的书目方法论思想。

他认为认识与熟悉文献是文献揭示的前提，提出了文献揭示的三个基本原则：正确处理揭示文献基本特征和内容特征之间的关系，以揭示文献内容为主；正确处理好揭示文献内容广度和深度的关系，重视文献之间的联系；重视揭示文献的变化和社会影响。他认为文献揭示有著录、提要、文摘、书评、注释、综述六个基本方法，强调提要是我国目录学的优良传统，是简明扼要揭示文献内容的最好形式。

他强调书目类型划分有着科学的、认识论和方法论的意义，按书目编制目的和社会职能、书目收录文献内容范围、书目反映文献收藏状况、文献出版时间与书目编制时间关系四个标准进行了书目类型的划分。他对于国家书目、联合目录、专题书目、推荐书目、地方文献书目、个人著述书目都作了详细论述，还专门发表了《国家书目述略》（《图书情报知识》，1980 年第 2 期），提出了评价国家书目质量的标准。在《书目之书目论略》（《图书情报知识》，1984 年第 3 期）一文中，把书目之书目作为文献交流系统中最有价值的情报源，指出它是进行书目控制的重要手段。

他认为书目编纂法就是对原始文献进行情报加工的方法，其过程就是综合的方法和分析的方法交替使用的过程，表现为综合——分析——综合的关系，将书目编制的若干步骤概括为准备、分析、综合、结束四个阶段。他提出把书目编制法上升为书目编纂学，使书目编纂逐步理论化、系统化。

针对我国书目工作落后于实际需要的状况，他认为做好书目工作可以促进图书馆读者服务工作向广度和深度发展。提出要建立和完善我国书目工作体系，加强国家书目、联合目录、专题文献书目工作；

并提出建立全国书目中心——全国书目工作委员会，实现书目工作的统一管理，认为书目著录标准化、书目协调与控制、计算机在书目工作中的应用是书目发展的趋势。

（3）融合中外目录学精华

目录学要沿着什么方向发展呢？如何处理古今中外目录学的关系？历史的责任感促使彭斐章先生不断探索这些问题，为此发表学术论文，出版著作。他的研究博洽精湛，总是站在目录学的一定高度，既不夸大也不贬低我国古典目录学的传统，既不崇尚也不排斥国外的目录学，而是客观评价，吸取先进经验为我所用。

先生认为中国目录学史的研究应该加强，以弘扬祖国文化，但是史的研究重点应当是近现代的目录学。他指出：近现代目录学史的发展是一部新与旧的交替、进步与落后斗争的历史，也是封建主义目录学衰亡、资产阶级目录学建立和形成的时期，同时也是西洋目录学传入，影响我国目录学发展的时期，无论从历史发展的阶段上，还是从目录学的内容上，都应作为我们研究的重点。

他认为提高史的研究水平，必须把目录学史逐步纳入到学说史来研究，既要探索各时代的发展面貌，也要探索学说史的总体发展。他认为，我国目录学史的总结与我国目录学的悠久历史和优秀传统极不相称，提出我国目录学遗产必须继承与发展的思想，主张进行史的新课题研究，在旧的基础上创立新体系。

先生认为，建国以来外国目录学的研究既不系统，又不深入。他总结国外目录学在理论与应用、书目控制、书目计量学、目录学研究方法诸方面的成就，提出要系统研究外国目录学，取人之长，避其所短，以便建立有中国特色的目录学，为世界文化和学术发展作出应有贡献，这就确定了外国目录学研究的目的。他还认为应加强目录学的交流，提出要实事求是地对外宣传我国目录学的成就。

（4）整体化与科学化

先生认为，世纪之交的目录学研究呈现出整体化和科学化的趋势。目录学的整体化表现在两个方面：一方面是目录学自身的整合，通过以书目情报为基点的分层次研究来完成，包括微观研究（侧重于书目情报实践活动中具体问题的研究）、中观研究（将目录学基础理论与书目情报实践相联系，围绕书目情报系统和书目情报服务建立目录学的应用理论）和宏观研究（关于文献信息、书目情报与读者关系的研究）三个层次；另一方面是目录学与整个科学的融合，从“知识——文化——社会意识”路向与文化学、教育学、社会学等学科融为一体；从“知识——信息——交流”路向与符号学、交流学、传播学、计算机科学、数学等学科交叉结合。目录学的科学化的实现是一个方法论问题，也是目录学发展成熟的重要标志。

4. 需求服务论

先生在《目录学》中首次提出了“书目情报服务”，定义为书目情报检索和利用的服务，认为它是开发文献资源、向读者传递文献信息、为经济建设和科学研究服务的重要手段，其内容包括编制书目文献、参考咨询、书目参考工具、提供最新文献、指导读者利用、书目信息反馈等，并把这些内容分为被动、启发、主动积极服务三个层次。他指出随着社会的发展，读者对书目情报的需求、书目情报服务的范围和方式都将发生重大的变革。

先生提出书目情报服务不仅是对书目工作新发展的一个表述，而且也是从矛盾说中找到的解决方案。先生认为，目录学研究对象的“矛盾说”，其矛盾的一端是文献，另一端是读者，而书目情报服务正是解决文献巨量增长与读者对文献信息的特定需求之间矛盾的重要手段。

先生认为，书目情报服务是信息服务业的重要组成部分，书目情报服务应跟随信息产业的发展步伐，将产业化作为发展方向。

5. 基点论

目录学研究必须深入事物的本质，探寻学科的基点。彭斐章先生认为，在社会信息化和信息社会化的今天，这一基点就是书目情报。将书目情报定义为“关于文献的知识和效用信息的集合”。书目情报概念是目录学研究中的一个新的深度，它不仅存在于正式的文献交流系统中，而且出现于书评、图书介绍以及一般的学术研究中，是目录学的一个具有广泛渗透力的存在，是目录学极富活力的表征。从实践上来说，书目情报活动作为一种文化现象，必然影响着书目情报工作者的观念形态以及与当时主导文化相一致的书目情报方法和书目情报产品。现代科学技术的发展导致书目工作必然发展为书目情报工作。

先生将书目情报作为区别传统目录学的一个重要标志，指出“现代目录学是研究书目情报运动规律的一门科学”，“书目情报基点的确立一方面使历史形成的目录学理论与方法经过扬弃和科学重构，使目录学建立在坚实的基础上；另一方面则又提供了借鉴和吸收现代科学技术开拓新领域的机会和条件，使目录学建立在科学的理论基础之上，并适应现代社会的需要”①。

先生阐述了以书目情报作为目录学研究基点的意义：是矛盾说在新时代条件下的升华，体现了信息时代目录学的本质特征；必将引起目录学研究者知识结构的更新，催生一批新的目录学研究方法，在社会信息化和信息社会化过程中，有利于扩张目录学的渗透力，提高目录学的社会地位；将会使目录学融合现代科学的发展潮流，强化目录学的整体化和科学化趋势，培育出目录学理论的新体系。

先生将书目情报作为目录学的学科基点是吸收了近 20 年的目录学研究成果和相关学科的知识而作出的论断。他指出：“今天，信息资源管理的环境发生了很大变化。目录学发展成一门科学地揭示与有效地报道文献信息、以解决巨量的文献与人们对其特定需要之间的矛盾的学科，在科学研究、读书治学、信息资源管理、出版发行等领域具有广阔的应用前景。目录学学科的核心是书目情报的运动规律。”②

彭斐章先生目录学思想的核心是“创立有中国特色的现代目录学”，这也是中国目录学的发展目标。为实现这一目标，彭斐章先生强调目录学研究的组织，指出：规划、创立目录学刊物、疏通目录学情报交流渠道、加强目录学研究与教学的联系、促进目录学高中级专门人才的培养、扩大目录学研究队伍，只有这样才能使目录学在振兴中华的伟大事业中作出新的贡献。

关于先生目录学思想的研究，有四点需要说明：

1. 彭斐章先生的目录学思想是一个整体，矛盾说与书目情报服务的思想，功用论与体系论，需求服务论与基点论等有着密切的逻辑关系，只有从整体上理解，才能深明宏义。

① 彭斐章．世纪之交的目录学研究．图书情报工作，1995（2）：pp.1～5

② 彭斐章等．目录学教程．北京：高等教育出版社，2004：p.10

2. 彭斐章先生的目录学思想有一定代表性，是第三代目录学家思想的结晶和主体，特别是由于他与谢灼华先生的长期合作研究，正如张之洞与缪荃孙、孙德谦与张尔田的目录学思想一样，他们的目录学思想有着紧密的联系。因而研究彭斐章先生目录学思想，必须涉及谢灼华、朱天俊等第三代目录学家的思想。

3. 彭斐章先生的目录学思想与图书馆学思想是密切联系的。他常常把图书馆学情报学作为一个整体来研究。例如，他关于图书馆学情报学的教育思想就包含着目录学的教育思想。他参加编著的《中文工具书使用法》、《苏联图书馆事业研究》等都渗透了他的目录学观点和研究方法。

4. 彭斐章先生的目录学思想是不断发展形成的，随着研究的深入，其思想将不断丰富完善。

四、灿烂明天：目录学精神光大

50年前，先生踏上目录学的道路并苦苦追寻目录学的真谛，执着地开拓现代目录学，坚定目录学研究的方向。先生从事目录学图书馆学教学研究50余年，著书立说，成果丰硕。据王新才《彭斐章先生著述目录》，2000年以前，就有著作15部，论文67篇，序及其他47篇。在图书情报界，先生有许多个第一：第一个留苏的目录学博士；第一个培养中国的目录学硕士和博士研究生；第一个图书情报高校“文科院士”（资深教授）。先生获得了许多殊荣，被誉为“大陆图书馆界排名第一的学人”（沈宝环）、“现代目录学研究的开拓者”（马费成）、“传道授业、桃李芬芳的一代宗师”（何华连）等。

当我们看到先生如此丰硕的成果，当我们想起几十年来先生为目录学上的发展呕心沥血的历程，当我们回忆起每一次目录学面临危机都是先生中流砥柱指正航向而脱险时，当我们为目录学今天来之不易的成就而感慨时，如何评价先生对中国目录学的贡献都不为过。

无论是20世纪的后半叶，还是21世纪初，先生总是站在时代的最前沿，将目录学推向新发展，特别是在近30年我国目录学处于反思与突进的过程中，先生始终把握着方向，起着推波助澜、指点迷津的作用。他认为，目录学是时代的产物，具有鲜明的时代特征，目录学的产生与发展来自于时代的需要，又服务于时代的需求。随着信息技术的迅猛发展与信息环境的变化，目录学进入了数字时代。这让我们想起先生常说过的话：目录学是一门古老而又年轻的科学。这也让我们更加佩服先生的时代感和对新世界的敏锐洞察力，感受到先生始终年轻的心。

我们看到了先生在中国目录学上的巨大成就，我们更看到了先生的目录学精神——博通集成、开拓精进。所谓博通集成，是融合古今中外的目录学精华，继承中外目录学的优秀传统，创建中国目录学的集大成知识体系。所谓开拓精进，是不断创新发展，开拓目录学的新领域，形成中国特色，稳步发展，与时俱进。正是这种精神，支持着中国现代目录学的突破与发展，激励着新一代目录学学者探寻目录学的未来。

先生多次讲，目录学有着辉煌的过去，必定有灿烂的未来。作为20多年来追随先生而深感荣幸的学生，笔者认为这是一种坚定的科学信念，也是一种历史的责任，更是先生目录学精神的体现。有了这些，经过一代又一代目录学家们的努力，中国目录学一定会继往开来，与时俱进。

问道珞珈情自浓

乔好勤
（华南师范大学信息管理系）

“半亩方塘一鉴开，天光云影共徘徊。问渠哪得清如许，为有源头活水来。”苍翠珞珈，浩渺东湖，源源不断的长江水奔腾不息。每当想起在珞珈山学习工作的日子，就会想起朱子这首诗，诗中所说的“源头活水”来。

彭斐章先生在武汉大学工作近50年，穷一万八千个日日夜夜，“传道、授业、解惑”，以“园丁”的精神，耕耘不止。而今年逾“古稀”，仍然伏枥而作，其志不在“千里”，而在“千里马”。

回首中国图书馆学情报学教育事业，特别是高层次教育的发展，彭斐章教授确实有着突出的贡献，付出了毕生的心血。

我国图书馆教育发端于美国人韦棣华女士1920年创办的武昌文华大学图书科。1929年，私立武昌文华图书馆学专科学校成立，其办学经费主要是庚子赔款，它比美国杜威创办的哥伦比亚大学图书馆学院晚33年。

1953年9月武昌文华图书馆学专科学校并入武汉大学。彭斐章先生是武昌文华图书馆学专科学校的最后一届学生，也是武汉大学图书馆学专科的第一届学生。作为一个跨时代的人物，彭斐章先生的确起到了承前启后、继往开来的作用。1953年留校任教后，他以强烈的事业心、责任感和旺盛的精力投入到教学中去。

中国图书馆学教育的落后是明显的。当时美国有500余所大学办有图书馆学情报学专业，其中被美国图书馆学会认可的就有64所，每年招生达1.5～2万人，而且其中绝大部分是硕士生、博士生和双学位生。而我们中国只有北京大学、武汉大学两所大学有图书馆学系，每年招收本科生不超过150人，最少的是1962年，仅武汉大学招收了30名学生。所以多年来人们还一直戏称我们这30个人为图书馆学界的种子。种子未绝，还有繁衍的希望。

偌大一个中国，千千万万个图书馆，每年毕业如此少的学生，对于队伍建设来说，无异杯水车薪。那时候是计划分配，有的图书馆向教育部或文化部写几次报告，还难要到一个毕业生。特别是1976年后，中国迎来第二个科学技术的春天，科学、技术、文化、教育和经济的发展，需要补充大批图书情报和信息服务人才。人才短缺表现得特别突出。这一点许多人都看到了、感觉到了，但只有少数人想到：中国图书情报事业所短缺的不仅仅是大批业务人员，更缺少有强烈的事业心和高水平高技能的专业技术人才、图书馆和情报所管理人才及图书情报学研究人才。

彭斐章先生是最早关注到这一问题的学者之一。他中学毕业即从事教育工作，在山区的一所小学担任校长，开始了他的教学管理生涯。1956年赴苏联莫斯科图书馆学院（今国立莫斯科文化大学），师事苏联著名目录学家阿·达·艾亨戈列茨教授，专攻现代目录学理论和方法。他在事业上真算得上一个拼命三郎，平时听课、读书，假期赴各省调研，告别他的夫人邓老师一去就是四年，四年没有回过一次家。那时，通讯工具很不方便，他与家里的交流只能托付于书信而已。

1961年3月他顺利通过论文答辩，获得教育学副博士学位，如期回武汉大学任教。

那时的图书馆学专业教育，不仅数量少、层次低、条件差，在各学科中的地位也低，不被当局者所重视，往往成为“被遗忘的角落”。1961年彭斐章先生参加两校教材编写，发现本学科教材未列入全国文科教材建设计划，也不予公开出版。1962年他去湖北省招生，因湖北高校专业目录漏列本专业而致使没有一个学生报名。同年国家压缩招生指标，本专业首当其冲。这一系列事实使“满怀豪情”回国的彭斐章先生感到“低人一等”。但是他没有改行、没有颓丧，这种现实更激励他以“勤奋和拼搏”的精神，为提高“图书馆情报学的学科地位”而努力奋斗。

尽管接踵而来的“文化大革命”给他带来极大的不幸，然而一旦形势好转，种子就会萌芽。

1978年，在中国教育史上是大写的一年。这一年，召开了全国科学大会，恢复了全国统一招生，部分重点大学恢复招收研究生。也就在这一年，担任讲师17年之久的彭斐章先生晋升为副教授，促使他以更高昂的激情投入到图书馆学学科建设和教学改革中，同时提出了招收图书馆学目录学研究生的建议。

在当时图书馆学所处的地位状况下，在恢复研究生招生的第一年，提出这一建议是需要一定的胆识、勇气和战略眼光的。

图书馆学招收研究生，“文革”前已有先例。刘国钧先生在北大招收两名硕士生，但因“文革”而停学，未能完成学业，当然也未授予学位。而今提出招收研究生会不会显得太冒失而遭拒绝？一旦遭到拒绝，学科地位问题会不会传为笑柄？记得彭老师曾说过：“当时学校领导问我，你们有书让他们读吗？”人们对图书馆学的认识浅薄到如此地步，想争一席之地谈何容易。

彭斐章先生靠他的亲身经历，靠他对本学科的深刻了解，靠发展本学科的强烈信念，最后说服了校领导和学术委员会的专家们，同时得到教育部的认可，确定于1978年由彭斐章、谢灼华二先生共同招收图书馆学硕士研究生。同时招生的还有南京大学施廷镛先生。

事物发展过程中总会有一些关键时刻。这是机遇，必须有人看到，并把它抓住。这是战略步骤，必须有人决策，并贯彻落实。抓住了，落实了，就前进了。20世纪70年代末到80年代中期的武汉大学图书情报学院（系）就抓住了机遇，得到较快的发展，在学校的地位变得举足轻重，使那些传统的大的学科、院系也不得不刮目相看。招收硕士研究生是这一系列决策中的一个。从历史发展看，这也是一次重大突破。从此，中国的图书馆学教育告别了单一本科教育时期，有了高层教育，向世界先进国家靠近了一步，也为今后更进一步发展打下良好的基础。

正在彭斐章先生为招收硕士生而奔波时，我在一个省图书馆的辅导部默默地工作着。工作着是愉快的，因为业务辅导和宣传工作是我的兴趣爱好。但是这时对知识和人才的蔑视达到了令人窒息的地步。仅举一例足可证明：在图书馆70余位正式职工中，有图书馆学和其他学科毕业的大学生20余人，但是没有一个大学生担任馆和部室一级职务。所有的部室正副主任都由转业军人和从工厂抽调掺进来的

“沙子”担任。

时南京大学图书馆为招研究生事致函各省市图书馆请帮忙组织生源，在辅导部工作的我负责此事。一天我到招办了解河南报名情况，偶然看到武汉大学图书馆学系的招生计划，一时“怦然心动”。

一时“怦然心动”的一个重要原因，是对导师的选择。

在大学本科学习时期，彭斐章、谢灼华老师都给我留下很好的印象。不知什么原因，彭老师讲授的目录学引起我极大的兴趣，并为此几次到他居住的非常狭窄的湖边二舍去。一次他谈兴极浓地讲到目录学在中国学术史上的地位，顺手从上架取出一卷范文澜主编的《中国通史》说：“你们看，在《中国通史》这样的著作中，目录学仍有一定的地位，并且给予很高的评价，我们怎么能无视它的价值？有些人瞧不起图书馆学目录学，是不了解情况。”这席话对我触动很大，长期无以遣怀。是呵，目录学这东西还竟然被一次次地写进正史，写进“通史”这样的著作，这在过去我觉得是不可能的。所以毕业后我买下的第一套书就是范文澜著的《中国通史》，虽不敢说精读，也是经常翻阅的。甚至在其影响下，逐步走进中国目录学史研究这个领域，还写出了《中国目录学史》这本书。

1976 年的一天，彭老师率队到上海、北京、西安调研，路过郑州转车留宿，未忘到省图书馆去看看我这个不争气的学生。同行的还有荀昌荣老师等。那时人们经济状况差，人也实，没有进餐馆，而是在大街上一边走一边聊，难免谈到当时的工作环境。他不无感慨地再三说：“这样下去，把人给毁了。”

所以可以说，两年后在专业目录中看到他们招收研究生的消息而“怦然心动”，决心报考，毫不动摇，是其来有自的。

1978 年，经过一月半的艰苦努力，如愿以偿。9 月我重返母校，在彭斐章、谢灼华二师的指导下，开始了新的生活。

78 级硕士生原定 3 人：张厚生、倪晓建和我。惠世荣君是扩招进来的，所以他到校比我们迟了一个多月。4 人中有 3 个早过了而立之年，上有老，下有小，工资又低，长期在外，困难不少。而小弟倪晓建正处于热恋时期，长时间的分离也是很苦的事。情况如此，不严格管理，学习肯定会受到干扰。那时，招收研究生的导师们大多没有带研究生的经验，甚至没有读研的经验。像彭斐章先生这样在国外受过严格训练的学者不多。对硕士生怎么教、怎么学，茫然不知所措。彭先生的管理是严格的，也是轻松的。忙而不乱，很有章法。

首先，他找到了一个让我们熟悉文献、积累资料的有效方法。科学活动是以前人和他人的劳动成果为条件的。这就是科学活动的继承性。要继承和借鉴，就要阅读前人和他人总结研究成果而留下来的文献。不去阅读，不去占领专业的全部文献，你的劳动很可能是重复他人的劳动，写出的东西很容易流于浅薄。创新是在批判的继承基础上的创新，而不会是“天外来客”。特别是社会科学，资料的阅读和积累是基本功。

熟悉资料就是读书。怎么才能读得进，记得住，全面系统，有所收获？这个方法不解决，总是浮光掠影，毫无用处。彭老师找到了一个很好的引导读书的方法：让研究生编辑《目录学资料汇编》。这一方法的好处是：任务明确，有压力；分工具体，不空虚。他要求学生自己到文献海洋中挖掘，面对纷繁的资料，要自己梳理。也就是说要学生在文献海洋中游泳，熟悉文献，掌握文献，以便更有效地利用文献。那时，我们除了上课学外语外，大部分时间泡在图书馆和资料室里，凡遇到目录学资料，不但精读，还要摘抄，不许复印。有时一天下来，所得了了。日子一久，难免厌烦。惠世荣君本科学中文，对于资料工作不理解，不习惯，所以总是喊：“作嫁衣裳去啰！”话虽这么说，但做起事来还是很认真的。

要说“作嫁”，倒可以说为他人和后人“作嫁”。当资料抄录到一定规模，彭老师指导我们讨论体例、剪裁、分类、编排、草拟细目，最后分理论、方法、历史、外国四分册内部印刷。这就是当时流传颇广、有一定影响的武汉大学图书馆学系编的《目录学资料汇辑》，也是 1986 年正式出版的《目录学资料汇编》的前身。

也就在这“作嫁”的过程中，我们基本上摸清了目录学文献的家底：数量、分布、价值、检索方法，甚至到了了如指掌、如数家珍的程度。譬如说，刘纪泽《目录学概论》、余嘉锡《目录学发微》和武汉大学某氏编《目录学》（疑谭戒甫先生编）等几种书中的文字多有相同之处，到底源于何书。从出版时间看，《目录学概论》在《目录学发微》之前，但经细读可知余嘉锡《目录学发微》一书在正式出版前早已在北京几所学校讲过，并出过内部讲义，其中精辟之处不胫而走，遂被各家所引用。其他如黎锦熙《新目录学》、江亢虎《目录学讲义》、王云五《新目录学的一角落》，以及一些未署名的讲义、大纲，都是在这次编纂目录学资料时见到的。从而感到目录学在 20 世纪 30 年代真算得上一门显学，研究者之众，成果之多，观点之新颖，派别之显见，不亚今日。真使人大开眼界，油然而生研究总结的欲望。

其次，彭先生能根据各个学生的特点，因人施教，不同的基础，不同的经历，其个人的兴趣爱好，学习方法是不同的。能不能把握各个学生的特点，因人施教，因材施教，这是一个导师的水平和能力的表现。

我们这“四条汉子”中，小弟倪晓建小我们 10 岁，虽然是在文革中读的大学，但在彭、谢二师的指导下，北京大学朱天俊老师的帮助下，他从基础抓起，广泛阅读和涉猎目录学专业和文史著作。他人很聪明，思维敏捷，又有山东人的吃苦耐劳和豪爽的性格，加上年轻力壮，精力充沛，学业进步特快。以致最后他以《汉书·艺文志》研究作为硕士论文的选题时，使我大吃一惊。现在他早已是北京师范大学信息技术与管理系的教授和系主任了。他近年出版的《书目工作概论》、《信息加工方法研究》等，都与那时打下的坚实的学术基础有关。张厚生兄本科毕业后，一直在江苏盐城图书馆工作，并且参加过《中国图书馆图书分类法》中小型图书馆使用本的编制，实践经验丰富。他为人宽厚，读书勤奋，勤于思考。读研时写过《鲁迅与书目》，虽是旧题，但有不少新的资料和见解，后在《武汉大学学报》发表，我等有些羡慕不已。我比厚生兄痴长一岁，本科时又是上下届同学，人很熟，少不了常常打趣，说笑话。最后一年期末，厚生夫人来武汉观光，也顺便拜师，但就是不与师兄弟见面。张兄越是不让见，我们几位越是非见不可，就像要看新娘子一样。搞得厚生兄又急，又不好意思。

惠世荣君与我们同龄，不知为什么却落得一个“小惠”的雅号。他毕业于陕西师大中文系，因为对工具书研究有兴趣，被扩招进来，即参加詹德优等老师的《中文工具书使用法》一书的编写。大概长期生活在汉中盆地的原因，他不喜与人沟通，生活极简朴、特别，特别得有点儿怪。但是他人很机敏，又爱思考，笔头来得快，做文章不打草稿；生活上有些邋遢，做事却极有条理。他用各种废纸做成卡片，排列整整齐齐。在校学习期间，他是发表文章最多的一个。他很想去北京工作，又特别想去情报所，所以他研究的重点是科技书目，与本科所学的距离越来越远了。到天津工作以后，干得不错，成果也不少，曾荣获天津市先进工作者称号，但万万没想到他会走上自我解脱那一步。实在令人惋惜！

回顾那三年的学习生活，非常感谢彭斐章先生对我的殷切期望和谆谆教诲。

首先，应该感谢的是他对我的信任，让我去牵头组织目录学资料的查抄编辑，使我有了比他人更多的压力，不得不认真地检索、摘录、分类、纂辑、印刷、校对等，因而收获也最大。在以后的教学和研究中，深感受惠于此最多。

其次，1979 年我将考研的一个题目写了一篇文章，目的在求得一个全面的解答，没想一下笔竟是一万多字。此时正筹建中国图书馆学会并筹办首届学术讨论会。承湖北省图书馆学界专家们看得起，这篇论文入选，送到北京，也没有落榜。就这样我作为惟一的一位在读研究生出席了在太原召开的中国图书馆学会成立和第一次学术讨论会。得以出席这次会议对我的一生有着重要意义：了解了学科现状，开阔了眼界；增强了信心和勇气，学习和研究的情绪高涨起来；认识了顾廷龙、于乃义、来新夏等学人先辈，怀着忐忑的心情开始走进属于自己的学术圈子。当然这是与彭先生的奖掖提携分不开的。

其三，以教学实践的名义，让我给 78 级本科生讲授了一个半月的《中国目录学史》。为了把课讲好，那时我就开始全面搜集资料，并进行归纳分析，每章节都要有条理，有观点，讲得出，记得下。为了讲活、讲生动，我还注意搜集与目录学有关的文史掌故，民间趣闻，使学生坐得住、听得进。这次授课是对我学习的一次检验，同时也给我的目录学史研究打下良好的基础，以致后来成为我的学术重点，开了课，出了书，可见对我一生的影响之大。

我不知彭、谢二师用了什么法术使我们这“四条汉子”鬼使神差地迷于学习。总怕浪费时间，总觉有读不完的书，总怕落到别人之后，常常是深夜两点不休息。那时研究生的学习风气虽然比现在好，但打扑克、下象棋通宵达旦者也是有的。特别是跳舞，有的人入了迷，不仅在舞会上跳，还跑到一些人家里跳。学生会主席沈某就因携一女炊事员中午晚上到别人家跳舞，而招致这女子的丈夫拳脚相加，从此一蹶不振。类似的事例不少，但我们这四位除到小操场看电影外，其他娱乐生活等于零。

1981 年 1 月 1 日《中华人民共和国学位条例》正式实施，5 月国务院批准《中华人民共和国学位条例暂行实施办法》，正式确立了学位制度。直到 11 月 3 日，北京大学和武汉大学才正式获得批准建立图书馆学专业硕士学位授权点。经过三年的努力，我们 4 位，加上南京大学的 2 位，终于于 1981 年 11 月答辩通过，获得硕士学位。值得自豪和引以为荣的是，我们是中国教育史上首批获得图书情报学硕士学位的学者。

在此后的 20 年，经 7 次学位授权评审，我国已有了 3 个图书情报博士授权点，13 个图书馆学硕士授权点，18 个情报学硕土授权点。截至 1998 年已培养硕士生 1 465 名，博士生 43 名。这两年，硕士点的数目又有增长。本人所在的华南师范大学也有了硕士点，还建立了图书馆学情报学研究所。我国图书情报高层次教育已粗具规模，造就了数量可观的高层次人才，为我国图书情报事业的发展作出了重大贡献。而所有这些，是与我国著名目录学家、图书馆学教育家、高层次图书馆学情报学教育的开拓者、国务院学位委员会学科评议组成员及召集人彭斐章先生的辛勤耕耘分不开的。

值彭斐章先生 70 寿辰之际，谨志此以对他多年的培养教育表示感谢，并供研究图书馆学教育史者参考。

（原载《当代图书馆学目录学研究论集——庆祝彭斐章教授七秩寿庆论文集》，湖北人民出版社，2001）

彭斐章与当代目录学

王心裁

彭斐章，字庆成，1930年9月生，湖南汨罗人。1953年7月毕业于武昌文华图书馆学专科学校，并留校任助教；1956年11月至1961年3月留苏，毕业于莫斯科国立图书馆学院（现名莫斯科文化大学），获教育学副博士学位；现为武汉大学传播与信息学院教授，博士生导师；曾任武汉大学图书馆学系目录学教研室主任、图书馆学系副主任、图书情报学院院长；现兼任国务院学位委员会第四届图书馆、情报与档案管理学科评议组召集人、《中国大百科全书》图书馆学卷编委会副主任兼目录学分支主编、中国图书馆学会名誉理事兼学术研究委员会顾问、中国社会科学情报学会常务理事兼《情报资料工作》杂志编委会顾问、《武汉大学学术丛书》编委会委员等。他的研究成果多次获奖，主要有：参与主编并撰写的《目录学概论》和参与编著的《中文工具书使用法》两书1988年获国家教委优秀教材一等奖，1989年获中国图书馆学会特别著作奖；他是教学研究成果“图书馆学情报学教学体系的深刻变革”的主要完成人之一，该项目1989年11月获国家教委国家级优秀教学成果奖；《书目情报需求与服务研究》1995年获全国高等学校人文社会科学研究优秀成果二等奖等。

彭斐章自1991年起享受政府特殊津贴，1992年11月由英国剑桥传记中心授予“20世纪杰出成就奖”荣誉证书及银质奖章，1993年被英国剑桥国际传记中心收入《国际知识界名人录》（第10版）；1994年被美国传记研究中心聘为顾问研究委员会顾问并被收入该中心出版的《世界500杰出名人传》。

彭斐章被誉为“大陆图书馆界排名第一的学人”①。这一荣誉的

① 沈宝环．本是同根生——我看大陆图书馆事业．图书馆，1991（2）

获得与他对目录学、图书馆学的杰出贡献密切相关。他长期致力于目录学的教学、科研与教育管理，已出版有关目录学的专著、译著10多部，发表学术论文90余篇。除目录学外，他还在图书馆学、社会科学情报学、中外图书交流史等领域卓有建树。

彭斐章的目录学研究可分为三个阶段。第一个阶段是他的学术思想奠基时期，时间为1951年就读武昌文华图书馆学专科学校（1953年院系调整并入武汉大学）至1966年文革前。在这一时期，他于1953年毕业留校，讲授中文编目。1956年留苏，师从苏联当代著名目录学家阿·达·艾亨戈列茨教授（1897～1970），以普通目录学为研究方向。艾亨戈列茨教授对列宁与书目、苏维埃书目史等问题的研究有很深的造诣。在名师指导下，彭斐章对列宁目录学思想、目录学基础理论、书目方法、目录学史等问题潜心钻研，从而为他第二阶段的研究打下了坚实的基础。他获得教育学副博士学位的毕业论文名为《论现代条件下省图书馆书目为读者服务的体系》，对读者服务的关注则成为他第三阶段研究的重点。

第二个阶段是从十年动乱后直到1990年，这是彭斐章学术思想形成时期。在这一时期，他从研究列宁目录学思想入手，视线穿过中外目录学，并在总结书目方法经验的基础上，展开了对目录学基础理论的深入探讨。对于列宁，彭斐章的研究不是局限于列宁对书目的贡献，而是力图从整体上探寻列宁的目录学思想。对列宁目录学思想的研究，使他对马列主义有了更深入的了解，更重要的是，在这种研究中，他学会了把马列主义当做一种思维方法，去分析问题、解决问题，从而使得他的眼光极为犀利，而观点也更为明晰、正确。这一点，在他的目录学研究对象“矛盾说”和目录学的指导原则等的研究中充分体现了出来。

目录学研究对象的讨论始于50年代末，“目录说”、“图书说”、“关系说”等，各种观点纷呈。1980年，彭斐章、谢灼华联合撰文《关于我国目录学研究的几个问题》，正式提出了目录学研究对象的“矛盾说”，认为“揭示与报道图书资料与人们对图书资料的特定需要之间的矛盾，构成了目录学领域里诸矛盾现象中最基本最主要的矛盾，也就是目录学的研究对象”。这一观点随后写进了1982年出版的新中国第一部目录学教科书，成为具有广泛、深远影响的观点。

对于目录学的指导原则，彭斐章认为，列宁对目录学的最大贡献就是奠定了苏维埃目录学的党性原则，而且这一原则与科学性原则高度统一。在这种认识下，他指出，目录学应当研究科学地揭示和有效地报道文献的指导原则，开展目录工作研究方式方法的原则，这些原则就是目录学的思想性原则、科学性原则和实用性原则，他并特别强调三原则的一致性。

彭斐章同时认为，目录学的内容是由目录学的研究对象决定的。基于此，1982 年，他在《目录学概论》中认为这一内容应当包括三个方面，即关于认识、揭示文献的研究，关于目录学历史发展和现状的研究和关于文献利用的研究；到 1986 年，在《目录学》中，则把它扩展为关于目录学基础理论的研究，关于文献的研究，关于书目、索引类型及其编纂法的研究，关于读者书目情报需求特点与书目情报服务的研究，关于书目工作组织与管理的研究，关于国内外目录学的研究，关于中国目录学遗产的研究，以及关于目录学方法的研究等八个方面。这一扩展意味着他对目录学的看法更加全面。

第三个阶段是从 1990 年至今。在这一时期，彭斐章开始注意读者书目情报需求与服务问题。在《目录学》一书中，他认为目录工作形成和发展的一般规律就是书目情报运动规律，并设专章探讨了书目情报服务问题。这是国内对该问题的首次重点研究。他的这一研究应该说从前苏联科尔舒诺夫主编的《目录学普通教程》（彭斐章等译，武汉大学出版社，1987）一书中获益良多，因为书目情报作为一个外来概念，正是由该书正式引进的。彭斐章在翻译该书的过程中，敏感地意识到书目情报这一概念的重要性，因为“矛盾说”的矛盾两端一端是文献，一端是读者，书目情报服务正是解决文献增长与读者文献需求矛盾的重要手段。所以他认为书目情报是未来目录学研究的基点，是“矛盾说”在新的时代条件下的升华，体现了信息时代目录学的本质特征。基于这种认识，彭斐章在承担高等学校哲学社会科学博士学科点专项科研基金资助项目“图书情报需求分析与读者服务效率研究”课题的过程中，在向国内几百个单位的不同读者进行问卷调查和跟踪调查的基础上，撰写了《书目情报需求与服务研究》一书。书目情报需求与服务研究为目录学开辟了广阔的新天地，这一著作的出版也给彭斐章带来了广泛的声誉，它是目录学研究史上的一座里程碑，也是彭斐章学术研究生涯中的一座里程碑，标志着彭斐章学术生涯第三阶段的开始，这一阶段是彭斐章学术思想的纵深发展阶段。

《书目情报需求与服务研究》一书出版时，彭斐章已整整 60 岁了，但他老当益壮，依然执着于他的学术研究。这一年，他被批准为我国首批图书馆学专业博士生导师。在教学与研究的过程中，他又主编了《书目情报服务的组织与管理》一书。在这部著作中，他力图以书目情报理论为基点，借鉴组织与管理理论，探索出适合我国国情的书目情报服务管理的新体制。该书可看做是前书的姊妹篇，体现了彭斐章对书目情报服务的进一步思考，也是他探索学科基点和抢占学科制高点的一次具体行动。围绕着书目情报服务问题，正是由于彭斐章及其周围学者群的努力，有人认为，一个当代目录学学派正在形成①。

彭斐章目前主持着多项科研项目。《书目情报需求与服务组织》是国家教委"九五"重点教材，目前正在编撰之中。在彭斐章的计划中，这一研究生教材将对目前的书目情报服务研究作一系统而全面的总结。"科学研究与发展中的信息保障"是国家自然科学基金资助项目。正像书目情报服务研究体现了他对目录学基本矛盾之读者一端的思考一样，对信息保障问题的研究则体现了他对文献一端的思考，是他目录学纵深研究的一个重要内容。

彭斐章在目录学领域的成就是多方面的。除了对列宁目录学思想、目录学研究对象、研究内容、指导原则等基础理论问题的探讨，除了对书目情报服务的深入研究，他还对前苏联目录学、书目方法论、中国目录学史等问题作了探索。

彭斐章早年留苏，所以对前苏联目录学情有独钟。早在留苏期间，他就在《图书馆学通讯》上发表了《苏联省图书馆书目工作的组织》、《谈谈苏联省图书馆的方法辅导工作》等文章，对前苏联公共图书馆的书目工作方法和组织作了系统研究介绍。十年动乱结束后，他又开设了国内仅有的《苏联目录学》课程。在教学研究的基础上，他撰写了《苏联目录学研究的现状与前景》、《苏联图书馆学和目录学教育》等论文，对前苏联 50 年代以来目录学基本理论、研究方法、研

① 徐建华．衷心希望再度辉煌——《书目情报服务的组织与管理》读后．津图学刊，1998（1）

究组织、目录学教育等方面的成就、弊端和前景作了有益的探索。他为科尔舒诺夫主编的《目录学普通教程》一书写的书评《苏联目录学理论与实践的总结》一文，则被认为是客观评价外国目录学成果的一个范例①。

彭斐章对西方目录学也深有研究。在《中西目录学的比较研究》一文中，他认为西方目录学体系的核心是“图书的描述”，而中国的则是“辨章学术，考镜源流”；西方目录学在诞生时就带着“图书学”的痕迹，并强调方法技术的研究，中国目录学则注重理论思维，强调辨考学术源流。造成这些差异的原因在于中西文化环境、学术传统、书目实践以及目录学家哲学思想等的不同。

对于书目方法论，早在编写《目录学概论》一书时，彭斐章就特为撰著了“书目方法论”一章，从文献的认识、熟悉与选择，文献的揭示、编排与报道，书目类型的划分，书目的基本结构等方面作了研究。不称书目方法而称书目方法论，是因为他认为书目方法的研究必须建立在科学的方法论的基础之上，应当把书目方法从经验上升到理论，要把书目编制法上升到书目编纂学的高度，而对书目编纂学的体例和内容要做到从方法学的高度去说明。

对于中国目录学史，彭斐章认为要把目录学置于社会这个大系统之中，从社会发展、文化积累和学术变迁等角度考察传统目录学思想的演进过程，把对目录学史的研究纳入到学说史、学术思想演进史之中去，将之推向一个新的水平。目录学史不是书目发展史，目录学史研究应系统、广泛探求社会影响和学科发展规律，注意从研究内容的跨时代、跨学科领域的纵横两方面的比较，要抓住实质性的问题展开研究，寻求社会背景下目录活动的内在规律。在这种思想指导下，彭斐章并不局限于具体目录学家和书目著作的研究，而是从联系的整体观念出发对目录学发展状况和规律进行探讨。他与乔好勤等人编著的《目录学》一书，对目录学史的处理就不同于《目录学概论》一书。《目录学概论》一书研究的是具体的目录学家和书目著作，而《目录学》一书则研究的是目录学产生和发展的规律。

彭斐章还认为，对我国目录学的研究总结与我国目录学的悠久历

---

① 柯平．彭斐章目录学思想初探．图书与情报，1990（2）

史和优良传统极不相称。他指出，我国目录学的宝贵遗产必须继承和发展，要拓宽和加深目录学史的研究，要以马列主义为指导，全面系统地总结我国目录学的产生和发展，写出能正确反映我国古典目录学的辉煌成就和优良传统的目录学通史，要系统地研究外国目录学，取人之长，避其所短，写出以中国为主体的世界目录学史，从目录学的角度弘扬我国的传统文化。

基于对目录学产生发展的整体认识，彭斐章总是及时地对目录学亟待研究的重大问题或者说目录学的发展方向作出指导，他的《关于我国目录学研究的几个问题》(1980 年与谢灼华合撰)、《发展我国书目工作的几个问题》(1983 年与谢灼华合撰)、《对当前目录学研究的思考》(1984 年与谢灼华合撰)、《迎接信息时代的科学——目录学的现状与未来》(1989)、《中国目录学的今天与明天》(1993) 等论文，高屋建瓴，对当代目录学研究起了重要的指导作用。在《世纪之交的目录学研究》一文中，他认为，目录学研究者应当具备整体世界观，应当开展深层次的研究，深入事物的本质，探寻学科的基点。他指出，科学化与整体化是目录学发展的必然趋势，目录学的整体化首先是目录学自身的整合，是通过以书目情报为基点的分层次研究来完成的，目录学整体化的另一种表现是目录学与整个科学的融合；科学化则是目录学发展成熟的标志，而处在世纪之交，目录学研究者的主要任务就是为实现目录学的整体化和科学化而奋斗。

彭斐章一直认为，中国目录学本是致用之学，致用是目录学的生命线。那么，如何让目录学致用呢？他的做法，一是加强目录学致用性的研究，一是注重目录学知识的普及。前者可以从他对书目情报需求与服务等的研究看出；对于后者，早在 1982 年他就撰写了《学海浩渺话舟楫》一文，论述目录学知识的普及问题。他建议各高校应当普遍地为高年级大学生开设“目录学概论”或“科技文献检索”课程。而日后高校开设“文献检索”课的规定无疑表明了他的先见之明。他认为，图书情报界要向外界普及情报知识，要强化读者的情报意识，要对广大科技工作者进行书目情报教育，使目录学成为人人都知道的知识。

有人认为，彭斐章的目录学研究紧扣目录学与时代、目录学与社会等主题，总是在目录学发展的紧要关头，及时系统总结目录学的进展，评述存在的问题，预测发展趋势，指出研究课题和重点，对推动目录学研究和书目工作跟上社会和时代发展步伐，开拓深化目录学研究层次，起着导向、推动作用①。

彭斐章的目录学思想是与他的图书馆学思想紧密联系的。他常常把图书馆学、目录学、情报学作为一个整体来研究，因为这几个学科本来就有极其紧密的联系，尤其是从整体上研究图书情报事业、图书情报教育时，就更不容易区分开来。彭斐章一直关注中国的图书馆事业，他早年研究介绍前苏联公共图书馆的书目工作方法和组织，就是为了供新中国图书馆界借鉴，以期对新中国的图书馆事业有所帮助。1980 年，他作为教育部组织的中国大学图书馆代表团团长赴联邦德国访问考察，回国后即撰写了《德意志联邦共和国图书馆事业发展概略》一文，总结介绍联邦德国的图书馆事业，以供百废待兴的中国图书馆界参考。他认为图书馆必须现代化，所以早在 1978 年就与他人合撰《开展图书馆现代化的研究是新时期图书馆学的重大课题》一文，指明图书馆学的现代化研究方向。

作为一个教育工作者，他更关注图书情报学教育。20 世纪 80 年代初，他撰写了一系列的图书馆学教育论文，探讨图书馆学专业教育的有关问题②，认为“适应四化需要加强图书馆学教育”③。1984 年，他出任新成立的武汉大学图书情报学院院长。新的职务既是一种荣誉，同时更意味着一种责任，彭斐章因而开始思考我国高等图书馆学教育体系问题④，开始探索我国图书馆学情报学教材建设问题⑤，开始探讨我国图书馆学高层次人才培养问题⑥，认为应当建立有中国特

① 陈耀盛．试论彭斐章的目录学思想．四川图书馆学报，1992（4）

② 彭斐章．关于图书馆学专业教育的几个问题．高等学校图书馆工作会议文件，1981

③ 彭斐章．适应四化需要加强图书馆学教育．图书馆学通讯，1981（4）

④ 彭斐章，谢灼华．关于我国高等图书馆学教育体系问题．图书情报知识，1985（4）

⑤ 彭斐章．加强教材建设，促进图书馆学和情报学教育事业的发展．文科教材，1986（1）

⑥ 彭斐章．关于我国图书馆学高层次人才培养问题．大学图书馆通讯，1989（1）

色的中专、大专、本科、双学位、研究生相结合的多层次、多规格专业教育、全日制教育与业余教育相结合的多形式的图书情报学教育模式。1989年，他还与谢灼华合写了《评建国四十年来的图书馆学教育》一文，对我国建国40年来的图书馆学教育进行了总结和评价。他们两人1990年合作撰写的另一篇文章《七十年历程——从武昌文华图专到武汉大学图书情报学院》则对我国图书馆学教育重镇——武汉大学图书情报学院70年的发展历程作了系统回顾和总结。

在图书馆学目录学高层次人才的实际培养方面，他在1978年率先招收了目录学方向的硕士研究生，并在1991年开始了我国首届当代目录学方向博士生的培养。已毕业硕士34名，博士12名，他们中的大多数已成为所在单位的领导或业务骨干。

彭斐章还指导社会科学情报理论与方法方向的研究生。1996年，他与人合撰了《新世纪社科情报理论研究的走向》一文，在总结近20年来社科情报理论研究的基础上，阐述了他对社科情报理论研究发展方向的看法，认为应当立足于“大情报”观来展开并深化社科情报基础理论研究。

彭斐章还是高等学校文科教材《中文工具书使用法》一书的参编者。他对中文工具书编纂出版理论一直有所思考，1994年撰写了《中文工具书编纂出版及其理论研究》一文，探索了工具书编纂出版与理论研究同步发展、工具书社会需求与社会效益、工具书理论的整体化研究等七大问题。

他还应邀主编了在以季羡林任总主编的《中外文化交流史》丛书中的《中外图书交流史》一书。该著第一次对中外图书交流的历史作了系统的总结，拓展了中国书史研究的领域。

彭斐章从事图书馆学、目录学的学习、教学与研究已近50年。约50年前，他因为高考被录取为图专学生这样一个偶然的原因而开始了图书馆学的学习。自从学了这个专业，他就热爱上了它，并终生致力于它。正是在他和其他一些人的努力下，我国图书馆事业的地位得到了较大程度的提高。1995年，站在世纪之交，他对中国近百年图书馆事业的发展历史作了回顾。他相信，我国图书馆事业有过一个灿烂的昨天，有着一个发展的今天，而在我们的努力下，更将会有一个美好的明天①。

（原载《当代图书馆学目录学研究论集——庆祝彭斐章教授七秩寿庆论文集》，湖北人民出版社，2001）

① 彭斐章．世纪之交的思考——中国图书馆事业的昨天、今天、明天．图书馆，1995（1）

言传身教恩师情

黄慎玮
（华东师范大学图书馆）

我是彭斐章先生的第一个女弟子，是彭先生的谆谆教诲，使我从一名普通的图书管理员成长为一名从事图书馆学教育和研究的高级人才。今日恰逢彭先生70华诞，我的思绪又回到了20年前的今天。

认认真真治学

1980年9月，我从祖国的西北边陲回到母校，师从彭斐章先生，开始了三年的研究生生涯。在三年的学习过程中，彭先生和谢灼华教授根据我的知识背景、实践经验和培养目标，为我制定了严密的课程学习、课题研究和教学实践的培养计划，使我不仅很好地完成了学习任务，而且顺利地通过了硕士学位论文答辩。对于我的毕业论文，从定题、调研到大纲的制定，彭先生都是一字一句地审阅，并教导我在行文中既要有理论依据，又要有具体数据，以量化的事实来作论证，使论文有血有肉，既有深度又有高度。这也是彭先生一贯的治学态度，在他出版的理论专著和发表的大量论文中，我们都可以看到彭先生治学的严谨和认真。

从母校毕业后，我成为一名图书馆学专业的教师。尽管我已离开武汉来到上海，但彭先生仍不忘对弟子的教诲。他经常写信与我交流，希望我不断学习、不断充实自己，不断提高理论水平，站好三尺讲台，为国家培养更多合格的图书馆学专业毕业生。他还把自己出版的专著和发表的论文邮寄给我，对我的教学和科研给予了很大的帮助。每逢彭先生出差，只要碰到华东师大的老师，或是华东师大的老师去母校，他一定会很关心地询问我的工作和生活情况，使华东师大的老师们都感慨地说："像你们这样的师生情真是难能可贵啊！"

老老实实做人

师从彭先生，不仅使我学到了许多专业知识，而且教会了我如何去做人。彭先生为人坦诚正直，从他身上我感受到了作为一个学者应具有的风范。

1983年7月，我被分配到华东师范大学图书馆学情报学系任教。在我从教的12年中，曾担任过两届毕业班的班主任，面对毕业生及家长提出的形形色色的要求，甚至有学生家长上门送红包等，我都婉言谢绝，并按政策与每一个学生谈话，实事求是地向用人单位推荐，使一些学习成绩优秀而家长又无什么社会关系的学生，包括父母均在农村的知青子女，都较好地落实了工作单位，这些家长动情地说："我们的孩子幸亏碰到了你这样正直的好老师，为我们解决了后顾之忧。"直到现在，每逢教师节和过年，这些学生都会给我寄上一张贺卡，以表心意，这也是一份浓浓的师生情啊！

1995年由于华东师大图书馆学情报学专业改成经济信息专业，我想到自己的知识背景和研究方向，感到自己并不具备丰富的经济学专业知识，而要去现炒现卖的话，岂不误人子弟。考虑再三，我觉得自己不该辜负老师的教诲和母校的培养，还是应该在图书情报领域里尽心尽力地作些贡献。于是，我主动提出调往华东师大图书馆，被安排在编目部工作。尽管主题标引和CNMARC格式以前尚未接触过，但毕竟是在本专业领域，我很快就掌握并运用自如，成为编目部的业务骨干，并担任了一部分管理工作；对于我的选择，很多人感到不可思议，不能理解，这实际上就是没有理解做人的基本准则。

在此，让我再一次地祝彭先生健康长寿，并感谢先生20年来对我的关心和教诲，我一定会坚持认认真真地治学，老老实实地做人，恩师真情铭记心间。

（原载《当代图书馆学目录学研究论集——庆祝彭斐章教授七秩寿庆论文集》，湖北人民出版社，2001）

彭斐章目录学思想与目录学成就论略

何华连

彭斐章先生是我国当代著名目录学家。近40年来，他一直从事目录学的教学与研究工作，构建了现代目录学学科体系，把握着目录学的研究方向。他的目录学思想是当代目录学理论体系的奠基石，是当代目录学发展史上的里程碑。研究其目录学思想，有助于理清我国目录学的研究现状，有益于预测我国目录学的发展趋势。

一、彭斐章目录学思想的基本内容

综合彭斐章先生不同时期、不同阶段有关目录学问题的表述，其目录学思想的基本内容似可归结为：以马列主义为指导思想，以辩证唯物主义和历史唯物主义为理论基础，继承和发扬我国传统目录学的优良传统，借鉴国内外目录学研究的成功经验和先进的技术方法，吸取国内外目录学研究的成果，运用现代科学技术的理论和方法，不断充实与完善目录学的研究方法体系；理论联系实际，革新与发展目录学；不断开拓目录学的研究领域，扩大目录学的研究范围，演化目录学的研究理论，加强目录学的应用研究以及目录学与相关学科关系的研究，开展目录学各分支学科的理论研究，完成由传统目录学的指导读书治学的功能向现代目录学的揭示科学规律、有效地报道文献信息、解决浩如烟海的文献总量与人们对文献特定需求之间的矛盾功能转化，建立具有中国特色的现代目录学学科体系。为了写出系统而完整地反映我国目录学优良传统的中国目录学通史，写出反映我国悠久历史，弘扬我国传统学术、文化的、以中国为主体的世界目录学史，必须建立我国的目录学研究组织，开辟目录学的研究园地，疏通目录学信息交流的渠道，加强目录学研究与教学的联系，促进目录学人才、特别是高层次人才的培养，扩大目录学的研究队伍。

二、彭斐章目录学研究的基本特色

1. 坚持实事求是，以马列主义为指导

马列主义的指导作用贯穿于彭斐章的整个学术研究过程。他系统而完整地阐述了列宁的目录学思想，把马克思主义文献目录学作为自己的研究对象。在目录学研究对象的讨论中，他运用毛泽东在《矛盾论》中阐述的思想来分析问题，提出了“矛盾说”。他的目录学研究始终以马列主义哲学思想为指导，如《书目情报需求与服务研究》一书就是他在大量调查研究的基础上写成的，其理论分析完全建立在马克思主义哲学的基础上。在分析我国文献情报供给总量时，他认为，我国文献情报供给总量绝对不足，供给结构不平衡，短缺与滞存同时存在。

2. 评述研究现状，把握目录学研究方向

这一特色主要表现在两个方面：一是通过对不同时期、不同阶段目录学研究的全面总结，为目录学研究提供有价值的理论依据；二是通过对特定时期目录学研究的评述，总结取得的成绩，指出存在的问题，澄清模糊认识，科学预测发展趋势，准确把握目录学的研究方向。十年动乱后，我国目录学步入恢复时期，百废待兴，一些带方向性的根本问题摆在目录学研究者的面前。这时，彭斐章与谢灼华合作撰写了《关于我国目录学研究的几个问题》，阐述了他们对当时目录学研究中一些悬而未决的问题的看法，指出当时目录学研究的重点应放在近现代目录学史与专科目录学的研究上，并进而指出研究的落脚点与突破口应放在近现代目录学事业与开展对诸如梁启超、姚名达等近现代目录学家的研究上。20世纪80年代中期，面对新技术革命浪潮的冲击，针对目录学界流行的“危机”、“困境”说，彭斐章发表了《对当前目录学研究的思考》等多篇文章，指出新技术革命对于目录学研究不是“危机”，而是大有作为。他认为，目录学研究在广泛的社会监督和直接促进下，必将完成理论化与完整化的过程，并在旧的

基础上创立起新的目录学体系。80 年代，在目录学研究面临信息时代挑战的严峻时刻，他又发表了《迎接信息时代的科学——目录学的现状与未来》，认为，信息时代的到来，信息量的急剧增长，信息交流的不断扩大，特别是现代技术在书目工作中的应用，使得目录学的内容发生了深刻的变化，学科内容范围不断拓展，目录学研究不断深入，分支学科、交叉边缘学科不断涌现。进入 90 年代以后，他又发表了《我国当代目录学研究的综述与展望》等文，提出了我国当代目录学研究的十个方面的重大课题。在目录学发展的历史进程中，彭斐章就是这样站在目录学研究的前沿，以学科总结评述的方式，整体联系，总体把握，牢牢掌握目录学的发展方向。

3. 探索重大课题，深化目录学研究理论

早在 20 世纪 50 年代末到 60 年代初，我国目录学界就开展了以“目录学研究对象”为中心的关于目录学基本问题的大讨论。观点纷呈，争论激烈。80 年代初讨论一恢复，彭斐章就撰文对“图书说”、“目录说”、“图书和目录说”、“关系说”等观点进行了客观的、实事求是的评析，提出了著名的“矛盾说”。他认为，“揭示与报道图书资料与人们对图书资料的特定需要之间的矛盾，构成了目录学领域里诸矛盾现象中最基本最主要的矛盾，也就是目录学研究的对象”，将讨论逐步引向深入。在目录学基础理论研究中，学术界也曾对目录学的学科属性进行热烈而持久的讨论。有人认为目录学是横断科学，有人认为是综合科学，还有人认为从属于图书馆学。彭斐章则坚持认为，目录学属于社会科学。他指出，目录学与图书馆学都有各自的研究对象和特定的研究范围，它们的历史发展各不相同；图书馆学与目录学应是各自独立，相互为用，互相促进，共同发展的相关学科。当目录学的研究内容在新技术革命浪潮的冲击下、信息时代的挑战面前不断被蚕食鲸吞，几乎只剩下目录学基础理论与目录学史可供研究，而目录学界又有人以为目录学史的研究已经花费了太多的精力的情况下，彭斐章又撰文指出，弘扬祖国文化是目录学工作者义不容辞的责任，全面总结、批判继承我国古典目录学遗产是目录学研究的重要内容。他认为，目录学作为一门方法科学应用到其他学科的研究中去，一定会极大地丰富、拓展和更新目录学研究的内容。

4. 强调整体联系，拓展目录学研究范围

彭斐章非常重视从我国目录学整体发展的高度来探讨目录学的发展。刚刚进入 20 世纪 80 年代，他就提出要将专科目录学作为重要研究课题，强调目录学研究的一个重要任务是要逐步建立社会科学和自然、技术科学的专科目录学体系。此后，他又多次提到必须重视和加强专科目录学的研究。1983 年，他与郭星寿合作撰写了《加强马克思主义文献目录学的研究》，使这一专科目录学真正建立起来，为其他学科目录学的建立作出了范例。他再三强调，目录学是一门独立的学科，但是，它决不是一门孤立的学科。它处在整个学科体系中，与周围的学科互相联系，相互制约，互相渗透。鉴于目录学与其他学科的交叉渗透日益普遍、日渐明显，他倡导加强专科目录学及目录学各分支学科的研究。他认为，数学方法、信息论、控制论、系统论以及计算机技术的导入，目录学与一些相近学科的交叉渗透，大大充实了目录学的研究内容，构成了当代目录学的庞大阵营。

5. 适应社会发展，变革目录学研究方法

一方面，彭斐章把过去的书目方法经验上升到理论的高度来认识，倡导进一步研究“书目方法论”，将书目编制法上升为书目编纂学，使书目编纂逐步理论化、系统化。另一方面，他又十分重视对其他学科研究方法的借鉴与移植。他认为，新的技术方法，特别是现代先进技术的导入已使目录学的研究方法由单纯的定性分析走向定性分析和定量分析相结合的综合研究方法，产生了书目控制论、书目计量学和比较目录学。为此，他与人合作撰写了《概论书目控制论》等文，倡导对目录学的研究方法进行进一步的研究。

6. 把握时代脉搏，谱写目录学研究新篇

我国当代目录学研究曾在困惑、迷惘、冲突和碰撞中艰难探索，它经受住了新技术革命的严峻挑战，从困惑与迷惘中走了出来。然而，当代目录学发展的道路决不会是平坦的，一劳永逸的希冀只能是一种幻想，时代的前进、科技的发展必然会给它带来新的困惑与迷惘。如果目录学研究只在理论研究的圈子里徘徊，它的生命力就会显得十分微弱乃至窒息。彭斐章十分清醒地认识到理论研究与实践脱节的问题的严重性，强调指出目录学的应用研究应是目录学研究中不可忽略的重要内容。20世纪80年代末，他撰文指出，根据读者的书目情报需求特点及其规律来研究我国书目情报的整个问题，是现代目录学应用研究的重要内容。1990年5月，他出版了《书目情报需求与服务研究》一书，全面而系统地阐述了书目情报服务的历史和现状，书目情报服务的定义、内容、范围，并基于对现实的分析，科学地预测了书目情报服务的发展趋势。

7. 吸取多方营养，完善目录学理论体系

构建并不断完善目录学理论体系是彭斐章的不懈追求。他认为，传统目录学缺乏独立的理论体系和方法论体系，过多地表现为读书治学的门径和工具，在很大程度上降低了它在科学体系中的地位。现代目录学的生存与发展，很大程度上在于它是否具有一个相对独立的、系统完整的科学理论体系。在《论当代目录学的发展趋势》一文中，他回顾了中外目录学从自在到自为、从方法论到本体论的学术演化过程，认为应从文献信息传递着眼寻求新机制，从信息的联系着手探索新规律，从信息的价值出发去寻求新的标准，去完善目录学的理论体系。同时，彭斐章注意吸取多方面的营养，批判地继承传统目录学“辨章学术，考镜源流”的优良传统，借鉴国外目录学的研究成果、成功经验与科学方法，吸取国内同时代人目录学研究的最新成果，使自己的研究始终充满生机与活力。

8. 注重实际应用，增强目录学研究活力

百花齐放、百家争鸣的学术氛围给我国当代目录学研究带来了生机，但随着一些新思想、新思维的出现，其中也不免会夹杂一些“浮躁”的论点。根据这一情况，彭斐章主张去浮求实，有针对性地对某些根本性、实质性问题展开讨论，不赞成把过多的时间与精力花在“概念的争论”上。他认为目录学本是致用之学，致用是目录学最基本的特征，是目录学的生命线。因此，他认为目录学理论研究必须建立在丰富的目录工作实践及对书目编制理论与方法的系统研究的基础上，否则，目录学的理论研究就会走上闭门造车的歧途。他强调要给目录学注入新的活力，并进一步指出，一门学科能否跟上时代并顺利发展，是否具有活力，要看它能不能渗透到其他学科领域，同时，也取决于它能不能吸取其他学科的最新成果和先进方法来丰富自己。

三、彭斐章的目录学成就

1. 传道授业，桃李芬芳的一代宗师

在目录学教学方面，除"文革"期间目录学被取消的那段时间外，彭斐章一直执教目录学课程。受国家教委委托，他主持翻译了前苏联著名目录学家科尔舒诺夫主编的《目录学普通教程》，开设了全国惟一的"苏联目录学"课程。他不仅为硕士生、博士生开设目录学课程，还亲自主讲大学本科、函授、电大的目录学课程。在人才培养方面，1978年他开始招收硕士生，至1994年7月已培养40余人。自1991年起，他作为我国图书馆学情报学的首届博士生导师开始招生，四年来（1991～1995年）已招收12人，1994年7月毕业的3名首批博士生已顺利获得博士学位。此外，他已接收并指导了6届来自加拿大、日本与国内的访问学者。他们中已有人成为第二代硕士导师，也有人已晋升为教授。在目录学教材建设方面，他主持编写了《目录学概论》及与之配套的教学参考资料《目录学资料汇编》（后修订为《目录学研究文献汇编》），主编了广播电视大学、成人自修大学图书馆学专业教材《目录学》，还编写了面向广大图书馆工作者的《图书馆专业基本科目复习纲要》目录学部分，等等。在图书馆学目录学教学理论、教学模式与教育体系的研究方面，他除在刊物上发表多篇文章外，还多次在国际性学术会议上作专题发言。他认为应建立有中国特色的中专、大专、本科、双学位、研究生相结合的多层次、多规格的教育，应采取全日制教育与业余教育（电大、函授、岗位培训）相结合的多形式的教育模式，并应适当控制办学规模和速度，以提高教学质量。

2. 蜚声海内，驰誉域外的"第一学人"

台湾同行沈宝环对彭斐章推崇备至，称他为"大陆图书馆界排名

第一的学人”。彭斐章在国外目录学界也享有较高的声誉。他曾先后赴前苏联、联邦德国、美国、保加利亚等国访问、考察、讲学、交流学术，赢得了一致好评。他的《书目情报需求与服务研究》出版后很快被译为日文，影响了日本的学术界。他在国际图书情报教育学会研讨会上所作的报告，被全文刊载在国际图联 IFLA 的出版物上。

3. 学贯中西，名标经传的目录学家

说彭斐章学贯中西，并不仅仅因为他曾留学前苏联，循着导师艾亨戈列茨“列宁与书目”的研究基础，发表多篇论文，把列宁对书目的贡献上升到列宁的目录学思想来研究，以全新的角度对列宁的目录学思想进行全面而深刻的阐述；也不仅仅因为他曾发表一系列文章，总结了 20 世纪 50 年代以来苏联目录学的基本理论及所取得的成就，介绍了前苏联目录学研究中的新观点；说他学贯中西，还因为他能及时吸取国外目录学研究的最新成果，大胆借鉴国外目录学研究中的先进技术和方法。到目前为止，他已发表目录学研究论文 60 余篇；著、译、编目录学专著与教科书 10 余种，其中获奖的有 5 种，他主编的《目录学概论》及参加编写的《中文工具书使用法》还获得了国家教委高校教材一等奖。他的业绩与著述活动已被《中国当代名人录》、《中国目录学家辞典》、《当代中国社会科学工作手册》等 10 余种辞书收录。鉴于他在图书馆学、情报学与目录学研究领域的杰出贡献，英国剑桥国际传记中心已授予他“20 世纪成就奖”荣誉证书及银质奖章，并已将他列入第 10 版《国际知识界名人录》。

4. 目光敏锐，多有建树的学科带头人

在当代目录学发展的整个历史进程中，彭斐章始终站在前列，把握目录学发展的方向，使目录学研究沿着正确的轨道顺利地向前发展。“矛盾说”不断深化、完善，已被越来越多的人接受。目录学的学科性质属于社会科学的提法也已基本成为目录学界的共识。70 年代末他率先提出的要培养学生书目情报意识的设想已成为现实。他在《目录学》一书中首先提出的书目情报服务现已形成系统理论并开始付诸书目情报工作实践。

5. 孜孜以求，笔耕不辍的斫轮老手

彭斐章已有相当的荣誉和地位，然而他居功不傲、和蔼可亲的态度，锲而不舍、孜孜以求的精神，却让人感觉到他只是一个极普通的知识分子。他还有很多事要做：撰成《中国目录学通史》、《世界目录学史》的夙愿有待实现；高校哲学社会科学博士学科点专项科研基金资助项目“图书情报需求分析与读者服务效益研究”课题的第二部分“中国书目总录”还未脱稿；国家“八五”科研课题“我国书目情报服务体系的优化与改革”正在着手进行；1994年下半年批准的国家自然科学基金资助项目还未正式动工，目录学研究中还有许多重要课题等待他去研究。

6. 承前启后，开拓创新的大方之家

彭斐章站在学科的前沿，整体联系，综合分析，将目录学基础理论系统化、理论化，初步建立了现代目录学学科体系。与此同时，彭斐章先生的目录学思想与时代的发展，与同时代人的目录学研究紧密联系，朱天俊先生、谢灼华先生等在科研与教学上都与他有过合作、有着联系。因此，就某种意义而言，他的目录学思想是时代的产物，是集体智慧的结晶。

7. 傲视当代，影响深远的学术巨子

鉴于彭斐章在目录学研究中取得多方面的成就，在目录学学科建设中所作的诸多努力，他被聘为《中国大百科全书》图书馆学卷编委会副主任委员兼目录学分卷主编，他又是图书馆学位委员会学科评议组成员，中国图书馆学会学术委员会主任。他还是《武汉大学学报》编委，《情报资料工作》顾问。他的学术活动已经并将继续在我国目录学界产生深远的影响。自他提出要加强对近现代目录学史的研究后的短短二三年内，韩继章的《余嘉锡目录学思想初探》、张厚生的《郑振铎在目录学上的成就与贡献》等多篇论文就相继发表。彭斐章提出要加强专科目录学研究的建议已结出丰硕的果实：《中国文学目录学》、《中国历史书籍目录学》等书出版，其他如医学文献、文史文献、数学文献目录学之类的论述也都相继出现。彭斐章先后提出目录学的十大研究课题、六大发展趋向，当前目录学研究的七个主要方面等已经并必将继续对目录学研究产生深远的影响。彭斐章系统地阐述了书目情报服务的理论，彭斐章开拓的应用目录学研究已经开放出艳丽的花朵，必将在我国书目情报服务的实践中结出丰硕的果实。

参考文献

1. 彭斐章. 书目情报需求与服务研究. 武汉：武汉大学出版社，1990

2. 彭斐章. 新中国目录学研究述略. 武汉大学学报(社会科学版)，1984(1)

3. 彭斐章，石宝军. 我国当代目录学研究的综述与展望. 武汉大学学报(社会科学版)，1992(2)

4. 彭斐章. 苏联的图书馆学和目录学教育. 图书情报知识，1984(1)

5. 彭斐章. 苏联目录学研究的现状与前景. 武汉大学学报(社会科学版)，1983(4)

6. 彭斐章，陈传夫. 近年来我国目录学研究的综述. 图书馆学文摘，1985(2)

7. 彭斐章. 书目之书目论略. 图书情报知识，1984(3)

8. 彭斐章. 国家书目述略. 图书情报知识，1980(2)

9. 彭斐章. 目录学与时代. 图书馆，1992(1)

10. 沈宝环. 本是同根生——我看大陆图书馆事业. 图书馆，1991(2)

11. 彭斐章，谢灼华. 关于我国目录学研究的几个问题. 武汉大学学报(社会科学版)，1980(1)

12. 彭斐章. 迎接信息时代的科学——目录学的现状与未来. 图书与情报，1989(4)

13. 彭斐章. 适应四化需要加强图书馆学教育. 图书馆学通讯，1981(4)

14. 彭斐章，谢灼华. 评建国四十年来的图书馆学教育. 武汉大学学报(社会科学版)，1989(3)

15. 彭斐章，谢灼华. 对当前目录学研究的思考. 武汉大学学报(社

会科学版),1984(6)

16. 彭斐章.评新中国成立四十年来的目录学研究.图书情报知识,1989(3)

17. 彭斐章,乔好勤.列宁目录学思想初探.武汉大学学报(社会科学版),1980(5)

18. 彭斐章,郭星寿.加强马克思主义文献目录学的研究.图书馆杂志,1983(1)

19. 乔好勤.我国近十年目录学研究的回顾与思考.图书馆学通讯,1988(4)

20. 彭斐章,何华连.中文工具书编纂出版及其理论研究.中国图书馆学报,1994(6)

(原载《图书馆》,1995 年第 4 期)

现代目录学研究的开拓者

——记彭斐章教授

马费成

彭斐章，字庆成，1930年9月生于湖南省汨罗县。系武汉大学图书情报学院院长，博士生导师，国务院学位委员会学科评议组成员，《中国大百科全书》图书馆学编委会副主任兼目录学分支主编。他既是勤奋耕耘，成果累累的学者，又是武汉大学图书情报教育的一位出色的组织领导者，更是一位谆谆善诱的导师。仅近几年，他主编的《目录学概论》和参加编写的《中文工具书使用法》分别获得1988年国家教委高等学校优秀教材一等奖，先后撰写出版了《目录学》、《目录学资料汇编》、《彭斐章论文选》、《书目情报需求与服务研究》等著作。目前他正在赶写另一本专著《苏联现代目录学研究》。

作为学者，彭斐章在治学过程中，坚持科学求实，开拓创新。他于1951年秋进入武昌文华图书馆学专科学校（即武汉大学图书情报学院的前身），在这里他一边接受系统的图书馆学教育和训练，一边开始了他对中国传统目录学的研究和探索。20世纪50年代末至60年代初，彭斐章在前苏联国立莫斯科文化学院研究生部专攻目录学，受到前苏联和其他国家现代目录学思想的影响，更感到中国传统目录学需要变革。

从前苏联回国后，彭斐章在积极宣传、介绍列宁目录学遗产和前苏联书目工作成就的同时，加紧了目录学的更新与变革的探索。其后虽遇十年动乱，从未间断。彭斐章认为，应该在更为广阔的背景下，从新的视角去发展目录学。他既反对目录学的“危机”说，又反对一段时间盛行的“新构思”，主张在学术研究中将大胆的创新与严肃的科学态度密切结合起来。他提出，现代目录学要解决庞大而混乱无序的文献体系与人们特定需求之间的矛盾，利用书目为工具去研究社会化和多样化的情报需求与利用效率。这一认识不仅是对传统目录学观念的变革、内容的拓展、方式方法的变化，而且是目录学理论变革的先导，显示出现代目录学在信息社会的鲜明时代特征和广泛的实用价值。基于上述认识，他撰写并出版了专著《书目情报需求与服务研究》。该书被一些行家评价为一部严谨求实与创新开拓相结合的佳作。

彭斐章不仅在治学上如此，而且在整个教学管理与改革中也同样善于开拓和创新。他敏锐地意识到，在信息时代，传统的图书馆学教育面临全面的更新和变革，变革的灵魂是信息的注入，变革的手段是计算机的应用。他与老师们一道，通过十多年的努力，改革教学体系，更新课程结构和教学内容，取得了很好的成效。他作为主要主持人参加的项目“图书馆学情报学教学体系的深刻变革”获 1989 年国家级优秀教学成果奖，湖北省高等学校优秀教学成果一等奖。该成果为我国图书馆学情报学教育的改革与发展提供了一个可供借鉴的范例。

作为教育工作者，彭斐章是一位谆谆善诱、诲人不倦的导师。在他的身上，教书和育人、教学和研究总是融为一体的。他鼓励并创造条件让学生尽快超过自己，甘为人梯，扶植后学，展示了他作为一个导师的宽广胸怀和高尚品质。

（原载湖北省社会科学联合会组编《湖北省社会科学界名人》（第 1 卷），湖北人民出版社，1992）

试论彭斐章的目录学思想

陈耀盛

我国当代知名目录学家彭斐章先生，不仅以其丰硕、独异的学术成就和学术思想，成为当代中国目录学界的学术带头人，而且以其对目录学、图书馆学、社会科学情报学的卓越贡献，蜚声海内外，被台湾图书馆同行称为“大陆图书馆界排名第一的学人”。彭先生的业绩及著述活动被收入《当代中国社会科学工作手册》（社会科学文献出版社，1988）、《中国目录学家辞典》（河南人民出版社，1988）、《中国普通高等学校教授人名录》（高等教育出版社，1988）、《湖南资料手册 1949～1989》（中国文史出版社，1990）、《中国当代社会科学人物》（重庆大学出版社，1990）、《当代中国社会科学学者大辞典》（浙江大学出版社，1990）、《图书情报词典》（汉语大词典出版社，1990）、《中国图书情报工作实用大全》（科技文献出版社，1990）及《中国当代名人录》（上海人民出版社，1991）。

彭斐章先生之所以蜚声海内外，与他长期致力于目录学、图书馆学、社会科学情报学研究、教学与教育管理，执着的追求与不懈的奉献分不开。彭先生出生于潇湘书香门第，自小受严父慈叔督学苦读，中学毕业就走上小学讲台。远大的志向使他踏进武昌文华图书馆学专科学校的校门，受徐家麟、吕绍虞先生的影响，对目录学发生浓厚兴趣，又留校执教。执着的追求，使他以优异的成绩赴苏留学，受业于苏联目录学一代大师、莫斯科图书馆学院艾亨戈列茨教授（1897～1970）。在名师的指导和影响下，彭先生潜心研究列宁目录学思想、目录学理论、目录工作和目录学史。1961 年 3 月，先生以题为《论现代条件下省图书馆书目为读者服务的体系》的论文，通过了副博士论文答辩，取得教育学副博士学位，学成归国。30 多年来，先生严谨治学、潜心研究、教书育人，在目录学园地里辛勤耕耘、勇于开拓、提携后学、硕果累累。先生自1957年起著书立说，先后共发表学术论文50多篇，主编、合编、译著、著述的教科书和专著有《目录学概论》、《中文工具书使用法》(两书1988年获国家教委高校教材一等奖、1989年获中国图书馆学会特别著作奖)、《目录学》(获1989年中国图书馆学会优秀著作奖)、《目录学资料汇编》、《目录学普通教程》(获1989年中国图书馆学会著作奖)、《书目情报需求与服务研究》等十余部。彭先生的学术思想多年来"为目录学理论研究指出了具体方向"、"于目录学发展史不容忽视的"、"对以后几年目录学研究产生了较大影响"、"全面总结了建国后的目录学发展历史"、"概括总结了目录学研究的重要成果"、"被认为作出不可磨灭的贡献"、是"书林新葩、学海津梁"、"把目录学的研究提高到了一个新的层次"、是"开拓性的研究成果"、"拓展了目录学研究的全新局面"、是"书目情报及服务的第一部理论著作"、"反映了时代的发展和要求，提出了许多值得人们探讨的新颖课题"。

这是彭先生继承严师艾亨戈列茨的学风，30多年来追求中外结合、古今结合、理论与实践结合，执着地以联系整体观去发展开拓我国目录学的结果，也是先生赤诚追求"在马列主义、毛泽东思想指导下，继承和发展我国目录学传统，吸取国内外目录学研究的成果，运用现代科学技术的理论与方法，理论联系实际，革新与发展目录学，建立具有中国特色的现代目录学理论体系"核心思想的体现。

彭先生这一目录学核心思想，发端于20世纪50～60年代发表的学术论文，逐步形成、发展于80年代的论著，并再逐步成熟于90年代。先生的目录学核心思想贯穿于他的论述之中，体现于他的目录学思想的各个方面。

走向世界　借鉴创新

彭先生留学前苏联攻读目录学，深受大师艾亨戈列茨的影响，他厚实的俄文功底，使他对前苏联目录学研究有得天独厚的条件，先生20世纪80年代又曾出访苏联和东欧，可说是熟知前苏联目录学的过去和现状，由于中苏目录学有重理性的相通之处，先生30多年来十分注重研究、总结、评述、评介前苏联目录学的成果，为的是比较借鉴、走向世界，吸收前苏联目录学的研究成果，革新和发展目录学，建立有中国特色的现代目录学体系。

早在留苏期间，先生就积极评介前苏联目录学的研究成果和书目工作经验，为新中国目录学和书目工作提供借鉴。在1957年，彭先生就写文章《庆祝活动在莫斯科图书馆学院》，介绍莫斯科图书馆学院将要出版的《苏维埃目录学四十年》论文集，评介其中的重要论文和普通目录学教科书。1958年先生还以书评的形式，评介《莫斯科图书馆学院论文集》（1～4集）的内容特点和重要论文、评介艾亨戈列茨主编的《普通目录学》教科书的内容和特点。1959年，先生专文介绍了当年召开的“苏联书目工作的现状和任务”讨论大会，通过报导该大会评介了前苏联书目工作的成就和未来发展。先生还根据自己的研究课题，把阶段性成果撰成论文，将对前苏联省图书馆书目工作的组织和方法辅导工作的系统研究成果提供给新中国图书馆界借鉴。

80年代，彭先生则更多地从研究、比较借鉴和吸收国外优秀目录学成果、指导我国目录学研究和书目工作实践的角度，审慎地选择发表自己对前苏联目录学的研究成果，全方位地总结、评述、评介苏联目录学最新进展。

1983年，先生撰文《苏联目录学研究的现状与前景》，全面研究、总结苏联目录学的历史、现状与发展前景。先生指出：“20多年来苏联目录学发展的最大特点是加强了目录学理论的研究。”先生总结了前苏联目录学基本理论的研究成果，指出，前苏联50、60年代“已结束了将‘书目’和‘目录学’概念混同的混乱现象”。而90年代则“明确了书目的文献情报概念”，它“建立在书目活动根本问题的深刻的逻辑分析的基础上，能完善整个书目活动”。先生评介了近年来前苏联目录学的重要成果，特别关注前苏联目录学研究方法的变革，指出，前苏联“目录学长时间是在经验叙述性的基础上发展的”、“采用的是人文科学所采用的一般的方法”，近些年则开始“对读者书目情报需求和书目利用效果的广泛调查和分析”，出现“目录学知识数学化”，“系统论的方法在目录学中的运用”。先生还详细地评介前苏联目录学研究的集中统一组织管理与分工协调，认为，前苏联目录学界近年来一些重大课题的探讨和涉及面较广的大型调查研究项目之所以取得可喜的成果，就在于合理地组织管理目录学的研究工作。先生指出，前苏联目录学教学与科研息息相关。通过总结、评介前苏联目录学研究的过去与现状，先生认为："要达到提高目录学研究的效果和质量，必须加强基础研究，巩固与书目实践的密切联系，完善科学研究工作的协调和协作计划，加强科学研究干部的培养。"而这些任务的解决，不仅直接关系着前苏联目录学，也关系着我国目录学的进一步发展。

先生还全面、系统地评介了前苏联目录学教学经验、书目实践和科研成果的最新结晶——科尔舒诺夫《目录学普通教程》。先生从书目概念的完整体系，书目与社会，书目的社会阶段制约性，书目的党性、客观性、科学性和民主性，前苏联书目的国家性，书目和目录学与各交叉学科和实践活动的关系，书目与科学情报活动、情报学、图书馆学的关系等方面全面地评介该教程在目录学基本理论、历史、组织和方法等方面的研究成果。还评介了该教程在书目活动机械化、自动化、读者书目情报教育、目录学新的学科分支、前苏联的国际书目合作等带方向性研究课题中的进展，并客观地指出该教程存在的某些不足。这些都为我们学习、研究、借鉴该教程指引了门径。

先生还受国家教委委托，主持翻译了科尔舒诺夫的《目录学普通教程》(武汉大学出版社，1987)，这是我国第一次翻译出版的外国目录学教科书，该书被列入高校图书情报学1985～1990年教材选编计划，作为推荐教学参考书。先生还率先为研究生开设国内仅有的《苏联目录学》课程，既培养了研究人才，又为借鉴前苏联目录学理论和实践成果、建立中苏比较目录学奠定了坚实的基础。

先生不但总结、研究、评介苏联目录学，还评介了国际图联的书目活动。先生还把对外国目录学研究的成果写进了《目录学概论》(中华书局，1982）和《目录学》(武汉大学出版社，1986)。

彭先生1980年作为由教育部组织的中国大学图书馆代表团团长赴联邦德国访问考察，1987年4月参加文化部组织的中国图书馆代表团赴苏联、保加利亚等国访问，1988年1月应美国西蒙斯大学图书馆学研究生院之邀赴美国波士顿、伊利诺依等地访问讲学，1991年8月参加在莫斯科召开的第57届国际图联（IFLA）大会。这些国际学术交流，使彭先生得以贯通中外、融汇古今目录学。因此，近年来先生着眼于从世界目录学发展的走向去回顾目录学的发展，把古今中外目录学作为整体加以考察，研究其学术发展演化，力图建设以中国为主体的世界目录学史体系。

重指导　探求列宁目录学思想

彭先生深受前苏联目录学大师艾亨戈列茨的影响，循着导师艾氏“列宁与目录学”的研究基础，把列宁对目录学的贡献上升到列宁目录学思想整体来研究。

在目录学党性原则方面，先生指出，“列宁对目录学的最大贡献，就是他给苏维埃目录学奠定了布尔什维克的党性原则。这一原则已经成为决定苏维埃目录学内容的基本原则”，“推动着苏维埃目录学向前发展”。“列宁在书评中明确地划清了目录学的思想性和折衷主义的界限”，“列宁在这里明确地指出编制一部社会主义文献目录如何体现政治思想问题”。从列宁所编《马克思主义参考书目》的“选材、编排和评述来看，它是第一个从布尔什维克党性原则出发，运用了极为巧妙的编制方法的书目”。

在目录学的客观性、科学性和实用性方面，先生指出，“列宁认为目录学家应该采取客观的态度，在目录学著作中如实地反映事物的本来面目”，“列宁对鲁巴金在《书林概述》中挑选图书所持的客观态度表示赞赏”。“列宁在《马克思主义参考书目》中，也同样收录了资产阶级和修正主义者的著作”。“列宁认为图书目录最珍贵的是既准确而又完整，并且保持了它的客观性”，“列宁对编制《马克思主义参考书目》给自己提出了既准确而又完整的要求”，列宁在向读者介绍有关马克思主义的书目时指出某些书目很不齐全，可参看哪些索引，再参看哪些书目，引导读者既准确又全面地找到有关马克思主义的著作。先生指出：“列宁提出在编制书目时应广泛地吸收各学科领域的专家参加，以保证书目具有高度的科学水平。”“列宁不仅肯定了目录学的根本原则，同时肯定了图书目录的多样性，肯定了各种书目的特殊性，肯定了各种书目为着特殊的目的必须采取不同的目录方法。”“列宁对鲁巴金希望从科学思想史、哲学思想史、文学思想史和社会思想史方面对俄国图书财富作一概述的尝试给予很高的评价，认为作者的计划大体上说来也是完全正确的。”

在书目方法方面，先生指出，列宁提出社会科学书目编制要按“每种思潮列出参考书目”，列宁所编《马克思主义参考书目》“由于书目的两部分的内容不同，因此列宁所采用的编排方法也不一样”。“列宁对马克思以及马克思、恩格斯合著的著作，采用了按出版年代顺序排列的方法”，“主要是给读者提供一幅马克思主义的发展的图景”，“也能使读者深刻地了解马克思的每一部著作与当时具体历史环境的联系，以及和无产阶级革命运动的密切关系”。“列宁对论述马克思主义的著作采用了分类的排列法”，“给读者指出了马克思主义是如何同这些资产阶级唯心主义派别作斗争的，从而充分显示了马克思主义理论的战斗性、革命性”。“由于两部分的内容不同，因而所采用的对著作进行评介的方法也不一样。在第一部分，列宁采用了揭示马克思主义每一著作的实质的方法，来阐明马克思主义学说的发展，并指明每一著作的伟大意义及其科学和实际价值。在第二部分中，却采用了批评性的评介方法，来揭露作者的思想观点和立场，充分地贯彻了布尔什维克的党性原则。评介的文字非常简洁、清晰，带有尖锐的政治性，着重揭露图书的思想实质。特别指出作者是属于哪一个思想派别的。”先生强调指出：“它的编制原则、方法及评述等，直到现在仍然是我们编制书目的榜样。”

先生认为，1920年6月30日列宁以“人民委员会主席”名义签署的《人民委员会关于把俄罗斯苏维埃联邦社会主义共和国的书目工作交由国家出版局管理的法令》是“全面促进目录学和书目工作发展的纲领性文件”。“列宁对发展苏联书目工作和目录学的一个重大贡献，就是为苏联奠定了目录学研究和书目工作的法律基础。”

先生指出：①列宁以法律来保障作为国家事业的目录学和目录工作。该《法令》宣布：“为了贯彻本决议，教育人民委员部得颁布强制的规章，凡破坏此项规章者，应根据人民法院的判决给予处分。”②该《法令》规定，“俄罗斯苏维埃联邦社会主义共和国的目录工作移交教育人民委员部管理”，从而在书目工作中贯彻列宁“建立真正有计划的统一的组织的道路，来代替俄国的混乱状态和荒谬现象”的思想。③该《法令》规定，“建立呈缴本制度和出版物的国家书目登记工作”，以法律的形式为国家书目登记提供了组织上和物质上的保证。④该《法令》规定，“组成统一的书目工作网”，“形成全国书目中心，广泛开展书目参考工作”。⑤该《法令》规定，“教育人民委员部应促进目录学的发展”，措施是“在地方上建立和接管已有书库和它的代办处”，“开办目录学研究所”，“成立目录学会”，“出版关于目录问题的书籍和杂志”，大力促进目录学的科学研究。⑥该《法令》规定，要开办“目录学讲习班”，加强目录学教育和书目工作队伍的建设。

从以上论述可知，彭先生从整体角度去全面系统地研究和揭示、阐述了列宁的目录学思想。列宁的这些思想的光辉，今天仍照亮我们目录学前进的航程。

紧扣时代脉搏　总结导向

彭先生紧扣时代脉搏，站在当代目录学研究的前沿，总结古今中外目录学成果，尤其是从联系发展的整体，以学科总结、述评等目录学方法，及时总结中国当代目录学每个阶段的研究成果和书目实践经验，指出存在的问题，预测、展示发展趋势，提出目录学的研究任务、课题和重点，正确地把握中国目录学的发展路向，充分发挥目录学学术带头人的作用，为中国当代目录学研究引航导向。

十年动乱后，我国的目录学界百废待兴，一些带方向性的问题摆在目录学工作者的面前：如何正确地认识新中国成立以来目录学的研究成绩？怎样客观地估量目录学的社会价值？怎样进一步拓宽和加深目录学研究？彭先生出于历史责任感和振兴目录学研究的使命感，与谢灼华先生共同发表《关于我国目录学研究的几个问题》一文。该文总结了目录学研究对象、目录学史、专科目录学、目录学方法的研究进展，提出了进一步开拓深化的重点。该文提出了目录学研究对象的“矛盾说”。认为“解放以来，历史人物评价禁区不少”，提出纠正极左思想对目录学的影响，对目录学史人物和历代书目研究要“具体情况具体分析”、“坚持实事求是”。指出，“目录学史研究的重点应是近代和现代目录事业”，近现代目录学史“无论从历史发展的阶段上，还是从目录学的内容上，都应作为我们研究的重点”。提出“开展专门学科目录学的研究”，逐步建立专科目录学体系，“是当前目录学领域的重要课题”。该文认为，“长期以来，在我国目录学方法的研究没有得到应有的重视”，故要认真开展目录学方法研究，使之建立在科学方法论的基础上。

先生的这些论述成为我国新时期目录学研究的“向导”，对80年代目录学研究的指导作用和影响获得了大家的公认。

1983年，先生倡导并和中国图书馆学会学术委员会目录学小组在沈阳召开了“全国目录学专题讨论会”。这是新中国第一次召开全国性目录学专题会，是我国目录学研究成果的一次大检阅，疏通了目录学情报交流的渠道，促进了我国80年代目录学研究的发展。先生和谢灼华先生合作撰文《发展我国书目工作的几个问题》作为大会发言，全面地总结了我国书目工作的实践经验。提出要积极做好书目工作，促进图书馆读者服务工作向广度和深度发展，要建立和完善包括全国书目工作委员会和各部门、各机构在内的书目工作网络，形成我国书目工作体系；要重视发展推荐书目、地方文献书目、专题书目体系；当前书目编制存在选题和选材、文献的揭示问题，要不断提高书目质量，讲求书目效果。该文对我国近十年乃至今后书目工作都具有指导和较高的参考价值。

80年代中期，面对新技术革命浪潮的冲击，目录学界流行“困境”、“危机”之说，一些人陷入困惑之中。面对这种倾向，彭先生与谢灼华先生联合著文《对当前目录学研究的思考》，指出目录学在新技术革命发展的形势下，必将引发重大的变革，但新技术革命对于书目工作的发展和目录学研究绝对不是“危机”而是“大有作为的”！该文认为，目录学研究在广泛的社会监督和直接促进下，必将完成理论化和完善化的过程；目录学研究随着目录学遗产的继承，必将在旧的基础上创立起新的目录学体系。该文提出四个研究重点，即总结目录学发展规律，分清“学”与“术”，建立目录学科学体系；从社会、文化、现代科学的发展中开拓目录学研究领域，从文献、读者、系统——结构角度深化书目工作研究；把书目编制法上升到书目编纂学的高度；把目录学史研究深入到学说史的研究。该文提出了当前研究的十大课题，同时指出：“在马列主义、毛泽东思想指导下，继承与发展我国目录学传统，吸取国内外目录学研究的成果，运用现代科学技术理论与方法，理论联系实际，革新与发展目录学，建立具有中国特色的现代目录学理论体系，是目录学研究工作者的具体任务和奋斗方向。”事实上，这也是彭先生几十年执着追求的目标。

彭先生还撰写《近年来我国目录学研究综述》，总结评述80年代以来我国目录学研究的成果和书目工作的经验，指出存在的问题，预测、展示了发展趋势。

科学发展的生命力在于不断地变革与创新，现代目录学正处于变革阶段。如何正确估量目录学的学科地位与形势，如何进一步拓宽和加深目录学研究，是目录学界十分关注的问题。为了从整体发展上对目录学进行评述以明确现代目录学的发展方向，彭先生撰文《迎接信息时代的科学——目录学的现状与未来》，从整体上把握我国目录学基础理论、目录学史、应用目录学的进展，指出目录学是在与整个科学体系的紧密联系中前进的，目录学知识已渗透到其他学科，与此同时，目录学又不断地吸收其他学科的理论和方法，与一些学科相结合形成一批专科文献目录学，这些构成了当代目录学研究的强大阵营。该文认为目录学史研究出现了新的特点，在对待当代目录学和古代目录学的关系上，出现了不良倾向，“我们认为历史不容割断，现代目录学是古典目录学的继承和发展”。“对现实不应该作狭窄的理解，要避免工作中的立竿见影的短视行为”。该文提出要写出正确反映我国古典目录学辉煌成就和优良传统的目录学通史，要填补中外比较目录学史的空白，要写出以中国为主体的世界目录学史。先生指出，目录学的应用研究应是目录学的研究重点；书目情报需求特点及其规律和书目情报服务，是现代目录学应用研究的重要内容和重要课题；强调应密切注视新技术革命给目录学发展带来的机遇，不断开拓和深化现代目录学的研究领域。

当代目录学研究的显著特点，是其在信息化大趋势的影响下所表现的鲜明的时代特征和广泛的实用价值。为进一步展示我国目录学成就，多角度、多方位拓宽深化目录学研究内容、把握当代目录学的发展趋势，先生又与石宝军合撰《我国当代目录学研究的综述与展望》一文。该文在系统总结我国当代目录学研究的进展，揭示学科发展特点与规律的基础上，着重评述了拓展目录学研究领域、开展目录学史系统研究、加强书目编制与使用、中外目录学交流等问题；提出我国目录学的研究重点应围绕目录学基础理论、目录学史、目录学学科体系结构、书目情报理论、书目控制论、目录学研究方法和目录学的未来研究；指出当代目录学研究的走向表现在书目情报服务观念的变革、内容的拓展、方式方法的变化和目录学研究内容、研究方法的更加深化，应切实把握好这一趋势去迎接信息化时代的挑战。

近十多年来，彭先生紧扣目录学与时代、目录学与社会的主题，在目录学发展的每个关头，及时系统总结目录学的进展，评述存在的问题，预测、展示其发展趋势，指出研究课题和重点，为推动目录学研究和书目工作跟上社会和时代发展步伐，开拓深化目录学研究层次起着导向与推动作用。与此同时，彭先生的目录学学术观点和学术思想发展，也渐趋完善，逐渐成为一个有内在联系的整体。

弘扬优良传统　联系整体发展

彭先生研究我国古今目录学史，是由继承传统的书目史式探讨，到联系社会背景和时代学术文化思想的发展整体去把握目录学学说史、目录学思想史，立足现实，从发展、联系整体的角度去揭示目录学和目录活动的内在规律，旨在继承和弘扬我国目录学优良传统，执着追求以马列主义为指导写出系统、完整的中国目录学通史和以中国为主体的世界目录学史。

1980 年，先生在《关于我国目录学研究的几个问题》中指出：目录学史的研究总的来说是系统研究较少，不能从理论上说明中国目录学的重要地位，这与我国目录学的悠久历史也是很不相称的。

为此，在《目录学概论》中，他以两章论述了中国古代、近代目录学，分七个时期评介阐述各时期代表性书目的特点以及郑樵《通志·校雠略》和章学诚《校雠通义》的目录学思想，评介旧中国的目录学著作，较系统地展示了我国目录学作为“目录之学”的历史。

在《目录学概论复习纲要》（《图书馆专业基本科目复习纲要》，书目文献出版社，1982），先生则不再把目录学写成“目录之学”，而是论述、评介我国古典目录学的萌芽阶段，着重述评汉代、魏晋南北朝、唐宋、清代、近代、现代目录学六个时期的发展特点；同时着重论述各个时期代表性书目的成就、特点和影响以及代表性目录学家的目录学思想；还概括地总结了新中国以来目录学研究的七方面成就。

它与《目录学概论学习问答》(《图书馆专业基本科目学习问答》，书目文献出版社，1984）一起，冲破了我国传统目录学史研究的“目录之史”的格局，初步划清了“学”与“术”的界限。

在《新中国目录学述略》中，先生提出，对中国目录学史的总结与研究，要从我国各历史时期目录学发展特点及成就去研究，从联系的、整体的观点出发对各历史时期目录学发展概况及规律进行探讨。

在《对当前目录学研究的思考》中，先生提出，要改变过去论述中书目发展与目录学发展相混淆的状况，区分“学”与“术”，把重点放在目录学规律的探讨上，把目录学史的研究逐步深入到学说史的研究；目录学史应该属于目录学基础部分；评论历代书目应着重说明其出现的背景、编制的思想原则、达到的学术成就、在历史上的影响；评述目录学家的贡献，不仅要说明他编制的书目及书目的作用，还要说明他的学术思想、目录学观点和学说及其意义；概述评论各时代目录学发展面貌和成就，要说明书目、目录学在社会生活、学术文化史上的地位与作用。

在1986年发表的文章中，先生则把上述观点付诸实践，从目录学基础理论的历史发展阶段，对我国目录学史进行学科学说史、思想史的阶段划分。先生把我国从古代到旧中国的目录学史划分为六个阶段，认为：“从先秦到西汉称为我国目录学的萌芽阶段；从刘向、刘歆的《别录》、《七略》到魏晋南北朝时期是我国目录学的奠基阶段；唐宋时期是我国目录学由经验描述向经验总结过渡的阶段；清代是我国目录学进入理论全面总结的阶段，形成我国古典目录学完整的理论体系，达到高峰；清末到辛亥革命时期，是新与旧‘变革时期’；近代是目录学理论发展阶段。”先生将书目类型、书目体例、目录分类、书目方法、目录学论著及目录学分化、知识应用、地位确定、基本理论、观点、学术思想、理论体系的出现、演变与当时社会、学术文化的关系等联系起来进行考察，分析六个阶段的不同特点、成就、进展，在国内首次把目录学史写成了目录学学说史、思想史，使我国目录学史研究增添了浓厚的理论色彩，为我国目录学史研究摆脱“学”与“术”不分的局面，走向目录学学说史、学术思想史筚路蓝缕、立下丰碑。

在《评新中国成立四十年来的目录学研究》中，先生则提出，要运用历史唯物主义观点、方法，立足当前需要，批判地总结和继承我国目录学的历史遗产，要从联系的整体观点出发对某一历史时期目录学发展概况及规律进行探讨。目录学史（不是书目发展史）应当成为目录学基本理论的组成部分，应包括在普通目录学教科书之中。

在《迎接信息时代的科学——目录学的现状与未来》中，先生提出，对于某一目录学专题，要联系各个不同时代的背景，从纵的方面作历史的探讨，拓宽和加深目录学史研究。先生指出，要以马列主义为指导，全面系统地总结我国目录学的产生和发展，写出正确反映我国古典目录学的辉煌成就和优良传统的目录学通史，写出以中国为主体的世界目录学史，从目录学的角度弘扬我国的传统文化。

在《论当代目录学的发展趋势》中，先生指出，要把目录学置于社会这个大系统之中，从社会发展、文化积累和学术变迁等角度考察传统目录学思想的演进过程，把目录学史的研究深入到学说史、学术思想演进史之中去，将它推向一个新的水平。

在《我国当代目录学研究的综述与展望》中，先生指出，目录学史研究应系统、广泛并注重探求社会影响与学科发展规律，注意研究内容的跨时代、跨学科领域的纵横两方面的比较，要抓住实质性的问题展开研究，寻求社会背景下目录活动的内在规律。先生认为，目录学史的研究包括对中国目录学学科发展史、目录学思想史、历史目录学与目录事业、目录学家的系统深化研究，以及对世界目录学史的研究等。

彭先生 80 年代以来发表了不少的学科总结述评，系统地总结了新中国目录学研究与书目工作的成就、经验，指出各时期存在问题和研究重点，不仅为现代目录学研究导向指路，而且为现代目录学史研究的开拓和深化创立了范例。

先生在《新中国目录学研究述略》中，把新中国成立 34 年以来目录学的发展划分为四个阶段，“1949～1957 年，我国目录学研究处于奠基阶段”，研究侧重于书目索引编制原则和方法的探讨；“1958～1965 年是我国书目工作和目录学研究蓬勃开展并取得丰硕成果的阶段，研究重点集中在目录学基本理论的研究”；“1966～1976 年目录学研究遭受重大摧残”；“1976～现在目录学研究呈现出解放以来的盛况”。先生着重总结 1976 年以来目录学研究的成就，认为，“近年开始注意从我国目录学整体发展的高度来探讨目录学基本问题”，“对目录学与其他学科相结合出现新学科分支的研究”，“关于目录学研究对象问题讨论有了新的进展”，“出现一系列对我国某一历史时期目录学发展特点及成就的研究文章”，“近现代目录学研究有所加强”，“对目录学家和书目的研究范围比以往扩大了”。

1989 年，先生撰文《评新中国成立四十年来的目录学研究》，从观念和总体认识上，对新中国成立 40 年来目录学研究的成果、存在的主要问题进行评述。先生提出，根据目录学科学思想自身发展规律逻辑地把新中国目录学划分为两大阶段：1949 年 10 月～1966 年初为新中国目录学研究奠基阶段，先生提出了这时期值得注意的四点经验教训；1976 年至现在是新中国目录学研究蓬勃发展的阶段。先生进而对新中国尤其是 80 年代以来的目录学成就进行了总结。

先生在《我国当代目录学研究的综述与展望》中，认为中国当代目录学基础理论方面的研讨，20 世纪 50 年代至 60 年代中期，是在归纳与综述前人有关论述和观点的基础上进行；70 年代末至今是对前一阶段研究的继续，以其他科学的理论和方法对目录学的某些理论问题进行解释，从而逐步形成当代目录学基础理论研究的总格局。先生提出，考察我国当代目录学研究的发展经历，可分为两个阶段，一是新中国成立至 60 年代中期，这段时间的重点多集中在对目录学某些基础理论问题的探讨以及书目编制与评价问题的讨论上，同时也翻译介绍了大量国外、主要是前苏联目录学理论与实践方面的材料；二是自“文革”结束至今，目录学研究得以全方位发展，其中，尤其在目录学基础理论、目录学史、专科目录学以及应用现代技术和知识展开对目录学相应问题的理论探讨上用力较深，并已注意到从目录学学科体系的整体结构角度探讨目录学领域的一些基本问题。

显然，彭先生总结新中国目录学成就是以联系的整体发展观点去研讨的，对新中国目录学发展阶段的划分从四阶段转为两大阶段，是从目录学学术思想的内在逻辑发展规律去揭示的。

先生在《论当代目录学的发展趋势》中则把中国目录学学说史糅合进世界目录学学说史中，对目录学发展的走向作历史的回顾。先生认为，早在远古时期，就开始了目录学知识的积累过程。我国殷商是古典目录学的胚胎时期，古希腊公元前 5 世纪萌芽“目录学”一词。

汉代《别录》、《七略》为中国传统目录学奠定了基础。先生指出，古代目录学仍停留在不自觉的、无意识的“自在”阶段。古代书目工作没有独立，从事书目活动者也多非以此为业。中、西方目录学创立时期，目录学家多是各个学科学者，目录学与史学、人文科学联系密切。从 19 世纪开始，西方开始对目录学重大理论问题进行探讨，各国的目录学会相继建立，目录学研究开始走上组织化的道路。19 世纪末，西方“系统目录学”和“分析目录学”已基本成形，目录学脱离史学成为独立科学。20 世纪以来，目录学研究开始注重对学科自身的认识，具有本体论上的意义。现代目录学的学科自我意识明显增强，进而对相关学科具有方法论上的昭示意义。先生指出，这些反映了目录学从“自在”到“自为”，从方法论到本体论的发展演化进程。显然，该文是一篇以中国为主体的世界目录学学术思想史的概貌式开山之作。

整体开拓　深化发展

30 多年来，彭先生在目录学基本理论研究方面，不断整体开拓新领域、深化发展研究内容，在各方面都有独特的建树，形成一个体系。

1. 研究对象“矛盾说”的演化

30 多年来，彭先生总是紧扣着科学是研究事物的矛盾、本质、规律这一基本点，运用毛泽东同志关于认识事物的矛盾论思想，把目录学研究对象的认识建立在巨大文献量与人们对文献特定需要之间矛盾的基础上。

60 年代中期，彭先生就提出：“目录学是研究通过书目索引的方式解决图书众多和人们对图书一定需要之间的关系的科学。”

1980 年在《关于我国目录学研究的几个问题》中，先生评介了新中国 30 年来对目录学研究对象的“校雠学包括目录学的否认说”、“图书说”、“目录说”、“图书与目录说”、“记录图书与利用图书关系说”。该文根据毛泽东同志对科学对象是某领域的特殊矛盾的观点，去分析目录学领域的特有矛盾，他认为：一方面图书资料数量激增，另一方面科学工作者对图书资料的需求多种多样又各具不同特点要求，两者之间的矛盾要求目录工作者科学地揭示和有效地报道图书资料以满足读者对图书资料的特定需要。先生提出："揭示与报道图书资料与人们对图书资料的特定需要之间的矛盾，构成了目录学领域里诸矛盾现象中最基本最主要的矛盾，也就是目录学研究的对象。"很明显，先生的研究对象"矛盾说"，是建立在解决巨大文献量与人们对文献特定需要之间的矛盾基础上的。先生的"矛盾说"把目录学研究对象的讨论引向深入，在80年代引起更进一步的深层探索。

先生的"矛盾说"写进《目录学概论》，表述为"揭示和报道文献与人们对它的特定需要之间的矛盾"，"是目录学研究的对象"。在《目录学概论复习纲要》中则表述为："科学地揭示和有效地报道文献与人们对它的特定需要之间的矛盾"，"是目录学研究的对象"。

先生在《新中国目录学研究述略》中评介了目录学研究对象问题讨论新进展的各种观点之后，指出："应当看到争论的分歧有着共同的基础，这就是从目录学的研究对象和内容是图书众多和人们对图书特定需求之间矛盾所产生的这一共同认识出发的。""近年研究，已趋向从事物的规律、矛盾、本质等探索目录学研究对象，规律说正被多数人所接受。"

在《目录学》中，先生则把"矛盾说"表述为，"揭示与报道文献的信息与人们对文献的特定的需要之间的矛盾"，"是目录学的研究对象"。认为："目录学是研究目录工作形成和发展的一般规律（即研究书目情报运动规律）的科学。"显然，这已把"揭示与报道文献"深入到"揭示与报道文献的信息"，使矛盾深入到"文献信息"层次；把目录学从研究书目工作形成和发展的一般规律，深入到研究"书目情报运动规律"层次，使目录学研究紧跟上时代、社会的信息化。

在《迎接信息时代的科学——目录学的现状与未来》中，先生指出："现代目录学已由研究如何指导读书治学变成研究科学地揭示与有效地报道文献信息来解决巨量的文献与人们对它的特定需要之间的矛盾的规律的科学。"

在《我国当代目录学研究的综述与展望》中，先生强调了上文的认识，在"评介图书说"、"目录说"、"关系说"、"矛盾说"、"目录事业说"、"目录控制说"后，还评介了近年的新进展，客观地介绍目录学研究对象是“多层次、多维的目录活动”的观点，“目录学是研究文献流的整序、测度和导向的科学”的观点。先生指出：“诸家学说也多已开始注意到了从目录学学科自身发展的特殊矛盾及其目录活动的本质与发展规律角度去探讨目录学的实质。”

从彭先生对目录学研究对象的认识发展来看，其“矛盾说”建立在解决巨量文献与人们对其特定需要之间的矛盾基础上，由揭示与报道文献，进入科学地揭示与有效地报道文献信息，更深入到从目录学学科自身发展的特殊矛盾、本质、规律去把握目录学的实质。这些都展示了彭先生“矛盾说”由初始到逐步完善的思想轨迹，认识由浅入深、由表及里的深化开拓，反映了彭先生联系、发展整体的目录学思想。

2. 不断深化开拓研究的内容

彭先生紧扣住社会和时代发展的脉搏，从联系、发展的整体思想去不断深化开拓我国目录学的研究内容。

在《关于我国目录学研究的几个问题》中，先生提出了目录学研究对象、目录学史、专科目录学、目录学方法四个方面的研究内容。

其《目录学概论》则明确提出，目录学的内容是由目录学的研究对象所决定的，包括：认识揭示文献、目录学的历史发展和现状、文献利用以及专科文献目录学的研究。

其《目录学概论复习纲要》把目录学研究内容概括为目录学基础理论、目录学的历史发展现状、文献利用三方面。先生把认识揭示文献归入目录学基础理论研究，并提出目录学基础理论研究的范围，包括目录学的对象、任务、内容、原则、意义，目录学与相关学科的关系，比较目录学，计量目录学，书目控制论，书目方法论，开拓了目录学的研究内容。

在《对当前目录学研究的思考》中，先生提出要在七个方面去开拓研究领域，如从文献编纂的发生和不同类型著作的出现述评书目揭示与报道方式的进展；从读者书目情报需求的规律去探讨书目工作的针对性、适应性与社会作用；从现代科技的发展预测目录学的前景与方向；从系统－结构的角度研究书目工作的管理等。先生还提出包括目录学理论体系、基本理论、文献、书目类型、书目方法论、读者文献需求特点与书目情报服务方式、书目工作组织与管理、国内外目录学的综合研究、中国目录学遗产的继承、目录学研究方法的探讨在内的十大研究课题。

在《目录学》中，先生认为，目录学的研究内容包括：目录学基础理论（先生在此比《目录学概论复习纲要》更进一步增加了目录学概念术语及其规范化、目录学的学科性质、列宁的目录学思想、目录学的发展规律等，而另列书目方法论、比较目录学为内容）、文献、书目索引类型及其编纂法、读者书目情报需求特点与书目情报服务、书目工作组织与管理、国内外目录学、中国目录学遗产、目录学方法等八方面。先生认为："这些课题是实现我国传统目录学向现代化目录学过渡，创立具有中国特色的现代目录学体系迫切需要研究的课题。"

在《中国图书情报工作实用大全》（武汉大学图书情报学院主编，科技文献出版社，1990）"目录学"词条中，先生则把目录学内容概括为：目录学基础理论、文献、书目方法、书目工作组织管理、目录学优良传统的继承与发展、外国目录学六个方面。目录学基础理论研究则包括：目录学的理论基础和指导原则、目录学的研究对象、内容、任务、学科体系、学科性质、目录学与其他学科的关系、目录学的发展规律等。

在《目录学与时代》中，先生指出90年代目录学的发展将呈现以下六大趋向：目录学基础理论在广度和深度上出现新变化，学科体系的建设与发展将向整体化、系统化方向迈进，目录学基础研究和应用研究、现实研究和超前研究都将受到同等重视；书目控制论的研究将会作为重点进行探讨；目录学作为一门方法研究科学，将应用到其他学科的研究中去，目录学内容方面的研究将有一些重要的突破；目录学方法将向多样化、整体化和精确化方向发展；中国目录学遗产的继承和发展；读者书目情报需求与服务方面的研究都将受到关注。

在《我国当代目录学研究的综述与展望》中，先生指出我国目录学的研究重点主要是目录学基础理论、目录学史、目录学分支学科、书目情报理论、书目控制论、目录学研究方法、目录学的未来七个方面的研究。

从以上彭先生在不同时期对目录学研究内容的认识中，可以清晰地看出，先生对目录学内容认识深化开拓的轨迹，而正是这些论著对研究内容的深化开拓，不断给我国当代书目学研究引路导向，推动着目录学研究深入发展。

3. 从书目方法到书目方法学

先生对书目方法的认识，是从作为揭示、报道、编排、书目类型等具体方法开始的，进而把书目方法上升为书目方法论，再进入书目编纂学的深度去认识，进而从书目方法学的高度去认识。

在《关于我国目录学研究的几个问题》中，先生把书目方法作为目录学方法，主要包括图书资料的选择和揭示。在《目录学概论》中，把书目方法上升为书目方法论，包括文献的揭示、书目的类型和书目的结构。

在《对当前目录学研究的思考》中，先生列出了书目方法论的研究范围：书目编纂方法的原则、书目体例与内容，书目检索语言、书目检索效果、书目著录标准化，书目传统方法的继承与创新、书目揭示与报道方法的革新和机器编目的运用、书目编制的协调与合作，书目类型划分的原则、书目种类的系列化，各种类型书目的职能与用途。先生提出，要把书目编制法上升到书目编纂学的高度，认为目录编纂学的体例和内容要做到从方法学的高度去说明。

在《目录学》中，先生则从文献的揭示与报道、书目的类型、书目的编纂法（这是国内首次从编纂法角度去总结、分析书目编纂的准备阶段、分析阶段、综合阶段全过程），进而从索引、文摘编制法，书目工作的标准化、现代化、自动化、网络化等去阐述书目方法，展现了书目方法学的丰富内涵和书目编纂学的概貌。

先生还撰专文《国家书目述略》，定义“国家书目是全国系统地揭示与报道一个国家出版的所有文献的总目”。论述了国家书目的组织和资料来源，评介了外国国家书目的编制体制、存在问题和发展趋势。

先生又撰写《书目之书目论略》一文，回顾我国书目的产生历史，认为我国的书目最早以书目中“目录类”形式出现，走在世界前列。先生还考察了世界书目之书目产生的历史和现状，对照我国书目之书目工作状况，提出我国书目之书目工作的任务，以推动我国书目之书目工作顺利发展。

4. 学科性质认识的深化

对目录学学科性质的认识往往关系着目录学的发展方向，而人们对目录学学科性质的认识又总是随着书目工作实践和目录学研究深入而发展的。

彭先生对目录学学科性质的评介是客观的，其认识也是逐步深入的。在《近年来我国目录学研究综述》中，先生在国内首次评介了目录学学科性质的社会科学属性说和综合科学属性说。

在《目录学》中，先生首次把目录学学科性质作为一个重要理论问题提了出来，列举了三种观点：社会科学属性说、综合科学属性说和横断科学属性说。先生提出，一门科学的属性是由其学科研究对象决定的。先生认为，目录学研究对象、书目工作实践是人类社会活动现象，书目活动是社会活动，受社会制约，目录学的研究受目录学世界观和思维方法的制约。故此，目录学属于社会科学范畴。

在《论当代目录学的发展趋势》一文中，先生从文献信息传递、信息的联系、信息的价值提出探讨目录学研究的新视角，认为，从“知识——信息——交流”的路向考察，目录学将与交流学、传播学、“三论”等众多学科交叉结合，这种路向的综合将使目录学融合进信息科学学体的整体，目录学将在信息科学学体中占有一席之地。

在《目录学与时代》中，先生指出：“目录学作为一门方法科学，将应用到其他学科的研究中去，一定会极大地丰富、拓展和更新目录学的研究内容。”

5. 建立研究方法论体系

目录学的开拓深化与目录学研究方法的借鉴、变革同步，研究方法论体系的建立完善，也预示着目录学理论体系的成熟和完善。

目录学在较长时间里是在经验叙述的基础上发展的，目录学的研究方法一向是沿用人文科学所经常采用的一般研究方法。改进和完善目录学研究方法，是提高目录学科学水平的重要因素。近年来，国外在目录学研究方法方面出现了新的趋向。上述这些是《目录学概论》所告诉我们的。其实，彭先生在研究、评介苏联等外国目录学成果时，就很注意研究、评介其研究方法的发展动向，为我国目录学研究提供研究方法的借鉴。

在《对当前目录学研究的思考》中，先生指出，目录学研究只有应用现代科学方法，才能揭示其内在的规律性，掌握准确的数据和事例，使我们的认识建立在科学的基础上，“目录学研究方法的探讨是迫切的课题”。因而要研究：目录学知识数学化，目录学应用新的科学方法，调查研究方法、统计方法的改进与提高，传统方法的改进与深化，书目工作反馈、书目计量、书目控制和比较目录学的建立等。事实上，先生在该文提出开拓目录学领域的七个方面都是从新的研究方法和视角提出的，而要把书目编制法上升到书目编纂学的高度、把目录学史的研究逐步深入到学说史的研究以及提出十大研究课题，则是从联系、发展的整体提出来的，为我国目录学研究者提供了新的观念、视角和研究方法，为以后的目录学研究指引门径，开拓变革了思维方法的路向。

在《目录学与时代》中，先生提出，90 年代目录学方法将向多样化、整体化、精确化方向发展。定性分析与定量分析相结合的综合研究方法，静态的研究与动态的研究、比较方法的研究都将受到重视。书目计量的引进与消化、吸收与创新研究，书目计量工具与现代化手段的研究，书目计量学理论与应用基础的研究，将越来越显示出其重要性。比较方法将为目录学研究提供方法论的指导，有助于通过对不同国度的书目情报活动和目录学理论进行比较分析，揭示其异同、探讨目录学的发展规律。目录学方法论的研究将成为目录学理论研究的重要课题。

在《论当代目录学的发展趋势》一文中，先生认为，在近年来的目录学研究中，方法论问题受到越来越多的关注和重视。先生指出，目录学借鉴其他学科的方法，一般分为两个层次：一是辅助手段、工具意义上的借鉴；二是方法移植的再创造。目前，研究方法的引进还处于第一层次。下一步应重点探讨引进方法与目录学研究的契合点，做到融会贯通。先生指出，我们应从目录学自身寻找各种方法的生长点，使研究方法更科学化、多样化，形成系统的方法论体系。

从上述来看，由传统研究方法到现代科学方法的引进移植，进而建立目录学专门研究方法为主体的方法论体系，这就是彭先生的研究方法论的思想发展，反映了先生目录学学术思想的演进。

6. 整体揭示学科内外关系

目录学是科学体系中的一门独立学科，它在现代科学分化专深又整体综合的发展中，既广泛吸收有关学科理论与方法的营养丰富自身，又向各门学科渗透，交叉提供方法、工具，去促进科学的发展，形成既有广泛相关学科的外部结构，又有庞大分支学科内部结构的目录学科学体系。随着目录学研究的深入，不断地揭示、表述目录学内外关联群体体系，这就是彭先生的论著反映出来的学术思想脉络。

在《关于我国目录学研究的几个问题》中，彭先生指出，现代科学发展使学科划分越来越细，又互相渗透，要开展专科目录学的研究，逐步建立社会科学和自然、技术科学的专科目录学体系，使目录学的方法深入到相关学科之中。

《目录学概论》不仅阐述了专科文献目录学是目录学的分支学科，还阐述了目录学与学术史、校雠学、版本学、图书馆学、情报学的关系。指出，目录学需要利用其他学科的知识、成果和方法来促进自己的发展，而各门学科开展研究时，又离不开目录学的指导。目录学与其他学科相结合，一定会出现新的学科分支，丰富和发展目录学。

在《目录学》中，先生进一步阐述目录学与其他学科的关系，认为我国目录学是一门具有广泛社会基础的学科，自古以来就被文史学家和其他学科的学者看做是读书治学的入门之学，今天更被认为是从事科研的必备知识。并再次指出目录学与校雠学、版本学、学术史、图书馆学、情报学的关系。先生认为，随着数学、统计学、信息论、控制论和系统论的应用，目录学与这些学科相结合，产生书目计量学、书目控制论等新的科学分支，丰富和发展了目录学。

在《迎接信息时代的科学——目录学的现状与未来》中，先生认为，目录学知识已渗透到其他学科，与一些学科相结合形成了专科文献目录学；目录学与一些相近的学科如图书馆学、情报学、档案学、图书发行管理学等关系非常密切，目录学知识已被这些学科广泛吸收和运用，它们在内容上出现许多交叉，在方法上相互借鉴；目录学也在吸收和利用其他学科的研究成果和新的方法，由于数学方法、信息论、控制论和系统论及计算机技术的导入，形成书目控制论、书目计量学；由于引进比较方法，出现比较目录学。正是这些分支学科、交叉学科的出现，构成了目录学研究的庞大阵营。

1983年，先生与郭星寿合撰《加强马克思主义文献目录学的研究》，阐述了马克思主义文献目录学的意义、功能、研究任务以及引导读者利用马克思主义文献的任务。

彭先生还撰论文《略论书目控制论》，评介了中外书目控制论思想的产生与发展以及书目控制论的定义、内容层次、功能、书目控制技术与控制系统的研究现状，还评介了国内外书目控制的发展前景，指出书目控制有待探讨的问题，为我国书目控制工作提出了建设性的建议。

在《中国图书情报工作实用大全》“比较目录学”词条中，先生提出了比较目录学的定义、方法特征以及研究内容和范围。

从以上论著可以看出，彭先生从目录学的分化及与其他学科的交叉所产生分支学科体系去揭示目录学的内部联系，又从目录学的相关学科去揭示目录学的外部联系，从而为我们勾勒出目录学在现代科学体系中的地位、作用和发展图景，预示着目录学在信息化时代的灿烂前景。

7. 不断完善目录学的理论体系

传统目录学缺乏独立的理论体系和方法论体系，过多地表现为读书治学的门径和工具，因而在很大程度上降低了它在科学体系中的地位。现代目录学的生存和发展，将在很大程度上取决于它是否具有一个相对独立的、系统完整的科学理论体系。建设与不断完善具有中国特色的现代目录学理论体系，是彭先生的不懈追求。

其《目录学概论》，仍沿用姚名达《目录学》的理论、历史、方法体系。

在论文《对当前目录学研究的思考》中，先生指出，要把目录学基础部分和应用部分的研究、古今目录学的发展、中外目录学的发展、理论上的概括和实践上的总结、学说上的继承发展与书目工作经验的应用结合起来，从目录学发展规律上总结，把目录学的体系建立在更科学化的基础上。先生提出，要创立有中国特色的现代目录学体系，实现我国传统目录学向现代目录学的过渡。

在《目录学》中，先生突破了论、史、法的传统体系，建立了理论、方法技术、组织管理三分的体系。

在《评新中国成立四十年来的目录学研究》中，先生认为，目录学体系是客观实践和时代的产物，目录工作的变革是目录学理论变革的先导，用新的理论体系代替旧的理论体系是很自然的。

在《论当代目录学的发展趋势》中，先生回顾了中外目录学从“自在”到“自为”、从方法论到本体论的学术演化进程，提出要从文献信息传递着眼寻求新机制，从信息的联系着眼寻求新规律，从信息的价值去寻求新的标准，去完善目录学的理论体系。先生认为现代目录学体系将趋向学科的综合化。目录学体系内部向整体化综合与分化纵深横向连接发展；目录学体系的外部，从“知识——文化——社会意识”的路向，将目录学融合进广义的文化学，从“知识——信息——交流”的路向，将目录学融合进信息科学。现代目录学将趋向计量化、精确化。计量工具和方法引入目录学，将使目录学研究定量分析与定性分析相结合，推向一个新的高度。现代目录学理论体系将趋向系统化、完整化。当代目录学研究将十分注重把目录学作为一种理论形态，从实践中抽象出独特的理论，从而建立起自己的学科体系。先生提出，为了适应当代目录学发展趋势，应通过拓展目录学研究领域，不断深化研究层次；应促进目录学研究方法的科学化，形成系统的方法论体系；应加强目录学研究的组织管理和目录学研究人才的培养，不断完善目录学的理论体系。

先生指出，目录学发展的逻辑是科学发现的逻辑与科学检验的逻辑的统一，是认识主体与书目情报实践的统一。这正是先生融会古今、贯通中外、理论与实践结合、建构与不断完善具有中国特色的现代目录学理论体系的深层次辩证、整体认识的反映。先生回顾目录学的演化，提出研究的新视角，要求从多方位去把握发展趋势，不断完善目录学的研究体系，这勾画出先生对整体目录学体系的认识，反映出先生对建立和不断完善具有中国特色的现代目录学理论体系的不懈追求。

探索需求与服务 拓展应用目录学

目录学是一门具有广泛实用价值的实践性很强的科学，它的产生、发展是目录工作实践需要所决定的，目录学理论发展的程度取决于目录工作实践需要的状况。以抓住读者书目情报需求特点及其规律的研究为重点来研究我国书目情报服务的整个问题，是现代目录学应用研究的重要内容。这些正是彭先生探索书目情报需求与服务、拓展应用目录学的核心思想。

1964年，彭先生就与陈光祚先生合撰论文《高等学校图书馆和读者对教学用书需要特点的分析》，从教学工作的规律和要求去分析教学用书的特点：读者需要的稳定性、集中性、可预见性和阶段性，并论述影响和决定这些特点的具体表现以及它们对读者服务工作的影响。

20世纪70年代末，彭先生率先提出，应加强高校学生的书目情报意识，培养他们获取文献情报的能力，并将此贯穿于自己的教学实践中。

先生在论文《苏联目录学研究的现状与前景》中介绍了前苏联书目情报概念及对读者书目情报需求和书目利用效果的广泛调查和分析。先生还评价并主持翻译苏联《目录学普通教程》，评介、翻译了前苏联的书目情报理论、书目情报需求与服务研究的进展。

在论文《对当前目录学研究的思考》中，先生指出要从读者书目情报需求的规律上探讨书目工作的针对性、适应性与社会作用。提出目录学研究课题之六是：读者文献需求特点与书目情报服务方式的研究，包括读者对文献需求的特点研究，利用文献的时间、方式、结果的研究，书目情报服务的社会效果的分析，不同读者群对书目情报服务需求的预测，书目情报部门对科学技术发展的对策与措施。

在《目录学》中，先生首次在国内提出了书目情报服务的概念，认为书目情报服务是指书目情报的检索与利用。先生积极倡导对读者进行书目情报知识教育，培养读者的书目情报意识。先生认为，书目情报服务是开发文献情报资源、向读者传递文献信息、为经济建设和科研服务的重要手段。先生指出，书目情报服务的内容包括编制书目文献、提供参考咨询服务、建立与完善书目参考工作体系、提供最新文献信息、指导读者利用书目情报以及读者信息反馈等。先生指出书目情报服务方式分为被动、启发、主动积极三个层次，提出书目服务组织的集中与分散形式。先生还指出了书目情报服务在需求范围、方式、手段等的发展趋势。

从1985年起，彭先生承担国家教委“七五”哲学社会科学博士点专项科研基金资助项目“图书情报需求分析与读者服务效率研究”课题。该课题有两项成果，一是“书目情报需求与服务研究”，二是“中国书目总录”（正在编辑中）。彭先生的《书目情报需求与服务研究》（武汉大学出版社，1990）专著是在向国内几百个单位的不同读者进行问卷调查和跟踪调查的基础上写成的。

该书阐述了书目情报需求与服务研究的历史和现状，再次指明了书目情报服务的定义、内容、范围、发展趋势，指出该项研究的意义。先生认为，书目情报服务已经成为目录学应用于社会、在新形势下进一步深化的一个研究领域；书目情报服务观念的变革、内容的拓展、方式方法的变化都成为目录学研究的重要来源，也是目录学理论变革的先导。先生提出，书目情报服务体系以交流和传播书目情报为主要活动内容，只有在深刻洞察读者及读者群对书目情报需求的基础上，才能建立科学的书目情报服务体系。读者书目情报需求研究是提高书目情报服务工作质量的保证，对读者书目情报需求与服务的研究，是目录学研究的重要课题。

该书还阐述了文献情报需求概念的行为科学基础、形成机理、需求的类型层次、特点，影响文献情报需求的主要因素，文献情报需求者的划分，并以大量的调查研究数据对需求与利用状况、读者情报服务方式进行综合分析。据此，先生提出，图书情报部门应该改善其各项服务，逐步建立起符合读者实际需要的情报服务模式。

该书还分析了我国文献情报供给总量、供给结构的现状与问题，提出优化我国文献情报保障系统的对策和建议。先生认为，我国文献情报供给总量绝对不足，且供给结构不平衡，短缺与滞存同时存在。因此，要追求适当的数量增长以弥补总量的供应不足，要调整结构，从根本上保证提高有效供给。

该书首次提出书目情报工作效益的基本内容、特点和影响因素、社会效益和经济效益，书目情报成果评价的指标体系、评价的程序和方法。先生剖析了我国书目情报服务的现状和存在的问题，提出要通过宏观控制优化与改革书目情报服务体制。该书是我国第一部系统研究读者书目情报需求规律与服务优化的专著，是一部开拓性的研究成果，填补了国内该领域的空白。它是彭先生目录学思想的核心组成部分，为我国应用目录学研究与发展引航开路，必将产生越来越深远的影响。

讲普及建梯队　教书育人

彭先生不仅是国内著名的目录学家，而且是著名的图书馆学、目录学教育家。先生近 40 年坚持教学第一线，普及目录学知识、培养提携后辈、建立科研教学梯队、教书育人。

1953 年彭先生从文华图书馆学专科学校毕业留校讲授中文编目，1961 年留苏学成回武汉大学图书馆学系任教。先生自 60 年代以来，主讲“目录学”、“苏联目录学”、“书目情报需求与服务”、“目录学文献选读”等课程。1978 年先生率先在国内恢复招收社会科学情报理论与方法方向的研究生。作为国务院学位委员会学科评议组成员，先生多年来为在我国设立图书馆学、情报学博士学位奔走呼吁。1990 年秋，国务院学位委员会正式批准设立我国图书馆学、情报学博士学位授权点，先生被批准为首届博士点导师，1991 年先生开始招收“现代目录学”方向博士研究生。先生还是南京大学、湖南医科大学和湘潭大学等校的兼职教授。自 1984 年以来，先生任武汉大学图书情报学院院长，与其他院、系、所领导一起，坚持社会主义办学方向，努力改善办学条件，不断扩展办学层次、深化教学改革、提高教学质量。先生主持的“图书馆学情报学教学体系的深刻变革”教学研究项目获湖北省 1989 年高等学校优秀教学成果一等奖、1989 年国家教委国家级优秀教学成果奖。

彭先生多年来研究考察苏联和西方图书馆学情报学教育模式，努力探索我国图书馆学目录学教育体系。1981 年，先生就提出“适应四化需要加强图书馆学教育”；提出“关于图书馆学专业教育的几个问题”。1983 年 4 月，先生参加教育部在武汉召开的全国图书馆学情报学教育座谈会，在会上作了题为“努力开拓图书馆学教育的新局面”的发言。1984年先生又撰文评介苏联图书馆学目录学多层次、多规格、多形式、全国统一的教育体系。先生还与谢灼华先生合撰论文，探索我国高等图书馆学教育体系，评述并探讨建国40年来的图书馆学教育，先生还回顾从武昌文华图书馆学专科学校到武汉大学图书情报学院的图书馆学教育70年历程。先生认为，应建立有中国特色的中专、大专、本科、双学位、研究生相结合的多层次、多规格专业教育、全日制教育与业余教育（电大、函授、岗位培训）相结合的多形式的图书情报学教育模式。认为应适当控制办学规模和速度以提高教学质量。1986年9月先生参加了在北京由国际图联（IFLA）和中国图书馆学会联合召开的“图书馆学情报学教育研讨会”，在会上作了题为“关于我国图书馆学高层次人才培养问题”的发言。先生从我国图书馆事业发展战略需要的高度提出高层次人才的培养，认为图书情报学高层次人才的个体知识结构应由学科知识、图书情报学知识、工具知识构成，他们是政治素质和专业素质兼备的人才，要达到这个培养目标应采用“主辅修制”的培养模式。

先生十分注重学生的基本功训练，精心教导、一丝不苟、从严治教、授业有方、教书育人。先生指导的研究生大多数已成为业务骨干，有的已成为第二代硕士导师，有的被破格聘任高级职务，在目录学教学和科研中硕果累累，成为新中国第三代目录学家的中坚。

早在1982年，彭先生就撰文阐述目录学知识普及问题。先生指出，目录学不仅是读书治学的入门之学，而且是科研的指南。具备目录学知识是每个科学工作者科研基本功的重要内容，也是智能结构的重要部分。先生认为，教学工作者只有具备书目文献知识、目录学方法知识、书目利用知识，才能有成效地进行科研。先生建议，各高校应当普遍地为高年级大学生开设“目录学概论”或“科技文献检索”课程。这个建议在80年代已成为高校图书情报界的共识，变成了教学实践的累累硕果。先生还指出，应大力宣传和普及目录学基本知识，开展书目指导活动，使图书馆的读者服务工作向深度发展。

彭先生在接待《情报资料工作》记者采访时指出，“我们的专业喜欢搞阳春白雪”，“忽视了向外界输出信息”，“大多数研究成果都发表在本专业学术刊物上”，渗透面不广，“忽视向外行普及情报知识，存在某种程度的封闭性，缺少通俗情报著作，没贴近普通读者”，先生强调要“强化读者的情报意识”，并指出：“广大用户是书目情报使用的主体，是将书目情报的潜在价值转变为社会价值的决定因素”，“对广大科学工作者进行书目情报教育、普及目录学知识显得日趋重要”。先生这些高瞻远瞩的看法，应引起图书情报界的足够重视，目录学工作者应以此作为目录学应用于社会的桥梁，义不容辞地担负起向社会广泛普及书目情报知识的责任，达到如彭先生所呼吁的：“使目录学成为有识之士所希望的那样是‘人人都知道的知识’。”

综观彭先生目录学思想的形成发展轨迹，我们可以清晰地看到，彭先生目录学思想核心在于：以马列主义哲学为理论基础，立足现实、融会古今、贯通中外，理论结合实践，继承优良传统，革新与发展目录学，建立具有中国特色的现代目录学体系，追求写出系统完整地反映优良传统的中国目录学通史，写出弘扬我国传统文化的、以中国为主体的世界目录学史。

彭斐章先生的目录学思想博大精深，本文的探索仅仅是开端，限于笔者的功力，难免会挂一漏万。然笔者初衷是试图以目录学的引证方法，尽可能全面、系统、客观、准确地揭示和阐述彭先生目录学思想的概貌和发展轨迹。

彭先生是当代目录学的学术带头人，他的目录学思想发展与新中国目录学奋进跃动的脉搏合拍，探讨彭先生的目录学思想，无疑会给我们当代目录学研究带来许多借鉴和启示，从一个侧面展示我国目录学研究和书目工作发展的昨天、今天和明天。彭先生孜孜不倦的谨严缜密治学精神、宏富精湛的学术思想和所结出的累累硕果，将不断昭示和鼓励我们，去采撷更多、更绚丽的目录学学术花朵！我们期待着先生有更多大作问世，也期待着有更多的志同道合者投入研究以彭先生为首的新中国第一代目录学家学术思想的行列。

参考文献

1. 沈宝环. 本是同根生——我看大陆图书馆事业. 图书馆，1991(2)

2. 余庆蓉. 十年目录学研究的回顾与思考. 广东图书馆学刊，1988(1)

3. 于杞. 书林新葩. 学海津梁——《目录学概论》评介. 武汉大学学报,1982(6)
4. 鲁海. 简评《目录学》. 图书情报知识,1987(2)
5. 罗德运. 目录学研究的新领域新成果——评《书目情报需求与服务研究》. 高校图书馆工作,1991(1)
6. 傅西平,吴稚敏. 一本颇有特色的目录学专著——介绍《书目情报需求与服务研究》. 图书情报知识,1991(1)
7. 彭斐章,谢灼华. 对当前目录学研究的思考. 武汉大学学报,1984(6)
8. 彭斐章. 庆祝活动在莫斯科图书馆学院. 图书馆工作(北图),1957(1)
9. 彭斐章. 图书介绍二则. 图书馆学通讯,1958(4)
10. 彭斐章. 关于苏联最近召开的书目工作会议的报导. 图书馆学通讯,1959(5)
11. 彭斐章. 苏联省图书馆书目工作的组织. 图书馆学通讯,1960(2)
12. 彭斐章. 谈谈苏联省图书馆的方法辅导工作. 图书馆学通讯,1958(2)
13. 彭斐章. 苏联目录学研究的现状与前景. 武汉大学学报,1983(4)
14. 彭斐章. 苏联目录学理论与实践的总结——《目录学普通教程》评介. 武汉大学学报,1986(1)
15. 彭斐章. 国际图联第46第47届大会关于书目活动的问题. 图书情报知识,1982(3)
16. 彭斐章等. 论当代目录学的发展趋势. 图书情报知识,1991(4)
17. 彭斐章. 学习列宁关于目录学的宝贵遗产. 图书馆学通讯,1960(4)
18. 彭斐章,乔好勤. 列宁目录学思想初探. 武汉大学学报,1980(5)
19. 彭斐章. 列宁对尼·亚·鲁巴金《书林概述》评论一文的基本要点. 图书情报知识,1982(1)增刊
20. 彭斐章,谢灼华. 关于我国目录学研究的几个问题. 武汉大学

学报，1980(1)
21. 彭斐章，谢灼华. 发展我国书目工作的几个问题. 图书馆学刊，1983(4)
22. 彭斐章，陈传夫. 近年来我国目录学研究综述. 图书馆学文摘，1985(5)
23. 彭斐章. 迎接信息时代的科学——目录学的现状与未来. 图书与情报，1989(4)
24. 彭斐章，石宝军. 我国当代目录学研究的综述与展望. 武汉大学学报(社会科学版)，1992(2)
25. 彭斐章. 新中国目录学研究述略. 武汉大学学报(社科版)，1984(1)
26. 彭斐章.《目录学》学习导言. 图书情报知识，1986(3)
27. 彭斐章. 评新中国成立四十年来的目录学研究. 图书情报知识，1989(3)
28. 陈耀盛. 目录学多层次研究对象的辩证思考. 图书与情报，1989(1)
29. 陈光祚. 目录学是研究文献流的整序、测度和导向的科学——对目录学研究对象的再认识. 图书情报工作，1990(1)
30. 彭斐章. 目录学与时代. 图书馆，1992(1)
31. 彭斐章. 国家书目述略. 图书情报知识，1980(2)
32. 彭斐章. 书目之书目论略. 图书情报知识，1984(3)
33. 彭斐章，郭星寿. 加强马克思主义文献目录学的研究. 图书馆杂志，1983(1)
34. 彭斐章等. 概论书目控制论. 图书情报论坛，1990(2)
35. 陈光祚，彭斐章. 高等学校图书馆读者对教学用书需要特点的分析. 图书馆，1964(1)
36. 彭斐章. 适应四化需要加强图书馆学教育. 图书馆学通讯，1981(4)
37. 彭斐章. 关于图书馆学专业教育的几个问题. 高等学校图书馆工作会议文件，1981
38. 彭斐章. 苏联图书馆学和目录学教育. 图书情报知识，1984(1)
39. 彭斐章，谢灼华. 关于我国高等图书馆学教育体系问题. 图书

情报知识,1985(4)

40. 彭斐章,谢灼华. 评建国四十年来的图书馆学教育. 武汉大学学报,1989(3)

41. 彭斐章. 七十年历程——从武昌文华大学图书科到武汉大学图书情报学院. 图书情报知识,1990(3)

42. 彭斐章. 关于我国图书馆学高层次人才培养问题. 大学图书馆通讯,1987(1)

43. 倪晓建. 授业有方的导师——彭斐章. 山东图书馆季刊,1990(4)

44. 彭斐章. 学海浩渺话舟楫——试论目录学知识普及问题. 冶图通讯,1982(2)

45. 陈一民. 强化读者的情报意识——访武汉大学图书情报学院院长彭斐章教授. 情报资料工作,1991(2)

46. 彭斐章. 书目情报需求与服务研究. 武汉:武汉大学出版社,1990

（原载《四川图书馆学报》, 1992 年第 4 期）

承前启后 继往开来

——彭斐章教授印象

文 思

他总是那样行色匆匆，仿佛他的日程表上总为各式各样的工作挤得满满的，这些工作既有本职的，又有社会的；既有学术的，又有行政的……1991年5月初在南京目录学研讨会上遇到他，他说刚在四川开完教委召开的一个会议，匆匆赶来的，迟到了；月中在湖南医科大学医学图书情报学系举办的研讨班上听他的演讲，他是刚处理完学院的一些事情，以客座教授的名义来讲学的，这里讲完，紧接着是下一站——湘潭大学，那里也正期待着他去讲学……

他是一个不知疲倦的人，容光焕发的面孔，略带长沙口音的侃侃演讲……这就是彭斐章教授，武汉大学图书情报学院院长，我国知名目录学家，台湾图书馆同行称为“大陆图书馆界排名第一的学人”(沈宝环：《本是同根生——我看大陆图书馆事业》，《图书馆》1991年第2期)。

早就萌发过写一篇专访介绍彭斐章教授的想法，这个月的两次见面提供了难得的机会。只是教授会前会后的忙碌竟使人不忍多去打扰他，再给他增加一份负担。好在他的讲学已和盘托出了他的学术观点，他对发展中国目录学的执着追求和通达乐观的态度不觉使人们久积于心的一些疑团涣然冰释。这是一位能给人以自信和力量的人。

近两年来图书馆界、目录学界“困境”、“危机”之说颇为流行，一些人陷入困惑之中。南京的目录学研讨会上，也有同志对目录学的发展感到忧虑，但彭斐章教授的一席话却使人心悦诚服。彭教授认为，我国目录学的发展已经历了学科发展的全过程，是一门历史悠久并有着优良传统的学科，特别是近十年目录学研究的丰硕成果不容否定。当然，目录学还要不断发展和完善，目录学研究中也存在一些问题，但我们面临的是一个即将到来的信息社会，它为目录学的发展提供了难得的机会，目录学工作者的任务是面向未来，面向世界，面向现代化，认真总结规律，继承传统，不断开拓目录学研究和书目工作的新领域，并不断发展和完善。彭教授认为，加强目录学基础研究非常必要，首先要澄清一些模糊认识，什么目录学发展的“危机”感，什么目录工作者的失落感，都是缺乏科学依据的。

一个学科能否存在和发展，主要取决于社会对它的需求。彭教授满怀信心地说，人类社会信息化，整个社会以信息生产为中心，信息化社会对目录学提出了新的要求，现在根本不是什么目录学的“危机”问题，而是目录学怎样面对信息化社会的到来，加强和改善目录学研究，加强和改善书目情报工作，使之取得更大发展的问题。

面对目录学和书目工作的一些理论和方法逐渐为图书馆学、情报学等相关学科吸收和借用的现实，一些同志曾发出目录学将被“肢解”和“鲸吞”的慨叹，彭斐章不同意这种悲观的看法，他认为，一门学科有无生命力在一定程度上看它能否从其他学科吸取营养，看它自己能否渗透到其他学科去。目录学是一门独立的学科，但它在整个科学体系中又不是孤立的，别的学科从另外的角度来利用和引用目录学的研究成果和方法是好事。在学科研究中，不同学科间的相互渗透是大量存在的，但我们应注意一个问题，即学科研究的横向发展要适当加以限制，不要在争学科“地盘”上下过多功夫，重要的是学科的纵向深入发展，这样才有价值，也才可避免过多的“撞车”。

谈到目录学界理论脱离实际的问题，彭教授指出，目录学作为一门致用之学是不应当脱离实际的，但当前确实存在一些理论与实际脱离的现象，这主要表现在两个方面，一方面是少数理论工作者脱离书目工作实际，另一方面则是一些实际部门对理论缺乏兴趣，不愿推行理论研究成果，理论与实际间的渠道不通。这是一个十分重要的问题，我国目录学和图书馆学领域 80 年代以来研究成果颇丰，但普遍存在研究的多，应用的少现象。计算机在图书情报领域的应用亦是如此，我国这方面的计算机已不少，但能够实际应用的太少，大家往往热衷于搞实验，搞鉴定，鉴定完了就完了。与 50、60 年代情况不同，那时做实验工作的同志很欢迎理论的应用。目录学界和图书馆界对理论研究应持正确的态度，应当鼓励理论研究，经常对理论研究成果进行鉴定，有应用价值的应及时考虑实施。我们事业和学科的发展都需要理论的指导。

谈到目前我国目录学和图书馆学的学科地位，彭教授不无感慨地说，与十年前相比，我们的地位可以说大大提高了。十年前那个时候，为了加强我们的学科建设，大家心往一处想，劲往一处使，要办一件事很好办。现在情况大不一样，我们的学科地位有了很大提高，但也产生了许多山头，一些同志从我们的整个学科和事业出发着眼少，从自己的小山头的利益考虑得多，因而很多事就很难办。这种状况是亟待克服的。

对于图书馆界广泛流行的“改名热”，彭教授表示了不同的看法。近年来出现一些文献信息学系、文献信息学课程等新名称，彭教授认为改名这一现象反映了我们学科研究的深入。但是否非改不可呢？“图书馆学”有什么不好的呢？经过十多年的努力，图书馆学在整个学科体系中已有了一定的位置，在社会上也有了一定的声望，人们对图书馆学已有了较深印象，如果改为别的名称，则人们对新名称的熟悉和认可又需要一个过程。概念的相对稳定是必要的，当然学术探讨又是一回事。

目录学史的研究一直是目录学研究的一个重要领域，目录学界不断有人提出对史的研究过多的批评。彭斐章怎么看待这个问题？彭教授以大量事实说明，80年代我国目录学史的研究取得了丰硕的成果，出版了一系列专著和大量论文，从整体上加强了对目录学发展的研究，联系社会文化、经济背景研究目录学的发展也取得了一些成绩，加强了对近、现代目录学的研究，拓宽了目录学史的研究领域，彭教授认为史的研究受史学界的史学研究“危机”论的影响，目录学界也提出是否史研究多了，是否应当丢掉目录学史研究这个包袱。对此，彭教授提出截然相反的看法，他说：“当然，史的研究取得了很大的成绩，但是我觉得不是太多，而是不够。”他认为，中国目录学历史悠久，并在长期的发展中形成了自己的优良传统。我们应当为这份宝贵历史遗产感到骄傲。我们知道，美国的历史不长，但美国人很看重自己的历史，并为自己先辈创造的历史而骄傲。我们有着悠久的历史和优良的传统，是应当弘扬这份遗产的，要继承传统，作为发展当代目录学的借鉴。目录学史的研究不能削弱。彭教授说，我们至今没有一部以马克思主义为指导写成的目录学史，这就是一个很大的不够；

世界目录学史应当以中国为主来写；我们现在对一些目录学家的研究还存在空白；通史的研究要加强，我们不能将目录学仅仅写成书目史的水平，要向目录学思想史的高度努力。

继承中国目录学的优良传统，开辟目录学新的未来，这是我从彭教授谈话中得出的深刻印象。记得台湾学人沈宝环先生访问大陆后曾评价说，彭斐章在武汉大学图书情报学院是位承先启后的人物，武汉大学图书情报学院继承了武昌文华图书馆学专科学校的图书馆教育任务，彭斐章是武昌文华图书馆学专科学校最后一届学生，也是武汉大学图书馆学专修科第一届留校任教的毕业生。从这个意义上说彭斐章起到了承先启后的作用。如果从中国目录学的继承和发展的角度看，彭斐章熟谙中国目录学的过去，最近几年，又在目录学与现代社会最贴近的领域——书目情报服务方面取得了显著的研究成果，这不是另一种意义的承先启后吗？

彭教授谈到十年前出版的《目录学概论》时，认为这是一部对我国目录学教学产生重要影响的教科书，他将组织对这部书的修订和再版，以使其更趋完善，以适应教学的需要。电大使用的《目录学》是一种较新的教材，体系上有许多新的东西，但也有不足，宜与《目录学概论》配合使用。

谈到目录学的基础理论研究，彭教授认为，我国在目录学的对象、学科性质和学科体系诸方面均取得了一定成绩。如对目录学对象的讨论自 50 年代以来一直是一个研究的热点，涌现出许多不同的观点。总的看来对这个问题的认识在不断深入，人们的基本看法也在趋于一致。研究问题应深入其本质，有时候表述的词句不一致并不十分重要，不要将注意力集中在词句上，在这方面可以求同存异，要强调内容的一致，基本观点的一致。

随着文献数量的骤增，文献的书目控制更加重要和困难。彭教授认为应更多地加强专科文献目录学的研究，80 年代这一方面的研究取得了不小的成绩，出版了一些专著，90 年代应当有更多的发展。前苏联很重视这一领域的研究，大学里开设有各种专业的专科文献目录学课程。

彭教授强调应加强目录学与社会、目录学与时代的研究，目录学的发展是离不开一定的社会文化背景的，从社会文化机制来研究目录学的发展有助于目录学科学性和实用性的加强。

彭教授指出，80年代以来我国目录学研究取得了丰硕的成果，不存在危机问题。当然，目录学的发展与科技进步对目录学的要求相比还有一定的距离，应看到我们研究中的不足，在一些方面要加强努力，如目录学研究和书目工作的组织和管理问题。现在我们进行的尚是个体研究，应加强群体研究，特别是对于一些重大课题的研究，是需要很好地进行组织的。前苏联在这方面比我们强。我们应当学习外国的一些好的东西，当然不能教条主义地对待外国经验。50年代我们学习前苏联经验搞院系调整，大学专业的课程搞得很专很窄，后来批判前苏联经验，殊不知前苏联的大学早就改变了50年代的做法，他们很注意各学科的渗透。而我们仍在承袭旧制，还一个劲批评别人。

彭教授50年代曾留学前苏联攻读目录学，80年代又曾出访前苏联和东欧，可说是熟谙前苏联目录学的过去和现在，他十分注重将前苏联目录学的成就介绍到中国来，近年来不断有译著问世。细读彭教授这些介绍国外目录学的论著，就会感到这些方面都是经过审慎选择、比较的。彭教授指出，前苏联目录学的传统是重视理性的，但近些年来受欧美影响亦开始注意目录学的技术、方法方面。中国目录学与前苏联有某些相通之处，应加强相互的交流。彭教授认为，目录学、图书馆学的国际交流应当是双向的，我们要吸收国外的经验，同时也要将中国的目录学和图书馆学研究介绍到国外去。过去我们在引进方面还是做了很多工作，但是输出得太少，中国源远流长的目录学国外了解得不多，这主要是由于语言的障碍，外国人懂汉语的太少，因而中国的目录学走向世界还要靠我们自己的努力。

彭教授1990年出版了专著《书目情报需求与服务研究》，对书目情报服务的研究一直是他近年来所致力的。书目情报服务也是目录学最终发挥其作用，亦即实际应用的一个重要部分。由于文献量的高速增长，其与人对情报的有限承受力之间便形成一对尖锐的矛盾，书目情报服务的作用就在于解决这个矛盾。彭教授认为，这一领域是大有可为的。

彭教授指出，读者的需求是书目情报工作发展的动力，而读者的需求是受社会因素、文献情报机构和书目情报工作人员等方面的影响的。文献情报机构要尽量提供使读者满意的服务，但提高全民的书目情报意识也是极为重要的一个方面，彭教授指出，不要说一般群众，就是我们的许多科技人员，书目情报意识也非常淡薄。他说，我们经常读到一些这样的传记，某科研先进人物一天到晚关在他的只有几个平方米的小屋内搞科研，我们不禁要问，难道这些科研机构会没有图书情报服务机构吗？不会没有，那么他为什么不去利用那宽敞明亮的图书馆及其丰富的一、二次文献呢？看来加强读者的书目情报意识是十分重要的。彭教授介绍说，在前苏联，三栋宿舍就有一个图书借阅点，开展书目情报服务，在那里书目情报服务是很普及的。并且国外书目情报工作人员素质普遍较高，如联邦德国、前苏联，在前苏联常常见到一些博士和副博士担任各种咨询工作，这样高水平的服务可以充分满足读者的需求，在这方面我们还有相当的差距。

彭教授指出，当前书目情报需求的特点是求新、求实、求快。文献是书目情报服务的出发点和归宿。我国的文献资源建设是一个十分重要的问题，要加强布局研究和协作、协商。现在一方面书出版得多，一方面又感到不够用，图书馆要尽量少买复本，外文原版书采集要搞好协调。现在即使是近在咫尺也难以协调好。武汉大学有个生物科学文献中心，中心收藏的外文原版书与武汉大学图书馆也有重复的。50年代协调工作开展得好，通用借书证很起作用，现在要花大力气加强这方面的工作。彭教授呼吁，从整体上来保证文献资源的完备是十分重要的，近年来全国文献资源调查课题组做了大量调研工作，是很有意义的。对于全国的文献资源的布局和建设，国家应当出面组织，制定切实可行的规划，应成立权威的国家文献资源协调委员会。这个问题的解决要靠大家来呼吁，大家都来积极促成，要从体制上加以解决，图书情报要联合起来。

彭教授指出，就我国目前文献的出版来看，一次文献与二次文献的比例也不合理，二次文献数量不足，质量不高，内部出版的多，书目文献出版社不出书目，岂非怪事。由于这种状况，一次文献的利用受到很大影响。二次文献要建设好，国家需增加投资，因为二次文献出版多是赔本生意。对于二次文献的编制、出版要进行统一的、全面的规划。

彭教授强调重视二次文献的效益和评价。二次文献对社会经济文化建设产生着重要的作用，但人们往往忽视了开展二次文献工作的宣传。我们经常见到图书馆举办一些服务成果——科研生产的产品展览，而对开展二次文献服务工作的过程却是一笔带过，看不出二次文献服务工作在成果生产过程中的重要作用，而这恰恰是我们要宣传的。

书目情报怎么为我国经济建设的主战场服务，彭斐章认为这是当前一个十分重要的课题。经济建设的高涨为书目情报工作提供了发展的条件。他说，书目情报工作者要增强参与意识，要有一大批人做文献的开发工作。

当然，中国目录学的发展中也存在许多问题。彭教授指出，除了体制方面的弊病外，当前还存在一些其他问题。我们的一些书目产品的质量有待提高，书目报导质量不高，索引不完备，二次文献编制、出版周期长；书目情报服务方式单一，层次较低，手段落后，书目情报服务人员队伍数量不足，素质也较低；标准化方面也存在一些问题。彭教授强调要加强书目情报工作队伍建设，他认为，书目情报服务人员应占科技队伍的2%～3%，目前世界上有些国家已超过了这个比例，我国按这个比例的下限计算应达到27.5万人。

彭教授分析了目录学领域的问题，这些问题存在于目录学和书目工作的诸多方面，但是彭教授总认为，这些问题与40年来，特别是80年代以来我们事业的发展相比，确实只能退居次要的位置。因而，任何悲观的论点都是没有充分根据的。彭教授总是那样从容不迫，对任何事情总能沉着地进行深刻的分析，也许正是由于他对中国目录学的过去和现在有着深邃的洞察，才使他对目录学的明天充满着如此的信心。在教授的侃侃演讲中，我们心中仿佛变得更充实了，更明晰了。

彭斐章，永远是一个给人以信心的人，永远是一个鼓舞人们前进的人，不论是在事业上，还是在学术上，对于后学来说，他总是一位宽厚的、谆谆善诱的师长。

（原载《图书馆》，1991年第4期）

授业有方的导师——彭斐章

倪晓建
（北京师范大学信息技术与管理）

乔好勤、张厚生、惠世荣与我，是彭斐章先生的第一届研究生。入学时，我们大都到了而立之年，但在学术上还都未能立得起来。如今，我们天（天津）、南（南京）、汉（武汉）、北（北京），在图书情报工作及图书情报教学中有了一点进步。追想起来，这些进步无不凝聚着彭斐章先生的心血。彭先生十分重视对我们基本功的训练。开学伊始，彭先生与谢灼华先生把我们叫到图书馆学系教研室，劈头便说：三年时间，不算长，机会难得，如不抓紧，一晃也就过去了。武汉大学藏书比较丰富，文华图专的书都保存下来了，外文资料也较全，有你们三年读不完的书。怎么个读法，你们先考虑一下。不久，又把我们叫去，询问我们几个的想法。我们都说听先生的安排。彭先生很有信心地说，现在交给你们几个一项任务，利用课余时间编辑一套《目录学研究资料汇辑》，要一边读书，一边做摘录，最后分类汇总，按册印行。并对怎样利用正史、类书、笔记，如何检索论文及摘录注意事项、人员大体分工等作了详细说明。起初，我们并不以为然，甚至还当成个负担，因为第一学期外语学习任务特别重。但是，具体做起来，还都是非常认真的。研究生享受教师待遇，可以进图书馆书库。我们利用这个有利条件，课外时间几乎都泡在图书馆里。时间一长，图书馆工作人员风趣地对我们说，就是你们几个好钻书库，每次闭馆不喊几遍，你们都不出来，真想把你们锁到里面。经过大半年的努力，每个人都摘抄了一大堆资料。先生对资料一一过目核查，决定取舍及编辑体例，于 1979 年 6 月铅印了《目录学研究资料汇辑》的第一册（目录学基础理论）和第二册（中国目录学史），后来又陆续印行了第三册和第四册。经过一番读书摘录之后，我们几个才悟出了其中的道理，理解了先生的苦心。这项任务的意义不仅在于这 4 册

“汇辑”的印行，给热心目录学研究的同行提供了一份参考资料；重要的是通过一番周遍性的读书，使我们对目录学及其相关文献有了一个大略底数，为将来的研究打下了良好的文献基础；此外，对前人研究的薄弱环节也有了大体了解，又为研究选题积累了素材。更有意义的是锻炼了收集、鉴别、整理资料的能力。从那时起，我们每人都建立起了自己的资料库，惠世荣兄的资料库最为别致，他的卡片比我们大一号，装在一个精制的皮鞋盒里，使用的“卡片”也别有情趣，就地取材，其中包括包装挂面用的草纸。无论什么纸，经世荣兄一加工，就赋予了新的价值，有了一种艺术感。为了制作的方便，他还在书桌边沿上刻了长、宽的尺码。张厚生兄积累的资料在数量上比我们都多，真可谓博采众收；他对我非常关照，不时提供些资料与我。现在回想起来，我们此后的论文写作以及参加工作以来开展的研究，无不与编辑那套“汇辑”有关。彭先生非常注意培养、启发我们的研究兴趣。在第一学期后期，彭先生组织我们进行了一次“目录学研究对象”的专题讨论。事先他要求我们要大胆探索，不要有什么框框，别人的观点是别人研究的结果，要敢于提出自己的看法。课题布置下来，我们4个人都积极准备，查阅了国内外几乎所有目录学研究对象的文献，对重要观点还做了摘录，进行论证分析。讨论时彭先生要我们几个先发言，谈自己的读书体会，提出自己的看法，同意哪家观点，为什么？不同意别人观点，则要提出自己的新观点，并讲明理由。讨论中间，先生时有插话引导，提出些新问题，讨论气氛十分热烈，无拘无束。有的认为应研究“书目工作”，有的说研究“利用文献与记录文献之间的关系”。最后，彭先生从分析矛盾入手，谈了自己的观点。讨论会结束时，先生充分肯定了我们的见解及分析问题、解决问题的能力，并热情地鼓励我们要敢于坚持自己的观点，在以后进一步研究论证。他还强调指出：在学术研究上，各抒己见，我们之间是完全平等的，要敢于提出与老师不同的观点。研究生，研究生，就是要进行科学研究，否则就谈不上研究生，重复书本及老师讲的知识，那是大学生的任务，不是研究生的事。通过那次“对象”问题的讨论，收获很大，使我们明白了不少做学问的基本知识和道理。如，搞专题研究，没有必要把古今中外的所有文献都阅读一遍，然后再着手研究，关键是抓住有代表性的核心文献。又如，在科学研究中，应怎样对待老师、专家的观点等。主要的收获则是激发了每个人的研究兴趣，此后每个学期都非常自觉地撰写一、二篇论文，有的则发表三、四篇。这些文章基本上是利用晚上和星期天写作的。三年间，珞珈山四区 12 舍（研究生楼）最后一个熄灯的总是我们宿舍。因为很少过星期天，时间长了，不免对外出游玩的人有些“嫉妒”，我有一句口头语“让天下雨”，意思是让你们玩不成。这句话至今是我们几个见面时打招呼的专用语。也许是那时养成的习惯，毕业以来，至今对星期天没有什么特别印象。

彭先生对学生的培养工作，总是一丝不苟。他在系里担任着繁重的教学任务和行政工作，时间对他来说非常珍贵。毕业实习的任务是每人给本科生讲一定学时的课，我们几个都有一个想法，先生为教育我们付出的太多了，快毕业了，应该替先生做点事，利用讲课这个机会正好可以为先生争取点时间。《目录学概论》是彭先生的教学任务，我们讲了，他就可少讲点。乔好勤兄是我们的兄长，1981 年初，他第一个登台授课，因他经验丰富，学识面广，效果很好，受到学生的好评，也确实节省了彭先生的一些时间。轮到我讲时，我对先生说：您很忙，上课时您就别来了，在北京大学上学时的毕业实习中，我曾在朱天俊先生指导下，到山东省讲过图书分类课，有点体验，课后我跟您详细汇报。几次讲课，彭先生非但每次必到，而且还坐在第一排，仔细做记录。课后严格审查讲稿，课间面授机宜，课后具体讨论。不但没把时间节省下来，反而增加了额外的工作量，当时我心里很是不安。

在毕业论文写作过程中，彭先生跟我们更是“过不去”，每个程序步骤抓得很紧，不经过几次反复，达不到预期的目的，就是不放行，使我们每一步都走得很坚实。因此，其他系的研究生很羡慕我们考了个好老师。

在目录学研究方面，彭先生不止一次地跟我们强调目录学理论对书目工作实践的指导作用。当时，他针对 70 年代书目编制中的问题指出：编制书目时，选择图书资料应当根据书目的类型、特定用途和读者对象的要求，实事求是地尊重客观存在的历史辩证法，遵循目录学的无产阶级党性原则和科学原则的一致性，使得选择的图书资料系统很完备。不能因为某人犯了错误，他的全部著作不作任何分析，一概不予选录。强调要以马克思对待拉萨尔和列宁对待普列汉诺夫的那种科学分析态度及坚持历史辩证法的精神为榜样，坚持实事求是，不能随风改变选择图书资料的标准。彭先生还经常以列宁编的“《卡尔·马克思》参考书目”为具体实例，要我们在以后的工作和研究中，坚持目录学的原则，提高书目工作水平。

此外，在文献的揭示方面，彭先生特别重视揭示的深度，在科学地揭示文献外形基本特征的同时，要通过提要、文摘等方式揭示文献的思想内容、科学价值、作者在学术方面的派别与成就，要给读者提供确认某一特定文献的可靠情报。在这方面，彭先生很推崇刘向《别录》和纪昀等编的《四库全书总目》，要我们一定继承好这个传统。

对于彭先生的这些思想，我在目录学教学过程中都尽力加以贯彻。如 1983 年和 1985 年，我和学生一起编辑了两册《目录学研究资料目录》，每篇文献都附有提要或文摘，不仅训练了学生编写提要、文摘的技巧，也加深了他们对深入揭示文献内容的意义的认识。1990 年 9 月 30 日是彭斐章先生的 60 岁生日，虽已步入花甲之年，他仍然把全身心的精力放在如何搞好目录学学科体系建设及培养合格人才方面，放在如何提高图书馆学和情报学学科的社会地位方面。预祝先生为发展我国图书馆学情报学教育事业作出更大贡献。

（原载《山东图书馆季刊》，1990 年第 4 期）

记我国著名目录学家彭斐章教授

国　诚

又是一年一度的金秋时节，在武汉大学最大的一间教室里，一位神采奕奕的学者正在向一个个求知若渴的心田里栽种着学术的根苗。闻名遐迩的“珞珈泰斗学术系列讲座”之一正在这里进行。“珞珈泰斗系列学术讲座”是武汉大学学术精英大荟萃，今天主讲的是一位目录学家，黑板上赫然书着题目“迎接信息时代的科学——目录学的现状与未来”。目录学是读书入门之学，跃跃欲试的青年学子谁不想得学术之门而跨进殿堂。只见教室里坐无虚席，济济一堂的学生或坐或立聚精会神地聆听这位学者的演讲。

“凡读书最切要者，目录之学，目录明方可读书，不明终是乱读。”听着他对清代著名学者王鸣盛在《十七史商榷》中这几句经验之谈的阐释，学生们情不自禁地点点头，或许是若有所悟，或许是豁然开朗。是啊，书山学海，如果没有书目这个书山向导，学海舟楫，即便是终日通宵达旦，为此皓首穷年也是枉然，乱读一番到头来还会是一无所获。这位深入浅出、循循善诱、为青年学子指点迷津的学者不是别人，就是武汉大学图书情报学院院长彭斐章教授。

彭先生是我国著名的目录学家、图书馆学家，国务院学位委员会第二届学科评议组成员，中国图书馆学会第一、二、三届理事，第一、二届学术委员会副主任委员、主任委员，武汉大学学术委员会委员，武汉大学学位评定委员会委员，《武汉大学学报》（社会科学版）编委，曾主编全国第一本目录学统编教材《目录学概论》（中华书局，1982），参加翻译苏联目录学家科尔舒诺夫主编的《目录学普通教程》（武汉大学出版社，1987），参加编辑高等学校文科教学参考书《目录学资料汇编》（武汉大学出版社，1986），并先后发表重要学术论文30余篇。

潇湘自古多才俊，1930 年 9 月 30 日，彭先生就出生于汨罗县望麓乡一个普通家庭里。父亲少读诗书并工书法，曾严厉督促幼小的儿子练习书法，因为“字是门面”。由于望子成龙，彭先生五岁半就被送到幼稚园读识字班。读完识字班，就上彭氏好古小学，接受的是新式教育。小学毕业之后去长沙东乡念中学。自幼稚园到中学皆为彭姓氏族学校，因为望麓乡一带乃彭姓聚居之地，设有各级学校供族内孩子就读。在读中学期间，除了正常功课之外，他的一位诗书功底相当深厚的叔叔彭卣簧利用假期给他开了点小灶，教他读《左传》、《四书》之类的古籍。这位叔父尚健在，现为湖南省政协委员，1987 年彭先生回家省亲，老先生喜出望外，把酒话当年，问道：“当年新学流行，大家都崇拜‘德先生’和‘赛先生’，谁都不希罕这些‘之乎也者’的国粹，那么你对这额外的‘小灶’反感么?”彭先生回答说：“是啊，当时我也很不理解，认为学这些玩意儿纯属徒劳。可后来才明白那时的苦功并没有白用，读古典目录学全赖当时打下的古文功底。”那时的小康之家其实并不宽裕，年幼的弟弟小学毕业后就在长沙一家盐业公司当学徒。彭先生高中毕业后，还不满 18 岁，便开始走上了讲台，到一所小学去当教员，从此一个人独自面对社会，踏上了人生之路。

我问：“是什么机缘促使您报考图书馆学系?”彭先生回答：“我根本就没报考图书馆学系，被录取于图书馆学系纯属偶然。”原来其中还有一段缘由。高中毕业任教后不久，他就已是湘阴县（现汨罗县）第十完全小学的校长，该小学的公立中心小学，要辅导玉池地区高明乡范围内 70 多所小学。同年他又参加县中、小学教师联合会，任学习部长。少年得志，但他有更远大的志向，当时的一个念头就是想继续求学。他的打算得到了领导与同事们的赞同，于是辞去了校长职务，到第十四完全小学任教，腾出更多时间作复习迎考准备，并参加了 1951 年全国第一届高考，结果顺利通过考关，他被录取到武昌文华图书馆学专科学校。“图书馆学怎么不行？马克思的学问不就是在图书馆里做出来的么?”性格开朗的叔叔这轻描淡写的一句话产生了作用，彭先生心安理得地上学来了。

入学后不久，土改开始，他下乡去搞土改，回校后任武昌文华图书馆学专科学校学生会主席，1953 年 8 月毕业后，留校执教，教中文编目。1955年他以优异成绩考取赴苏留学资格，1956年入苏联莫斯科图书馆学院（1964年改称国立莫斯科文化大学）研究生部学习，主攻目录学方向。导师艾亨戈列茨是苏联当时惟一的目录学教授，是苏联目录学一代大家，主要研究目录学理论和目录学史。1961年3月彭先生通过了题为“论现代条件下省图书馆书目为读者服务的体系”的论文答辩，取得副博士学位。

学成归来，正当一展宏图之时，动乱就开始了。十年之后，目录学这块园地百废待兴。1978年全国恢复招收研究生，图书馆学界由彭先生最早招收目录学研究生，担当起了培养目录学急需人才的重任。

1980年，他与谢灼华同志一道发表了《关于我国目录学研究的几个问题》一文。他们强调指出：目录学史的研究要拓宽领域，要注意近现代目录学的发展；还提出应加强书目方法和专科目录学的研究，因为在学科分支越来越细、需求越来越专的时代，专科目录学研究成了当务之急。这篇文章还论述了目录学界一直纠缠不清的“学”与“术”的辩证关系问题，强调理论要联系实际。回顾近年来目录学的发展，基本上是按这个思路展开的。

1983年，他和中国图书馆学会学术委员会目录学小组在沈阳召开了“全国目录学专题讨论会”。这是我国解放以来第一次召开目录学专题会议，是近年来我国目录学研究成果的一次大检阅，对促进我国目录学研究的发展起了巨大作用。

自从“新技术革命”、“信息时代”和“信息社会”等成了人们的口头禅，便有人宣称：目录学一直沉溺于美好的回忆而离时代越来越远，成为新时代的落伍者，不能适应信息社会的需要，信息革命到来之时就是目录学消亡之日。面对这种倾向，他同谢灼华教授著文《对当前目录学研究的思考》。他们令人信服地阐述了新技术革命对目录学发展不仅不是危机，而且是一个大好机会；新技术革命为目录学发展提供了许多有利条件，关键问题是目录学在信息时代要尽快完成自我转换。

如果说《对当前目录学研究的思考》一文论述了目录学在新技术革命条件下存在和发展的必要性及进行新的转换的可能性的话，那么1986年出版的《目录学》电大教材（与乔好勤、陈传夫合编）则充分展现了进行这种新的转换的结果。这本著作一反过去目录学怀古、封闭、保守的倾向，以一种崭新的面目展现在人们面前。它注重从规律的角度对目录学作理论概括，注重从方法论上去揭示书目方法和目录学方法，又注重对目录学理论依据的寻求，把书目工作自动化、书目情报服务和书目工作组织管理作为目录学的重要组成部分，层次高，视角新，成一家之言。

彭教授严谨的学风受导师艾亨戈列茨教授的影响极大。他指出，苏联目录学和图书馆学研究确有值得借鉴的东西，苏联的书目报道体系在世界上是比较完善的，很早就实行了集中编目。他力图以自己的眼光去考察、分析、吸收苏联目录学研究的精华，评价苏联目录学学派和目录学家及目录学思想发展的道路。还有《苏联图书馆学的现状》一文是他和郭星寿、焦玉英合写的论文，系统而又全面地透视了苏联图书馆学的发展，可为中国图书馆学研究提供参考。

1984 年，武汉大学经教委批准成立全国第一家图书情报学院。历史把彭教授推到了台上，他得把这一角色演好。三年多时间过去了，人们对图书情报学院感觉耳目一新。一幢七层大楼拔地而起，一系列专业统编教材出版。全国 60 多种统编教材中，武汉大学图书情报学院编的占了一半多。作为国务院学位委员会学科评议组成员，他想争取早日在图书馆学、情报学中把博士点定下来。作为图书情报学院院长，他打算使学院的发展向质量型转变，培养出更多高层次人才。作为一位目录学家，他还有很多未知领域要探索，有很多专著等待撰写。

（原载《黑龙江图书馆》，1988 年第 5 期）

第七编

附 录

彭斐章著述目录

1. 谈谈苏联省图书馆的方法辅导工作. 图书馆学通讯,1958(3)

2. 苏联图书馆书目工作的组织. 图书馆学通讯,1960(2)

3. 学习列宁目录学宝贵遗产. 图书馆学通讯,1960(4)

4. 黄宗忠,彭斐章,谢灼华. 对图书馆学几个问题的初步探讨. 武汉大学人文科学学报,1963(1)

5. 陈光祚,彭斐章. 高等学校图书馆读者对教学用书需要特点的分析. 图书馆,1964(1)

6. 黄宗忠,彭斐章,谢灼华. 开展图书馆现代化的研究是新时期图书馆学的重大课题. 武汉大学学报(社会科学版),1978(6)

7. 彭斐章,谢灼华. 关于我国目录学研究的几个问题. 武汉大学学报(社会科学版),1980(1)

8. 国家书目述略. 图书情报知识,1980(2)

9. 彭斐章,乔好勤. 列宁目录学思想初探. 武汉大学学报(社会科学版),1980(5)

10. 德意志联邦的大学图书馆. 高校图书馆工作,1981(2)

11. 德意志联邦共和国图书馆事业发展概略. 图书情报知识,1981(2)

12. 适应四化需要加强图书馆学教育. 图书馆学通讯,1981(4)

13. 关于图书馆学专业教育的几个问题. 见:高等学校图书馆工作会议文件. 1981

14. 学海浩渺话舟辑——试论目录学知识普及问题. 冶图通讯,1982(2)

15. 谈谈毕业论文的写作. 图书馆界,1982(3)

16. 莫教文. 国际图联第46、第47届大会关于书目活动的问题. 图

书情报知识,1982(3)①

17. 全国藏书建设专题讨论会学术总结. 黑龙江图书馆,1982(3)

18. 武汉大学图书馆学系《中文工具书》编写组编. 中文工具书使用法. 北京:商务印书馆,1982②

19. 武汉大学、北京大学《目录学概论》编写组编著. 目录学概论. 北京:中华书局,1982③

20.《目录学概论》复习纲要. 见:文化部图书馆事业管理局主编. 图书馆专业基本科目复习纲要. 北京:书目文献出版社,1982

21. 彭斐章,郭星寿. 加强马克思主义文献目录学的研究. 图书馆杂志,1983(1)

22. 苏联目录学研究的现状与前景. 武汉大学学报(社会科学版),1983(4)　又:高等学校文科学报文摘,1984(3)

23.《目录学概论》学习问答. 图书馆工作与研究,1983(6)

24. 彭斐章,谢灼华. 发展我国书目工作的几个问题. 图书馆学刊,1983(4)

25. 新中国目录学研究述略. 武汉大学学报(社会科学版),1984(1)

26. 苏联图书馆学和目录学教育. 图书情报知识,1984(1)

27. 书目之书目论略. 图书情报知识,1984(3)

28. 彭斐章,谢灼华. 对当前目录学研究的思考. 武汉大学学报(社会科学版),1984(6)

29.《目录学概论》学习问答. 见:图书馆专业基本科目学习问答. 北京:书目文献出版社,1984

30. 彭斐章,陈传夫. 近年来我国目录学综述. 图书馆学文摘,1985(2)

31. 彭斐章,谢灼华. 关于我国高等图书馆学教育体系问题. 图书

---

① 莫教文为彭先生笔名。

② 本书1996年出版增订本,署詹德优、谢灼华、彭斐章、惠世荣编著。彭斐章参编。初版撰写其中一章;增订版撰写中编第一章,下编第二、三、四章。本书为高等学校文科教材,1988年获国家教委高等学校优秀教材一等奖,1989年获中国图书馆学会特别著作奖。

③ 彭斐章统稿并撰写其中第一、四、五章。本书为高等学校文科教材,1988年获国家教委高等学校优秀教材一等奖,1989年获中国图书馆学会特别著作奖。

情报知识,1985(4)

32. 怎样写学术论文. 写作,1985(4)

33. 苏联目录学理论与实践的总结——《目录学普通教程》评介. 武汉大学学报(社会科学版),1986(1)

34. 加强教材建设,促进图书馆学和情报学教育事业的发展. 文科教材,1986(1)

35.《目录学》学习导言. 图书情报知识,1986(3)

36. 春城秋色——中国图书馆学会第三次科学讨论会总结发言(代序). 见:中国图书馆学会第三次科学讨论会论文摘要 . 北京:书目文献出版社,1986.

37. 彭斐章,乔好勤,陈传夫编著. 目录学. 武汉大学出版社,1986①

38. 彭斐章,乔好勤,陈传夫编. 目录学学习指导书. 武汉:武汉大学出版社,1986

39. 彭斐章,谢灼华,乔好勤编. 目录学资料汇编. 武汉:武汉大学出版社,1986②

40.《目录学》学习纲要. 图书馆理论与实践,1987(1)

41. 关于我国图书馆学高层次人才培养问题. 大学图书馆通讯,1987(1)

42. 论苏联图书馆事业发展中观念的变革. 武汉大学学报(社会科学版),1987(5)

43.《图书馆与资料室管理手册》序. 见:郭星寿编著. 图书馆与资料室管理手册. 成都:四川科学技术出版社,1987

44. [苏]科尔舒诺夫主编. 彭斐章等译. 目录学普通教程. 武汉:武汉大学出版社,1987③

45. The Issue of Education of High Level Profession Personnel in Li-

---

① 彭斐章撰写其中第一、五、六、七、十章。本书 1989 年获中国图书馆学会优秀著作奖。

② 本书 1996 年修订,更名为《目录学研究文献汇编》,1997 年获中南五省优秀图书二等奖。

③ 彭斐章统稿并译其中 9 万字。本书为高等学校文科教学参考书,1989 年获中国图书馆学会著作奖。

brary and Information Science. *Education and Research in Library and Information Science in the Information Age: Means of Modern Technology and Management*. IFLA Publications. K. G. Saur. Munchen, 1988

46. 彭斐章,郭星寿,焦玉英.苏联图书馆学的现状.图书情报知识,1988(2)

47.《图书情报学文献检索》序.见:柯平等编著.图书情报学文献检索.河南省图书馆学会,河南省图书馆,1988

48. 李为,彭斐章.中文科技文摘刊物的索引系统及其研究概述.情报业务研究,1989(2)

49. 彭斐章,谢灼华.评建国四十年来的图书馆学教育.武汉大学学报(社会科学版),1989(3)

50. 评新中国成立四十年来的目录学研究.图书情报知识,1989(3)

51. 迎接信息时代的科学——目录学的现状与未来.图书与情报,1989(4)

52.《情报控制论基础》序.见:胡昌平.情报控制论基础.北京:书目文献出版社,1989

53.《怎样从书海中找到自己的航向》序.见:王克强主编.怎样从书海中找到自己的航向.武汉:武汉工业大学出版社,1989

54. 吉林省图书馆学会、四川省图书馆学会、成都东方图书馆学研究所.彭斐章论文选.1989

55. 彭斐章等.概论书目控制论.图书情报论坛,1990(2)

56. 彭斐章,谢灼华.七十年历程——从武昌文华图专到武汉大学图书情报学院.图书情报知识,1990(3)　又:台北:中国图书馆学会会报,第47期

57.《未来图书馆学》序.见:徐竹生.未来图书馆学.南京:南京大学出版社,1990

58. 书目情报需求与服务研究.武汉:武汉大学出版社,1990①

① 本书为国家教委"七五"哲学社会科学博士点基金资助项目成果,1995年获全国高等学校人文社会科学研究优秀成果二等奖。

59. 彭斐章,曾令霞,王惠君.论当代目录学的发展趋势.图书情报知识,1991(4) 又:完善目录学的研究体系.新华文摘,1992(3)

60.《咨询学基础》序.见:焦玉英编著.咨询学基础.武汉:武汉大学出版社,1991

61.《科技文献学》序.见:胡昌平,邱均平编著.科技文献学.武汉:武汉大学出版社,1991

62. 彭斐章,谢灼华编选.目录学文献学论文选.北京:书目文献出版社,1991①

63. 目录学与时代.图书馆,1992(1)

64. 彭斐章,石宝军.我国当代目录学研究的综述与展望.武汉大学学报(社会科学版),1992(2)

65. 沟通——互补——合作——海峡两岸图书馆学、资讯科学发展的必由之路.台北:图书馆学与资讯科学,1992(18) 又:图书馆工作与研究,1992(4)

66.《国外科技工具书指南》序.见:陆伯华主编.国外科技工具书指南.北京:中国书籍出版社,1992

67.《中国目录学史》序.见:乔好勤编著.中国目录学史.武汉:武汉大学出版社,1992

68. 沈祖荣——我国图书馆界的先驱.光明日报,1993-4-10

69. 中国目录学的今天与明天.见:图书馆学与资讯科学教育研讨会论文集.台湾大学图书馆学系,1993

又见:当代图书馆事业论集:庆祝王振鹄教授七秩荣庆论文集.台北:正中书局,1994

70. 中西目录学的比较研究.武汉大学学报(社会科学版),1993(6)

71.《当代中国信息观》序.见:当代中国信息观.北京:机械工业出版社,1993

72.《著作权法概论》序.见:陈传夫编著.著作权法概论.武汉:武汉大学出版社,1993

---

① 彭斐章编选目录学部分。本书为《中国图书馆学情报学论文选丛(1949~1989)》之一。

73.《当代湖南高等图书馆事业》序. 见:张伯影主编. 当代湖南高等图书馆事业. 长沙:湖南科技出版社,1993

74. 目录. 见中国大百科全书·图书馆学、情报学、档案学. 北京:中国大百科全书出版社,1993

75. 目录学. 见中国大百科全书·图书馆学、情报学、档案学. 北京:中国大百科全书出版社,1993

76. 苏联国家书目. 见中国大百科全书·图书馆学、情报学、档案学. 北京:中国大百科全书出版社,1993

77. 德国国家书目. 见中国大百科全书·图书馆学、情报学、档案学. 北京:中国大百科全书出版社,1993

78.《中国历代书目总录》. 见中国大百科全书·图书馆学、情报学、档案学. 北京:中国大百科全书出版社,1993

79. 鲁巴金. 见中国大百科全书·图书馆学、情报学、档案学. 北京:中国大百科全书出版社,1993

80. 沙穆林. 见中国大百科全书·图书馆学、情报学、档案学. 北京:中国大百科全书出版社,1993

81. 科尔舒诺夫. 见中国大百科全书·图书馆学、情报学、档案学. 北京:中国大百科全书出版社,1993

82. 武汉大学图书情报学院. 见中国大百科全书·图书馆学、情报学、档案学. 北京:中国大百科全书出版社,1993

83. 务实求进,继往开来. 中国图书馆学报,1993(4)

84. 当代目录学的使命——序郑建明《当代目录学》. 图书情报知识,1993(4) 又见:郑建明编著. 当代目录学. 南京:南京大学出版社,1994

85. Peng Feizhang and Fu Qingbo. A Perspective of the Training Center's Work. Edited by B. Woolls. *Continuing Professional Education and IFLA: Past, Present, and a Vision for the Future*. IFLA Publications 66/67. K. G. Saur. Munchen, 1994

86. 图书情报学教育改革与学科建设. 图书馆工作与研究,1994(4) 又:图书馆学·信息科学·资料工作,1995(1)

87. 彭斐章,何华连. 中文工具书编纂出版及其理论研究. 中国图

书馆学报,1994(6) 又:图书馆学·信息科学·资料工作,1995(1)

88.《中国出版史》序.见:张煜明编著.中国出版史.武汉:武汉大学出版社,1994

89.《中国图书馆古籍整理》序.见:张展舒,袁泉编著.中国图书馆古籍整理.北京:中国文史出版社,1994

90.目录.见:中国出版科学研究所编.编辑实用百科全书.北京:中国书籍出版社,1994

91.世纪之交的思考——中国图书馆事业的昨天、今天与明天.图书馆,1995(1) 又:图书馆学·信息科学·资料工作,1995(5)

92.世纪之交的目录学研究.图书情报工作,1995(2) 又:图书馆学·信息科学·资料工作,1995(6)

93.论图书馆事业的历史连续性与时代性.图书馆工作,1995(2)

94.质与量的和谐是当代出版业的使命.出版科学,1995(2)

95.贺修铭,彭斐章.在传统与未来之间:我国书目情报服务组织与管理的变革.图书馆,1996(2) 又:图书馆学·信息科学·资料工作,1996(7)

96.彭斐章,贺修铭.产业化:书目情报服务的发展方向.津图学刊,1996(2) 又:图书馆学·信息科学·资料工作,1996(10)

97.图书馆学定有灿烂的未来.图书情报工作,1996(3)

98.面向新世纪的图书馆学研究生教育.图书情报知识,1996(2)

99.彭斐章,刘磊.论现代条件下科研与发展中信息需求与利用的特征.图书与情报,1996(3) 又:图书馆学·信息科学·资料工作,1996(12)

100.彭斐章,娄策群,赵涛.新世纪社科情报理论研究的走向.中国图书馆学报,1996(4) 又:图书馆学·信息科学·资料工作,1996(11)

101.彭斐章,贺修铭.书目情报服务产业化:动力机制与发展模式.社会科学动态,1996(12) 又:图书馆学·信息科学·资料工作,1997(2)

102.我国书目情报服务产业化:环境、过程、组织与管理.见:'96信息资源与社会发展国际学术研讨会论文集.武汉:武汉大学出版社,1996

103.面向未来,重塑辉煌——跨世纪目录学研究基点的选择和学

科制高点的确立．见：图书馆学与资讯研究论集——庆祝胡述兆教授七秩荣庆论文集．台北：汉美图书有限公司，1996

104．《现代情报学理论》序．见：严怡民主编．现代情报学理论．武汉：武汉大学出版社，1996

105．《经济文献检索与利用》序．见：张家明主编．经济文献检索与利用．北京：中国物价出版社，1996

106．《书目情报系统理论研究》序．见：柯平．书目情报系统理论研究．北京：书目文献出版社，1996

107．《师范高等专科学校学生必读书目提要》序．见：刘仲英主编．师范高等专科学校学生必读书目提要．郑州：河南人民出版社，1996

108．《英汉——汉英文献信息词典》序．见：武汉大学图书情报学院图书馆学情报学研究所编．英汉——汉英文献信息词典．武汉：武汉大学出版社，1996

109．立下园丁志，甘为后人梯．见：俞君立，黄葵主编．中国当代图书馆界名人成功之路．武汉：武汉大学出版社，1996　又：图书馆论坛．2001(5)

110．国家教委高教司编．目录学教学大纲．北京：高等教育出版社，1996①

111．书目情报服务的组织与管理．武汉：武汉大学出版社，1996②

112．加强核心课程建设，努力提高教学质量——目录学课程建设的回顾与思考．图书情报知识，1997(3)

113．彭斐章，刘磊．不负厚望，再创辉煌——贺《中国图书馆学报》创刊40周年．中国图书馆学报，1997(4)

114．《文献资源共享理论与实践研究》序．见：肖希明．文献资源共享理论与实践研究．南宁：广西教育出版社，1997

115．《中国图书馆事业（1988—1995）》序．见：荀昌荣等主编．中国图书馆事业（1988—1995）．成都：四川科学技术出版社，1997

116．《中国书目检索词典》序．见：唐贵荣编著．中国书目检索词典．

① 该书由彭斐章主持编写。

② 彭斐章主编。本书为国家教委人文社会科学研究“八五”规划项目成果。

郑州:中州古籍出版社,1997

117.《文献生产的社会化及其管理》序.见:贺修铭.文献生产的社会化及其管理.长沙:湖南教育出版社,1997

118.当代中国目录学研究的现状.见:《中国图书馆年鉴》编委会编.中国图书馆年鉴(1996).北京:北京图书馆出版社,1997

119.90年代的中国目录学研究.见:马费成主编.知识信息管理研究进展.武汉:武汉大学出版社,1998

120.《当代图书馆学百家文选》序.图书馆,1998(2) 又:图书馆学·信息科学·资料工作,1998(7)

121.数字化时代的图书馆学研究.图书情报工作,1998(9) 又:图书馆学·信息科学·资料工作,1999(1)

122.科学研究与开发中的信息保障.武汉:武汉大学出版社,1998①

123.中外图书交流史.长沙:湖南教育出版社,1998②

124.新中国图书馆学教育的回眸与思考.图书情报知识,1999(1)

125.彭斐章,王心裁.20世纪中国目录学:发展历程、成就与局限.高校图书馆工作,1999(2)又:图书馆学·信息科学·资料工作,1999(10)

126.刘国钧先生与图书馆目录.见:北京大学信息管理系、南京大学信息管理系、甘肃省图书馆合编.一代宗师:纪念刘国钧先生百年诞辰学术论文集.北京:北京图书馆出版社,1999

127.《社会科学评价的文献计量理论与方法》序.见:娄策群.社会科学评价的文献计量理论与方法.武汉:华中师范大学出版社,1999

128.中国社会科学工具书导论.见:刘荣主编.中国社会科学工具书检索大典.北京:北京图书馆出版社,1999

129.迈向21世纪的我国图书馆学情报学研究生教育.中国图书馆学报,2000(1)

130.书目情报需求与服务组织.武汉:武汉大学出版社,2000③

---

① 彭斐章主编。本书为国家自然科学基金项目成果。

② 彭斐章主编。为季羡林主编《中外文化交流史》丛书之一。

③ 彭斐章主编。本书为普通高等教育“九五”国家重点教材,获全国普通高等学校优秀教材奖一等奖。

131.《社会科学图书情报工作特殊性研究》简评.光明日报,2001-2-3

132. 图书情报学研究领域的创新之作——评《社会科学图书情报工作特殊性研究》.情报资料工作,2001(2)　又:江汉论坛,2001(4)

133. 数字时代图书馆学教育的变革与创新.图书馆建设,2001(1)

134. 文华图专和中国图书馆学教育的发展.图书馆,2001(2)　又:马费成等编.世代相传的智慧与服务精神.北京:北京图书馆出版社,2001

135. 彭斐章,陈传夫.论数字环境下我国图书馆学情报学研究生教育制度的创新.津图学刊,2001(1)

136. 彭斐章,贺剑锋,司莉.试论21世纪中国目录学研究的基本特征.图书馆杂志,2001(5)

137. 司莉,彭斐章,贺剑峰.网络信息资源组织与目录学的创新和发展.图书情报工作,2001(9)

138. 彭斐章教授七秩寿庆论文集编辑小组.当代图书馆学目录学研究论集.武汉:湖北人民出版社,2001

139. 彭斐章,杨文祥.国内外图书馆学研究的现状与发展趋势.河北大学学报(哲学社会科学版),2002(2)

140. 数字时代我国图书馆发展值得思考的问题.图书馆论坛,2002(5)

141. 信息资源管理人才培养研究.武汉:武汉大学出版社,2002①

142. 我所认识的著名目录学家——王重民先生　见:北京大学信息管理系编.王重民先生百年诞辰纪念文集.北京:北京图书馆出版社,2003

143. 彭斐章,乔好勤,陈传夫.目录学.武汉:武汉大学出版社,2003

144.《晚清图书馆学术思想史》序.见:程焕文.晚清图书馆学术思想史.北京:北京图书馆出版社,2004

145. 回顾与思念——我与湖北省图书馆.图书情报论坛,2004(2)

---

① 彭斐章主编。本书为国家社会科学基金重点研究项目。

146. 彭斐章,傅先华. 20世纪中国目录学研究的回眸与思考. 图书馆论坛,2004(6)

147. 目录学教程. 北京:高等教育出版社,2004①

① 彭斐章主编。教育部“面向21世纪课程教材”。

后　记

在武汉大学社会科学学部的积极策划和赞助以及武汉大学出版社的热情支持下，《彭斐章文集》即将付梓出版了，在此，表示衷心感谢!

文集选录了在期刊、论文集正式发表的有一定代表性的学术论文31篇，按内容分别归入目录学研究、图书馆学教育、图书馆事业与图书馆学研究和其他等主题，各专题又按刊出时间由近及远的顺序编排，文章的观点和内容反映的是当时的情况，有的现在看来有些过时，只能是大致展示我国目录学研究、图书馆学教育发展的脉络和研究现状。文集还包括作者接受媒体所作的学术访谈以及国内外学者撰写的评说，最后附录了作者论著目录。正文前有作者近照以及作者的工作照、生活照和参加重要学术活动等的照片集锦。

文集中除了柯平所写的《彭斐章先生与中国目录学》是新写的以外，没有为此专门组写文章。文章只对原文打印的错字作了改正，其他保持了原貌。

在文集编辑出版过程中，社科部的谭玉敏副部长给予了热情的关注，陈传夫教授、柯平教授、王伟军教授、黄如花副教授、博士生李丹和邹瑾等同志帮忙提供了照片和参与校对等工作。王新才教授负责编辑了作者论著目录，出版社责任编辑严红副编审，潜心审读了文集，并提出了极有价值的修改意见，特在此一并向大家表示深深谢意。

同步测试ABC卷

英才考评

读写联通创新实践新视野

四年级　第8册

六年制小学

语文

课课练

础训练·智能训练·综合考评

新疆青少年出版社